Herzbauchgefühl

Subina Giuletti

Für Papa

Impressum

Herzbauchgefühl
published
© by Subina Giuletti/Dast-Verlag
Erstauflage 2016
Überarbeitete Neuauflage 10/2022
Kirschäckerstraße 25
96052 Bamberg
info@dast-verlag.de

ISBN 978-3-945098-07-3

Alle Rechte vorbehalten, insbesondere das Recht der mechanischen, elektronischen oder fotografischen Vervielfältigung, der Einspeicherung und Verarbeitung in elektronischen Systemen, des Nachdrucks in Zeitungen oder Zeitschriften, des öffentlichen Vortrages, der Verfilmung oder Dramatisierung, der Übertragung durch Rundfunk, Fernsehen oder Video, auch einzelner Text- oder Bildteile.

Bibliografische Information der Deutschen Bibliothek
Die Deutsche Bibliothek verzeichnet diese Publikation in der Deutschen Nationalbibliografie; detaillierte bibliografische Daten sind im Internet über www.dnb.ddb.de abrufbar

Coverbild: fotolia
Covergestaltung und Konzept:
Frank Nowotny

Der Inhalt des Buches basiert auf einer erfundenen Geschichte.

Internet: www.subina-giuletti.de
E-Mail: info@subina-giuletti.de

Druck: www.druckterminal.de
KDD Kompetenzzentrum Digital-Druck GmbH
Leopoldstraße 68 * D-90439 Nürnberg

Verurteile keinen Menschen
und halte kein Ding für unmöglich,
denn es gibt keinen Menschen,
der nicht seine Zukunft hätte,
und es gibt kein Ding,
das nicht seine Stunde bekäme.

– Rabindranath Tagore

Dolce Vita

Meine Füße steckten in grazilen Schuhen von Jimmy Choo, mein Körper in einem hinreißenden, aufsehenerregenden schwarz-silbernen Abendkleid eines Designers, der in Hollywood stark angesagt ist. Mein langes Haar glänzte, fiel mir verführerisch über die Schultern, und gerade stäubte ich einen letzten Hauch Puder über mein Gesicht, verpasste meinen Lippen noch einen sanften Glanz, bevor ich die Utensilien in das kleine Handtäschchen schichtete, die Tür des Zimmers sorgfältig schloss, die breite Treppe nach unten durch das Foyer ging, die Blicke nicht weniger Männer auf mich gerichtet.

Der Concierge nickte mir freundlich zu, der Butler öffnete mir galant die Tür. Jeder lächelte mich an. Ich lächelte zurück, während ich auf die luxuriöse Bar zuschritt und eine Flasche staubtrockenen Champagners bestellte. Meine Augen glitten über all diesen Luxus. Tief atmete ich ein und langsam wieder aus.

Es war nicht immer so gewesen.

1987, Palmblattbibliothek, Bangalore, Indien

Ein Ehepaar, beide Anfang, Mitte dreißig, saß vor ihm. Die Frau schien sehr besorgt, der Mann war ruhiger Natur, wirkte intellektuell und gebildet und behandelte seine Frau mit äußerster Hochachtung. Das gefiel Madhu und er war bestrebt, den beiden Herrschaften dienlich zu sein.

»Wie kann ich Ihnen helfen?«, fragte er. Das, was folgte, hatte er schon oft erlebt. Die beiden waren schon länger verheiratet und bisher kinderlos geblieben.

»Ich möchte wissen, ob ich Kinder bekomme«, sagte die Frau und ihre Stimme zitterte vor Sehnsucht. »Ich wollte immer schon eine große Familie, Kinder, Enkelkinder ... wir sind extra hierher gereist ... Sie verstehen.«

Madhu verstand. Er erhob sich, wandelte durch die Regale und suchte Palmblätter heraus. Es dauerte lange, bis er wiederkam.

Nun mussten die Blätter aussortiert werden. Auch das dauerte lange, endlos, aber sie hatten alle Geduld, der Prozess ließ sich nun mal nicht beschleunigen. Madhu fragte und fragte, legte Blätter weg, machte zwei Stapel, wählte, selektierte und war endlich sicher, das richtige Blatt gefunden zu haben.

Die beiden waren sehr ehrerbietig, sehr geduldig, etwas, was er nicht von jedem Bibliotheksbesucher sagen konnte, und umso mehr hoffte er für sie auf ein gutes Ergebnis. Als er das Blatt gedeutet hatte, sagte er erfreut:

»Da steht: Sie bekommen ein Kind!«

Die Frau atmete erlöst aus, ihre Mundwinkel bogen sich zu einem glücklichen Lächeln nach oben und sie wandte sich ihrem Mann zu.

»Ein Kind! Ein Kind!«, rief sie. »Hast du gehört? Wir bekommen ein Kind!«

Sie sah nicht, dass Madhu inzwischen die Stirn runzelte und auf den Mann blickte, der sich nur halb freute und die Hand auf den Arm seiner Frau legte, die ihn so glückstrahlend anschaute. Es war einer der seltenen Momente, in dem Madhu es für angebracht hielt, den Mund zu halten.

Er würde nur antworten, wenn man ihm explizit eine Frage darüber stellen würde. Aber die Frau war so glücklich über seine Aussage, dass sie ihn mit Scheinen überhäufte und gar nicht weiter fragte, noch nicht einmal nach dem Wann, denn genau das hätte Madhu in Verlegenheit gestürzt. Dann hätte er ihr sagen müssen, dass es längst geschehen war. Sie hatten schon ein Kind. Einer von ihnen zumindest.

Palmblattbibliothek, Bangalore, Indien
viele Jahre danach

Zwei Europäer standen vor dem Gebäude in der heißen Sonne und diskutierten.

»Mann ... und du glaubst echt an so einen Mist? Das ist pure Geldschneiderei! Das stinkt doch zum Himmel!«

»Ich will es zumindest mal ausprobieren, bevor ich es verurteile, verstehst du? Ist doch schon mal spannend, dass es diese beschriebenen Blätter überhaupt gibt! Seit den Zeiten Vasishtas! Viertausend Jahre alt!«

Der andere drehte die Augen nach oben. Das war jene Seite an seinem Freund, die er niemals verstehen würde. Er könnte alles haben ... er hatte alles ... na ja, fast alles – und dann lief er solchen Dingen hinterher?

»Willst du für dich nicht für dich auch ...?«, fragte der auch noch.

»Nein, echt nicht .... Du wirst sehen, das ist alles nur Augenwischerei. Hast du die Busse gesehen, mit denen sie die Touristen hierher karren? Nur damit sie erfahren, dass vor viertausend Jahren jemand wusste, wer sie heute sind? Ist das nicht die Aufgabe jedes Einzelnen, das selbst herauszufinden?«

Der Größere zuckte zusammen. Sein Freund war so manches Mal in der Lage, durch seine simple Denkweise Dinge unangenehm auf den Punkt zu bringen. Aber nun waren sie schon mal hier und gingen rein.

Eine dicke Inderin, deren Bauchfett aus dem Sari quoll, führte sie in ein einfaches Zimmer mit einem Tisch und einer Plastikdecke drauf. An den Wänden hingen Bilder von allen möglichen Gurus und Heiligen, eine Kerze brannte, ein Räucherstäbchen sandte eine sanfte Fahne nach oben und verbreitete einen intensiven Duft. Vor dem Tisch standen zwei einfache Klappstühle und da kam auch schon der Reader, ein kleiner, schmaler Inder, derjenige, der die Palmblätter, sollte es welche über ihn geben, finden und entziffern würde. Er stellte sich vor, setzte sich und stellte dem an seinem Schicksal interessierten Mann eine Menge Fragen. Danach stand er auf und blieb eine gute Zeitspanne fort.

Etwa dreißig Minuten später schleppte er Bündel an Blättern herbei und von hier ab dauerte es weitere eineinhalb Stunden, bis die meisten aussortiert waren. Der eine von ihnen verging vor Langeweile. Madhus Kunde hingegen stellte dem Reader ab und zu eine Frage, die dieser freundlich, aber eher unkonzentriert beantwortete, da er sich ja mit den Palmblättern beschäftigte. Nachdem er meinte, die richtigen Blätter gefunden zu haben, ging eine weitere ermüdende Fragerei los. Der Eindruck, dass der Reader nur Infos aus ihnen herausquetschen wollte, um hernach eine nichtssagende Diagnose für leichtgläubige Menschen zu treffen, hing jetzt schon dick in der Luft.

»Du weihst dein Leben einem hohen Zweck«, teilte der Reader dem Mann vor ihm schließlich mit. Der nickte halb zustimmend. Im Moment wusste er gerade gar nicht, was er mit seinem Leben anfangen sollte. Deswegen war er ja hier.

»Ihr Vater ist krank?«

»Nein«.

»Aber er war krank?«

»Na ja, halt mal ne Grippe, nichts Ernstes«.

Der Reader runzelte die Stirn. »Hier steht, dass er ernsthaft krank war … oder ist … ein inneres Organ.«

»War oder noch wird?«

»Das kann ich nicht sagen … Und Sie … Sie gehen in Isolation …«

»Wohin?«

»In Isolation?«

»Ist das eine Frage?«

»Nein, das steht hier. Sie weihen Ihr Leben einer Frau …«

»Ist das Schicksal so mancher Männer …«

»Nein, sie weihen es ihr voll. Sie … zumindest haben Sie das vor … und dann ist da eine Frau, die geht und eine, die kommt … dieser Frau weihen Sie Ihr Leben.«

»Das sagten Sie schon.« Der Mann war inzwischen leicht genervt, aber immer noch gespannt genug und guten Willens, seinen Lebensweg vorgelesen zu bekommen.

»Der Frau, die kommt, weihen Sie Ihr Leben«.

»Das sagten Sie auch schon. Wo ist diese Frau?«

»In Maharashtra. Sie trägt einen Sari … oder … hier steht … Europa. Dann in Goa. Später.«

»Ja, wo denn nun?« Der Fragende war immer weniger überzeugt und umso mehr desillusioniert.

»Sie sind nicht verheiratet?«
»Nein, Mann! Ich dachte, das steht in den Blättern!«
»Ja, aber hier steht, dass Sie verheiratet sind … mit einer Frau.«
»Na, da bin ich aber froh«, sagte der andere heillos enttäuscht. »… dass es eine Frau ist.«
Der andere neben ihm gluckste vor verhaltenem Lachen. Der Reader sah ihn indigniert an, machte aber tapfer weiter.
»Möchten Sie wissen, wie sie heißt?«
»Nein, ich glaube, das reicht jetzt.«
Der Tourist erhob sich, der Reader sah ihn erstaunt an. Was hatte er gesagt, dass dieser Mann so wütend war? Der andere hingegen lachte sich schief, worauf ihm sein Freund einen grimmigen Blick zuwarf und nach draußen stapfte. Der Reader lehnte sich verstimmt zurück, den Blick auf die noch nicht vorgelesenen Blätter gerichtet. Tief gekränkt fragte er:
»Wollen Sie die Unterlagen für Ihren Freund mitnehmen?«
»Welche Unterlagen?«
»Das, was ich vorgelesen habe.«
»Na ja, wenn er schon dafür bezahlt hat …«
Mit überbetonten Bewegungen, weil seine Arbeit so gar nicht geschätzt wurde, packte der Reader die von ihm geschriebenen Notizen in ein Kuvert. Er ließ es sich nicht nehmen, für das letzte Blatt mit übergroßen, überdeutlichen Buchstaben und verärgertem Nachdruck einen Schlusssatz zu verfassen und setzte einen so fulminanten und beleidigten Punkt dahinter, dass die Tinte spritzte.
Der Mann nahm das Kuvert, steckte es in den Prospekt der Palmblattbibliothek und lachte sich einen ab, als er zu seinem Freund auf die heiße, staubige Straße trat.
»Wie viel hast du dem gezahlt?«, grinste er. »Echt informativ! Bin sicher, du weißt jetzt, was du mit deinem Leben anfangen sollst!«

Als die beiden gegangen waren, trug Madhu, der Reader, die Palmblätter zurück ins Regal. Er hatte sie von dort schon einmal herausgenommen … vor etwa fünfundzwanzig Jahren.

Beziehungen

»Julian, es tut mir so leid«, sagte ich mit einem Kloß im Hals. »Aber es geht nicht. Bitte frag nicht. Es ist einfach so. Danke für dieses so wunderbare Angebot ... aber ich ... ich kann nicht. Ich kann das nicht annehmen ... nein, es liegt nicht an dir ... es liegt eindeutig an mir.«

Und als er mir einen ungläubigen, herzerweichenden, feuchten Blick schickte:

»Ich muss gehen. Du findest jemand anderen – ich bin nicht geschaffen für so was! Glaub mir, du wärst nicht glücklich mit mir! Und je eher ich gehe ...«

Flucht. Weg! O Gott, ich konnte nicht in diese traurigen, fassungslosen Augen sehen. In Windeseile packte ich meine Sachen und stürzte aus der Tür.

Fühlte mich mies bis auf den Grund meiner Seele.

***

»Gerit, ich weiß, es ist komisch ... nein, du hast nichts falsch gemacht ... ich meine, mit dir ist alles okay, du bist ein wunderbarer Mensch und ich will, dass du das weißt, aber ich muss Schluss machen. Mir ist das einfach zu eng ... das mit dem Zusammenziehen kommt zu früh ... weißt du, ich glaube nicht, dass ich die Richtige für dich bin ... es tut mir so leid ...«

***

»Aber Rolf, deine Eltern haben gar nichts damit zu tun – du weißt, im Gegensatz zu dir finde ich sie total süß, das habe ich dir immer schon gesagt. Aber ... offensichtlich bin ich nicht der Typ, der so früh ... ja, ich weiß, es sind zwei Jahre – und es waren schöne zwei Jahre, aber ...«

Verzweifelt brach ich ab. »Sorry, Rolf, lass mich einfach gehen, okay? Machen wir es kurz und schmerzlos? Und bitte, bitte, nimm es nicht so schwer!«

»Ich soll es nicht schwernehmen?«, rief er, und schien an seinen Worten fast zu ersticken. Oh, mein Gott, er sah so gut aus! Und er war doch wirklich süß und lieb und ... warum tat ich das jetzt gerade?

»Du bist die Frau meines Lebens!«, rief er niedergeschmettert. »Und ich dachte, du freust dich über meinen ...«

»Ich kann nicht die Frau deines Lebens sein«, unterbrach ich ihn. »Sonst würde ich nicht gehen. Die Frau deines Lebens wartet da draußen noch auf dich. Ganz sicher. Es tut mir so leid! Oh, ich hasse es, dir wehtun zu müssen, aber ich ... ich kann das nicht ... ich kann dich nicht heiraten.«

Rolf, Gerit, Julian ... die Partner aus meiner Studienzeit ... nach diesen Erlebnissen kam ich zu der Erkenntnis: Ich bin bindungsunfähig oder bindungsunwillig. Zumindest in meiner momentanen Lebensphase, in der ich meine Karriere steil vorantreibe - und mir mein Dolce Vita aufbaue. Meine Pläne haben Vorrang. Ich will zwar nicht alleine sein, aber mit jemandem zusammenleben oder gar verheiratet sein, will ich irgendwie auch nicht. Eigentlich komme ich ganz gut allein klar.

Mittendrin

Nun sitze ich hier – in meinem Abendkleid, in einem der teuersten und besten Hotels Deutschlands, mit diesem göttlichen, spritzigen, aufmunternden Champagner vor mir, die wohlwollenden Blicke des Barkeepers auf mich gerichtet plus ein paar teilweise verstohlene, teils offene von den Männern ringsum, die mir guttun, mich aber nicht reizen. Ich fühle mich mitten im Leben, mittendrin in meiner Karriere und kann mein Ziel schon riechen. Es ist in greifbare Nähe gerückt. Mein erster, echter Jackpot! Wer hätte das gedacht, als ich mit vierundzwanzig Jahren meine Karriere startete! Und nun, drei, vier Jahre später kann ich auf so einiges Erreichtes zurückblicken … nein, ich bin noch nicht ganz da, wo ich hinwill, aber auf einem guten Weg.

Ich sitze hier und warte auf meine Kollegen, meine Mannschaft, die mit mir meinen Weg geht. Ich liebe sie alle! Wenn ich es recht bedenke, ist es das, worauf ich stolz bin: mein Team. Wir gehen zusammen durch dick und dünn, wir sind nicht nur Kollegen, wir sind Freunde, wir haben gemeinsame Ziele, gemeinsame Interessen und sind doch so unterschiedlich, dass für Abwechslung immer gesorgt ist. So oft witzeln und sinnieren wir darüber, wo wir wohl in einem Jahr stehen werden, was wir dann erreicht haben werden. Wir haben schon so viel geschafft! Es ist einfach wunderbar!

Gedankenverloren beobachte ich, wie der Barkeeper Champagner nachschenkt, wie das Glas von der eiskalten Flüssigkeit beschlägt, sich mit Schaum füllt … ich starre auf die rapide schmaler werdende Gischt, bis goldfarbener, prickelnder Genuss im Glas zurückbleibt. Meine Gedanken sind in der Zukunft.

O ja, es war ein weiter Weg bis hierher – und er ist noch lange nicht zu Ende.

Das fühle ich deutlich.

Monsun

Ein Jahr später.

Der Regen prasselte nicht vom Himmel, nein, wasserfallartige Kaskaden ergossen sich in unaufhörlicher Stetigkeit aus dunklen Wolken, die auf die Erde zu hängen schienen.
Ich hatte so etwas noch nie erlebt. Alle Erzählungen, die ich jemals darüber gehört hatte, kamen dem Naturereignis des Monsunregens, wie ich ihn jetzt live erfuhr, nicht im Entferntesten nahe. Alles an mir war nass – auch der Koffer, auch mein Rucksack mit dem Smartphone, dem iPad, den Kopfhörern – ich hatte jedes Kleidungsstück im Rucksack um die Geräte herumgewickelt und hoffte, sie damit retten zu können. Und außerdem hoffte ich, nicht mehr allzu lange in diesem Sturm stehen zu müssen. Selbst die Imprägnierung meines Koffers war unfähig, dieser Flut an Wasser zu trotzen – wäre er in den Ozean gefallen, er hätte nicht nasser sein können.

Die Frau, die mich in Empfang genommen, besser, der ich mein Anliegen vorgetragen hatte, war im Eingang eines Büros verschwunden, ohne mir eine Unterstellmöglichkeit zu gewähren, ohne mich mit durch ihr Tor treten zu lassen. Das Büro befand sich innerhalb der Mauern. Ich stand außerhalb.

Ein Pick-up kam die matschige, holprige Straße entlang gerumpelt. Das Licht der Scheinwerfer hüpfte, verursacht durch die vielen Schlaglöcher, auf und ab, auf und ab. Der Fahrer hupte laut und unwillig – zu meinem Unverständnis - dann fiel mir ein: Ach ja, hier ist ja Linksverkehr! Ich ging ein paar Schritte zur Seite. Durch das Steintor starrte ich auf das Büro mit dem Plastikvordach, über das so viel Regen abfloss, dass es einen Wasserfall bildete. Die Frau hatte um diesen Schwall herumgehen müssen, ihr Schirm hätte dieser Flut nicht standgehalten.

An der Seite des Tores stand in einem Unterstand ein in Uniform gekleideter dunkler Mann, der gleichmütig vor sich hinschaute, aber mich dennoch – das spürte ich – genau im Blick hatte. Es wäre nicht möglich gewesen, der Frau einfach hinterherzulaufen, in der Hoffnung auf ein regenfreies Plätzchen.

Die Ereignisse der letzten Wochen und Monate flogen durch mein Hirn und ich versuchte, dem Einhalt zu gebieten. Gerade jetzt konnte ich diese Gedanken gar nicht brauchen.

Wo blieb denn nur diese Frau? Frustriert setzte ich mich auf den Koffer, um ihn wenigstens ein bisschen vor dem Regen zu schützen. Was gäbe ich für ein trockenes Zimmer! Aber es war ja nur eine Formalität, bis es soweit war ... ärgerlich, dass es so lange dauerte. Die Sekunden dehnten sich zu Minuten, zu einer Viertelstunde. Ich wagte nicht, mein Smartphone rauszuholen und es dieser Sintflut auszusetzen. Und da ... da kam sie endlich!

Erleichtert stand ich auf und ging ein paar Schritte auf sie zu, aber sie hob schon im Torbogen abwehrend ihre Hand, als sei ich ein schwarzer Geist, den sie hier nicht haben wollte. Mein angedeutetes Lächeln erlosch.

»Es tut mir leid«, sagte sie ruhig, aber bestimmt. »... aber wir können Sie nicht aufnehmen. Wir haben strenge Vorschriften und hier kommen nur Leute rein, die sich angemeldet haben.«

»Aber ... aber es regnet!«, entgegnete ich fassungslos und meine Hand hob sich unsinnigerweise in den Himmel, als ob ich es beweisen müsste. Wenn ich alles erwartet hätte, aber nicht das! Und dann, verzweifelt: »Sie können mich doch nicht einfach hier draußen stehen lassen! Geben Sie mir wenigstens eine Unterkunft für diese Nacht! Morgen kann ich mir eher etwas suchen, aber jetzt ...«

Um den Mund der Frau zuckte es. Dann straffte sie sich.

»Sie können hier nicht bleiben. Wir sind kein Hotel. Aber wenn Sie etwa eine Meile in diese Richtung laufen ...« Ihre Hand wies auf eine Straße ohne jede Beleuchtung, die sich im Nirgendwo verlor. »... kommen Sie in ein kleines Dorf. Dort ist eine Polizeistation. Die können Ihnen ein Taxi rufen. Es wäre am besten, Sie fahren zurück nach Mumbai. Dort gibt es genügend Hotels.«

Damit drehte sie sich um und ließ mich stehen.

»Aber es sind drei Stunden bis dorthin!«, rief ich ihr aufgebracht nach.

Das Tor schloss sich. Der Wächter schaute geradeaus. Eine gewaltige Windbö fuhr krachend durch die Zweige der Bäume.

Und ich stand mitten in Indien, in einem kleinen Kaff, außerhalb jeder Zivilisation, vor mir das geschlossene Tor eines

Klosters, während der Monsunregen unaufhörlich auf mich niederprasselte.

***

Was blieb mir anderes übrig? Ich machte mich auf den Weg in die dunkle Straße. Es gab kein Licht, und der Regen fiel so dicht, dass man nur einen Fuß vor den anderen setzen konnte und ansonsten nichts sah. Als ich etwa hundert Meter gegangen war, hörte ich eine Stimme.

»He! He!«, klang es durch den strömenden Regen. Ich hob den Blick, konnte kaum etwas sehen. Doch da stand eine Frau am Straßenrand, mit einem Schirm. Sie winkte mir, rief etwas, aber der Regen prasselte so laut, dass ich nichts verstand. Hoffnung schöpfend lief ich auf sie zu. Als ich auf Hörweite nähergekommen war, drangen erlösende Worte an mein Ohr:

»Accomodation? Looking for accomodation?«

Heftig nickte ich.

»Ja, dringend! Ich …«

»Kommen Sie mit – ich habe ein Zimmer.«

Sie drehte sich um und ich folgte ihr. Der Pfad, den sie ging, war so schmal, dass wir hintereinandergehen mussten, und er schien in die Wildnis zu führen. Dichtes Blattwerk hing rechts und links in den Weg, aber er war geteert – Luxus für meinen Rollkoffer. Nach ungefähr weiteren hundert Metern kamen wir an ein kleines einstöckiges Häuschen mit einem Vordach, von dem der Regen ebenfalls wie ein Katarakt herunterschoss. Sie ging um den Schwall herum, ich machte es ihr nach und stand endlich im Schutz eines Hauses. Erleichtert atmete ich auf - endlich keine Wassermassen mehr, die mir auf den Kopf prasselten! Sie bedeutete mir, die Schuhe auszuziehen und den schmutzigen Koffer draußen zu lassen.

»Wir machen erst die Rollen sauber, bevor du ihn hereinbringst«, sagte sie ruhig. »Bitte bleib hier stehen – ich bringe trockene Kleidung.«

Ihr Englisch war erstaunlich gut. Ich nickte und konnte es kaum erwarten, nach drinnen zu kommen. Obwohl es nicht kalt war, fror ich, einfach weil ich durch und durch nass war. Und müde.

Schließlich kam sie zurück, führte mich in eine Art Diele oder Vorraum und drückte mir ein Badetuch in die Hand. Ihre Bewegungen, das fiel mir trotz meiner Erschöpfung auf, waren besonnen und anmutig, bestimmt und sicher – sie beruhigten mich.

Auf ihr Geheiß zog ich die nassen Sachen aus, wickelte mich in das Badetuch und folgte ihr in das Zimmer, das einen Stock höher lag. Es war erstaunlich nüchtern für Indien, ohne die üblichen bunten Farben – aber sauber und gemütlich. Ein Einzelbett mit Holzrahmen, ein einfacher Nachttisch, ein noch einfacherer Kleiderschrank. Und doch hing etwas Heimeliges in dem Raum – und nicht nur in dem Raum – im ganzen Häuschen. Es gab sogar ein Bad mit Toilette und offener Dusche. Das war Luxus pur!

»Du bist ja eigentlich schon nass …«, lächelte sie freundlich »… aber eine heiße Dusche nach der Reise …?«

Ich seufzte dankbar.

»O ja, das hört sich an wie der Himmel. Vielen Dank!«

Sie legte ein Bündel aufs Bett.

»Ein Punjabi, er müsste dir passen. Dein Koffer ist sehr nass - wir müssen erst sehen, ob du überhaupt noch trockene Kleider hast.«

Sie legte mir noch ein Stück Seife hin und glitt dann aus dem Zimmer. Fasziniert schaute ich ihr nach. Ihre Bewegungen waren wie ein schöner Tanz.

Ich stieg unter die Dusche, genoss das heiße Wasser. Langsam fuhr ich runter, langsam wurde ich ruhiger. Es schwang etwas sehr Stilles hier in diesen Räumen, die Atmosphäre wirkte auf mich - und doch - ich konnte kaum glauben, dass ich hier war. In Indien. Was tat ich hier? Was hatte ich mir eigentlich dabei gedacht? Nach allem, was geschehen war, schien diese Reise nur eine weitere Schnapsidee gewesen zu sein.

***

Als ich den Punjabi anzog, bemächtigte sich mir das seltsame Empfinden, in eine andere Rolle zu schlüpfen und mit der indischen Tracht auch einen Teil dieser Kultur überzustreifen. Die weiten Hosen waren aus leichtem hellgrünem Stoff, das lange Oberteil, das ab der Hüfte geschlitzt war, in hellem Rosa und dem Grün der Hosen gehalten. Ein Blumenmuster zog sich als Bordüre über den züchtigen Ausschnitt, aber am schönsten war der leichte Chiffonschal mit dem passenden Farbverlauf von rosa nach grün - das perfekte i-Tüpfelchen für das ungewohnte Outfit. Ja, ich fühlte mich anders, als ich die Treppen nach unten ging, um meinen Koffer zu inspizieren. Meine Gastgeberin hatte bereits mit einem Tuch die Rollen gesäubert.

»Oh, vielen Dank«, sagte ich »Das ist so lieb von Ihnen! Und auch danke für den Punjabi! Er passt wirklich gut! Und vor allem für das Zimmer! Ich wüsste nicht, was ich ohne Sie gemacht hätte!«

Ich lächelte sie an.

»No problem«, sagte sie mit ihrer dunklen Stimme, zwinkerte mir zu und sah mich danach voll an.

Ihr Blick fesselte mich. Es war mir unmöglich, den meinen von ihrem zu lösen und unsere Augen hingen aneinander, ohne dass es peinlich war. Es war, als ob eine feste Bindung zwischen ihr und mir bestünde. Mir war, als brächte sie mit ihrem tiefen Blick etwas Altes in mir ins Schwingen. Ich fühlte mich seltsam. Schließlich senkte sie ihre Lider. Aber unsere Verbindung schwebte im Raum wie ein festes Band.

»Ähm, wenn Sie wollen, zahle ich auch gleich das Geld für die Übernachtung«, durchbrach ich die Stille.

»Das hat Zeit«, winkte sie ab und ich nutzte die Gelegenheit, sie in ihrer Gesamtheit anzuschauen. Sie war schön. Ihr halblanges schwarzes Haar war zu einem modernen Pagenschnitt geschnitten, ihr Gesicht war faltenlos, ihre hellbraune Haut schien zu schimmern, sie hatte riesige schwarze Augen mit langen Wimpern und einen absolut göttlich geformten Mund. Ja, sie war schön! Es fiel mir schwer, ihr Alter auszumachen. Erst meinte ich, sie könne nicht älter als fünfundzwanzig, dann wieder hatte ich den Eindruck, sie müsste Mitte dreißig sein ... nur um kurze Zeit später erneut meine Meinung zu revidieren, nein, sie war jünger, nein, doch älter ...

»Die Farben stehen dir gut«, lächelte sie mit Blick auf den Punjabi. Obwohl man das beim englischen »you« nehmen konnte, wie man wollte, hatte ich den Eindruck, sie duze mich.

»Das sind die Farben von Hrdaya. Sie kleiden dich«.

»Hrdaya?«

»Das ist das indische Wort für Herz.«

»Oh«

Sie bemerkte meine Verblüffung nicht, sie hatte sich schon wieder dem Koffer zugewandt.

»Den kannst du später mit nach oben nehmen«, meinte sie. »Weiter unten an der Straße gibt es eine Wäscherei mit Bügelservice. Der Ladeninhaber ist taubstumm, aber er macht seinen Job perfekt. Möchtest du einen Chai?«

»Oh ja! Vielen Dank! Das ist so freundlich von dir. Ein heißer Tee wäre ganz wunderbar.«

»Komm mit!«

Sie lächelte, wandte sich um und lotste mich in einen kleinen Wohnraum mit einer Küchenzeile, der eher indischen Verhältnissen entsprach als mein Zimmer. Der Boden war mit einem gemusterten Teppich belegt, darauf stand ein Sofa mit einem niedrigen Tisch, zwei, drei Sitzpolstern drum herum und vielen bunten Kissen.

»Wo kommst du her?«, fragte sie mich, während sie mir eine Tasse heißen Chai überreichte.

»Aus Deutschland«, antwortete ich. »Und nochmals danke, dass du mich aufgenommen hast ... du warst meine Rettung!«

»Ja, offensichtlich!«, lächelte sie heiter. »Schön, dass du den Weg zu mir gefunden hast.«

»Hab ich eigentlich gar nicht ... ich meine, ich wollte in den Ashram ... aber sie haben mich nicht rein gelassen.«

Sie nickte. »Du bist hier, also soll es so sein. Was führt dich nach Indien?«

Sie saß auf der Couch in einem perfekten, komplett entspannten Lotussitz, die Tasse in der Hand und musterte mich neugierig - amüsiert. Ein Ausdruck, den ich noch öfter an ihr sehen sollte.

»Viel«, seufzte ich nichtssagend. »Freunde von mir sind im Ashram ... ich wollte sie besuchen ... unter anderem.«

»Das ›unter anderem‹ klingt gewichtiger als der Besuch bei deinen Freunden«, stellte sie fest. »Was bedeutet ›unter anderem‹?«

Ich warf ihr einen irritierten Blick zu. Standen mir meine letzten Erlebnisse so deutlich im Gesicht? Aber ihre gesamte Ausstrahlung war so ruhig, so ... ja, liebevoll. Ohne fassbaren Grund hatte ich Vertrauen zu ihr.

»Na ja ... sagen wir mal so ... ich möchte, nein ich muss einen Neuanfang machen und ...«

»Anfänge sind immer neu«, unterbrach sie mich und kicherte. »Das liegt wohl in ihrer Natur.«

»Ja, stimmt«, erwiderte ich verunsichert. »Jedenfalls muss ich mein Leben neu sortieren und daher wollte ich eben mit meinen Freunden reden und ...« Ich räusperte mich, ich wusste tatsächlich nicht, wie ich meine letzten Erlebnisse in Worte packen sollte – und eigentlich wollte ich das auch nicht.

»Na, endlich«, freute sie sich. Erstaunt sah ich sie an. »Das ist ja herrlich, dass du ein neues Leben anfangen willst! Hoffentlich sind deine Hände leer, wenn du auf die Palme steigst.«

»Wie bitte?«

»Das ist so eine Redensart bei uns: Wer eine Palme nach oben klettern will, darf die Hände nicht mit Ballast vollhaben. Wie soll er sonst nach oben kommen?«

»Tja, das ist manchmal nicht so einfach«, entgegnete ich ein bisschen sarkastisch. »... das mit dem Ballast. Wenn einen die Vergangenheit verfolgt ... oder formt, was sie ja zwangsläufig immer tut ... oder sie an einem klebt ... oder einen immer wieder einholt.«

Ich stieß einen Seufzer aus, weil auf einmal alles wieder da war. Die ganze Erinnerung. Einfach alles. Vor allem die letzten Wochen ... oh, diese letzten Wochen! Neugierig sah sie mich an.

»... und immer neuer Mist dazu kommt«, setzte ich noch nach und hörte mich selbst, hörte die Verbitterung in meiner Stimme.

»Wozu ist dann ein Anfang gut, wenn du dich gleichzeitig mit einer Vergangenheit belastest, die du doch durch das Neue loswerden willst?«, wollte sie wissen und lachte dabei leicht.

»Vielleicht kommt der neue Mist deswegen zustande? Oder es ist nur alter Mist in etwas anderer Farbe? Das ist ja lustig! Du willst den Mist loswerden und sagst gleichzeitig, dass das nicht möglich ist? Das ist, als ob du in eine neue Wohnung ziehen willst und aus deiner alten nicht rausgehst, weil du behauptest, die Wohnung lässt dich nicht los. Klingt nicht sehr durchdacht.«

Sie betrachtete mich wie ein Forscher ein Tier betrachtet, das eine unverständliche Verhaltensweise an den Tag legt, und sie schien sich innerlich schiefzulachen über meine so absurde Logik oder besser gesagt die Sinnlosigkeit meines Unterfangens.

Aufgewühlt sah ich sie an. Was sollte das jetzt werden?

»Dazu bräuchte ich eine Amnesie«, erwiderte ich spitz. »Um mein bisheriges Leben einfach vergessen zu können. Kann ich aber nicht.«

»Vielleicht musst du das gar nicht«, konterte sie völlig unbeeindruckt. »Vielleicht brauchst du ja nur eine andere Sicht auf die Vergangenheit – allein das wäre doch ein Neuanfang. Vielleicht ist das ja auch eine Art Amnesie.«

»Das ist nicht so einfach, wie es klingt«, erwiderte ich abwehrend.

»Woher willst du das wissen? Du wirkst nicht so, als ob du es jemals ernsthaft versucht hättest.«

Puff. Da saß ich. Ich blickte fassungslos auf diese Inderin vor mir, dann auf den Chai in meiner Tasse.

»Woher ... willst du das wissen?«, verteidigte ich mich. »Dass ich es nie versucht habe?«

»Wärst du sonst hier?«

»Vielleicht bin ich hier gelandet, weil ich es versucht habe?«

»Ja, das kann natürlich auch sein«, gluckste sie. »Wie ist sie denn so, deine Vergangenheit?«

Ich wandte den Kopf ab. Es war nicht allzu lange her, dass mich das schon mal jemand gefragt hatte.

»Das ist eine lange Geschichte«, wehrte ich ab, plötzlich furchtbar müde.

»Ich liebe Geschichten! Erzählst du sie mir?«

»Ich weiß nicht, ob du das hören willst. Ich finde, sie ist ... sie ist ...«

»Ist doch egal, wie du sie findest. Wenn ich sie höre, werde ich sie anders wahrnehmen als du. Vielleicht ist das die Chance für einen neuen Anfang?«

Ich schwieg. Dachte an die letzten Wochen, Monate, blickte auf das kunstvolle Teppichmuster, auf meine nackten Füße, die aus den Punjabihosen ragten, und stellte die Tasse ab.

»Verzeih mir, ich habe noch gar nicht gefragt, wie du heißt.« Ich errötete und blickte auf die Frau vor mir, deren Grübchen in ihre Wangen einzementiert zu sein schienen.

»Ich bin Jyoti«, antwortete sie. »Und du?«

»Greta.«

»Aahhh«, machte sie, als hätte ich ihr eröffnet, die Kaiserin von China zu sein. Dann löste sie ihre Beine aus dem Lotussitz und setzte sich dicht neben mich. Ein zarter Duft ging von ihr aus und ihr Körper war warm, sehr warm. Sanft hoben ihre Hände den Chiffonschal, den ich um meinen Hals gelegt hatte und dessen Enden bis zu meinen Schienbeinen reichten. Sie sah mir in die Augen und mir wurde heiß. Unwillkürlich zuckte ich zusammen. Ihre langen Wimpern senkten sich und sie drapierte den Schal auf andere, weiche Art um meine Schultern.

»Weißt du, das Leben besteht aus Anfängen«, erwiderte sie ernst. »Jeder könnte sich zu jeder Sekunde neu erfinden … das ist das Spiel der Schöpfung. Jeder Tag ist neu. Jede Sekunde! Sag mir, welchen Sinn macht es, einen Anfang behaftet mit Vergangenem zu machen? Erschaffst du dann nicht ein immergleiches Schicksal?«

»Nicht, wenn man aus dem Vergangenen lernt«, erwiderte ich verwirrt. Mir wurde immer heißer und ihre Nähe machte mich schrecklich nervös. Warum saß sie nur so nah neben mir?

»Aber was heißt das, aus der Vergangenheit zu lernen?«, wollte sie wissen.

Ich dachte nach. Ja, was hieß das?

»Im Grunde versuchen wir wohl, das zu vermeiden, was uns in der Vergangenheit wehgetan hat. Wir wollen die Zukunft so gestalten, dass Schmerzhaftes nicht mehr passiert.«

Zu meinem Erstaunen fing sie an zu lachen:

»Wie soll das denn funktionieren?«, fragte sie. »Vielleicht ist das Schmerzhafte gar nicht das Problem. Vielleicht liegt das Problem darin, es vermeiden zu wollen. Damit vermeidest du das Leben! Vielleicht ist das Schmerzhafte nicht schmerzhaft, wenn du es andersherum betrachtest.«

»Ähm … ist das nicht normal Unangenehmes vermeiden zu wollen?«

Aufmerksam sah sie mich an und mir war, als durchdringe sie mit ihrem Blick alles in mir, als könne sie in jede Zelle von mir sehen.

»Vielleicht ist es normal, weil es alle machen, ja«, räumte sie ein. »Aber das heißt nicht, dass es sinnvoll ist. Anfänge sind doch so wunderbar, sie sind Abenteuer, weil sie von uns fordern, die Vergangenheit lediglich als Sprungbrett zu nutzen, aber nicht als Hindernis oder gar als Bandage für Verletzungen. Daher wäre es sinnvoll, die Vergangenheit abzuhaken. Scheint nicht schlau zu sein, mit einer einzementierten Identität etwas Neues anfangen zu wollen.«

»Ja, das mit dem Abhaken ist so eine Sache«, seufzte ich. »Ich fürchte, genau darin besteht das Problem – für mich jedenfalls.«

»Erstaunlich«, sagte sie und wackelte auf diese typisch indische Art verständnislos mit dem Kopf. »Was du dir so alles einredest.«

Ich lachte verwundert. »Einredest?«

»Ja, lauter seltsame Sachen, die dich noch mehr belasten, statt leichter machen.«

Stumm starrte ich auf meine Tasse. Sie hatte recht.

»Also … was ist mit deiner Geschichte?«, unterbrach sie meine Gedankengänge und beugte sich zu mir. Ich antwortete nicht gleich.

»Aahh, okay, du willst nicht! Das ist in Ordnung.«

Sie stand auf, heiter, freundlich, kein Stück gekränkt oder beleidigt. Unsicher hatte ich mich auch erhoben und kaute an meiner Lippe. Obwohl ich ihre Neugier noch vor ein paar Minuten und ihre Nähe als zu intensiv empfunden hatte, vermisste ich plötzlich beides. Aber der Moment war vorbei. Jyoti ging zur Tür und wünschte mir eine gute Nacht.

Nachdenklich schleppte ich meinen nassen Koffer hoch und begann auszupacken. Es war viel Gepäck. Jedes Stück eine Erinnerung. Die Kleider zog ich auf Bügel … das schwarzsilberne Abendkleid … mein Herz fing an zu klopfen und automatisch zückte ich mein Handy und sah drauf. Keine Nachricht.

Mutlos packte ich weiter aus. Dann gingen mir die Bügel aus und ich lief noch einmal zu Jyoti hinunter und fragte sie, ob sie noch ein paar für mich hätte.

Als sie mit den Bügeln nach oben kam, sah sie sich interessiert meine bereits aufgehängten Kleidungsstücke an. Sie betrachtete sie so intensiv, dass ich den Eindruck hatte, sie ahne, was ich in jedem einzelnen Teil erlebt hatte. Über ein paar ließ sie sanft ihre Hand gleiten, feine, lange, gepflegte Finger. Mit einem unbeschreiblich tiefen Blick wandte sie sich mir zu. Ich weiß nicht, was das an ihr war – damals wusste ich es nicht – aber ich fühlte mich dauernd aufgerufen, sie fasziniert anzustarren.

»Darin hast du viel erlebt«, murmelte sie. »Viel Schönes, nicht?«, und mit diesen Worten fing mein Herz wild zu klopfen an. Woher wusste sie das?

»Anfänge sind so magisch«, fuhr sie fort, während der Stoff eines meiner Kleider durch ihre Hände glitt. »Oft kommt etwas völlig anderes heraus, als wir gedacht oder gewollt haben, was aber nicht herausgekommen wäre, hätten wir den Anfang nicht gewagt.«

»Ist das ein Schubs, ihn zu wagen?« Ich lächelte schwach.

»Wenn du einen brauchen solltest …«

»Es wäre das zweite Mal«, murmelte ich, »dass ich meine Geschichte erzähle …«

Sie erwiderte nichts und wandte sich erneut zum Gehen. Sie würde mich nicht noch einmal auffordern, das wusste ich sicher und auf einmal hatte ich das dringende Gefühl, eine Chance zu vergeben, wenn ich diesen Anfang nicht wagte. Wenn ich ihn nicht mit ihr wagte.

»Sie ist nicht sehr außergewöhnlich, meine Geschichte«, sagte ich zu ihrem Rücken. Sie verharrte an der Tür, die Hand auf der Klinke. »Ich bin niemand, der ein spannendes oder aufregendes Leben führt oder irgendwelche Heldentaten vollbracht hat.«

»Ja, aber du bist jemand, der die Palme hochklettern will«, sagte sie.

»Woher weißt du das?« Ich lachte unsicher. »Das weiß ja noch nicht einmal ich.«

»Warum sonst bist du hier?«, fragte sie ihrerseits verständnislos und schüttelte erneut ihren Kopf über meine Begriffsstutzigkeit.

»Hier in Indien?«

»Nein, hier auf der Welt.«

Damit ging sie und überließ mich meinen Gedanken.

***

Die Sonne schien zum Fenster herein, als ich am späten Vormittag aufwachte. Ich hatte überraschend gut geschlafen und erst nach ein paar Minuten fiel mir alles wieder ein. Auch das Gespräch mit Jyoti. Ich war neugierig, wie sie im Sonnenlicht aussah, es war gestern Abend sehr schwer gewesen, ihr Alter zu schätzen. Aber wie sich herausstellte, blieb das auch bei strahlender Sonne ein Rätsel. Mal wirkte sie jung wie ein Teenager, mal wie eine energische Mutter, mal wie eine strenge, ältere Tante, dann wieder wie eine junge Frau Ende zwanzig –

so wie ich, je nach ihrer Mimik und dem, was sie gerade tat. Aber älter als vierzig war sie auf keinen Fall, entschied ich. Ihr Haar war so dunkel wie meines und ihr Lachen zeichnete lustige Grübchen in ihre Wangen. Und wie schon erwähnt: Sie lachte oft.

»Guten Morgen!«, begrüßte sie mich. »Gut geschlafen?«

Sie bedeutete mir, mich zu setzen, sie hatte Frühstück gemacht und kochte gerade Kaffee.

»Besser als erwartet«, erwiderte ich. »Vielen Dank für das Frühstück und für gestern und …«

»Das ist schon in Ordnung«, unterbrach sie mich. »Als Bezahlung will ich deine Geschichte hören! Oder ist dir das zu teuer?«

Wieder lachte sie und ich stimmte mit ein.

»Nein … das kann ich doch nicht annehmen«, erwiderte ich. »Du machst doch auch Essen und all das …«

»Ja, mit dem Annehmen scheint es bei dir ein bisschen zu hapern«, grinste sie mich an. »Das fällt dir schwer, nicht?«

»Ähm …«

»Ich bin so gespannt! Und hast du was dagegen, wenn ich zwischenfrage? Das ist eine Angewohnheit von mir.«

»Nein, wieso sollte ich?«, erwiderte ich, trotzdem einigermaßen verwirrt von ihrer direkten Art. Sie schenkte mir mit Begeisterung Kaffee ein und schob mir frisch gerösteten Toast hin.

»Iss«, sagte sie. »Und dann geht's los.«

»Ich kann auch jetzt schon …«

»Nein, wenn du isst, isst du. Danach.«

Sie ließ mich beim Frühstück allein. Ich hatte kein Buch, keine Unterhaltung. Es blieb mir nichts anderes übrig, als mich auf das Essen zu konzentrieren. Das war meine erste Lektion.

***

Eine halbe Stunde später kam sie wieder und wir spülten das Geschirr mit klarem Wasser in dem einfachen Steinbecken. Bei meinem stillen Frühstück war mir unser gestriges Gespräch wieder in den Sinn gekommen.

»Kann ich dich was fragen?«

»Aber sehr gern!«

»Wie definierst du einen Anfang?«

»Einem Anfang liegt immer ein Entschluss zugrunde«, antwortete sie »Und der Entschluss entscheidet, wo es hingeht. Wir in Indien sagen, dass Gott deine Vorhaben, deine Absichten nie vergisst. Sie schwimmen immer irgendwo und er will sie dir erfüllen. Also ist entscheidend, welcher Entschluss deinem Anfang vorausgeht.«

»Und wenn ich einfach nur glücklich sein wollte?«

»Dann empfände ich das als sehr guten Entschluss. Aber ...«, leicht lächelnd sah sie mich an. »Ist das wirklich dein einziger Entschluss?«

Ich dachte nach. »Das ist der Grundlegendste. Ich will glücklich sein, aber ich brauche einen gewissen Rahmen dafür. Das heißt, es gibt viele andere Dinge, die ich erreichen will oder die ich möchte, um glücklich zu sein.«

»Ah, so ist das«, antwortete sie und schwieg. »Das heißt, dass du jetzt gerade unglücklich bist?«

»Na ja, es könnte mir besser gehen«, brachte ich heraus. »Es ist so viel passiert in den letzten Monaten ... so viel ... und irgendwie krieg ich das alles nicht auf die Reihe.«

»Dann lass uns anfangen«, forderte sie mich sanft auf. »Und lass es einen echten Anfang sein. Einen, der dich zu anderen Ergebnissen führt als bisher.«

Irritiert sah ich sie an. Mir war, als wüsste sie schon alles.

»Was ... was ist dann ein echter Anfang? Ein neuer Gedanke im Hirn eines Menschen? Einer, der stark genug ist, festgefahrene Gedankenstrukturen zu durchbrechen?«

Bedächtig sagte sie: »Für einen Anfang sind keine neuen Gedanken nötig. Es wurde alles schon mal gedacht hier auf dieser Welt. Neu muss der Gedanke nicht sein. Aber wie gestern erwähnt, solltest du die Hände leer haben.«

»Aber wie hakt man die Vergangenheit ab?«

»Indem man Gedanken als das sieht, was sie sind. Eine Masse an Energie, die dir zur Verfügung steht. Auch Probleme und Turbulenzen sind nichts anderes als eine Masse an Energie. Wenn du Gedanken als das sehen kannst und zu ihnen eine andere Einstellung gewinnst, wenn du nicht in ihrem Bann, sondern sie in deinem bleiben, dann wird das Leben sehr einfach.«

»Das verstehe ich nicht.«

»Alles ist gut, wenn du dahin zurückgehst, wo die Gedanken entstanden sind. Dafür sollte man offen sein.«

»Was meinst du damit? Dass ich dir alles erzählen soll?«

Wieder funkten die letzten Erlebnisse durch meinen Kopf.

»Ja, das natürlich auch. Aber was ich mit offen meine, ist, die Ungewissheit im Leben zu genießen. Mit dem inneren Strom zu fließen. Das Neue mit einem gelassenen Geist zu erwarten. Den Mut, zu vergessen, was war, zu nutzen, was gut ist. Das ist offen.«

»Warum willst du dann meine Geschichte hören, wenn ich sie doch am besten vergessen soll?«

»Weil du sie erst nutzen kannst, wenn du das Gute darin verstehst. Überhaupt, wenn du verstehst.«

Sie war so ruhig, so sicher und sie traf mich mit dieser Ansage mitten ins Herz, denn … verstanden hatte ich bisher gar nichts. Im Gegenteil. Ich war selten in meinem Leben so verwirrt und durcheinander gewesen.

Nie werde ich den kleinen Couchtisch vergessen und das mit bunten Kissen dekorierte niedrige Sofa, ihre Gestalt in den orangefarbenen Gewändern, die kein Punjabi, aber auch kein Sari waren, die Bilder mit indischen Heiligen an den Wänden, die Kanne Chai vor uns, die bunten Becher.

Und sie.

Sie, die mühelos für Stunden wie Buddha im Lotussitz verharrte, die Augen mit den langen Wimpern halbgeschlossen, lauschend. Ihre großen, dunklen Augen manchmal sanft, oft amüsiert auf mich gerichtet. Schon mit den ersten Worten spürte ich, dass sie mehr als zuhörte. Sie absorbierte meine Worte. Sie transformierte sie. Sie veränderte mich, schon während ich sprach. Und obschon mein Kopf mir ständig anderes zu suggerieren versuchte, ahnte ich, dass es etwas Besonderes war, dass Jyoti sich meiner Geschichte annahm.

Upgrade

Hi, ich bin Greta. Bin so um die 1.65, mittlerweile neunundzwanzig Jahre alt und (inzwischen) bewusst single. Meine Nase ist zu groß, aber damit kann ich leben. Meine Augen sind blau, die Lippen voll, mein Gesicht insgesamt ganz okay, meine Figur das, was man zierlich nennt. Ich bin schmal, aber nicht kurvenlos. Mein Haar ist schwarz, fast schon blauschwarz, sodass die meisten mutmaßen, es sei gefärbt. Allein deswegen wäre ich lieber blond.

Ich wünschte mir, ich wäre in eine normale Familie geboren worden. Ich wünsche mir so vieles, was nicht ist. Und irgendwo denke ich immer, dass das alles noch kommt, dass das Leben in der nächsten Sekunde so richtig anfängt, mir seine Fülle zeigt, seine Wunder, seinen Reichtum und seinen Glanz.

Kennst du das Gefühl? Das Gefühl, das tief unten in einem rumort, dieses Gefühl, zu glauben, zu hoffen, dass im nächsten Moment etwas Ungewöhnliches geschieht, die Scheinwerfer des Lebens sich endlich voll auf dich richten und dich von der grauen Statistenrolle ins Rampenlicht rücken? Dieses Warten auf diesen einen Moment, auf die Sekunde, die dein Leben verändert, die dir etwas viel Schöneres, Größeres, Mächtigeres offenbart, als das, was bisher war.

Ich lebe in dieser Erwartung.

Mein Leben ist geprägt von der Hoffnung, der ständigen Annahme, dass gleich etwas Besonderes passiert – und oft habe ich Angst, es zu verpassen. Ich verlange gar nicht viel, nur ein paar Beweise, dass Gott mich nicht vergessen hat und ein bisschen Zauberstaub über mein Haupt stäubt, damit das Leben nicht gar so anstrengend ist.

Fliege ich in Urlaub, verharre ich bis zur letzten Sekunde in der Gewissheit, ein Upgrade zu bekommen, und diese Hoffnung halte ich aufrecht, bis der Flieger in der Luft ist, bis ich mich, statt in der eleganten Businessclass die Beine ausstrecken zu können, zwischen zwei übergewichtigen Menschen eingeklemmt wiederfinde, auf dem Mittelsitz selbstredend, dem dümmsten Sitz überhaupt, und dem wenig hilfreichen Gedanken, mein Nackenkissen vergessen zu haben. Erst dann realisiere ich innerlich grummelnd und enttäuscht, dass keine freundliche Stewardess (oder Flugbegleiterin, wie das jetzt heißt –

Stewardess war irgendwie eleganter, nicht?) mir Dreigänge-Menüs auf Porzellantellern statt in Alubehältern serviert, mir Champagner aus dicken Flaschen in feinen Gläsern kredenzt statt Tüten-Apfelsaft in Plastikbechern, oder mich zu diesen obergeilen, fetten Sesselliegen geleitet, auf denen man den Flug einfach verschlafen kann.

Ich erwarte insgeheim, dass ich im Hotel auf wundersame Weise eine Präsidentensuite mit allem Komfort, eigener Sauna und Jacuzzi zum Preis eines Einzelzimmers bekomme, weil gerade nichts anderes frei ist, dass mir in der Bar ein gut aussehender Mann Champagner spendiert, der nur die allerbesten Absichten hat, ich in der Spa-Abteilung an eine besonders begabte Person gerate, die mir ein neues Gesicht und einen neuen Look verpasst, was wiederum die Aufmerksamkeit bedeutender Menschen auf mich zieht … nur, um immer wieder unterschwellig sauer zu sein, weil mir das Leben all diese Gefälligkeiten nicht erweist.

Dann ist es nur noch ein Sprung zur gewohnten Maßnahme, die ich mit einem Seufzer ergreife: mein Leben selbst in die Hände zu nehmen. Immerhin, so heißt es ja, haben wir ja ebendiese deshalb von Gott bekommen. Wir sollen uns selbst helfen, damit er uns hilft.

Das klang für mich noch nie logisch. Da kann der Kerl Wunder wirken und tut es nicht! Und wozu brauche ich denn seine Hilfe, wenn ich mir selbst helfen soll? Bisher habe ich immer alles alleine stemmen müssen – ohne Gott. Wenn er mir seine Mithilfe verwehrt, muss ich eben selbst ran. Habe ich auch (fast) schon immer so gehalten – und es hat funktioniert. Ganz ohne ihn, den großen Macher!

Aber irgendwie ärgert mich das doch. Nicht nur, dass er mir nicht hilft, sondern, schlimmer noch, er mir eher ein Bein nach dem anderen stellt, so, als wolle er mich veräppeln, als mache er sich einen Spaß daraus, mir zu zeigen, wer denn nun wirklich am längeren Hebel sitzt. Das ist so diese Ätschibätsch-Geschichte … ganz ehrlich, ich finde, das nervt.

Außerdem ermüdet mich das enorm, weil es das Leben zum Kampf macht – einem Kampf zwischen ihm und mir, ein sehr ungleiches Battle. Und dann redet der Typ noch nicht mal mit einem! Wenn ich doch einfach mal ein »Was?« nach oben oder wohin auch immer schleudern könnte! »Was hab ich falsch gemacht?« Aber nix! Der Typ redet ja nicht mit jedem! Dennoch bin ich ein Stück weit fasziniert von ihm. Er hat sich noch nirgendwo blicken lassen und trotzdem glauben achtzig Prozent der Weltbevölkerung an ihn. Wie macht er das nur?

Also warte und hoffe ich weiter auf meine Jackpots, nur um immer und immer wieder die manchmal leise, manchmal laut aufschreiende Enttäuschung zu erleben, wenn etwas auf den letzten Metern nicht klappt. Leise ist sie dann, wenn mein Kopf versucht, mich zu beruhigen, und mir klarmacht, dass es Leute gibt, denen es richtig schlecht geht. Laut wird sie, wenn ich auf etwas hingearbeitet und mich angestrengt habe, ich kurz vor einem wichtigen Ziel stehe und mir plötzlich alles zwischen den Fingern zerrinnt. Ich meine, es geht mir nicht schlecht, überhaupt nicht, aber ich will ein Ziel erreichen, ohne das mir wer oder etwas dazwischen funkt. Das ist so, als ob man Sex hätte und auf den Orgasmus hinarbeitet – und der kommt nie.

Ich verstehe das Leben nicht. Und gerade jetzt im Moment verstehe ich es am allerwenigsten.

Ich weiß noch, wie ich als Kind versuchte, ein System in diesem Rätsel namens Leben zu finden, etwas Beständiges, Verlässliches. Was mir hier auffällt, ist, dass ich mich schon früh ziemlich unsicher gefühlt haben muss, wenn ich im zarten Alter von fünf über ein berechenbares Leben nachgedacht habe.

Ja, und so viele behaupten, man könne doch mit seinen Gedanken die eigene Zukunft steuern. Aber ich bin nicht sicher, ob das stimmt. Es gab so oft Phasen, in denen ich dachte: »Oh, no, das wird nie was!« Und es wurde bombastisch. Und dann wieder Momente, in denen ich so fest überzeugt war, dass gerade jetzt der Augenblick meines Lebens war – und genau das Gegenteil trat ein.

Also: Bis jetzt durchschaue ich weder das Leben, noch kann ich ein System dahinter entdecken. Vielleicht ist das der Grund, warum ich Gott misstrauisch gegenüber stehe - zumindest in Hab-Acht-Stellung. So habe ich, obwohl ich gut verdiene, oft ein geradezu schlechtes Gewissen, wenn ich Geld ausgebe. Die Beträge summieren sich auf meinem Konto und ich scheue mich, sie anzufassen, aus Angst vor schlechteren Zeiten, in denen ich jeden Cent brauchen könnte. Das ist kein guter Gedanke, aber er scheint mich zu beherrschen und das freut mich gar nicht, denn ich will ja auch keine schlechten Zeiten herbeidenken.

Trotzdem ist es so: Es könnte jeden Tag etwas passieren. Es könnte jeden Tag mit dem Leben, das ich jetzt führe, vorbei sein. Und genau das macht mich rammdösig. Genau das will ich nicht. Ich will, dass gute Dinge ewig sind. Ich will, dass das Leben kalkulierbar ist. Ich bin so der Typ, der gerne neunundneunzig Jahre vorausplant und es gar nicht gern hat, wenn im zweiten Jahr schon etwas gegen diese Planung verstößt.

Mit dem Gesetz von Ursache und Wirkung kann ich zum Beispiel sehr gut leben. Ich tue was Gutes, also krieg ich was Gutes. Aber kommen solch mysteriöse Faktoren ins Spiel wie Glück, Zufall oder gar Karma, finde ich das superfies und meine Unsicherheit wird noch größer: Ist das jetzt gerade Karma, das auf mich einwirkt oder habe ich was falsch gemacht?

Auch das zermürbt mich immer mehr. Die Frage: Was habe ich falsch gemacht? Und was ist richtig? Wenn man sich wenigstens ein Buch kaufen könnte, in dem diese blöden Regeln stehen! So wie bei Knigge, bei dem es von einem Jahr auf das andere plötzlich heißt, es sei unhöflich, jemandem Gesundheit zu wünschen, wenn er niest. Wenn man weiß, dass es dieses Regelbuch gibt, dann kauf ich mir das, und wenn sich was ändert, kann man mir das Update senden. Das wäre fair.

Aber das Leben … das Leben hat irgendwie mit Fairness nichts zu tun, egal, was die Esoteriker und die Spirituellen so sagen. Ich dachte, ich habe mein Leben im Griff. Ich habe alles dafür getan. Und doch bleibt es unberechenbar und wirft einen hin und her, wie es ihm gerade passt.

Ich muss es wissen, ich habe es gerade erlebt.

Aber dazu komme ich später.

***

Jyoti lachte. »Du hast komische Ideen«, gluckste sie. »Gott redet nicht mit dir? Und du willst ein System? Ein berechenbares Leben? Wäre dann das Leben nicht furchtbar langweilig?«

Mit treuherzig geweiteten Augen blickte sie mir ins Gesicht. Ich erkannte tiefen Schalk darin, der, so hatte ich den Eindruck, kurz davor war, sich in schallendem Gelächter zu äußern. Irritiert erwiderte ich ihren Blick.

»Es wäre fairer«, antwortete ich. »Wenn einfach eins und eins zwei ist und man sich darauf verlassen kann.«

Sie quietschte vor Vergnügen laut auf.

»Also, eines kann ich dir schon mal versichern«, wieherte sie. »Gott hat auf jeden Fall mehr Humor als du!« Ihre Augen blitzten, sie reckte ihre Arme in die Höhe und rief: »Gott! Hast du gehört? Sie will ein System von dir!«

»Ähm …«, stotterte ich, total verunsichert. »Warte, ich …«

»Zwei ist nicht nur eins und eins, es ist doch auch zehn minus acht oder acht geteilt durch vier oder hundert minus achtundneunzig!«, unterbrach sie mich lachend. »Oder zehn plus drei minus elf … Du siehst, es gibt eines!«

»Was? Ein System?«

»Genau! Ein Unfehlbares!«

»Na, dann her damit!«, rief ich unwillig. »Da warte ich schon lange drauf! Verrätst du es mir?«

»Ja, das *ist* das System! Dass es ein Ziel und viele Wege gibt! Dass das einzig Schöne und Sichere im Leben die Ungewissheit ist. Mehr musst du nicht wissen!«

»Wieso freut mich das gar nicht?« Verdrossen trank ich einen Schluck aus meiner Tasse. »Das ist blanke Theorie!«

»Wann hast du denn diese Einstellung entwickelt?«, fragte sie, ohne auf meine Bemerkung einzugehen. »… dass du ein System brauchst … und deine Jackpots … und all das.«

»Das mit den Jackpots … das hatte ich schon immer. Und dass ich Dinge erreichen will und sie so geschehen sollen, wie ich sie plane … na ja, so nach dem Abitur, im Studium, im Verlauf meiner Karriere.«

»Erzähl weiter! Erzähl von deiner Karriere!«, forderte sie mich auf, rückte ihre Beine nur minimal zurecht, obwohl sie doch schon so lange im Schneidersitz saß und beugte ihren Oberkörper gespannt nach vorne. Ihr Gesicht glühte von einem Enthusiasmus, den ich so gar nicht verstand, dieser Freude, die wie aus einem Sprinkler aus ihr herausspritzte und alles mit einer erfrischenden Fröhlichkeit benetzte. Das ging auch an mir nicht vorbei. Ich musste leicht lächeln, dann tat ich ihr den Gefallen und berichtete von meiner Karriere. Und damit von den jüngsten Ereignissen.

Anfänge

Ich kann mich noch genau an mein Einstellungsgespräch erinnern. Ich war vierundzwanzig, kam frisch von der Uni und war fest entschlossen, einen Job zu ergattern, mit dem ich nicht zu bald mit dem Kopf an die Decke stieß. Ich hatte BWL studiert, obwohl ich so manches Mal an dem trockenen Stoff verzweifelte, den ich in mich hineinpresste, aber ich biss die Zähne zusammen. Es war nun mal so: Das meiste Geld war in der Wirtschaft zu verdienen und schon während des Studiums sah ich mich auf dem Markt um und eruierte, wo die Chancen, nach oben zu kommen, am besten standen.

Ich fand eine Immobilienfirma, die sich über die Jahre hinweg einen Namen gemacht hatte und nun mit einem interessanten Konzept eine neue Sparte eröffnete. Ich kämpfte darum, überhaupt ein Bewerbergespräch zu bekommen, kämpfte um den Job. Der Inhaber der Firma, Herr Wagner, wollte mich nicht einstellen, da er Leute brauchte, die über ein Netzwerk verfügten.

»Das baue ich mir auf«, erklärte ich ihm entschlossen im Vorstellungsgespräch.

»Aber ich brauche jemanden, der eines mitbringt«, hielt er dagegen. »Wir wollen später in die Banken– und Institutionsgeschäfte einsteigen, und da müssen die Interessenten Sie kennen und schätzen. Ich brauche jemanden, der mit vorzeigbaren Erfolgen bei diesen Leuten punkten kann. Mit einem noch leeren Lebenslauf geht das nicht. Verstehen Sie mich nicht falsch, Sie haben sehr gute Qualifikationen, aber Sie sind schlicht zu jung und zu unerfahren für diese Aufgabe.«

In mir wehrte sich alles – ich wollte in diese Firma! Ich wollte diesen Job! Und ich würde ihn bewältigen! Ganz sicher sogar! Dennoch, Wagners Argumente waren stichhaltig, so ruderte ich ein wenig zurück.

»Aber Sie haben doch von der Möglichkeit gesprochen, sich hocharbeiten zu können, Sie haben nicht nur diese Position ausgeschrieben.«

»Ja, das stimmt. Ich suche noch einen Vertriebsdirektor für zwei Bundesländer, die derzeit ohne Führung und auch unterbesetzt sind. Aber auch dafür sind Sie ein zu unbeschriebenes Blatt, denn die Leute dort sind ja schon eingearbeitet. Die würden wohl einen Frischling – verzeihen Sie mir den Ausdruck – nicht akzeptieren.«

»Aber Sie sagen, diese Länder sind unterbesetzt. Heißt das, dass ich eigene Leute aufbauen könnte? Falls ich das schaffe, würden Sie nur gewinnen! Und sollte es so sein, können Sie ja darüber nachdenken, Ihre bestehenden Leute von mir betreuen zu lassen. Bitte! Geben Sie mir eine Chance! Sie verlieren nichts dabei, Sie gewinnen nur!«

Er musste lachen ob meiner Hartnäckigkeit.

»Das ist eine große Herausforderung für jemanden, der frisch von der Uni kommt und keine Verbindungen hat.«

»Die schaffe ich mir«, versprach ich mit Nachdruck. »Die werde ich mir aufbauen.« Sein zweifelnder Blick ärgert mich noch heute. Aber er war auch ein Ansporn.

Schließlich tat er mir den Gefallen. Er gab mir eine Chance, und das nur, weil er wirklich nichts zu verlieren hatte, denn ich ließ mich darauf ein, rein provisionsmäßig bezahlt zu werden.

Wenn ich auch nicht den Job bekommen hatte, den ich hatte haben wollen, so doch zumindest einen, in dem ich mich beweisen konnte. Ich biss die Zähne zusammen und rannte los.

Irgendwann würde das Leben schon klein beigeben. Irgendwann würde ich es bezwingen, da war ich sicher. Irgendwann würde das Füllhorn sich über mich ergießen und alles so easy laufen, wie ich mir das immer wünschte.

***

Es lief nicht schlecht, wenn es auch mit unglaublich viel Aufwand verbunden war. Meine Aufgabe bestand darin, seriöse Vertriebe in Deutschland ausfindig zu machen, die das Produkt meiner Firma in ihr Portfolio aufnahmen und verkauften. In meinem Anforderungsprofil stand, dass ich neben diesen Vertrieben auch eine fähige Truppe zu akquirieren hätte, mit deren Hilfe ich diese Vertriebe betreuen, weitere dazugewinnen und für entsprechenden Umsatz zu sorgen hatte.

Ich spürte genau, dass Herr Wagner der Meinung war, ich würde noch nicht einmal die Hälfte der Probezeit überstehen. Aber da hatte er sich gründlich getäuscht. Ich machte meine Hausaufgaben – woran die Beziehung mit Rolf zerbrach – informierte mich über jeden gottverdammten Vertrieb da draußen, machte mich schlau, wer der Chef war, welchen Leumund, wie viel Umsatz, welche Philosophie sie hatten, wie sie tickten, welchen Grund sie haben könnten, unser Produkt zu vertreiben.

Das war, gemessen an der Vielzahl der Vertriebe eine Mammutaufgabe und ich arbeitete auch Tag und Nacht, hing stundenlang am Telefon (was ich hasste), kämpfte mich an bissigen Sekretärinnen vorbei, schrieb massenhaft Briefe, verschickte Prospekte, maß meinen Selbstwert daran, wie viele Termine ich im Kalender hatte. Dabei kam mir durchaus zugute, dass ich eine junge Stimme hatte und eine Frau war. Manche Termine kamen aus reiner Neugier seitens des Vertriebschefs zustande und wenn ich im Gespräch saß, war oft mehr als die halbe Miete gewonnen. Innerhalb kürzester Zeit konnte ich tatsächlich ein paar interessante Kontakte an Land ziehen, darunter auch jemanden, an dem sich selbst Wagner monatelang die Zähne ausgebissen hatte. Er zog die Augenbrauen hoch.

Und hob, überrascht, zum ersten Mal den Kopf.

Als nächstes kümmerte ich mich um die Bildung eines Teams zur Betreuung der zahlreichen, angebahnten Kontakte – und da brachen sich Prägungen aus meiner Vergangenheit ungehindert Bahn.

Ich komme aus mehr als einfachen Verhältnissen – um es genau zu sagen: Ich komme aus ärmlichen Verhältnissen. Eigentlich komme ich aus Sch… verhältnissen … aber lassen wir das … ich will nicht drüber reden.

Warum? Weil ich der Meinung bin, dass es egal sein sollte, woher man kommt. Dass es nur darauf ankommt, wo man hinwill. Und Tatsache ist, dass ich nach oben will. Es ist die einzige Richtung, die es für mich gibt. Ich habe mein Abitur gemacht, geplant waren 1,3, das wäre der Jackpot gewesen, geschafft habe ich 1,5. Ist zwar nicht schlecht, geärgert habe ich mich aber trotzdem. Dann das Studium, ich rutschte in die ersten BWL-Bachelor-Studiengänge, die den Diplom-Studiengang ablösten, bewarb mich für ein Stipendium (Jackpot!) und hab es um ein paar Punkte verfehlt! Mit dem Master war es das Gleiche. Deswegen wollte ich den Jackpot jetzt, beruflich, knacken, aber ich hatte nicht vergessen, wo ich herkomme, und auch nicht, wie schwer es oft ist, eine Chance zu bekommen oder an Menschen zu geraten, die an einen glauben. Deshalb waren die Kriterien bei der Wahl meiner Mitarbeiter etwas anders als üblich.

***

Da war zum Beispiel Helena, die immer noch mit dem Stufenschnitt aus den 80ern herumlief, sich auf eine Innendienststelle bei mir bewarb und mir im Vorstellungsgespräch in einem naiven Redestrom vom ganz normalen Wahnsinn einer Familie mit drei Kindern berichtete. Von Schulen mit Laptopklassen, Online-Klassenzimmern und dem ›Mist-G8‹, das Kinder in eine 36-Stundenwoche zwänge … was viele Eltern sogar noch befürworteten. Sie fände sowieso, dass die meisten Eltern hyperaktiver als ihre Kinder und komplett durchgeknallt seien. Stellen Sie sich vor, erzählte sie mir, obwohl ich sie daran zu hindern versuchte, was da neulich in der Schule wieder los war! Da habe doch ein Lehrer ihrer siebenjährigen Tochter eine Sendung namens ›Schwanzvergleich‹ auf YouTube empfohlen … zuerst dachte sie, sie habe sich verhört, aber nein, die Sendung gab es wirklich! Und ihre Tochter war nicht die Einzige, der er das empfohlen hatte! Die Eltern liefen Amok, es gab eine wütende Elternversammlung, leider im Sportlerheim, das keine ausreichende Technik zur Verfügung hatte, und der Vorschlag eines Vaters, sich die Sendung doch mal anzuschauen, wurde mit großer Aufregung angenommen. Aber irgendwie kriegten sie nur den Ton her und der erste Satz der Sendung war: ›Wir versuchen gerade herauszufinden, wer den coolsten Schwanz hat‹ … gefolgt von ›und mein Schwanz kann super Versteck spielen …‹, und ›du hast noch gar nicht meinen Superschwanz begutachtet‹ was mit großem, allgemeinem Aufschrei quittiert wurde. Es wurden Unterschriften gesammelt, die eine Entlassung des Lehrers forderten. Erst als einer endlich den Verstand besaß, sich die Sendung mit Bild *und* Ton anzuschauen, war der Schrecken groß: Es handelte sich um eine Zeichentrickdoku, in der die verschiedenen Schwänze der Tiere vorgestellt wurden … ähm … was? Wie bitte?

Irritiert sah sie mich an, weil ich sie mit der Frage unterbrochen hatte, ob sie denn überhaupt in den letzten Jahren in einem Büro gearbeitet hätte. Immerhin erkannte ich, dass sie so viel redete, weil sie furchtbar nervös war.

»Sorry, nein.« Sie lachte verlegen. »Leider …«

Die letzten Jahre hätte sie wegen der Kinder nicht arbeiten können, das sei ja der Mist … aber was heißt Mist, korrigierte sie sich, sie wäre niemals arbeiten gegangen und hätte ihre kleinen Kinder anderen überlassen, dazu liebe sie die Racker viel zu sehr. Überhaupt, sie liebe das Muttersein, was man heute ja kaum noch zugeben dürfte, weil es ja wichtiger wäre, sich in der ›Hausfrau-Karriere-Mutter-Sexgöttin‹-Rolle zu beweisen, aber der eigentliche Stolperstein wäre ja, dass man so schwer wieder ins Berufsleben fände, weil man ja solange draußen war … dazu kommt das Ansehen einer Frau, die als Beruf »Hausfrau« angeben müsse … ein Eingeständnis, das man nicht gerne macht in einer Leistungsgesellschaft, in der eine Frau mit sieben Kindern – die hat doch sieben, oder? – Verteidigungsministerin sei. Sag jemandem, du bist Hausfrau und schon bist du degradiert! Inzwischen soll man ja »Familienmanager« sagen, aber das ist das Gleiche wie mit dem Wort ›Problem‹ das mit »Herausforderung« ersetzt wird, unterm Strich bleibt ein Problem ein Problem, das es zu lösen gilt … warum haben denn die Leute ein Problem mit dem Wort Problem?

»Wie versiert sind Sie im Umgang mit dem Computer?«, unterbrach ich erneut ihren nervösen, wenn auch sympathischen Redeschwall, ihre Unterlagen durchforstend. Sie hatte früher schon Büros geleitet, ja, aber das war lange her. »… Sie haben doch Computerkenntnisse?«

»Ähm … ja, klar, ich mache gerade meinen Excel-Führerschein und nehme Nachhilfe bei meinen Kindern. Will sagen, ich bin absolut lernfähig!«

Ich räusperte mich: »Also, wissen Sie, ich …«

»Oh, bitte«, fiel mir Helena ins Wort, die genau spürte, was dieses »Also« bedeutete. »Bitte geben Sie mir eine Chance! Ich tue alles, um der Aufgabe gerecht zu werden! Mag sein, dass es vielleicht zu Beginn etwas holpert, aber ich verlange auch weniger Gehalt als üblich. Ich will nur wieder reinkommen! Und Sie kriegen meinen vollen Einsatz! Und darüber hinaus! Das verspreche ich Ihnen!«

Was sollte ich machen? Ich mochte sie, sie wirkte wie jemand, der zupacken konnte und sie wollte eine Chance. Also gab ich sie ihr. Mit dem ›darüber hinaus‹ fing sie auch gleich an. Sie brachte Sekt mit, wenn es etwas zu feiern gab, backte Kuchen und organisierte mir ab und an mobile Massagen – sie wurde eine echte, persönliche Assistentin – und keine schlechte, im Gegenteil!

Aber die Tatsache, dass es zu Beginn wirklich holperte und sie bei der Assistentin der Geschäftsleitung, sprich der engsten Mitarbeiterin meines Chefs so manches Mal nachfragte, welche Taste sie auf ihrem Computer drücken müsse, führte dazu, dass mich Herr Wagner und seine gesamte Führungsriege weiterhin argwöhnisch beobachteten. Herr Wagners Augenbrauen schienen in Bezug auf mich und meine Mannschaft in den ersten Monaten im Dauerzustand nach oben gezogen zu sein.

Kurze Zeit später kam Jens zu mir, mein Treuer, der seit Beginn meiner Karriere an mir klebt – und im Dauermodus eine Frau sucht. Er ist ein bisschen wie ich. Ja, nennt mich einen Snob, aber ich kann es nicht ändern, ich liebe Anzugträger! Vorausgesetzt natürlich, es ist ein edler Anzug. Aber ich fühle mich von Männern, die diese Teile mit Nonchalance und Eleganz tragen können, unwiderstehlich angezogen. Ob jung und dynamisch oder mittleren Alters mit grau melierten Schläfen ... oder ganz ergrautem Haar ... die Spanne ist groß. Es ist die Ausstrahlung eines erfolgreichen Mannes, die mich anzieht.

Aber dass der Schein oft trügen kann, ist mir wohl bewusst. Gerade in unserer Branche.

Also: Jens liebt erfolgreiche Frauen, hofft, bei jeder weiblichen Vertriebsleiterin, zu der er geht, die Frau seines Lebens zu treffen, und hat so ziemlich alle gut aussehenden Innendienstangestellten in leitender Position im Haus schon zum Essen ausgeführt (höher ließen sich nun Wagners Augenbrauen gar nicht mehr ziehen).

Mit Enttäuschungen hat Jens auch genauso wie ich zu kämpfen. Er kommt in mein Büro, begeistert von der Stimme einer Frau, die er demnächst treffen wird, nur um kurz danach mit gepresster Stimme zu erzählen, dass sie entweder ganz anders aussieht als auf dem Foto, eine echte Pissnelke ist oder ihn nach zwei Dates schon fragt, ob sie bei ihm einziehen kann. Aber Jens ist äußerst charmant und das macht seinen Erfolg auch aus. Er ist derjenige, den Wagner zu Beginn am wenigsten beanstandet hat, weil er am Normalsten wirkte – bis er Wagners persönliche Assistentin anbaggerte und auch ich ihm deswegen einen scharfen Verweis erteilte. Habe ich schon erwähnt, dass Wagner mich argwöhnisch beobachtete?

Torsten bewarb sich. Er ist Mitte fünfzig und Torsten sitzt im Rollstuhl. Er ist höllisch intelligent, sieht irgendwie aristokratisch aus und hat so eine Art, einen anzublicken, als sei man selbst gerade der Gosse entstiegen.

Über die Jahre hatte er sich ein gigantisches Netzwerk aufgebaut, aber – er sitzt eben (meistens) im Rollstuhl. Ein Autounfall hatte ihm beide Beine abgequetscht, das eine hat er noch, kann es aber nicht lange belasten. Am anderen Bein trägt er eine Prothese, die er zum Entsetzen mancher ab und zu am künstlichen Kniegelenk nach oben dreht, sodass der Schuh auf Höhe seines zerklüfteten, stets ironisch–sarkastischen Gesichtes hängt. Oder er lässt das künstliche Unterbein kreiseln, bis das Hosenbein total verwurstelt ist. Er liebt es, Menschen zu bestürzen. Und ganz besonders meinen biederen Chef.

Torsten ist einzigartig. Er steht auf Hägar-Witze (sein Lieblingsphilosoph neben Kant) und ist einer der unabhängigsten Menschen, die ich kenne. Es ist ihm völlig egal, was andere von ihm denken und ich habe die Vermutung, dass er das Geld, das er bei uns verdient, nicht braucht. Nie werde ich das Bewerbergespräch mit ihm vergessen!

Er rollte herein, erblickte mich, wendete seinen Rollstuhl und fuhr wieder hinaus. Meine ausgestreckte Hand blieb sinnlos in der Luft hängen. War das wieder einer, dem ich zu jung war?

Helena saß an ihrem Schreibtisch und sah verwundert auf Torsten, der auf sie zusteuerte.

»Ist etwas nicht in Ordnung?«, fragte sie ihn.

»Hätten Sie bitte zwei Gläser und eine Flasche Sekt für mich?«, fragte Torsten zurück. Inzwischen hatte ich meine Tür wieder geöffnet, um zu sehen, was der Mann vorhatte und so rollte er wieder in mein Büro zurück, fröhlich grinsend, als habe er gerade ein Wahnsinnsgeschäft abgeschlossen. Diesmal stellte er sich höchst anständig vor.

Meine Tür öffnete sich erneut und Helena kam mit dem von Torsten georderten Sekt herein, für den er sich außerordentlich bei ihr bedankte.

»Moment Mal ...« Mit gerunzelter Stirn wandte ich mich ihm zu. »Kurze Frage: Was wird das jetzt?«

»Unser Begrüßungstrunk«, eröffnete mir Torsten mit leuchtenden Augen. »Wir müssen auf mein Glück anstoßen! Da glaubte ich doch tatsächlich auf einen dickbäuchigen, selbstgefälligen Manager zu stoßen ... und dann so was!«

»Und dafür brauchen wir am helllichten Tag Alkohol?«, gluckste ich.

»Ja, sonst sind Sie womöglich zu verklemmt ... und ...« Seine Stimme senkte sich dramatisch und nahm einen leidenschaftlichen, französischen Akzent an: »... isch möschte alles von Ihnen wissen!«

Ich musste lachen. Torsten war einfach von Beginn an herzerfrischend verrückt. Das zog mich an. Er sprengte mit seinem Verhalten so ziemlich alle Regeln, die es in der Geschäftswelt gab.

»Eigentlich bin ich es, die alles von Ihnen wissen will ...«, entgegnete ich.

»Und isch errrzähle dir alles! *Alles*!«, hauchte er und grinste diabolisch. Ich musste noch mehr lachen. Der Rest ist Geschichte. Torsten fing an. Helena schüttelte mit dem Kopf, aber sie lächelte dabei. Eines wusste sie danach sicher: Wir waren ein ungewöhnlicher Haufen.

Aber nachdem Torsten Herrn Wagner das erste Mal mit seinem ›Von-oben-herab-Blick‹ angesehen und ihn mit der Ansage: »Na, auch neu hier?« begrüßt hatte, obwohl ich ihn als den Geschäftsinhaber vorgestellt hatte, tat sich Wagner mit ihm ein bisschen schwer. Und zog die Augenbrauen hoch.

Theo und Mona machten die Sache nicht wirklich besser. Eigentlich bewarb sich nur Theo, aber seine Frau Mona war beim Einstellungsgespräch mit dabei. Zu beiden fühlte ich mich spontan hingezogen, aber sie waren die Einzigen, bei denen ich nicht sicher war, ob sie sich mit dem Rest der Gruppe vertragen würden, weil sie so antimaterialistisch eingestellt waren. Sie waren hochesoterisch, lasen dauernd in spirituellen Büchern, aber immerhin waren sie bodenständig genug, sich für eine Stelle in dieser Branche zu bewerben, weil ihnen klar war, dass man in dieser Welt Geld nun mal braucht. Mona beobachtete mich im ersten Gespräch so intensiv, dass ich mir vorkam, als sei ich der

Bewerber – und ein bisschen war es auch so. Hinterher sagte sie mir, sie hätte versucht ›in mich reinzufühlen‹, um festzustellen, ob Theo und ich zusammenpassen würden, ob ich integer sei, ob die Firma wirklich so kundenorientiert arbeitete und ob das was werden könnte. Und das, was sie gefühlt hatte, wäre gut gewesen.

Theo und Mona sind unser aller Engel, sie glauben immer an das Gute, aus ihrem Mund kommt nie ein schlechtes Wort. Obwohl sie so offensichtlich esoterisch sind, werden sie selbst von Torsten akzeptiert, eine Tatsache, die mich gelinde gesagt, ziemlich erstaunt. Während Theo sehr belesen in alten indischen und buddhistischen Schriften ist, trumpft Torsten mit den deutschen Philosophen (und Hägar) auf. Offensichtlich ist das eine Grundlage für ihre Gespräche und ihre Sympathie füreinander.

Aber auch Mona und Theo führten sich bei Wagner nicht so ein, wie ich mir das gewünscht hätte. Beide gaben ihm nicht die Hand, sondern verneigten sich vor ihm mit einem »Namaste«, während Mona Wagner danach ebenso durchdringend anschaute wie mich und den Mann damit furchtbar nervös machte. Zum Abschluss drückte sie ihm dann noch ein Bild von Mahalakshmi in die Hand, der indischen Göttin des Reichtums und Wohlstands plus ein Gebet, das für das Florieren seiner Geschäfte hilfreich sei, und bot ihm an, eine energetische Räucherung im gesamten Bürohaus vorzunehmen. Hm. Also. Was soll ich sagen. Wagners Argwohn wurde nicht kleiner.

Daneben gibt es noch Bernd. Er war mit einer Kolumbianerin verheiratet, verbrachte acht Monate in Deutschland zum Geldverdienen und übers Jahr verteilt vier Monate in Kolumbien bei seiner Frau und seinen Kindern.

Bernd ist die Disziplin in Person. Er ackert wie ein Wilder, er muss in acht Monaten das schaffen, was andere oft in zwölf nicht packen und das Faszinierende ist: Er schafft es nicht nur, er über-erreicht seine Ziele meist noch. Bernd ist der positivste und sonnigste Mensch, den ich kenne. Aber auch er hat natürlich von mir Zugeständnisse bekommen, sodass Herr Wagner mich nach Bernds Einstellung in sein Büro rief und mir deutlich klarmachte, was er von meiner bisherigen Zusammenstellung hielt.

»Frau Ehlers«, bemängelte er. »Was soll das werden? Ich meine, Sie haben eine verantwortungsvolle Position übernommen. Falls Ihnen das nicht klar ist: Wir erwarten Umsatz.«

»Und den kriegen Sie! Wir sind doch noch in der Aufbauphase … für die Sie mir drei Monate Zeit gegeben haben! Es ist doch gerade erst der zweite um!?«

Er presste seine Lippen aufeinander, wusste nicht, wie er sich ausdrücken sollte.

»Ich weiß nicht, wie Sie bei der Auswahl Ihres Teams vorgegangen sind …«, fing er schließlich an.

»Das kann ich Ihnen auch nicht so genau erklären«, erwiderte ich und wurde rot. »Es war einfach ein Bauchgefühl. Nein … mehr als ein Bauchgefühl … ein Herzbauchgefühl, verstehen Sie?«

Er verstand es nicht und seine Bedenken waren alles andere als gelöst, nur hatte er (noch) kein echtes Argument, das wusste er. Schließlich konnte er ja schlecht beweisen, dass ein Rollstuhlfahrer, ein spirituell Interessierter, ein Womanizer und jemand, der vorhatte, nur acht Monate in Deutschland zu sein, umsatzverhindernd seien und so blieb ihm nur, mich nochmals dringlich an die Halbjahresplanung zu erinnern, zu der ich mich verpflichtet hatte.

Als sich dann noch Pascal zu uns gesellte, der eindeutig vom anderen Ufer war und frisch von der Uni kam, von dem ich mir aber viel versprach, weil sein Vater unglaubliche Kontakte zu allen möglichen Firmen hatte, erstarrte Wagner. Und nicht nur das: Alle übrigen Teams, die auf die restlichen Bundesländer verteilt waren, witzelten über uns und schlossen Wetten ab, ob wir überhaupt auch nur einen Vertrieb auf unsere Seite ziehen könnten, geschweige denn, diesen dazu zu bringen, Umsatz zu produzieren.

Wagner, da bin ich mir sicher, hatte zu dieser Zeit schon einen festen Plan B.

Unschön war, dass die benachbarten Teams aussagekräftige Namen für uns fanden. Wir waren die »Rollstuhl- und Frischlingsgang«, das »Sonderkommando« oder die »Johnny-English-Agenten« oder, superfies, mit Anspielung auf Helenas Frisur und ihre Schulterpolster, die »New Kids«.

Das alles bekamen wir mit, als wir zu einem gemeinsamen Einführungs- und Kennenlernmeeting in der Zentrale aufeinandertrafen.

Die belustigten Blicke, die sie uns zuwarfen, und ihr gönnerhaftes Getue schweißten uns schneller zusammen, als jede andere Aktion das je hätte tun können. Und doch ärgerte ich mich. So war es mir mein Leben lang schon ergangen! Menschen, die auf mich herabsahen, die mir nichts zutrauten – darauf reagierte ich höchst allergisch. Glücklicherweise war ich damit nicht allein, meine Crew war davon ebenso angepisst. Das verhaltene Gelächter der anderen war wie eine Lunte, die sich zu einer prall gefüllten Bombe fraß: Zu meiner Freude musste ich mich um eine Anschub-Motivation nicht mehr sorgen.

»So eine Frechheit!«, echauffierte sich Helena, die an jedem unserer Meetings teilnahm. »Was bilden die sich eigentlich ein?«

»Das«, sagte Torsten und seine Augen verengten sich zu Schlitzen. »… ist mir schon lange nicht mehr passiert.«

»Glauben die wirklich, wir hätten nix drauf?«, mokierten sich Pascal, Jens und Bernd. »Die glauben das wirklich, oder?«

»Also, Leute«, sagte ich zu ihnen. »Hier ist unsere Planung. Euch ist klar, dass wir die schaffen müssen.«

Skrupellos hatte ich die Zahlen, die ich mit Wagner besprochen hatte, um fünfzig Prozent erhöht. Wenn meine Leute diese zu siebzig Prozent schaffen würden, hätte ich das Firmenziel mehr als erreicht. Und das wollte ich. Unbedingt! Es musste klappen! Meine Augen brannten vor Ehrgeiz, die der anderen vor Trotz und Kampfeslust, besonders die von Torsten. Das war genau sein Ding! Er liebte es ja, andere aus der Fassung zu bringen, und so öffnete er seine Kontaktliste mit der Absicht, um ihnen den bestmöglichen Gruselschocker zu versetzen, und legte los.

Es gab ein paar Auswahlfaktoren in meiner Teamzusammenstellung, die die Spötter nicht erkannt hatten: Theo und Mona mal ausgenommen waren wir alle hungrig. Wir wollten nach oben und keiner von uns hatte einen Partner, mit Ausnahme von Bernd, dessen Frau in Kolumbien saß. Mona und Theo waren kinderlos, Torsten stand hinter mir wie eine Eins und hatte ebenfalls keine familiären Verpflichtungen. Das erlaubte es mir, ein enges Team zu bilden, das über Gebühr eingebunden werden konnte.

Wir arbeiteten mehr und wir befruchteten uns gegenseitig. Ich hielt regelmäßige Treffen ab, in denen jeder berichtete, was er gemacht hatte und wie. Wir gaben uns Tipps, wie man die Dinge noch effizienter machen könnte und schoben uns Kontakte zu, mit denen ein anderer besser zurechtkam. An diesen Treffen schaukelten wir uns gegenseitig hoch, gingen zusammen essen, in Bars, tanzen, sangen Karaoke ... und kamen dabei auf blödsinnige, aber wirksame Ideen wie zum Beispiel den Umsatzarsch des Monats zu küren: Derjenige mit dem geringsten Ergebnis musste sich am Monatsende in Unterhose auf den Kopierer setzen und seinen Allerwertesten ablichten. Die Fotos hängten wir an einer Wäscheleine ins Büro – was Wagners Augenbrauen nahezu verschwinden ließ.

Ich meldete uns zu Persönlichkeitsseminaren an, die unser Team weiter stärkten und Helena glänzende Augen verschaffte. Sie fuhr nämlich immer mit, weil sie ihre ›Babys‹ betreuen wollte, was Torsten und Bernd immer die Augen nach oben rollen ließ.

Was mich anging:

Ich mochte diese Seminare, die mir sagten, dass alles in meiner Hand liegt, die mir versicherten, dass mein Geist sich nach mir richtet – wobei ich mich an der Stelle immer fragte, wo der Unterschied zwischen meinem Geist und »mir« ist. Aber die Beteuerung, dass man im Prinzip im Leben alles erreichen kann, was man will ... die machte mich an. Mehr noch, sie war für mich mein Lebenselixier und mein Anker. Daran hielt mich fest.

Unermüdlich kontaktierten wir Vertriebe, überzeugten sie mit unserem fast kindlichen Enthusiasmus, besuchten Motivation-Days und Persönlichkeitstrainings, tanzten und hüpften ausgelassen zu den wummernden Bässen, drehten Torsten in seinem Rollstuhl zur Musik im Kreis, während er seine Prothese im Takt herumschwang, bis wir uns alle vor Lachen die Bäuche hielten.

Dazu dröhnten in allen Variationen die Stimmen unterschiedlicher Sprecher an unser Ohr, die uns Zitate und Sprüche ins Gehirn hämmerten, unser Unterbewusstsein auf Erfolg justierten und uns die Beispiele unglaublicher Menschen vorhielten, die es bis nach oben geschafft hatten, obwohl kein Mensch an sie geglaubt hatte und die Marktlage es verbot.

Fasziniert beobachteten wir auf einem dieser Seminare, wie zwei Leute aus dem Publikum auf die Bühne geholt wurden, die sich etwa einen Meter gegenüberstanden. Der Seminarleiter gab jeden von ihnen einen Geldschein, den sie ein paar Mal falteten, und wies sie an, diesen an die empfindlichste Stelle des Halses, an die Kehle, zu halten. Danach wurde eine Eisenstange, die natürlich vorher vom Publikum auf ihre Massivität geprüft worden war, hochgehalten und an die Kehle der beiden sich gegenüberstehenden Männer gesetzt – als Schutz vor Verletzungen nur den gefalteten Geldschein unter dem jeweiligen Ende.

»Und diese Stange werden diese zwei hier kraft ihres Willens verbiegen!«, schrie der Redner, ein Engländer. Er schrie es immer und immer wieder, ließ die beiden sich das immer wieder vorstellen. »Ich zähle von zehn abwärts und sobald ich ›Eins‹ sage, geht ihr aufeinander zu – und die Stange verbiegt sich! Sie verbiegt sich! Sie verbiegt sich wie Butter!«

Der Countdown lief, die Bässe dröhnten, bei »Eins« machten die beiden einen großen Schritt aufeinander zu. Zu unserer unendlichen Begeisterung verbog sich das massive Eisen tatsächlich wie Gummi und formte einen perfekten Bogen. Ich konnte es nicht fassen. Pascal und Jens bekamen kugelrunde Augen, selbst Torsten war beeindruckt und alle waren danach drauf wie sonst was. Und auch ich dachte: eine massive Eisenstange! An der Kehle zweier Menschen! Welche Kraft hat unser Wille, wenn er harte Materie verformen kann? Dagegen ist doch die Realisierung meiner Träume ein Klacks!

Aber diese Seminare waren auch superanstrengend. Früh aufstehen, den ganzen Tag die Schreierei, die laute Musik, die vielen Menschen. Zudem wurden sie häufig von englischsprachigen Referenten gehalten. An die deutschsprachigen Teilnehmer, die nicht gut genug Englisch konnten, wurden lediglich Mono-Ohrstöpsel ausgeteilt. So hörten manche meiner Leute in einem Ohr die Übersetzung und im anderen das überlaute Original auf der Bühne, was zusätzlich strapazierte. Rechts schrie jemand auf Deutsch ins Ohr, links auf Englisch.

An einem dieser Seminare waren alle nach einer Zeit deswegen furchtbar überreizt. Ich ging zu einem Helfer und fragte ihn, ob die Leute, die Übersetzung brauchten, nicht Ohropax bekommen könnten, um die Originalstimme des

Trainers auszublenden. Dankbar, etwas tun zu können, rannte der los.

Wir saßen alle zusammen in der hintersten Reihe, da wir kein Bedürfnis verspürten, in die Spuckzone des Referenten zu kommen.

Dann kam unser Helfer wieder zurück und teilte kleine Päckchen an die deutschen Teilnehmer aus. Der Referent war gerade dabei, eine besonders rührselige Story zu erzählen. Leise Musik untermalte seine dramatischen Worte und das Licht war heruntergedimmt worden. Im Saal war es, bis auf die Stimme des Sprechers, ausnahmsweise mal sehr still und jeder wogte in der Romantik und Wehmut der heraufbeschworenen Stimmung. Ich war mit meinen Gedanken woanders, als ich plötzlich merkte, wie haltloses, stummes Gelächter meinen Nebenmann erschütterte. Verwundert sah ich mich um. Neben mir saß Bernd, der krampfhaft versuchte, leise zu sein, um den Referenten nicht zu stören, aber er lachte so sehr, dass ihm die Tränen aus den Augen liefen und er sich hilflos nach vorne bog.

»Was ist los?«, wollte ich wissen. Aber Bernd brachte keinen Ton heraus und je mehr Leute den Grund erfuhren, desto mehr von unserer Gruppe stimmten gepresst in das Gelächter ein, was in der Stille des Raumes bis zum irritierten Referenten vordrang.

»Bernd, was ist los?«, flüsterte ich erneut, als er vergeblich versuchte, Luft zu holen. Unfähig, etwas zu sagen, deutete er mit dem Finger auf Pascal, der als Einziger verdrießlich dasaß und nicht wusste, ob er mitlachen sollte oder nicht. Alle anderen hielten sich die Bäuche und das Prusten, das aus ihrem Mund kam, um das Gelächter zu unterdrücken, potenzierte alles nur noch. Torsten wurde so von Gelächter geschüttelt, dass der ganze Rollstuhl wackelte, und Helena neben ihm wischte sich die Tränen aus den Augen, japste und brachte endlich ein paar Worte hervor:

»Pascal hat das Ohropax gefressen«, raunte sie mir zu und bekam schon wieder einen Lachanfall. »... weil er dachte, das sind Gummibärchen... und dann hat er sich auch beschwert, dass die Dinger so zäh sind und nach gar nix schmecken ... und einzeln verpackt sind ...«

Ich prustete in voller Lautstärke los und unsere kleine Gruppe inmitten der dreitausend andächtigen Zuhörer schaffte es, den Referenten komplett aus dem Konzept zu bringen. Wir wieherten so laut, dass sie uns fast aus dem Saal warfen. Ich glaube, der Referent fragt sich heute noch, warum seine Geschichte, die andere gewöhnlich zu Tränen rührte, bei den deutschen Teilnehmern einen solchen Lachanfall ausgelöst hatte.

***

Nach drei Monaten hatte ich nicht nur ein eingeschweißtes Team, sondern auch die Zielplanung für die Anbindung neuer Vertriebe übererfüllt. Zufrieden saß ich in der Klausurkonferenz, in der Wagner die Zahlen durchsprach, und mit Genugtuung berichtete ich meinem Team, dass wir den anderen zumindest in dieser Hinsicht das Maul gestopft hatten. Sie waren auf jeden Fall schon mal nervös geworden.

Nun folgte Phase Zwei, die an sich wichtigere: Einen Vertrieb anbinden, war das eine, dessen Leute, die ja nicht nur unser Produkt im Portfolio hatten, zu Umsatz zu bewegen, das andere.

Aber auch das gelang uns mit Bravour. Wir vereinbarten, unsere Zahlen untereinander transparent zu halten, sodass jeder wusste, wo der andere stand. Wir ackerten wie die Blöden, telefonierten, motivierten, hielten Schulungen, halfen bei Kundenterminen, erarbeiteten Schulungsunterlagen, die wir an unsere Partner verschickten. Ich handelte mit Wagner Bedingungen für Incentives für unsere Vertriebspartner aus, um ihnen attraktive Anreize für Umsatzerreichung bieten zu können.

Wagner war inzwischen erstaunt und mit hochgezogenen Augenbrauen zu der Einstellung übergegangen: ›Wer Erfolg hat, den soll man nicht stören‹ und ließ uns weitgehend freie Hand. Allerdings beobachtete er mich und meine Crew noch immer sehr genau, wenn auch nicht mehr argwöhnisch, so doch interessiert. Das tat er bis zum Dezember, danach war Ruhe im Karton.

Denn zum Jahresende hatten wir die Planung mit 130% übererreicht und feierten zwei Tage lang.

Im zweiten Halbjahr erhöhte Wagner diskussionslos mein Budget für die Einstellung neuer Mitarbeiter und bot mir ein Gehalt an. Ich lehnte ab. Die Sicherheit eines Gehaltes hätte ich mit einer geringeren Provisionshöhe bezahlen müssen. Ich glaubte daran, dass ich mich noch weiter steigern würde. Mit Provisionen verdiente ich auf jeden Fall mehr als mit einem Gehalt.

Ich werde nie das Gefühl vergessen, als ich meine erste fünfstellige Überweisung aufs Konto bekam. Es war so geil! Aber der nächste Gedanke war: Es ist noch zu sporadisch, noch waren es Ausnahmen. Ich wollte mehr. Ich wollte eine adäquate Wohnung und eine edle Einrichtung, ein angemessenes Auto und geschäftsmäßige Garderobe. Dafür gingen schon mal die ersten Überweisungen drauf. Ich wollte ein Polster auf dem Konto, das so dick war, dass ich mich allezeit in Sicherheit wiegen konnte. Ich war also noch lange nicht da, wo ich sein wollte. Ich hatte ehrgeizige Pläne: Mein Ziel war eine Partnerschaft in Wagners Firma. Und ich würde alles tun, um das zu erreichen.

***

Zwei Jahre waren seit meiner Einstellung ins Land gegangen und nun saß ich mit meiner Crew in diesem superedlen Hotel, in diesem superedlen Abendkleid – wir hatten ein paar gute Monate hinter uns und ich hatte sie eingeladen, mit mir zusammen ein Wochenende lang zu entspannen. Jeder nach seinem Geschmack: Ob Spa-Behandlungen, eine Städtetour, ein bisschen Wandern oder Shoppen in der Stadt, der einzige Pflichtteil bestand in einem gemeinsamen Abendessen.

Ich sah mich um. Ich fühlte mich wohl. Ich dachte an Mom und es wurde dunkel in mir.

Ich mach es besser. Ich mach es besser. Ob du willst oder nicht.

***

Es dauerte nicht lange, bis sich ein attraktiver Mann näherte. Ich hatte das halbe Glas leer getrunken, saß noch immer allein an dem kleinen Tischchen und spielte mit meinem Handy herum.

»Warten Sie auf jemanden?«, wollte er wissen.

Ich sah ihn an. Ein wirklich schöner Mann. Graues Haar, aber ein junges Gesicht und mittelblaue Augen. Sehr interessant, nicht das übliche Muster.

»Wie hoch ist die Wahrscheinlichkeit, wenn man sich die Mühe macht und sich in ein Abendkleid zwängt?«

Er lächelte. »Na ja, vielleicht haben Sie das Kleid ja nur für sich angezogen.«

»Darauf kommen die wenigsten«, erwiderte ich, breit lächelnd. »Aber genauso ist es.«

»Trotzdem. Sie wären die erste Frau, die das tut.«

»Ja, dann herzlichen Glückwunsch.«

»Wofür?«

»Dass Sie die erste Frau treffen, die ein Abendkleid für sich selbst anzieht.«

»Dann hätten Sie auch auf Ihrem Zimmer bleiben können«, konterte er belustigt. Sein Blick glitt über meine nur am linken Mittelfinger beringte Hand. Es war klar, was er dachte.

»Warum hätte ich im Abendkleid auf dem Zimmer bleiben sollen?«, entgegnete ich. »Ich hätte auch damit spazieren gehen können. Oder ins Theater. Vielleicht bin ich aber auch hier heruntergekommen, um eine gute Unterhaltung zu führen … und Champagner zu trinken und …«

»Und Männer halb verrückt mit diesem Rückenausschnitt zu machen.«

»Nein, das liegt mir absolut fern.« Ich lächelte ihn friedfertig an. »Ich habe das Kleid aus purer Freude angezogen, weil ich es absolut oberschick finde.«

»Greta!«, gellte es böse von hinten. Der Mann drehte sich um. Torsten kam angefahren, seine Arme bewegten die Räder, sein Gesicht war mürrisch wie immer, der Blick aus den Augen mit den großen Lidern hochmütig wie nur was. Er rollte heran und maß die sprachlose grauhaarige, blauäugige Attraktion neben mir mit einem dermaßen arroganten Blick, dass der tatsächlich rot anlief.

»Tja … ähm«, haspelte er »… dann Ihnen noch einen schönen Abend« … und fort war er.

»Mann, Torsten, du sollst die Leute nicht so vergraulen!«, sagte ich ärgerlich. »Der Mann hat jetzt einen völlig falschen Eindruck von mir! Der war doch hübsch!«

»Kann dir doch egal sein, was der von dir denkt«, erwiderte Torsten und grinste diabolisch. »Lass mich das mal machen mit den Männern. Ich habe dir doch gesagt, *ich* such dir einen aus. Und der ... der war keinen Pfifferling wert! Ganz sicher hatte der seinen Ehering in der Hosentasche!«

Dann rollte er noch näher an mich heran, sah sich ganz kurz nach dem uns noch immer fassungslos beobachtenden Mann um, legte seine knorrige Hand an mein Gesicht, blickte mir tief in die Augen und raunte theatralisch: »Du gehörst mir! Mir ganz allein!«

Ich brach in Lachen aus. »Oh, Mann, Torsten, wenn ich mal einen Mann suche, musst du weit weg in Urlaub fahren, sonst wird das nix!«

»Du hast doch genug Männer um dich rum«, entgegnet er, deutete auf sich und dann auf Jens und Bernd, die in ihren schnittigen Anzügen einfach atemberaubend aussahen. Sie liefen auf uns zu und begrüßten mich artig mit Küsschen auf die Wange. Torsten sandte meinem Anmacher einen befriedigten Blick.

»Jetzt ist der Gute völlig durcheinander! Das ließe sich noch steigern!« Er machte Anstalten, aufzustehen.

»Torsten«, knurrte ich drohend. »Bleib sitzen. Du küsst mich nicht auf den Mund!«

»So ein Sch... aden aber auch«, murrte er und ließ sich wieder in seinen Stuhl sinken. »Du durchschaust mich langsam!«

Schließlich kamen Theo und Mona in Begleitung von Pascal und Helena, letztere in einem gepunkteten Kleid mit fulminanten Schulterpolstern, ihrem unsäglichen Stufenschnitt, dessen Pony, stilecht nach hinten geföhnt, lustig in der Luft wippte, und ihr Handy in der Hand. Etwas außer Atem plumpste sie neben mich und sagte nervös:

»Die Kinder machen wieder richtig Blödsinn in der Schule!«

Torstens Augen blitzten, er liebte diese Geschichten und er liebte ihre Kinder, weil das echte Rabauken waren, die ähnlich tickten wie er. Ihre größte Freude war es, ihre Lehrer auf die Schippe zu nehmen.

Inzwischen waren wir alle mit Getränken versorgt und saßen um zwei Bartische herum.

»Ausgerechnet im Religionsunterricht! Beim Pfarrer!«, berichtete Helena. »Er erzählte ihnen gerade von der Schöpfungsgeschichte …«

»Was? Ist euer Pfarrer Kreationist?«, ließ sich Torsten vernehmen.

»Kreativ? Nein, *das* ist der ganz sicher nicht. Also er sagte: Als Adam und Eva den Baum der Erkenntnis berührten, wurden sie nackt und fragt meinen Sohn: Warum, Willi? Und der antwortete: Tja, weil Gott das geil fand!«

Wir wieherten vor Lachen, aber Helena war in Sorge, und das nicht nur, weil ihr aufgeweckter Willi nun einen Verweis wegen Gotteslästerung bekommen hatte.

»Und zu Beginn der Stunde mussten sich alle vorstellen und wisst ihr, was er da von sich gegeben hat?«

Unglücklich blickte sie in unsere gespannt-amüsierten Gesichter.

»Er sagte, ich heiße Willi, bin dreizehn Jahre alt und seit drei Jahren clean. Ich habe keine Freunde und keine Hobbys und zocke den ganzen Tag. Gestern Abend habe ich mir im Internet Vibratoren und aufblasbare Bilderrahmen angeschaut. Dann fragte er den Pfarrer, ob er jeden Morgen zu Edgar Wallace beten dürfe. Darauf fragte der Pfarrer, wer das sei, und Willi antwortete: ›Keine Ahnung‹.«

Wieder lachten wir laut heraus.

»Der Junge gefällt mir!«, schrie Torsten. »Aus dem wird mal was!«

»Woher weißt du so genau, dass er das wirklich gemacht hat?«, fragte ich Helena, die nur halb mitlachen konnte. »Vielleicht will er dich nur schocken! Das soll vorkommen!«

»Aber nein! Sie haben es gefilmt! Mit dem Handy – und mir geschickt, die Rasselbande!« Zum ersten Mal lächelte sie unwillkürlich.

Ich sah auf ihr Smartphone. Ihr lachender Mann war darauf zu sehen, der ihr das Video gesendet hatte, darunter die Worte: »Unser Sohn! Du lachst dich weg!«

»Du hast echt einen tollen Mann«, sagte ich zu ihr. »Der macht ja alles mit! Und steht so hinter seinen Kindern!«

»Kopf hoch! So einen kriegst du auch«, tröstete mich Torsten. »Hast doch mich. Auf jeden Topf passt ein Deckel. Ich finde einen für dich.«

Aber ich wusste nicht recht, was ich suchte. Von außen gesehen war mit jedem, mit dem ich je zusammen gewesen war, alles in Ordnung gewesen – vom Umfeld über das Äußere bis hin zur gesellschaftlichen Stellung. Die war mir wichtig.

Trotzdem war es mir nach einer Zeit immer zu eng geworden. Bei Rolf und Gerit ging ich eher rational an die Sache ran. Ich checkte sie durch, wollte wissen, mit wem ich es zu tun hatte, bevor ich mich auf sie einließ. Nach wissenschaftlichem Ermessen hätte eigentlich alles klappen müssen. Hat aber nicht geklappt.

Mit Gerit erlebte ich das ›Liebe auf ersten Blick-Ding‹, komplett mit Boom und Rattatata-Effekt, aber auch das hatte keine einstellungsverändernden Konsequenzen hinsichtlich fester Bindung und Co nach sich gezogen.

Also, Liebe auf den ersten Blick kann schon mal kein Qualitätsmerkmal sein. Das sah ich auch an Mona und Theo, denn die beiden haben sich zu Beginn ihrer Ehe eigentlich nur gezofft. Mona hatte gar nicht heiraten wollen, vor allem, weil Theo mit Nachnamen ›Fotzig‹ heißt. Nachdem die nicht wirklich attraktiven Alternativen Fotzig-Huber, oder Huber-Fotzig relativ schnell abgehakt waren, waren sie inzwischen unter ›Huber‹ fünfzehn Jahre verheiratet und ein Herz und eine Seele.

»Ehe ist Entwicklung«, sagte Mona immer. »Du raufst dich zusammen. Und an allen Ecken und Kanten, die dein Partner hat, schleifst du deine eigenen ab. Es ist der beste Entwicklungsprozess ever! Man muss nur durchhalten!«

Neben Torsten, der so eine Mischung aus Mentor, Kumpel und selbst ernanntem Beschützer war, waren die beiden ziemlich schnell meine engsten Freunde geworden – für mich waren sie ohne Übertreibung die liebsten Menschen der Welt. Ich mochte zwar diese oberheiligen veganen Esoteriker nicht, mit denen sie teilweise zusammen sind, aber Mona und Theo tickten erstens anders und Gottlob nicht missionarisch – im Gegenteil – es waren die einzigen Menschen, bei denen ich das Gefühl habe, so sein zu dürfen, wie ich eben bin.

Mona lachte oft über meine für sie abstrusen Gedanken, gab ihren meist vollkommen gegensätzlichen Senf dazu und strich mir wie einem Kind über den Kopf. Sie war dreiundvierzig, Theo siebenundvierzig - sie sind wie Eltern und Freunde zugleich und so vielfältig wie das Universum. Sie gingen mit mir in Bars und Discos, wenn mir danach war, und ich meditierte mit ihnen, wenn ihnen danach war.

Wir hatten schon zu dritt in einem Doppelbett gelegen, ohne, dass ich Angst vor irgendwelchen Übergriffen hätte haben müssen, haben Eis in Rom auf der Spanischen Treppe geschleckt, sind spontan zur Premiere eines Musicals nach Hamburg gefahren, für das es natürlich keine Karten mehr gab, aber der Abend war trotzdem fantastisch. In Abendgarderobe waren wir Essen gegangen, und hatten danach in irgendeiner von einem Taxifahrer empfohlenen Disco bis in die Puppen getanzt.

Theo war vorher bei einer Bausparkasse beschäftigt gewesen und Mona war Aktivistin für alles, was in unserer Welt verbesserungswürdig ist, und da das nicht wenig ist, war sie in gefühlt tausend Vereinen tätig. Von Schule bis über Kindergarten (obwohl sie keine Kinder hat), bis hin zu Umweltorganisationen, Rotes Kreuz, Malteser, Waisen-und Pflegeheimen ... ich habe nicht die geringste Ahnung, wie sie das packt. Aber es ist wohl ein Ersatz für die heiß ersehnten Kinder, die nie kamen.

Dafür war ich ein bisschen ihr Kind – eines, das kinderlos bleiben würde, denn mit Kindern kann ich irgendwie nichts anfangen. Ich wurde mit ihnen nicht warm und sie nicht mit mir. Ich wusste nie, wie ich mich in Gegenwart eines Kindes verhalten sollte – das wusste ich zwar bei Erwachsenen auch oft nicht, aber das war zumindest etwas, was man lernen konnte. Kinder aber sind unberechenbar. Und deshalb waren sie mir unheimlich.

***

Ich konzentrierte mich voll auf meine Karriere. Mein Team funktionierte erstaunlich gut und vor allem harmonierten wir super, obwohl ich viele Dinge machte, die für Wagner und das Führungsmanagement (hätten sie sie gewusst) No-Gos gewesen wären. Wir gingen viel zu familiär miteinander um, unser Verhältnis war irgendwie nicht so ein Mitarbeiter-Chef-Ding wie Wagner das präferierte und auch immer wieder predigte. Dadurch, dass Theo spirituell, Torsten philosophisch und Bernd superpositiv war, war schon mal eine grandiose Grundlage geschaffen, in die sich Pascal, Jens und Helena problemlos einfügten. Sie akzeptierten mich - obwohl ich die Jüngste war – ohne jeden Widerspruch als ihr Oberhaupt, auch wenn mich die Älteren manchmal eher verhätschelten. Oder mich beschützten - wie Torsten.

Umsatz wurde mir oft als Geschenk überreicht (Sweets for my sweets … sugar for my honey!), sie freuten sich, wenn ich mich freute. Wir fühlten uns eher wie eine Familie als ein berufliches Team.

Es war schön. Es war der Weg, den ich mir immer gewünscht hatte - das Leben lief endlich in die Richtung, die ich ihm vorgab. Und das machte mich froh.

Im dritten Jahr war ich unter all den Vertriebsleitern diejenige, die ihre Sollvorgaben immer erreichte, was dazu führte, dass ein blöder Mythos um mich gewoben wurde. So nach dem Motto: Ehrgeizig, lebt nur für ihren Beruf, daher beziehungsunfähig – und durchgeknallt.

Letzteres Attribut verdankte ich Mona und Theo, die mit uns im Zuge einer Umsatzplanung, die wir fast nicht gepackt hätten, eine »Session« machten, mit der festen Beteuerung, danach würden alle fehlenden Umsätze noch eintrudeln. Sie rückten in mein Office ein mit riesigen Bildern von ihrem Guru, bauten eine ›Puja‹ auf, also so eine Art Altar, auf dem sie Blumen, Gewürze, Kerzen, Räucherstäbchen und was weiß ich noch drapierten. Sie hatten einfach an alles gedacht: An Meditationskissen für meine Leute, an Gewürztee, an Glocken, die die schlechten Schwingungen vertreiben sollten, Klangschalen, um uns in die Meditation zu schicken, spirituelle Musik, die sie Stunden vorher in meinem Büro laufen ließen, damit sich die richtige Energie in den Räumen manifestierte – es war der helle Wahnsinn. Die übrigen Vertriebsdirektoren schauten uns an, als seien wir nun völlig meschugge.

Genauso fühlte ich mich allerdings auch – mir war gar nicht wohl bei der Sache. Wenn nicht die Idee von einem meiner Leute ausgegangen wäre, hätte ich da nie zugestimmt. Aber Pascal war so verzweifelt und wollte so unbedingt seine Umsatzleistung erreichen, weil für ihn damit ein finanzieller Bonus verknüpft war, den er in einen schon fest gebuchten Urlaub eingeplant hatte. Weil wir ein Team waren, beschlossen wir auf einer

Sitzung, seinem Wunsch nachzukommen. Aber mit dem, was dann passierte, hatte wohl keiner gerechnet.

Mona und Theo luden mein Büro mit einer ›hohen Schwingung‹ auf, wie sie sagten, sprich mit ihrer Musik und dem Räucherstäbchenduft, der durch die Gänge zog und meinen Chef wieder mal misstrauisch die Augenbrauen hochziehen ließ, als er sich in der Küche einen Kaffee holte. Aber wie gesagt, inzwischen hatte ich Narrenfreiheit.

Theo hatte schon eine Stunde vorher unverständliche Worte und Gebete in Sanskrit vor der ›Puja‹ gemurmelt, und auf meine etwas gestresste Anfrage, was das denn nun werden solle, geantwortet, das erhöhe die Energie. Okay, alles klar. Und was bedeutet das?

Dass alles so passieren wird, wie es für uns am besten sei und eben auch ein bisschen schneller als normal, weil durch die höhere Energie sich alles beschleunige.

Na, das war ja mal eine Aussage! Am besten war immer Umsatz, und wenn der sich beschleunigte, sollte mir das recht sein. War ja auch Pascals Wunsch. So weit, so gut.

Schließlich waren alle eingetroffen: Meine Mannschaft war mit Abstand die quirligste im ganzen Haus – und stets die lauteste – aber als ich sie im Foyer auf Geheiß von Theo mit Gewürztee in Empfang nahm und sie in den räucherstäbchengeschwängerten Flur traten, wurden sie unvermutet still und irgendwie ehrfürchtig. Einer nach dem anderen verstummte. Sie tranken ihren Tee, entspannten sich sichtlich, zogen ihre Aufmerksamkeit weg vom Außen und schienen die von Theo geschaffene Atmosphäre in sich aufzunehmen. Oder anders ausgedrückt: Sie schien von ihnen Besitz zu ergreifen und zu meiner Verwunderung genossen sie das. Gerade Jens, der am meisten über die Aktion gewitzelt und mit seinen fast schon bissigen Bemerkungen Pascal ziemlich zugesetzt hatte, hatte plötzlich einen seltsamen Glanz in den Augen und war unvermutet wortkarg. Um genau zu sein, sagte er gar nichts mehr. Er war in sich gekehrt, etwas, was ich von ihm gar nicht kannte.

Theo tauchte auf. Er trug eine weiße indische Tracht, weite Hosen und eine lange Tunika darüber, und erklärte uns, dass wir unsere Schuhe ausziehen müssten, da diese das Ego symbolisierten, und das hätte im Meditationsraum (meinem Chefbüro) nichts zu suchen. Weiterhin bat er uns, den Boden zu berühren, bevor wir durch die Tür gingen, als Zeichen unserer Wertschätzung für die Erde, die uns trug, und danach unser Herz. Es war seltsam, aber wir waren alle ergriffen und fanden seine Anweisungen nicht im Mindesten komisch. Irgendetwas war in der Luft, was die ganze Atmosphäre erhaben machte.

Auf Socken betraten wir also den Raum, den Theo und Mona wunderschön hergerichtet hatten. Der intensive Duft großzügig ausgestreuter Jasminblüten empfing uns, bunte Kissen und Decken lagen im Halbkreis vor meinem Schreibtisch, den die beiden in besagte Puja umgewandelt hatten, und Flötentöne füllten die Luft mit tiefen Klängen. Niemand sagte ein Wort. Es wäre schlicht unangebracht gewesen.

Als alle saßen, erklärte uns Theo, dass er eine Lichtzeremonie ausführen und uns danach in die Meditation leiten würde. Dann kam Mona. In einem wunderschönen orange-grünen Sari schritt sie langsam auf den Schreibtisch zu, blieb davor stehen und schwang in hingebungsvoller Andacht und Grazie ein Tablett mit einer Rosenblüte, einem Gewürzschälchen mit Reis, Kumkum und Safran und einem Windlicht darauf.

Ich weiß nicht, aber es waren magische Sekunden, die mir die Augen zuzogen, nicht aus Müdigkeit. Es war ein fremder und doch vertrauter Impuls. Niemand nahm Anstoß an irgendetwas. Es war in diesem Moment einfach alles an seinem Platz, alles in der richtigen Ordnung, alles so, wie es sein sollte.

Theo sang ein Bhajan, ein indisches Gedicht. Es war ein Segensgebet und das zog mir die Augenlider erst recht nach unten. An meinem Scheitel brannte und kribbelte es und ich mochte das Gefühl. Ich fühlte mich total relaxed. Das war ein Empfinden, das ich schon lange nicht mehr gehabt hatte. Hatte ich es überhaupt jemals gehabt? Nicht so. Nicht in dieser Intensität. Ich versank. Ich weiß nicht, wohin. Ich weiß nur, es war schön, es war eigenartig, es war so ganz anders als das, was ich bisher gespürt hatte. Es war wie ein Eintauchen in eine Welt, die man längst vergessen hatte, an die man schon lange nicht mehr glaubte – ein Moment, der mir sagte: Sie ist nach wie vor da, diese Welt. Sie ist da für dich. Sie wartet auf dich, darauf, dass du sie wiederentdeckst. Eine glückselige, sorglose, freie Welt. Oh, mein Gott, in diesen Minuten fühlte ich Sehnsucht und

Erfüllung zugleich! Als ich nach einer Zeit, als Theo sein Glöckchen läutete, fast widerwillig wieder auftauchte, war die Sehnsucht nicht weg – sie wurde stärker. Ich wollte nicht zurückkommen, wollte in dieser anderen Welt bleiben ... und ja, da blitzte die Erinnerung auf ... lange vergessen ... ja, das hatte ich schon mal erlebt – und doch ganz anders – damals ... damals ... Ich hatte den Geruch einer Turnhalle in der Nase, sah mich auf der Matte stehen, spürte die Seligkeit, die sich mit der jetzigen vermischte.

Diese paar Stunden, dieses Empfinden, dieses satte Gefühl der Zufriedenheit und des Glücks, ließen mich nicht los. Und an den Gesichtern meiner Leute sah ich, dass es ihnen ebenso erging.

Ich dachte oft über diese zwei Stunden nach – sie hatten irgendetwas grundlegend verändert, ohne dass ich hätte definieren können, was.

Ich musste auch oft an Theos Satz denken, als ich ihn bei der Ausübung seiner Rituale noch spaßhaft gefragt hatte, was das denn werden soll, und er geantwortet hatte, dass seine Gebete dafür da seien, dass alles zu unserem Besten geschähe.

Jedenfalls war danach nichts mehr so, wie es mal war.

***

Aber zunächst war natürlich nichts davon zu spüren. Pascal erreichte sein Ziel und wir powerten Monat für Monat weiter.

Zahlen beherrschten meinen Alltag, Zahlen machten ihn gut oder schlecht. Sie diktierten mein Gefühlsleben, sie waren das erste und letzte, womit ich mich beschäftigte, wenn ich im Büro war. Ständig checkte ich, ob ich auf dem richtigen Weg war, ich meine Ziele erreichte und mich nie mit dem Status quo zufriedengab.

Inzwischen hatte ich einen funktionierenden Gott gefunden und der hieß Disziplin. Der Tag begann um sechs mit Morgengymnastik oder Waldlauf, grünem Smoothie, kalter Dusche und der Einstimmung auf meinen vollen Terminkalender. Meine Kleidung war geschäftsmäßig. Ich mied grelle Farben, kleidete mich in grau, blau und schwarz.

Um 7:30 Uhr saß ich im Büro, klappte den Laptop hoch und rief die Zahlen des gestrigen Tages auf. Ab da war mein Tag durchgetaktet bis spät in die Nacht. Ich fühlte mich wohl so. Es gab mir ein Gefühl der Ordnung und Struktur.

Der Erfolg gab mir recht. Es lief weitgehend super. Meine Truppe wuchs, alle meine Leute hatten weitere Vertriebsleute angebaut, der Umsatz stieg und mein Ziel, Seniorpartner zu werden, rückte in greifbare Nähe.

***

»Sag mal, Mäuschen«, schnarrte Torsten, als wir kurz vor Mitternacht unsere Planung für das nächste Halbjahr besprachen und ich ihm vorschwärmte, wie das wäre, wenn er dieses und jenes Ziel erreichen würde. Wie immer sah er mich von oben herab an. Ich weiß gar nicht, wie er das machte, wenn er doch im Rollstuhl saß, aber man hatte immer den Eindruck, er sah auf einen herunter. Ich musste lächeln, während er fortfuhr:

»Wie wär's, wenn du mich endlich heiratest und ein bisschen bekochst? Ich habe Hunger!«

»Ach Torsten, du weißt doch, ich bin teuer ... könntest du mich denn überhaupt ernähren?«

»Bei der Planung, die du mir gerade aufgehalst hast, dürfte das kein Ding sein«, erwiderte er. »Und ob du teuer bist, stelle ich sehr infrage. Du hast doch gar keine Zeit, Geld auszugeben! Aber was mir ernsthaft Sorgen macht, ist dein Terminkalender. Ich meine, wegen der Kocherei.«

»Siehst du?«, flötete ich zurück. »Für Hochzeit und so ist es eindeutig zu früh ... du kannst doch sicher auf mich warten, nicht?«

»Nischt mähr lanngge, du heißer Feger«, sagte er theatralisch mit französischem Akzent und der Hand auf der Brust und wir lachten beide lauthals los.

»Aber ... wenn du Hunger hast ...«, meinte ich und machte eine kleine Kunstpause, »... kochen kann ich! Sogar sehr gut.«

»Was? *Du*? Kannst *kochen*? In welchem Leben hast du denn das gelernt?«

»In einer früheren Inkarnation! Da war ich Gourmetköchin für meinen Liebsten und hab ihn mit den köstlichsten Leckereien verführt«, grinste ich.

»Lass uns in die Vergangenheit reisen!«

»Chili und so ... du weißt schon ... für das Feuer und die Glut ...«

»Was zu beweisen wäre!« Torsten feixte mich frech an, veränderte kurz darauf seine Gesichtszüge zu einer herrischen Mimik und rief: »Auf nach Hause, Weib! An den Herd! Zeig deine Künste!«

Wieder lachten wir, Torsten war einfach auf seine Weise genial, er war belesen und klug und ich mochte seine Gesellschaft. Ich packte meine Autoschlüssel.

»Was, im Ernst?«, fragte er, nun ehrlich verblüfft »Wir gehen zu dir? Und ... du kannst wirklich kochen?«

»Was zu beweisen wäre« Ich lächelte. »Okay, Maestro, komm mit! Ich hoffe, du weißt, was dich das kostet!«

»Lass mich raten«, ächzte Torsten lakonisch. »Eine Menge Umsatz, richtig?«

***

Bisher war noch keiner meiner Leute jemals in meiner Wohnung gewesen. Die war meine Privatsphäre und so sollte es auch bleiben. Mit Torsten machte ich nach drei Jahren zum ersten Mal eine Ausnahme.

Er ließ es sich nicht nehmen, wuchtete seinen hageren Körper aus dem Rollstuhl und stützte sich auf seinen Stock mit dem verzierten silbernen Knauf, mit dem er umso aristokratischer wirkte. Torsten war ein echter Kavalier, old school, einer von jenen, die noch Taschentücher bei sich trugen, um sie einer weinenden Frau reichen zu können – und das liebte ich an ihm. Das war auch einer der Gründe gewesen, mich von Gerit und Rolf zu verabschieden. So widersinnig es aus dem Mund einer Karrierefrau klingt und so unpassend in einer Zeit, in der Männer keine Männer und Frauen keine Frauen mehr sein wollen oder dürfen, in der die alten Umgangsformen nicht nur aussterben, sondern niedergemacht werden, hatte ich doch genau das vermisst: bei ihnen Frau sein zu können. Torsten war ein Gentleman, einer, der mir trotz seiner Behinderung die Türen aufhielt und mir in den Mantel half.

Kritisch sah er sich in meinem Domizil um, musterte die puristische Einrichtung, die Bilder an den Wänden, nickte anerkennend und mit geschürzten Lippen und ließ sich dann auf einem Barhocker in der Küche nieder, wo ich ihn erst mal mit einem guten Rotwein beschäftigte.

»So«, sagte ich resolut. »Hinsetzen, Flasche öffnen, mich unterhalten, aber nicht stören. Und frag mich nicht, ob du helfen sollst. Das kann ich nicht leiden.«

»Wunderbar!« Befriedigt rieb er sich die Hände. »Ich sag doch, wir passen zusammen.«

Den Kühlschrank inspizierend fragte ich:

»Hab ich freie Auswahl? Oder gibt es etwas, das Brechreiz auslöst?«

»Blumenkohl, ansonsten kannst du loslegen.«

Wenn ich eines konnte, dann in einer halben Stunde Gerichte kochen, die nach was aussahen und toll schmeckten. So servierte ich einen Feldsalat mit Avocados, Äpfeln und Nüssen in einer selbst gemachten Vinaigrette auf großen Glastellern und kochte zum Hauptgang etwas Thailändisches mit frischem Koriander. Das ging ratzfatz und war gemüsehaltig.

»Das ist ja fantastisch!«, freute sich Torsten. »Warum bin ich erst heute bei dir zum Essen? Ich dachte, du bist die typische Karrierenudel, unfähig, ein Privatleben aufzubauen und ein Baguette von einer Gurke zu unterscheiden ... aber das hier ...! Bin ehrlich beeindruckt! Willst du mich nicht doch heiraten?«

»Ach Torsten! Du hast schon eine Karriere hinter dir, gönn mir noch ein wenig Spaß im Leben, bevor ...«

»Ich wusste es«, unterbrach er mich, das Gesicht in gespieltem Schmerz verzerrt. »Gib es zu! Es ist der Rollstuhl!«

»Oh, nein, ganz und gar nicht!«, lachte ich. »Den finde ich sexy!«

»Den Rollstuhl? Nicht mich? Greta, ich hab immer gewusst, dass du nicht ganz richtig tickst, kein Wunder, dass privat bei dir nichts geht, wenn du auf Rollstühle stehst.«

Wieder lachte ich.

»Lass uns das Ding mal umdrehen ... was ist mit dir? Was ist mit deinem Privatleben?«

»Das ist eingefroren. Oder abgequetscht.«

»Was heißt das?«

»Das heißt, dass meine Frau mich nach dem Unfall verlassen hat und ich mich nun in die Arbeit stürze, um alles zu vergessen.«

»Tja, die gute alte Kompensation.«

»Genau. So, wie du zu vergessen suchst, was immer du auch erlebt hast.«

Mein Lächeln wurde merklich kleiner.

»Ich bin ein alter Experte, was das angeht«, fuhr er mich taxierend fort. »... das müsstest du doch schon längst gecheckt haben.«

»Ja, hätte mir auffallen müssen nach all den Jahren ... aber bleiben wir bei dir. Möchtest du dein Privatleben nicht wieder auftauen?«

»Doch! Natürlich! Spannst du nicht, dass ich das gerade versuche?«

»Bleib doch mal ernst!«

»Das bin ich!«

Ich schaute ihn unverwandt an, zog die Augenbrauen hoch und signalisierte ihm, dass ich auf die richtige Antwort wartete. Auch sein Lächeln schwand.

»Greta, schau nicht so«, sagte er. Und als ich nicht aufhörte, ihn anzuschweigen:

»Was soll das denn werden ... jemand, der im Rollstuhl sitzt ... und abgequetschte Beine hat, du weißt schon.«

Ich spielte mit dem Weinglas. »Aber dein Verstand ist nicht abgequetscht und auch nicht dein Herz. Das ist bestimmt sogar größer geworden, seitdem ... ist aber nur 'ne Vermutung. Außerdem: Du kennst meine Einstellung. Wenn du was willst, wenn du dich danach sehnst ... warum sollte es dann nicht geschehen?«

»Weil die Realität oft anders ist als das, was in deinen geliebten Seminaren gepredigt wird«, antwortete er. »Auch, wenn du das nicht gerne hörst, weil du unbedingt daran glauben willst, dass man alles im Leben erreichen kann ... aber da gibt es noch ein bisschen mehr zu bedenken, meine ich.«

Die Stimmung war unvermutet ernst geworden und weckte ein Grummeln in mir. Er hatte recht: Ich hörte das gar nicht gern, wenn mir jemand klarzumachen versuchte, dass es da einen Faktor – oder sogar mehrere – gäbe, die mir meine Pläne zunichtemachen könnten.

»Inwiefern ist die Realität anders?«, wollte ich wissen und ging nur auf seinen ersten Teil ein. »Es ist so und war immer so: Der Wille ist entscheidend. Der Geist ist in der Lage, Materie zu formen, Materie zu erschaffen. Alles ist doch aus Träumen, also aus Gedanken entstanden. Vielleicht ist auch diese Welt aus einem Traum entstanden … aus dem Traum, den Gott träumt.«

»Oh, Greta, nun wirst du auch noch poetisch! Wie soll ich jemals von dir loskommen, wenn du solche Facetten offenbarst!«, rief Torsten und lächelte breit. »Wir sind Gottes Traum! Da hat er wohl so ab und an einen Albtraum, wenn ich mir die Welt so ansehe, und hat aus Versehen einige Ungeheuer erschaffen!«

»Ja, aber laut Theo ist doch sowieso alles Illusion und selbst gemacht.«

»Ja, nur von wem?«, fragte mich Torsten und zog die Augenbrauen in seiner unnachahmlichen Komik hoch. »Denn Theo behauptet, dass Gott in uns ist … und wenn es stimmt, dass alles selbst gemacht ist …«

»… geschieht alles nach unserem Glauben! Und keiner sonst hat's in der Hand!«

Ich war geradezu erleichtert, uns beiden schlüssig bewiesen zu haben, dass es keinen gab, der mir in meine Pläne funken konnte.

»Das bedeutet aber, dass, wenn die Dinge nicht so laufen, das auch nach unserem Glauben geschieht«, konterte er, wohlwissend, was ich dachte. »Aber so sind wir Menschen: Läuft's gut, war's unser Wille. Kommt was dazwischen, war's der liebe Gott, der böse Mann, das unberechenbare Schicksal. Hmmm … *Das* …«

In großer Geste ahmte er die Pose des Denkers von Rodin nach und fasste sich unters Kinn. »… stimmt mich doch sehr nachdenklich.«

Ich musste schon wieder lachen.

»Na ja«, korrigierte ich mich. »Eigentlich meinte ich, dass doch alles mit einem Gedanken beginnt. Du hast einen Wunsch, ein Ziel und das ist anfangs nur etwas Erdachtes. Aber daraus entsteht Realität. Das ist doch eine Art Schöpfungsprozess, nicht? Der unserer gottgleichen Natur gerecht wird.«

»Greta, du erstaunst mich! Woher hast du denn diese spirituellen Anwandlungen? Bist du heimliche Orientalin?«

»Was meinst du denn damit?«, fragte ich und merkte, wie ich mich innerlich versteifte. »Ich bin in Deutschland geboren und aufgewachsen, falls das deine Frage war.«

Torsten sah mich mit seinem typischen, alles durchbohrenden Blick an. Lange. Und machte mir damit klar, dass seine Ansage lockerer gewesen war als meine Antwort.

»Hab ich doch gar nicht infrage gestellt«, sagte er schließlich und in seinen Augen sah ich den berühmten diabolischen Funken aufglühen. »Aber dein Haar ist so schwarz …«

»… ist es gefärbt?«, vollendete ich seufzend seine Frage. »Nein, ist es nicht. Es war schon immer so schwarz. Ich lasse mir extra ab und zu Strähnchen reinmachen, damit es nicht so dunkel wirkt. Aber wie du selbst weißt, verbringe ich nicht allzu viel Zeit beim Friseur.«

»Ja, das weiß ich«, bestätigte Torsten und sah mich weiter forschend an. »Und wovor hast du Angst?«

»Angst?«

»Es ist ein so trauter Moment mit dir, Greta«, sagte er und ich konnte nicht ausmachen, ob er das ernst meinte oder sich wieder nur einen Spaß erlaubte. »Weißt du, dass ich dich wirklich liebe? Auf eine ganz bestimmte, unschuldige, nichts fordernde Art. So, wie ich meine Tochter lieben würde, wenn ich eine hätte und die ich mir immer gewünscht habe. Und ich schwöre dir, als ich dich das erste Mal …« Er hielt kurz inne und schüttelte den Kopf. »Ich musste diesen Sekt mit dir trinken. Es war wirklich das totale Herzbauchgefühl.«

Ich spürte, wie sich ein Kloß in meinem Hals zu bilden begann, öffnete den Mund, um etwas zu sagen, aber er kam mir zuvor.

»Nein, lass mich das fertig sagen, bevor mich der Mut verlässt. Es ist etwas an dir, was mich unendlich rührt. Du hast nie über deine Vergangenheit gesprochen, ich weiß, es geht mich nichts an, aber …«

Er verstummte. Eine Weile schwiegen wir beide.

»Du wärst ein sehr guter Vater gewesen, Torsten«, sagte ich dann leise. »Warum haben Menschen, die die besten Eltern geworden wären, keine Kinder? Warum haben oft Leute Kinder, die gar keine wollen und sich nicht um sie kümmern?«

»Alles hat seinen Sinn.«

»Ich mag diesen Satz nicht.«

»Warum nicht?«

»Weil er die Leute dazu bringt, in allem einen Sinn zu sehen, den es vielleicht gar nicht gibt, das macht fatalistisch und entschuldigt die Gegenseite. Außerdem interpretieren sie tausend blöde Dinge in ihre Situation, statt etwas zu ändern, und biegen sich die Wahrheit zurecht. Sie verfälschen sie!«

»Welche Wahrheit?«, fragte Torsten sarkastisch. »Seit wann gibt es *eine* Wahrheit?«

»Ich weiß, Wahrheit ist subjektiv«, murmelte ich. »Das hilft mir nicht viel weiter.«

»Wobei?«

»Torsten … du treibst mich in die Enge! Wir haben doch ein Mitarbeiter-Chef-Verhältnis! Eigentlich dürften wir gar nicht so miteinander reden!«

»Das hättest du dir überlegen sollen, bevor du mich angestellt hast. Du hast genau gewusst, was du dir einkaufst, nicht?«

»Nein, hätte ich das gewusst, hätte ich wohl eher auf Wagner gehört!«

»Oh, du kaltes Herz!«, fauchte Torsten gespielt gekränkt. »Du tust einfach alles für Geld! Einfach alles!«

»Fast alles«, berichtigte ich grinsend. »Ich höre zum Beispiel nicht auf Wagner, wenn es um Rollstuhlfahrer geht, die einzigartig sind und in den Olymp der Finanzbranche gehören.«

»Deswegen liebe ich dich so«, antwortete Torsten befriedigt. »Mein Mädchen. Ich wusste es.«

»Was wusstest du?«

»Ich bin dein Vater«, schnorchelte er in Darth-Vader-Manier und wir brachen erneut in Gelächter aus.

»Wär' schön, wenn du es wärst«, sagte ich versonnen und benommen von dem Rotwein.

»Ja, damit wären wir wieder beim Sinn. Ich denke, dass du all das nicht erleben würdest, was du erlebst, wenn ich dein Vater gewesen wäre. Vielleicht wärst du auch gar nicht da gelandet, wo du heute bist? Was impliziert, dass es vielleicht nicht so schlecht war, was du erlebt hast? Liebt dich dein Vater, Greta?«

Ich starrte ihn an und blieb stumm.

»Oh, okay. Er liebt dich also nicht. Und welchen Sinn siehst du darin?«

»Torsten? Was hast du da gerade vor?«

»Gar nichts. Ich wollte nur, dass du meine Frage beantwortest … Chefin.«

»Okay, gut. Also – ich sehe keinen Sinn darin«, antwortete ich hart. »Gar keinen.«

»Hast du mal einen gesucht?«
»Ja, hab ich. Und keinen gefunden.«
»Vielleicht war es zu früh dafür«, resümierte er. »Die Dinge brauchen Zeit.«
»Warum fängst du nicht wieder an, an eine Beziehung zu glauben, Torsten?«, griff ich ihn an und sah ihm direkt in die Augen. »Ist das auch so ein Zeitding?«
»Dreimal darfst du raten.«
»Die Beine?«
»Genau. Wenn ich dir sonst schon keine Tipps geben darf, dann wenigstens den, dass du deine Beine behältst.«
»Alles hat seinen Sinn, Torsten«, sagte ich.
»Oh, du ... fieses Wiesel!«
Ich beugte mich vor und sah ihm in die Augen. Sein angedeutetes Lächeln erlosch. »Torsten, du bist für mich der beste Beweis, dass man seine Beine nicht braucht. Du hast nichts an Ausstrahlung verloren. Gar nichts. Im Gegenteil. Ohne dich vorher gekannt zu haben, behaupte ich, dass du sogar dazu gewonnen hast ... an Tiefe ... an Herz ... an ... was weiß ich! Er hat was mit dir gemacht ... der Rollstuhl ... was Positives. Das ist einfach nur so ein Gefühl, ein echtes Herzbauchgefühl, verstehst du? Das gleiche, das ich hatte, als ich dich das erste Mal sah. Da wusste ich, dass du in mein Team passt.«

Torsten war verstummt. Das passierte ihm selten. Er drehte den Wein in seinem Glas, kippte ihn auf einmal hinunter und stand auf. Etwas betroffen fuhr ich mit ihm im Aufzug nach unten. Als der Taxifahrer den Rollstuhl verstaute und Torsten und ich uns gegenüberstanden, zupfte er, auf seinen Stock gestützt, an meinem Schal, ein sarkastisch-ernstes Funkeln im Auge:

»Was haben deine Erlebnisse mit dir gemacht, Greta?«

Damit stieg er ein und ließ mich stehen. Langsam ging ich zurück in meine Wohnung, als ich bereits eine Nachricht von ihm auf meinem Handy fand:

»Gute Nacht, mein Mädchen. Drück deinem Daddy die Daumen, dann bringt er dir morgen einen Riesenumsatz mit.«

Ein leises Lächeln umspielte meine Mundwinkel, dennoch tat ich mir schwer, an diesem Abend einzuschlafen. Trotz des Alkohols in meinem Blut. Torsten hatte, wissentlich oder unwissentlich, einen feinen Riss verursacht, den ich nun wieder zu kitten versuchte. Wie so oft.

***

Das Geschäft brummte und ich nahm mir vor, Wagner in spätestens zwei Jahren auf eine Partnerschaft anzusprechen. Bis jetzt lief alles planmäßig - genau wie mein durchgezirkelter Tagesplan. Das befriedigte mich mehr als alles andere.

»Endlich!«, dachte ich. »Endlich trägt all die Arbeit die Früchte, die ich mir erhofft habe!«

Doch dann hieb mir Wagner eine mehr als satte Umsatzplanung um die Ohren, und zu meinem Erstaunen und den heimlichen Nachforschungen Torstens zufolge erfuhren wir, dass wir die Einzigen waren, von denen ein so hoher Pro-Kopf-Umsatz verlangt wurde.

»Weiß der Geier, was der vorhat«, sagte Torsten. »Aber ich werde das Gefühl nicht los, dass der uns immer noch testet. Na, der kann sich auf was gefasst machen!«

Diese erneute Umsatzerhöhung traf uns, und wir setzten uns zusammen, um zu besprechen, wie wir sie meistern könnten.

»Wo soll das noch hinführen?«, fragte mich Mona besorgt, als ich ihr davon berichtete. »Wo ist Schluss? Wo das Ende? Bist du nicht ständig getrieben? Bist du überhaupt jemals glücklich?«

»Glücklich bin ich, wenn ich das erreicht habe, was ich will«, antwortete ich. »Dann ist immer noch Zeit, auszuatmen. Aber jetzt, so mitten im Run ... ich kann doch jetzt nicht locker lassen!«

»Aber der Run wird nie aufhören!«, entgegnete sie und sah mich durchdringend an. »Wagner weiß, was er an dir hat. Er wird ständig Umsatz von dir wollen.«

»Ist ja auch mein Job. Aber irgendwann kommt er nicht umhin, mir die Beteiligung anzubieten. Stell dir nur mal vor, wie es Wagner ohne unseren Umsatz ginge! Er muss es früher oder später tun und eher gebe ich nicht nach!«

»Ja, aber du machst dich kaputt dabei«, erklärte Mona noch besorgter. »Du isst zu wenig, arbeitest zu viel, du hast überhaupt keine Möglichkeit, ein Privatleben aufzubauen.«

»Ja, aber das ist das Leben!«, entgegnete ich. »Durch die Herausforderung entwickele ich mich ständig weiter!«

»Das ist keine echte Weiterentwicklung, Greta. Das ist ... auf der Stelle treten, weil du immer dasselbe machst und immer dem Gleichen hinterherrennst.«

»Auf der Stelle treten?«, fragte ich erstaunt. »Aber ganz und gar nicht! Mona, überleg doch mal! Ich kann mir einiges leisten, arbeite auf mein Ziel hin, habe tolle Freunde wie euch ... warum suchst du immer nur den Haken daran?«

»Weil ich das Gefühl habe, dass du nicht glücklich bist«, erwiderte sie. »Du sagst immer nur, das kommt, wenn du das und das erreichst. Du weißt doch, dass das kein echtes Glück ist.«

»Ja, Mona, aber dieses echte Glück, von dem ihr immer redet, das zeigt sich ja auch nicht. Also verfolge ich wenigstens das, was ich vor Augen habe. Und ich verspreche dir, wenn ich diesen ersten echten Jackpot habe, gebe ich mal ein bisschen Ruhe.«

Ich grinste sie an, sie lächelte schwach zurück und seufzte:

»Eigentlich hast du recht. Du hast fast alles, was du wolltest, bis auf eine intakte Beziehung vielleicht. Aber irgendwie kommt mir das doch nicht alles richtig vor. Ich kann es nicht definieren, aber irgendwas ist im Unreinen.«

»Das denken alle Leute von einer Frau, die auf die dreißig zugeht, und noch keine feste Beziehung hat«, sagte ich sarkastisch. »Monalein, lass gut sein. Ich fühl mich ganz wohl so. Und übrigens: Wir wollen alle in ein Wellnesshotel fahren! Das soll die beste Saunen– und Entspannungslandschaft ever haben. Wenn wir die Umsatzplanung um zehn Prozent übersteigen, zahle ich! Aber dich lade ich auf jeden Fall ein!«

»Ach, Greta«, lachte sie. »Du kannst aus deiner Haut nicht raus, was?«

Sie küsste mich vor Freude auf den Mund und auch Theo freute sich sehr. Die beiden hatten überhaupt kein Problem, etwas anzunehmen. Ich weiß noch, wie ich einmal ein wertvolles Geschenk von ihnen bekommen hatte. Ich hatte die üblichen Redensarten abgesondert wie »das hätte doch nicht sein müssen, das kann ich doch nicht annehmen ... ihr seid doch verrückt, so viel Geld auszugeben ...«, bis Theo mich fassungslos gefragt hatte:

»Da machen wir dir ein Geschenk ... und du *freust* dich nicht?«

Ich war tiefrot geworden.

Freude. Ein komisches Wort. Ein komischer Zustand. Ich erkannte, dass ich mir mit Regungen wie Rührung, Mitgefühl oder Begeisterung nicht schwertat. Aber Freude war etwas, was ich nicht so leicht empfinden konnte. Und damit meine ich nicht Freude über etwas, sondern diese tief liegende Freude – als Grundlage des Seins, wie sie zum Beispiel Bernd, der seine Frau nur vier Monate im Jahr sah, versprühte. Seine Freude schien grundlos, er fand immer einen Anlass, sich zu freuen. Er schöpfte aus etwas, was mir fremd war. Ja, solche Menschen gab es und sie hatten mich immer schon fasziniert.

Auch meine tief infizierten Esoteriker Mona und Theo sprachen dauernd von Freude und Glück und allem voran natürlich: von Erleuchtung, was immer das auch sein sollte. Nachdem sie in einem unserer vielen Gespräche erwähnt hatten, man könne sich dahin entwickeln, war ich ziemlich beeindruckt.

Erleuchtung ist das Höchste? Will ich! Keine Frage! Wenn das lohnend ist und Vorteile bringt? Mach ich! Und man kann darauf hinarbeiten? Noch besser!

Ich deckte mich also mit Büchern ein und arbeitete eines nach dem anderen systematisch durch. Ich las von Spontanerleuchtungen (wäre am praktischsten, angesichts meines Terminkalenders) und dem längeren Weg mittels täglicher Meditation, der Inanspruchnahme eines Gurus, eines Mantras, sowie regelmäßiger spiritueller Übungen, was mir weniger behagte.

Letztlich war kein Platz in meiner Welt für solche Dinge und ich begnügte mich damit, ab und an mit Theo und Mona zu meditieren, wobei meine Gedanken schon nach dreißig Sekunden in alter Manier zu rotieren begannen und das Ganze für mich eher in Tagträume ausartete.

Ja, und dann das Gerede von Partnern ... hm ... soll ich ehrlich sein? Mir fehlte keiner.

Die meisten waren mir zu lasch und ich übernahm instinktiv die Kontrolle, wobei das gleichzeitig schon das Todesurteil für jede Beziehung war, wenn mir das gelang. Denn eigentlich wollte ich jemanden, der wusste, was er wollte. Auch im Sex war das so. So schön und erfüllend er auch ist – bei mir kommt immer der Punkt, an dem ich die Führung übernehme. Hingabe war ein Wort, das mir Rätsel aufgab, das ich nicht verstand. Aber ich suche danach und studierte die Menschen, die das zu haben schienen. Ich erforschte die Gesichter der Männer beim Sex, ihre sich steigernde Lust, bis sie nicht mehr klar denken konnten, (war das Hingabe?). Ich beobachtete mich selbst dabei, wie ich die paar Handgriffe mache, die es braucht, um sie auf hundertachtzig zu bringen ... und ja, auch ich habe Spaß daran, ich kam ja auch auf hundertachtzig, ob nun versetzt oder gleichzeitig war mir nie wichtig gewesen. Irgendwas in mir strebte diesem Höhepunkt entgegen, nahm den Sex wie einen Hürdenlauf, und oja, es machte Spaß, ja, es brachte Lust, aber die Ausbeute empfand ich dennoch oft genug als zu mager im Vergleich zu den Bemühungen. Selbst, wenn der Orgasmus mal heftiger ausgefallen war: Es waren Sekunden, kleine, armselige Sekunden, die nur einen Hauch davon vermitteln, was wirklich sein könnte. Aber was wirklich sein könnte, wusste ich nicht. Ich ahnte es nur.

Und wenn wir schon beim Thema sind:

Das, was mich auch beschäftigte, war, dass ich nicht wirklich wusste, was Liebe war. Die Leute erzählten davon, die Songs im Radio handelten davon, ich las in Büchern davon – und das war weit weg von dem, was ich bisher für irgendjemanden gefühlt habe. Ich hätte alles bisher Erlebte nicht als Liebe bezeichnet. Ja, ich liebte meine Teammitglieder auf eine gewisse Art und Weise, aber was Liebe zwischen Partnern anging, da klang das in Büchern immer viel intensiver, viel himmelhochjauchzender, anders eben, anders, als das, was ich erlebt hatte. Vielleicht war es das, was meine Beziehungen beendet hatte. Das Gefühl, es müsste mehr geben.

Aber »mehr« war eine Grundeinstellung von mir: Alles musste mehr werden, das Geld auf dem Konto, der Rang in der Firma, die Größe meiner Gruppe ...

Tatsache war, dass Freude und Liebe Zustände waren, die ich gebannt an anderen beobachtete. Theo und Mona versicherten mir immer, dass Freude und Glückseligkeit im Dauerzustand das Ziel eines jeden Menschen seien. Es wäre etwas im Inneren. Gott eben. Ja, schön und gut, aber wer will schon von einem Gott abhängig sein, den er weder kennt, noch versteht und der nach Aussagen aller Schriften und aller Religionen unbegreiflich ist?

Nee, mein Gutester, dachte ich oft, ich mach das mal auf meine Weise. Ich arbeite. Dann werde ich Seniorpartner. Dann kann ich mir ja auch einen Mann suchen. Selbst Mona sagt, eine Ehe ist ein Kompromiss. *Das* ist realistisch. Damit kann ich leben.

***

»Oje! Ach herrje!« Jyoti schüttelte sich aus vor Lachen. »Das ist das alte Thema mit der Trennung!« Sie seufzte tief und lächelte mich an. »Und natürlich der Versuch, so etwas wie Freude, Liebe oder Gott mit dem Verstand begreifen zu wollen.«

Ich verstand natürlich gar nichts und sah sie fragend an.

»Siehst du«, fuhr sie fort. »Ich wusste, du willst die Palme hochklettern.«

»Und woher weißt du das?«

»Weil du suchst. Damit beginnt alles. Mit der Suche beginnt und endet alles.«

»Muss ich das jetzt schon verstehen?«

Sie lachte wieder und legte leicht ihre Hand auf mein Bein.

»Nein«, erwiderte sie vergnügt. »Noch suchst du ja vor allem Erklärungen. Vielleicht nur so viel: Das, was du suchst, ist mit dem Verstand nicht zu begreifen, daher brauchst du ihn nicht dafür. Aber mir gefällt deine Disziplin! Mit Disziplin kommen viele gute Eigenschaften zur Blüte.«

»Ja, auch das war nicht immer so«, antwortete ich. »Aber das erzähle ich noch.«

***

Das Jahr war rasant und anstrengend gewesen, aber erfolgreich. Ich fühlte mich etwas ausgelaugt, immerhin hatte ich über drei Jahre Dauersprint hinter mir. Weihnachten verbrachte ich bei Mona und Theo und wir nutzten die Tage für Gespräche und zum Ausspannen. Natürlich waren beide überzeugte Vegetarier mit Hang zum Veganismus. Unaufgefordert erklärte mir Theo die Zusammenhänge zwischen Fleischkonsum, Wassermangel und Klimaerwärmung, dem Methanausstoß der Kühe und Rinder und dem überbordenden Maisanbau.

»Wusstest du, dass für ein Kilogramm tierisches Protein über sieben Kilogramm pflanzliches Protein aufgewendet werden müssen, was wiederum zum Kahlschlag unserer natürlichen

Lunge, der Wälder, sorgt? Überall auf der Welt werden für Mais Wälder gerodet. Die riesigen borealen und tropischen Wälder, Wälder in Zentralafrika, im Sudan, in Sambia auf den südostasiatischen Inseln, in Indonesien, Borneo, auf den Philippinen ... alles wird vernichtet, um Viehfutter anzubauen, damit Menschen ihr Fleisch essen können. Und durch das Verbrennen von Torfwäldern und Mooren zur Gewinnung von Palmölplantagen entstehen noch mehr CO_2- Emissionen, während zeitgleich beim Fracking eine so hochgiftige Flüssigkeit austritt, dass sie als Sonderwasser entsorgt werden muss. Aber dieses Gift wird einfach in tiefere Gesteinsschichten zurückgeschossen ...«

Mir brummte der Kopf, während Theo unerbittlich fortfuhr: »Stell dir vor, inzwischen sind 115 Billionen Liter giftige Flüssigkeiten in knapp 700 000 unterirdische Lagerstätten gepresst worden, was Erdbeben auslöst und das Grundwasser kontaminiert ...«

»Theo«, warf ich ein. »Lass gut sein, es ist doch Weihnachten!«

»Ja, gerade eben! Und tagtäglich wächst die Weltbevölkerung und doch vernichten wir jährlich zehn Millionen Hektar Land. Nirgendwo wird der Verlust des Mutterbodens und des Süßwassers berücksichtigt, und wusstest du, dass *jeden Tag* neunzig Millionen Tonnen Schmutz in die Atmosphäre gepustet werden?«

Zum ersten Mal empfand ich die beiden als anstrengend. Ihr Katastrophengerede war frustrierend, vor allem, weil es wahr schien. Ich war froh, wieder in meiner Wohnung zu sein, auch wenn ich dort allein war. Doch überraschenderweise gefiel mir das so gut, dass ich beschloss, auch Silvester für mich zu bleiben und den Jahreswechsel als Vorbereitung für das neue Jahr zu nutzen.

Torsten hatte mich nach Südfrankreich eingeladen, er hatte ein kleines Haus in der Camargue, aber ich sagte ab. Weihnachten und der Jahreswechsel waren eigentlich die einzigen Zeiten, in denen ich mal für mich sein konnte. In den letzten Jahren hatte ich immer Halligalli gemacht, war auf Partys gewesen, hatte mal mit meiner Mannschaft, mal mit Freunden gefeiert, aber diesmal sehnte ich mich nach Ruhe.

Als ich am Silvesterabend mit einem Glas Sekt in der Hand vor dem Fenster stand, verstand ich Monas und Theos Sehnsucht nach Stille zum ersten Mal.

Goldmedaille

Helena hatte für die Auftakttagung des neuen Jahres ein schönes Hotel ausgesucht. Dort hielt ich meine Einzelbesprechungen und unsere Strategie-Konferenz ab. Dieses Jahr hatte ich viel vor. Ich wollte so viel Umsatz abliefern, dass ich es wagen konnte, die Partnerschaft vorzeitig anzusprechen. Demgemäß peitschte ich meine Leute vorwärts.

»Die Gretel«, knorzte Torsten sarkastisch. »Ehrgeizig wie immer.«

»Hast du etwas anderes von mir erwartet?«, fragte ich zurück. Er lächelte.

»Nein. Alles ist gut, solange du mich irgendwann mal heiratest … wann kommst du in die Camargue?«

»Wenn dein Mistral wieder weht«, erwiderte ich. »Im Sommer. Vielleicht.«

***

Mit Bernd traf ich mich als letztes, da er gerade von Kolumbien eingeflogen war. Wir aßen zusammen zu Abend und begaben uns danach in die Bar. Er erzählte mir von seinem Leben mit seiner Frau und den beiden Kindern.

»Du liebst deine Familie so sehr«, sagte ich wehmütig. »Sind euch diese vier Monate nicht zu wenig?«

»Nein, wir freuen uns über jeden Tag, an dem wir uns sehen«, antwortete Bernd. Die Liebe zwischen ihm und seiner Frau war so greifbar, dass jede Frage, ob er nicht Angst hätte, dass mal ein anderer auftauchen könnte, der präsenter war als er, fast obszön gewirkt hätte. Er trank sein Glas leer und stand auf.

»Jetlag«, gähnte er. »Bin auch nicht mehr der Jüngste.«

Ich lächelte und blieb sitzen. Er sah auf die Uhr.

»Gehst du noch nicht?«

»Nein, ich nagle deine Versprechen noch in meinem Laptop fest«, antwortete ich. Bernd verschwand und ich war endlich allein mit mir. Das ging mir in der letzten Zeit öfter so. Immer häufiger hatte ich das Gefühl, allein sein zu müssen, beziehungsweise ertrug ich die Gesellschaft anderer Menschen für immer kürzere Dauer. Diese Entwicklung beunruhigte mich etwas, aber ich machte mir keine allzu großen Gedanken darüber. Gewissenhaft übertrug ich die Zahlen in eine Tabelle, als plötzlich der Kellner neben mir stand.

»Verzeihung … aber der Herr dort drüben möchte Sie gerne zu einem Glas Champagner einladen.«

»Oh! Überbringen Sie doch bitte dem Herrn meinen Dank und ein Nein«, erwiderte ich kurz, ohne groß aufzublicken.

Er nickte befriedigt lächelnd und eilte davon. Ich speicherte die Zahlen und rief das Mailprogramm auf. Kurze Zeit später hörte ich erneut eine Stimme:

»Ist's genehm?«

Irritiert sah ich auf. Ein korpulenter Mann stand vor mir, ergriff ungefragt meine Hand und schmatzte einen Kuss darauf. Der Ober von vorhin stellte mit gesenktem Blick zwei Gläser Schampus auf den Tisch und wagte einen kurzen Seitenblick zu mir.

»Ich wollte gerade gehen«, erklärte ich unbehaglich. »Tut mir leid, aber ich fürchte, Sie müssen sich jemand anderen suchen, der mit Ihnen Sekt trinkt.«

»Das dürfen Sie mir nicht antun«, erwiderte der Mann und ließ sich plump auf den Sessel neben mir fallen.

»Tu ich aber«, entgegnete ich spitz und steckte den Laptop in die gepolsterte Tasche.

»Schöne Hülle«, bemerkte er, aber er sah nicht auf den Laptop, sondern auf meinen Körper und scannte ihn unverschämt von oben bis unten ab.

»Ich bin mit meinem Kumpel hier«, erklärte er mir schließlich und deutete mit dem Daumen auf einen jüngeren und viel hübscheren Mann als er es war. »Das ist mein Zimmergenosse und die Bettritze zwischen uns ist so verdammt leer.«

Abrupt stand ich auf, rot im Gesicht. Was für ein Widerling! Am liebsten hätte ich ihm den Stinkefinger gezeigt. Verdrossen griff ich nach meiner Tasche, da fiel mir ein, dass ich noch nicht gezahlt hatte, und sah mich nach dem Barkeeper um. Keiner zu sehen. Der Mann hatte sich ebenfalls erhoben und stellte sich direkt vor mich. Dicht. Sehr dicht. Starker Alkoholgeruch drang in meine Nas und ein mieses Gefühl stieg in meinen Eingeweiden empor. Seine kräftigen Hände drückten auf meine Schultern, sodass ich das Gleichgewicht verlor und auf die Sitzfläche des kleinen Sofas plumpste, vor dem ich stand.

»Nun bleiben Sie doch noch ein Weilchen«, säuselte er und hielt mich am Oberarm fest, während er zu mir rückte. Ich zog vergebens, um freizukommen, er hatte einen Griff wie ein Schraubstock. Mein Magen verkrampfte sich.
»Lassen Sie mich los!«, zischte ich. »Was soll das?«
»Hör mal« Sein alkoholisierter Atem schlug mir entgegen. »Du bist so ein geiles Teil ... ich schau schon die ganze Zeit zu dir rüber und mein Kumpel ...«
Ich zerrte an meinem Arm, wollte aufstehen, aber kam nur auf halbe Höhe. Mit einem harten Ruck zog er mich wieder zurück. Hilfesuchend sah ich mich um. Wo war der Kellner? Warum war Torsten nicht hier? Der hatte mich immer vor so was beschützt!
»Lassen Sie mich los!«, fauchte ich wieder, während er auf meine Beine starrte und mich weiterhin gefangen hielt.
»Schatz, gibt es Probleme?«
Verstört sah ich auf. Ein etwa fünfunddreißigjähriger Mann in einem tadellosen Anzug und intelligenten Zügen stand vor uns. Er hatte dichtes nach hinten gekämmtes braunes Haar und trug eine Brille mit schwarzer Umrandung. Sein Blick war zornig auf den korpulenten, betrunkenen Mann neben mir gerichtet, der meinen Arm so schnell losließ, als habe er sich verbrannt. Ungelenk stand er auf, räusperte sich, nickte meinem unbekannten Retter grätig zu und war weg.
»Oh ... Gott sei Dank!«, stieß ich hervor und erhob mich vom Sofa. »Vielen Dank für Ihr Einschreiten!«
»Aber gerne doch. Dass es so etwas überhaupt noch gibt ... hier, in diesem Rahmen!«
Entrüstet sah er den beiden Männern nach, die aus der Bar flüchteten und sich nun die ganze Nacht über ihre leere Bettritze ärgern mussten.
»Ja«, schluckte ich und wurde rot. »Das ... ist mir auch unbegreiflich.«
»Geht es Ihnen gut?«, fragte er besorgt.
»Ja, alles bestens, vielen Dank, ohne Sie ...« Ich verstummte.
Mein Blick verlor sich in seinen braunen, warmen Augen und ein ganz leichtes Lächeln wölbte seine Lippen. Dann bemerkte er die zwei einladend vor sich hinperlenden Gläser Champagner, sah mich schelmisch an und nahm sie hoch.

»Darf ich?«, fragte er galant und mit einem atemberaubenden Lächeln. »Das ist doch eindeutig unter dem Begriff ›Entschädigung‹ zu verbuchen, nicht?«

»Ja, so … so könnte man das nennen«, antwortete ich, gebannt von seinem Lächeln und nahm verzaubert das Glas aus seiner Hand.

»Also … auf, dass Sie das Vertrauen auf die Männer dieser Welt nicht verlieren«, lächelte er und stieß mit mir an.

»Ja, auf die echten Ritter!«

Dann lachten wir und er blickte auf die Sessel.

»Wollen wir?«, fragte er. »Zumindest, solange noch Sekt im Glas ist?«

»Gern«, antwortete ich. Wir setzen uns, stellten die Gläser ab und er hielt mir seine Hand hin.

»Tobias Michalsky. Die meisten nennen mich Tobi«.

»Greta Ehlers und die meisten nennen mich … Greta. Nur ganz Freche ab und zu mal Gretel, um mich zu ärgern.« Ich dachte an Torsten und musste lächeln.

»Aber hoffentlich keiner, der mich hinterher zusammenschlägt, weil ich jetzt mit Ihnen Sekt trinke?«

»Nein, ganz und gar nicht! Das ist ein Kollege von mir, Sie würden ihn mögen, sehr belesen, sehr intellektuell und hoch sarkastisch. Eine Type, sag ich Ihnen! Zum Schießen!«

»Was machen Sie beruflich?«

Wir redeten locker und leicht miteinander, meine Müdigkeit wie Weltverdrossenheit waren wie weggeblasen. Tobias war ein überaus amüsanter Gesprächspartner. Er erzählte mir, dass er Pressesprecher für ein bekanntes Unternehmen sei, dass er gerne reise und wo er schon gewesen war. Die Stunden verflossen, der Barkeeper bat uns schließlich, unsere Rechnung zu begleichen, und wir redeten noch mindestens eine halbe Stunde in der Lobby und vor meiner Zimmertür, zu der er mich charmant geleitet hatte und vor der ich zum ersten Mal auf die Uhr schaute.

»Oh, Gott, halb drei!«, rief ich entsetzt. »Wo ist die Zeit hin?«

»Ja, sie ist schnell verflogen«, antwortete er. »Zu schnell.«

Ich lehnte an der Tür und sah ihn an. Sanft, fast schüchtern, lächelte er mir zu, wünschte mir zögernd eine gute Nacht und drückte mir ein zartes Küsschen auf die Wange. Er roch gut. Dann ging er. Ich sah ihm nach, bis er um die Ecke verschwunden war. Mein Herz flatterte.

Ein echter Kavalier! Ein Jackpot! Ich schwebte in mein Zimmer.

Wir hatten keine Nummern getauscht, aber ich wusste, ich würde ihn wiedersehen – und hoffte, es würde schon beim Frühstück sein.

Frühzeitig genug stand ich auf, machte mich sorgfältig zurecht, schnappte mir mein Buch und begab mich in den Frühstücksraum. Kein Tobias. Verstohlen lugte ich jedes Mal zur Tür, checkte die ankommenden Gäste ab. Nichts. Vielleicht war er kein Frühaufsteher? Ich blieb eineinhalb Stunden, trank eine Tasse Kaffee nach der anderen. Er tauchte nicht auf.

Ein mieses Gefühl machte sich in mir breit. Frustriert packte ich meine Tasche und machte mich auf den Nachhauseweg. So ging es mir immer. Immer, wenn ich glaubte, einen Jackpot zu gewinnen, zerrann er im Sand. Mir blieben nur korpulente, nach Alkohol stinkende Männer.

***

Kaum zurück im Alltag, gab es kaum Zeit zum Denken. Wir rotierten, aber es tat gut. Das ließ mich Männer mit schwarzen Hornbrillen vergessen, den wehmütigen Gedanken, dass bei ihm einfach alles gepasst hatte: Er hatte was in der Birne, war galant und charmant, sah super aus und trug Anzüge. Ach und er war mir wie ein Ritter zu Hilfe geeilt und schien sanft und zärtlich zu sein. Genau mein Ding.

Aber ich hörte nichts mehr von ihm. Wie auch. Wir wussten ja nichts voneinander.

Die Wochen vergingen. Der Vertriebsalltag hatte mich schnell wieder im Griff. Wie erwartet ließ mir der Job kaum Luft zum Atmen. Wagner wusste, dass ich zu ehrgeizig war, eine Planung als nicht erreichbar anzusehen. Ich biss die Zähne zusammen und rackerte weiter.

***

»Oh, mein Gott, woher ist der denn?«

Gerade trug Helena einen wunderschönen Strauß weiß und rosafarbener Lilien herein und stellte sie ostentativ zwischen mir und Jens auf den Tisch.

»Keine Ahnung«, sagte sie. »Schau auf das Kärtchen«.

Neugierig machte ich es auf.

»Hat Wagner endlich kapiert, dass du sein Hauptanker im Vertrieb bist?«, fragte Jens.

»Ich glaube, das hat er kapiert, aber er würde mir trotzdem keine Blumen schicken«, antwortete ich und wurde dann über und über rot, als ich las, von wem sie waren:

»Hast du geglaubt, ich könnte dich vergessen?«, stand auf der Karte. »Ich kann nur hoffen, dass es nicht so ist. Es war ein so wunderschöner Abend und ich hoffe, ich bin nicht der Einzige, der so fühlt. Kann ich dich wiedersehen? Ich habe einen Tisch im Plaza del Sol reserviert, falls es nicht geht, hier meine Kontaktdaten. Falls ja, komm einfach! Tobias.«

Mit einem glücklichen Lächeln hielt ich die Visitenkarte in der Hand. Ich hatte schon nicht mehr daran geglaubt … aber jetzt hielt ich seine Visitenkarte in der Hand! Ich drückte sie an mein Herz und Jens sagte verwundert:

»So macht man das also! Blumen! Visitenkarten! Abendessen! Im Plaza! Mann, was für ein Aufwand!«

»Es gibt halt noch echte Ritter!«, antwortete ich völlig von der Rolle vor Freude und in Gedanken an den Abend, den ich mit Tobias verbracht hatte.

»Soll das heißen, ich bin keiner?«

»Nein, bist du nicht! Du willst zu schnell zu viel und zu offenkundig! Wir Frauen wollen umworben werden! Mit allem Drum und Dran!«

»Aber … all das Zeugs … das ist doch voll teuer!«

»Mensch Jens, wenn dir das eine Frau nicht wert ist, dann brauchst du dich nicht wundern, dass du keine kriegst!«

»Die meisten sind's mir tatsächlich nicht wert.«

»Tja, ich fürchte, genau das ist dein Problem. Jens findet keine Frau.«

»Und dein Problem?«

»Welches Problem?«, glühte ich, den Zettel noch immer an mein Herz pressend.

»Welches Problem? Greta ist verliebt! Das könnte zum Problem werden, oder nicht? Oh, Gott, Wagner fällt um, wenn du keinen Einsatz mehr zeigst! Und was meinst du, was Torsten erst sagt, wenn er das erfährt? Der stürzt glatt in ein Umsatzloch!«

***

Meine Proteste auf Jens letzte Sätze waren nur halbherzig gewesen, mein Herz schwappte über vor Glück und mein Kopf dachte zum ersten Mal seit Langem nicht über Zahlen, Strategien und Seniorpartnerschaften nach, sondern über so interessante, eigenartige Dinge wie ›Badewanne‹ und ›schaff ich es vorher noch zum Friseur?‹

Ich schaffte es. Danach glänzte mein Haar mit meinen Augen um die Wette. Ich war total hibbelig, als ich ins Auto stieg – es wollte einfach nicht aufhören.

Mit Flimmern im Herzen und wackligen Beinen trat ich in das warme Licht des Restaurants in einem Kleid, das meiner sonstigen Farbwahl widersprach: Es war nicht zurückhaltend, sondern ein in leuchtendem wild gemustertes Versacekleid in Blau und Gelb, dazu passende Jimmy Choos.

Tobias hatte mich am Eingang erblickt und kam mir entgegen. Der Ober nahm mir gerade den Mantel ab, als Tobias schon meine Hände in die seinen nahm.

»Du bist da!«, sagte er glücklich und sah mir für ein paar Sekunden so tief in die Augen, dass mir kein Wort über die Lippen kam. Ich sah nur zurück und er wich, ohne meine Hände loszulassen, einen Schritt zurück und betrachtete mein Outfit:

»Greta, du siehst bezaubernd aus!«

»Danke«, brachte ich endlich hervor. »Du auch, wenn ich das sagen darf. Vielen Dank für die Blumen und die Einladung.«

»Ich freue mich so sehr, dass du es möglich gemacht hast. Dein Terminkalender ist ja ziemlich voll …«

»Woher weißt du das?«

»Ich habe ein paar Mal versucht, dich ans Telefon zu kriegen«, verriet er. »Nachdem ich mir gemerkt habe, wo du beschäftigt bist, konnte ich dich ausfindig machen. Aber da war kein Durchkommen.«

»Das wundert mich. Normalerweise legt mir Helena immer einen Zettel hin. Es sei denn, du hast dich wie ein Vertreter angehört … die wimmelt sie natürlich ab.«

»Oh, Mann, das gibt mir zu denken!«

Wir lachten und kamen sofort wieder ins Gespräch. Wieder verflogen die Stunden, wieder ertappte ich mich dabei, wie ich ihn anschwärmte, wie er mir von Sekunde zu Sekunde besser gefiel, sein Lachen, seine regelmäßigen Züge, die sanften Lippen, das dichte Haar.

Er erzählte von seinem Job, wie genau die Worte für eine Presseerklärung ausgefeilt sein mussten, dass es immer weniger darum ging, etwas zu sagen, als darum, es so zu formulieren, dass nicht hinterher irgendwer einem einen Strick daraus drehte. Er erzählte von seiner Familie, seinem Vater, dem die Programmauswahl eines bekannten Fernsehsenders oblag, seinen beiden älteren Brüdern, von denen der eine in Spanien in Stellung war, der andere zu Hause die Einliegerwohnung bezogen hatte.

»Und wie steht deine Mutter dazu?«, fragte ich neugierig, »dass dein Bruder noch zu Hause ist?«

»Das genießt sie natürlich sehr!«, lachte er. »Du weißt ja, wie Mütter sind ... mit dem Loslassen haben sie's nicht so ...«

Ich nickte heftig.

»Ich glaube, sie hat mir pro Tag mindestens drei SMSs geschickt, als ich mein Auslandssemester gemacht habe, nur um zu hören, dass es mir gut geht.«

Ich schluckte, lächelte. »Wow, wie war das für dich?«

»Na ja, am Anfang hat es genervt, klar, aber dann kommt die Zeit, wo du es vermisst, dann wenn du selbst über Familie nachdenkst ...«

»Tust du das etwa schon?«

Er zögerte. »Ja, es war sogar schon mal ziemlich konkret. Mit meiner letzten Beziehung. Der Wunsch ging von ihr aus und es lief zwischen uns so gut, dass ich ernsthaft darüber nachgedacht habe, diesen Schritt zu gehen. Aber dann ...«

Ich schwieg. Ich wollte nicht neugierig erscheinen, nicht am ersten Abend.

»Du musst nicht drüber reden«, sagte ich schließlich, als er nicht weiter redete. Tobias blickte auf meine Hand. Dann in meine Augen.

»Und du?«

»Na ja, um ehrlich zu sein ...«

Plötzlich schoss mir in den Kopf, dass mir das hier wichtig war. Dass ich es nicht verderben wollte. Und ich dachte daran, dass meine vorherigen Beziehungen auch deswegen geendet hatten, weil ich nicht klar genug gewesen war. Meine Finger spielten mit dem Dessertlöffel, dann sah ich ihn kurz entschlossen an.

»Ich war auch schon öfters so weit. Auch bei mir ging das eher von meinem Partner aus. Aber ich wollte nicht. Mir war das zu früh. Und ... auch, wenn das jetzt kontraproduktiv ist: Ich mag meinen Job und ich habe Ziele. Und die will ich nicht hinwerfen. Nicht für eine Beziehung und auch nicht für eine Familie. Und selbst, wenn es mal so weit wäre, dass ich Kinder möchte, würde ich gerne weiter mein eigenes Geld verdienen.«

Puff. Es war draußen. Das war der Grund, warum meine vorherigen Beziehungen gescheitert waren. Aber ich wollte nicht wieder mit jemandem eine Partnerschaft starten, der komplett andere Vorstellungen vom Leben hatte. Doch zu meiner Überraschung glitt ein Strahlen über sein Gesicht. Spontan ergriff er meine Hand und streichelte sie.

»Hört sich super an«, sagte er. »Eine Frau, die weiß, was sie will. Und die auf eigenen Füßen stehen möchte.«

»Es stört dich nicht?«

»Nicht die Bohne! Im Gegenteil! Daran ist *meine* letzte Beziehung gescheitert! Ich hatte den Eindruck, sie will sich auf meine Kosten ein leichtes Leben machen.«

Ich war erleichtert und glücklich über diese Wendung, mein Herz hüpfte in meiner Brust und das war ein wunderbares Gefühl.

Diesmal küsste er mich zum Abschied. Sein schlanker Körper schmiegte sich sacht an meinen. Es gab keinen Druck, kein Drängen, kein ›ich muss dir gleich hier und jetzt beweisen, wie leidenschaftlich ich bin‹. Sein Mund küsste mich sanft und zart. Es war ein Hauch. Ein Versprechen nach mehr.

Ich schwebte nur noch.

***

»Greta, ist das wahr?«, schnarrte Torsten bei der nächsten Besprechung. »Du hast ...« Und als ich, statt etwas von mir zu geben, puterrot anlief: »Du hast *tatsächlich*! Ohne mich zu fragen!«

»Ach Torsten«, sagte ich. »Das hat sich recht schnell ergeben …«

»Aber du stellst ihn mir vor?«

»Klar doch. Wenn du dich benimmst«, rutschte es mir raus. Und als er mich diesmal ehrlich gekränkt ansah, langte ich über den Schreibtisch und ergriff seine Hand.

»Entschuldige, Torsten, aber weißt du, es ist mir ernst. Ich will nicht, dass du ihm deinen Schuh ins Gesicht hängst, bevor ich nicht weiß, ob er diese Art von Humor versteht.«

»Wenn du dich das fragst, kann er nicht der Richtige sein«, erwiderte Torsten beleidigt.

»Das wird sich rausstellen«, antwortete ich. »Und wenn es sich ergibt, stelle ich ihn dir vor. Ganz bestimmt. Aber zuvor brauchen wir beide noch Zeit.«

»Du und ich?«

Ich sah ihn an, meinen knorrigen, sensiblen, liebevollen Torsten. Er war wie ein Olivenbaum in seiner geliebten Camargue.

»Ja. Wir auch«, lächelte ich.

***

Obwohl die Zielvorgaben horrend waren, nahm ich mir so viel Zeit für Tobias, wie ich nur konnte. Meine private Zeit hielt ich für alle, bis auf Helena, die meinen Kalender verwaltete, geheim. Wenn ich weg war, war ich offiziell bei einem Geschäftstermin und oft genug verband ich beides miteinander, sodass es auch der Wahrheit entsprach.

Tobias war so süß! So aufmerksam und lieb! Manchmal erschien er mir wie ein großer Junge, dann wieder als smarter, begehrenswerter Mann, der ein klares Ziel im Leben hatte und der, wie ich, systematisch dabei vorging. Er war bedacht und eher zurückhaltend, rückte, bevor er was sagte, oft seine Brille mit dem Zeigefinger nach oben und schuf damit eine delikate Pause, die einem das Gefühl gab, dass er sehr genau zuhörte. Und: Er überstürzte nichts. Gar nichts. Es war, als hätten wir alle Zeit der Welt und das entspannte mich völlig.

Mehr und mehr wurden wir miteinander vertraut und das, was ich vorfand, begeisterte mich, band mich immer mehr an ihn. Und auch ihm schien es so zu gehen. Er mochte, wie ich mich kleidete, lachte über meinen Jimmy-Choo-Tick, ging mit mir ins Kino. Dabei entdeckten wir unseren gemeinsamen Hang zu deutschen und französischen Komödien, es war fast zu schön, um wahr zu sein.

Tobias ging wirklich sehr langsam vor. Nach wie vor trafen wir uns an neutralen Orten, er hatte mich bisher noch nicht mit in seine Wohnung genommen und ich wollte nicht die Erste sein, die ihm anbot, zu mir zu gehen. Doch dann lud er mich ein, mit ihm zwei Tage in Meran zu verbringen. Der Sommer war ins Land gegangen. Die Umsatzplanung lief, meine Mannschaft wurde immer selbstständiger, was mir mehr Freiraum gab, und die Partnerschaft in Wagners Firma rückte in realistische Nähe.

Als ich in Tobias Cabrio stieg, lachte der Himmel in strahlendem Blau auf uns hernieder, die Welt erschien in satten Farben, jede Blume schien uns zuzuwinken, als wir durch die herrliche Landschaft fuhren und schließlich nach interessanten Zwischenstopps und viel Gelächter im Hotel ankamen. Er hatte ein einfacheres Haus gewählt, aber abends gingen wir exklusiv essen, in einem traumhaft schönen Ambiente mit ausgesuchter Küche.

Als wir schließlich beschwipst und aufgedreht in unserem Zimmer ankamen, zog er mich an sich, spielte mit dem dünnen Träger meines Abendkleides und öffnete langsam den Reißverschluss am Rücken. Der Stoff fiel an mir herunter und er sah mich zärtlich an.

»Du bist so dünn«, sagte er.

»Ich bin zierlich«, antwortete ich.

»Ja, sehr zierlich«, murmelte er und strich mit seinem Finger über die Spitze des BHs. »Eine kleine Elfe.«

Und genauso ging es weiter: langsam, unaufgeregt, bedacht. Es tat mir gut. Es erdete etwas in mir. Zunächst glaubte ich, er wäre nur zu Beginn so sanft gewesen, weil er vorsichtig sein wollte, aber es stellte sich heraus, dass der Sex mit Tobias insgesamt ohne große Amplituden verlief. Nichts Weltbewegendes, nichts Heftiges, aber zum ersten Mal war es mir egal. Zum ersten Mal stellte ich die von den Medien ständig hochgepuschte und überbetonte Gewichtung von Sex in einer Beziehung in Frage und überprüfte den Anspruch, ob man denn jeden Tag exzessiven Sex haben müsse, um von einer Beziehung sagen zu können, sie sei glücklich. Ob man wirklich ultimative

Orgasmen brauchte, um mit jemanden zusammen zu sein. Ich wollte nicht wissen, bei wie vielen es wirklich so lief. Eigentlich war ich mir ziemlich sicher, dass es nur bei einem Bruchteil so war, wenn überhaupt. Zufrieden schlief ich neben ihm ein.

Oft kuschelten wir nur, spürten uns, lagen beieinander, jeder in seine Gedanken versunken. Es war schön. Es war entspannend und es war exakt das, was ich brauchte. Alles lief gut. Alles stand unter einem guten Stern. Zum ersten Mal.

***

Insgesamt war es eine sprudelnde Phase voller Aktivitäten und die Zeit flog nur so dahin. Ich lernte Tobias' Eltern kennen, zwei sehr nette Menschen, die mich herzlich begrüßten und mir einen Schwank aus Tobias' Kindheit nach dem anderen erzählten. Die Liebe für ihren Sohn war offenkundig. Sie fragten viel über meinen Job und ich erkannte schnell, dass ihre Fragen eher ein Check waren. Sie waren wegen seiner letzten Beziehung vorsichtig. Aber seine Eltern mochten mich und wir gingen bald zum Du über. Tobias und ich waren nun schon ein paar Monate zusammen und das Leben mit ihm wurde für mich immer selbstverständlicher und vertrauter, auch wenn jeder seine Wohnung behielt. Ich tauchte immer mehr in sein Leben, in seine Familie ein.

Meine Zeit musste ich nun noch besser einteilen, denn wir unternahmen auch gemeinsam mit seinen Eltern etwas, daneben durften ja mein Job und meine Ziele nicht darunter leiden. Das fehlte noch, dass ich jetzt, so kurz vor dem Ziel schludrig werden würde!

Und so fiel das Joggen weg, die paar Meditationen mit Theo und Mona … und natürlich Schlaf. Irgendwie musste ich ja dieses Pensum bewältigen und schrittweise kam ich zeitmäßig und auch sonst an meine Grenzen.

Der Sommer verflog, der Herbst kam und mit ihm starteten wir in unser anstrengendes Jahresendgeschäft – die alles entscheidende Endphase des Jahres. Auch Tobias hatte viel zu tun. Wir hatten uns zwei Monate lang nicht viel gesehen und er rief mich an und fragte, ob ich mit ihm nicht ein, zwei Tage ausspannen wollte. Dankbar sagte ich zu, obschon eigentlich keine Zeit dafür war. Wenn erst mal diese Seniorgeschichte vorbei war, würde ich drei Kreuzzeichen machen und dann doch ein bisschen zurückfahren. Aber mit einem mulmigen Gefühl dachte ich daran, dass Wagner danach wohl erst recht Überirdisches von mir erwarten würde. Von meiner Beziehung sagte ich meinem Chef nichts. Aus Angst, er könnte denken, ich wolle eine Familie gründen und nicht mehr so einsatzfreudig sein. Denn dann würde er mir auch die Partnerschaft nicht anbieten. Er hätte wohl zu viel Angst, ich könnte schwanger werden wollen.

***

»Greta, wir brauchen deine Hilfe!« Mona war am Telefon.
»Kein Thema, sag mir, wie.«
»Ich brauche Geld.«
Ich seufzte. Mona brauchte immer Geld, aber nie für sich, immer für andere. Ihre Aktivitäten wurden immer mehr statt weniger und es war mein Gegenargument, wenn sie mich schimpfte, weil ich so viel arbeitete.
»Diesmal brauche ich richtig viel«, eröffnete sie mir. »Ich habe ein Projekt zugemailt bekommen … konkret handelt es sich um etliche Familien, eigentlich fast ein ganzes Dorf, die bei den Erdbeben neulich ihr Zuhause verloren haben.«
Sie kam in mein Büro und brachte Fotos mit. Das Erstaunliche an Mona war, dass sie immer sehr intime Bindungen zu den Projekten hatte, was sicherstellte, dass das Geld ohne große Bürokratie dort ankam. Sie kannte die Helfer persönlich, und oft waren es sogar halbe Privatinitiativen, die sie startete. Ich unterstützte das mega gern. Ich hatte keine Zeit, mich um so etwas zu kümmern, und so war ich froh um Menschen, die das taten, und denen ich mit dem, was ich tat, helfen konnte.
Betroffen nahm ich nun die Fotos in die Hand.
Kleine Kinder mit verschreckten Augen starrten mir entgegen, die das Ausmaß der Katastrophe gar nicht wirklich erfassten, unglückliche Eltern, kaputte Häuser, eine wüste, unfruchtbare Gegend, Chaos und Verletzte.
»Sie haben nichts mehr, alles muss neu aufgebaut werden«, erklärte mir Mona.
»Wie viel brauchst du denn?«

»Das ist keine Sache, wo man mal tausend Euro spendet und es danach wieder vergessen kann«, antwortete sie. »Ich habe versprochen, mich um eine größere Summe zu bemühen, und ich will diesmal nicht dein Geld. Ich brauche deine Ideen! Du bist doch immer so kreativ, vielleicht hast du ein Konzept für mich, mit dem ich richtig viel Spenden einsammeln könnte?«

»Oh, Mona!«, stöhnte ich. »Wenn ich darin so gut wäre, würde ich das schon längst machen!«

»Du bist darin sehr gut«, antwortete sie. »Du hast das nur noch nicht genutzt!«

»Dein Vertrauen in Ehren ...« Ich seufzte. »Dann gib mir eine Nacht, ich denke darüber nach.«

Sie drückte mir einen Kuss auf die Wange und ging.

Ich rief Torsten an. Der war immer eine Inspiration. Meistens blödelte er zwar nur herum, aber gerade dabei kamen mir immer die besten Ideen.

»Mann, Mann, Mann«, nölte er, als er hereinrollte. »Deine Mona! Als ob wir nicht genug zu tun hätten!«

»Ja, ich weiß, das Projekt ist es aber wert.«

»Arbeitslos wirst du schon mal nicht!«, stellte er schmunzelnd fest. Ich drückte auf den Knopf:

»Helena, bringst du uns bitte einen Kaffee?«

Als sie hereinkam, fragte Torsten: »Na? Was machen die Kinder? Alles gut?«

»Ach«, grinste sie. »Neulich erst hat unser Kleiner eine grandiose Strategie entwickelt, wie man einen Einbrecher fängt!«

Sie musste jetzt schon lachen und Torstens Augen glitzerten vor Vorfreude, während Helena die neuesten Streiche ihrer Kinder zum Besten gab.

»Gott, Helena!«, prustete Torsten. »Was gäbe ich für deine Jungs!«

»Ja, die sind ein Segen«, antwortete sie und ihr Stufenschnitt wippte. »Ein echter Segen.«

»Und dein Mann?«

»Der ist beruflich zurzeit in North Yorkshire ... ihr wisst schon ... da, wo *Calendergirls* gedreht wurde. Er hat Fotos geschickt. Was ist das nur für eine herrliche Ecke! Ich wäre am liebsten mitgefahren! Ich liebe England!«

Sie babbelte noch weiter, aber ihre Worte hatten etwas in mir gezündet.

Calendergirls. Das war das Stichwort.

Ich berief für die nächste Woche eine Sitzung ein, früher ging es nicht.

Und dann kam noch eine andere Sache dazwischen ... oder eher hinzu ... nein, eigentlich sogar zwei.

***

Ein Blumenstrauß stand auf meinem Tisch. Rote Rosen, der Klassiker, und ein Briefchen dazu.

»Mann, der Typ macht mir echt Konkurrenz!«, sabberte Torsten grätig, als er den riesigen Strauß sah. »Und du hast ihn mir immer noch nicht vorgestellt!«

»Stimmt! Unverzeihlich!«, antwortete ich, während ich das Briefchen öffnete.

»Miss you«, stand drauf. »Will dich unbedingt sehen ... und spüren! Alles Weitere findest du in meiner Mail.«

Oh, er war so süß! Ich musste lächeln, konnte kaum das Ende der Besprechung erwarten und öffnete meinen Posteingang. Er hatte mir eine YouTube-Aufnahme von sich geschickt, in dem er mir das Hotel beschrieb, das er für uns gebucht hatte, Massagebehandlungen und ein Candle-Light-Dinner.

»Zeit zum Ausspannen«, sagte er und lächelte in die Kamera. »Hab dich so lange nicht gesehen. Wir brauchen beide eine Auszeit.«

Ich sah in meinen Terminkalender. Voll wie immer, aber ich würde eben nächste Woche ein paar Spätschichten einlegen. Das Wochenende wäre für uns beide eine kleine Oase und ich freute mich tierisch drauf. Diesmal legte ich mein dunkelgrünes Abendkleid heraus und packte meinen Koffer.

Das Hotel war klein und schnuckelig, aber hochexklusiv, die Zimmer trotzdem geräumig. Wir kamen am Samstagvormittag an, schliefen noch eine Runde, kuschelten und genossen im Laufe des Tages die gebuchten Ganzkörpermassagen. Entspannt saßen wir mit einem Glas Champagner in einer mit Rosenblüten bestreuten Wanne. Ich war müde von den stressigen Wochen davor, dem Alkohol und dem warmen Wasser. Auf dem Zimmer schlief ich mit dem Bademantel bekleidet ein, wachte auf, weil

Tobias mich am Gurt zog, den Mantel aufklappte und mich streichelte.

»Du bist so dünn«, raunte er.

»Zierlich«, murmelte ich. »Dünn hört sich nicht gut an.«

»Ja, überaus zierlich«, antwortete er und senkte seinen Mund auf den meinen. »Du hast abgenommen, mein Schatz ... was wiegst du? Du musst mehr auf dich achten. Zu dünn ist nicht gut.«

Er sah auf die Uhr.

»Ich habe Dinner für 19:00 Uhr bestellt. Schaffst du das? Du hast noch zwei Stunden.«

»Zwei Stunden? So lange brauche ich nicht. Komm her! Du kannst mich doch nicht so aufstacheln und dann liegen lassen!«

»Doch!«, lachte er. »Kann ich!«, und sprang aus dem Bett. »Ich muss noch zwei Telefonate führen. Mache ich in der Lobby, dann hast du Ruhe und das Bad für dich. Ruf mich an, bevor du runterkommst!«

Enttäuscht drehte ich mich auf die Seite, war aber ruckzuck wieder eingeschlafen. Als ich aufwachte, hatte ich noch eine volle Stunde und nutzte sie, um mich in Schale zu werfen.

Ich sah gut aus. Mein Haar glänzte, meine Haut war durchblutet und im Zimmer gab es eine Espressomaschine, die ich dreimal hintereinander in Anspruch nahm. Das Koffein begann zu wirken und meine Stimmung stieg. Gut gelaunt schickte ich eine Nachricht auf sein Handy und machte mich auf den Weg. Tobias wartete mit zwei Gläsern Sekt auf mich in der kleinen Lobby, aber halt, nein, es war Champagner. Aus den Augenwinkeln erspähte ich den eisgekühlten Behälter, der neben dem kleinen Tischchen stand, an dem er gesessen hatte.

»Oh, wie schön!«, seufzte ich und stieß mit ihm an. »Du siehst übrigens wie immer toll aus!«

Auch er hatte sich schick gemacht und trug einen dunklen Anzug mit schwarzem Hemd, dessen oberster Knopf offenstand.

»Du bist die einzige Frau, die ihrem Freund Komplimente macht, bevor er es tun kann«, schmunzelte er. »Das Kleid sieht atemberaubend an dir aus, Greta! Das Grün steht dir. Ist es neu?«

»Nein, es ist das Kleid, das ich mir von meinem ersten selbst verdienten Geld gekauft habe.«

»Das macht es natürlich besonders wertvoll.«

Ich lächelte. »Wofür ist der Champagner? Gibt es einen besonderen Anlass?«

»Ja, es ist ein Danke, weil ich die Zeit mit dir bisher so schön fand.«

Etwas beunruhigt sah ich ihn an. Fand? Ein Danke? Wie meinte er das?

»Geht es dir gut, Greta?«, fragte er.

»Ja, sehr gut«, antwortete ich leicht nervös und nahm seine Hand. »Es ist schön, mit dir zusammenzusein, weißt du. So toll, dass du dieses Wochenende möglich gemacht hast.«

Er nickte und drückte mich an sich, aber wirkte irgendwie zerstreut und gedankenverloren. Nun doch etwas beunruhigt ging ich mit ihm in den kleinen Speiseraum, der nur für fünf Tische Platz bot. Es war urgemütlich und intim. Aber Tobias Augen schweiften nach der Auswahl des Menüs hierhin und dorthin und schließlich sagte ich:

»Du wirkst unkonzentriert. Was ist los?«

»Nein, alles gut, mach dir keine Sorgen, ich bin nur zurzeit etwas, ähm, angespannt.«

Danach schwieg er wieder und ich erzählte ihm ein bisschen was über meine Mannschaft, die er herrlich schräg fand, dennoch war er schweigsamer als sonst. Er ergriff meine Finger und drückte sie. Seine Hand war feucht, er merkte es und ließ meine wieder los, wischte sich seine am Hosenbein ab. Sah sich nach dem Ober um. Der kam an den Tisch geeilt, schenkte Wein nach, den Tobi ziemlich heftig nach hinten stürzte.

Er fragte mich Nebensächliches, hörte aber meinen Antworten gar nicht zu. Sichtlich nervös, wippte er unter dem Tisch mit dem Fuß und seine Hand rieb immer wieder über sein Bein. Gänzlich in Unruhe versetzt fragte ich ihn:

»Tobi? Ist wirklich alles okay? Oder hattest du unangenehme Telefonate?«

»Was? Nein! Gar nicht!« Er schien wie aus seinen Gedanken gerissen.

Bedrückt sah ich ihn an. »Du hast doch was!«

Da sah er mir ins Gesicht, atmete aus, fasste sich und sagte:

»Ja, Greta, das stimmt. Es wird Zeit, dass ich es dir sage. Ich habe … deswegen wollte ich mich mit dir treffen.«

Ein Stein plumpste in meinen Magen und unwillkürlich zog ich meine Hand zurück, die auf seiner gelegen war.

Er lächelte schief, schluckte so stark, dass sein Kehlkopf hüpfte, blickte auf die Tischdecke. Der Ober kam und befreite uns von den Tellern. Meinerseits nervös geworden bot ich ihm an:
»Möchtest du lieber aufs Zimmer? Und es mir da sagen?«
»Nein, wenn, dann hier …«
Der Ober unterbrach uns erneut, er war mit der angebrochenen Flasche Champagner zu uns gekommen und fragte Tobias, ob er noch mal einschenken dürfe. Auf sein Nicken hin goss er uns das prickelnde Getränk in die Gläser und ich starrte stumm auf den Schaumrand, dann wieder auf Tobi. Warum wollte er es mir hier sagen? Weil er wusste, dass ich in der Öffentlichkeit keine Szene machen würde?
»Na, los«, ermunterte ich ihn aufgewühlt. »Raus damit.«
»Greta … das fällt mir nicht so leicht, wie ich dachte.« Er versuchte ein Lächeln. »Also, was ich sagen wollte, ist … es war eine so schöne Zeit mit dir … und …«
Er hatte sich völlig verhaspelt, wollte von Neuem anfangen, hob plötzlich sein Glas, sah mir in die Augen und nötigte mich zum Anstoßen.
Völlig verwirrt reagierte ich reflexartig und stieß mit ihm an, hörte das Pling des Kristalls, das aneinanderstieß, beobachtete, wie er sich Mut antrank. Etwas in mir sank, langsam und stetig und ich fühlte, wie ich mich verfärbte, wie ich mich innerlich wappnete vor dem, was wohl kam. Und da war sie, Tobis Stimme, sie schien weit entfernt, ich hörte sie wie durch eine Wand, es brauchte eine Weile, bis mein Hirn die Botschaft verarbeitet hatte.
»Willst du mich heiraten, Greta?«
Der Schock war so groß, das Gesagte so unerwartet, dass ich anfing zu zittern. Das Glas fiel mir fast aus der Hand. Tobias nahm es mir sanft ab, stellte es auf den Tisch. Er nahm meine kalte Hand in die seine, hielt sie fest und wiederholte leise:
»Greta, willst du meine Frau werden?«
In seinen Augen flackerte Angst, ich könnte Nein sagen, was mir endlich seine vorige Nervosität erklärte und mir einen Glücksstrom durch den Körper schickte.
»Ja«, hauchte ich spontan. Und dann lauter, als müsste ich es mir selbst bestätigen: »Ja! O mein Gott, ja! Ja, ich will!«

***

Nachts lag ich wach. Ich weinte. Noch immer konnte ich es nicht fassen. Tobi wollte mich zur Frau haben. Ich würde bald eine verheiratete Frau sein. Das fühlte sich so anders an. So völlig anders als das, was ich bisher gewohnt war. So ganz anders.
Und doch war mir mulmig zumute.

***

Wir waren übereingekommen, im Wonnemonat Mai zu heiraten, und stürzten uns neben unseren aufreibenden Jobs mithilfe von Tobias Eltern in die Hochzeitsvorbereitungen. Als ich Torsten darüber informierte, meinte er:
»Zeig mir wenigstens ein Foto von ihm! Jetzt könnte ich dich noch warnen, wenn mein Herzbauchgefühl sagt, es ist der Falsche.«
»Torsten, für dich kann es nur Falsche geben«, antwortete ich. »Oder liebst du mich nicht mehr?«
Er lachte leicht. »Es kann nur einen geben!«, sagte er. »Das ist richtig.«
Stolz und in Erwartung eines anerkennenden Pfiffes hielt ich ihm ein Foto von Tobias hin, auf dem er wirklich unverzeihlich gut aussah. Torsten drehte mein Handy hin und her und gab es mir fast gleichgültig zurück.
»Sieht nett aus.«
»Er ist mehr als nett!«, rief ich empört. »Er ist …«
»Ach Gretel, lass gut sein. Ich bin doch nur eifersüchtig. Schau, er hat zwei Beine, hübsche noch dazu, was soll ich denn da …«
»Torsten!«
»Ja, schon gut!«, ruderte er aufgrund meines betroffenen Gesichtsausdruckes zurück. »Aber du kommst mich trotzdem in der Camargue besuchen, mein Gretelchen, oder?«
»Ja, das tu ich, großes Ehrenwort«, versprach ich. »Und nächste Woche könnten wir zusammen essen gehen … du und Tobi und ich …?«
»Ach, du bist doch inzwischen ein großes Mädchen geworden«, grinste er mit vollem Sarkasmus. »Suchst dir doch tatsächlich deine Männer ohne Papa Torsten aus. Jetzt ist die

Brühe eh schon verschüttet, da braucht es kein Abendessen mehr.«

»Aber auf meine Hochzeit kommst du?«

»Worauf du einen lassen kannst!«

Ich lachte erleichtert.

»Es wäre mir sehr wichtig. Weil ... Torsten, würdest du meinen Trauzeugen machen?«

»Nein. Nicht, wenn ich den Mann nicht ausgesucht habe.«

Ich dachte anfangs, er mache Spaß, aber er meinte es tatsächlich ernst. Aus irgendeinem Grund wollte er kein Trauzeuge sein. Verletzt schwieg ich. Dann aber fiel mir noch etwas ein.

»Torsten ...« Ich lächelte leicht. »... ich habe noch eine Bitte. Eigentlich ist sie fast unverschämter als die erste.«

»Die wäre?«

»Würdest ...« Ich räusperte mich. »... würdest du mich zum Altar geleiten?«

Meine Lippen zitterten, als ich das sagte und ich konnte nicht verhindern, dass meine Augen feucht wurden, als ich Torsten bittend ansah.

Prüfend blickte er zurück, die Lider halb geschlossen, um seinen Mund zuckte es.

»Aber natürlich, mein Mädchen«, antwortete er zu meiner Überraschung und seine Augen waren voller Wärme. »Das tue ich. Wenn du langsam läufst.«

Hürdenlauf

»Herr Wagner, Sie wollten mich sprechen?«
»Ja, Frau Ehlers, kommen Sie rein! Nehmen Sie Platz.«
Wagner suchte ein paar Unterlagen zusammen und setzte sich zu mir an den großen Konferenztisch. Obwohl ich nun schon fast vier Jahre bei ihm war, standen wir uns immer noch ein bisschen distanziert gegenüber. Ich war ihm mit meiner Mannschaftszusammenstellung nach wie vor nicht ganz geheuer, ein Tatbestand, der mir Magengrummeln bescherte. Trotz all meiner Leistungen hatte ich noch keine vollständige Akzeptanz und blieb die Exotin in seinen Reihen.

»Gestern hatten wir unsere Vorstandssitzung«, eröffnete er mir und breitete die Unterlagen auf dem Tisch aus. »Und wie Sie wissen, stand auf unserer Agenda das Thema ›Seniorenpartnerschaften‹.«

Mir wurde heiß und ich setzte mich gerade hin. O mein Gott!

»Wir haben lange diskutiert«, hörten meine Ohren und ich musste mich tatsächlich anstrengen, seine Worte zu verstehen, so sehr rauschte das Blut in meinem Kopf und mit ihm die Hoffnung. Wenn das klappen würde! Wenn das klappen würde! Ich wäre die jüngste Seniorpartnerin überhaupt! Das Gehalt wäre gigantisch … dazu kämen die Provisionen … mit Mühe riss ich mich von meinen Gedanken los, zwang mich, Herrn Wagners Ausführungen weiter zu folgen.

»… und das Halbjahr ist ja noch nicht vorbei, eigentlich ist es noch viel zu früh, darüber zu reden.«

Das stimmte allerdings. Ich hatte erst bei der Januartagung, die alljährlich auf Lanzarote stattfand, damit gerechnet.

»Aber wir sind wir trotzdem zu dem Schluss gekommen, Ihnen vorzeitig eine Seniorpartnerschaft mit Wirkung zum 01. Juli nächsten Jahres anzubieten, wenn Sie dieses zweite Halbjahr mit einer 20%igen Steigerung über der Planung abschließen und im Januar des neuen Jahres 80% vom Dezemberumsatz erreichen.«

Mir blieb die Luft weg. Das war satt, das war gewagt! Jeder wusste, dass im Januar in der Branche so gut wie nichts ging. Die Weihnachtsfeiertage, Silvester … Urlaub … bis das alles wieder anlief, das dauerte! Der Januar war als der Hungermonat bekannt und es war unschwer zu erkennen, dass Wagner und die gesamte

Geschäftsführung mit meiner Gruppe ein Zeichen setzen wollten. Auch für ihn ging es um was: Je größer sein Umsatz war, desto mehr konnte er bei den Banken und institutionellen Partnern punkten, die er so gern für sein Geschäft gewinnen wollte. Aber wenn ich es schaffte, würde ich an *allen* künftigen Geschäften prozentual beteiligt werden! Nach vier Jahren! Selbst ich hatte mir Minimum fünf Jahre Zeit dafür gegeben! Meine Augen fingen an zu glänzen.

»Das ist … Herr Wagner, danke für die Chance! Ich bin überglücklich! Ich werde mich reinhängen! Sie können sicher sein, dass ich mir diese Chance nicht entgehen lasse!«

»Dass Sie sich reinhängen, weiß ich«, lächelte Wagner. »Wenn ich eines gelernt habe, dann das. Es ist schon erstaunlich, Frau Ehlers, wie Sie das machen. Sie wissen, ich war am Anfang skeptisch.«

»Umso mehr freut mich Ihr Angebot!«

***

Ich rief meine Leute ein weiteres Mal durch - es gab nun mehreres zu besprechen und in meinem Kopf wirbelten die Ideen, ich musste sie aussprechen und ich brauchte meine Leute, vornehmlich Torsten, um mir zu sagen, ob das, was ich vorhatte, nicht zu abgedreht und verrückt war.

»Also Leute«, fing ich an, als wir alle zusammensaßen. »Es geht um zwei Projekte, eines davon ist geschäftlich.«

Ich erzählte ihnen vom Senior und es war überhaupt keine Frage: Alle würden mich unterstützen, alle standen hinter mir. Mein Ziel war auch das ihre. Aber sie keuchten dennoch aufgrund der horrenden Umsatzplanung und Bernd sagte:

»Ich kann meine Flüge nicht umbuchen, das heißt, ich kann nicht mehr Zeit investieren. Ich will ehrlich sein, das wird hart.«

Die anderen stimmten ihm zu und ich ergriff wieder das Wort.

»Das nehme ich mal als Anlass, um auf mein zweites Anliegen zu sprechen zu kommen. Mona braucht unsere Hilfe bei einem besonderen Aufbauprojekt in Nepal.«

Ich zeigte die Fotos, die sie mir überlassen hatte. »Das ist ein größeres Unterfangen, für das wir mindestens zehntausend Euro benötigen, also keine Sache, die wir privat erledigen können.«

Die Fotos liefen durch die Hände, erzeugten betroffene Mienen.

»Wir verdienen gut und wir arbeiten in einer Branche, in der viel Geld gemacht wird. Somit haben wir auch eine Verpflichtung zu helfen. Mona sagt immer, Geld muss fließen, es bringt nichts, es festzuhalten.«

Ich wurde ein bisschen rot dabei. Obwohl ich regelmäßig größere Beträge spendete, verspürte ich stets Scheu, für mich privat Geld auszugeben. »Aber ich unterbreite euch mal jetzt eine Idee, wie wir das schaffen könnten. Sie ist gewagt und sie ist nicht neu. Aber vielleicht könnten wir damit sogar zwei Fliegen mit einer Klappe schlagen.«

Gespannt hörten sie mir zu.

»Wer von euch kennt den Film Calendergirls?« Es stellte sich heraus, dass ihn keiner kannte.

»Habe ich mir gedacht«, sagte ich. »Ich habe Pizza bestellt. Die kommt gleich. Wir schauen uns den mal an.«

In dem Film ging es darum, dass eine Gruppe von Frauen in einer kleinen Gemeinde Englands eine neue Couch für das Wartezimmer im Onkologie-Zentrum ihres Krankenhauses kaufen wollten, aber das Geld dafür nicht hatten. Eine von ihnen kam auf die Idee, einen Kalender zu erstellen - mit Fast-Nackt-Fotos von Frauen aus der Gemeinde, die entscheidenden Stellen lediglich mit Süßigkeiten, Obst oder anderen Küchenutensilien verdeckt, was in ihrer prüden Umgebung das Wagnis schlechthin war. Doch der Kalender und die damit verbundene Geschichte schlugen dermaßen ein, dass deren Resonanz sogar bis nach Hollywood drang.

»Das mit den brisanten Szenen müssen wir in unserer Geschäftswelt vergessen«, erklärte ich zur einschlägigen Erleichterung meiner Leute. »Aber die Kalenderidee hat was. Wir haben inzwischen so viele Vertriebspartner angebunden. Und die haben wiederum ich weiß nicht wie viele tausend Leute unter sich. Das heißt, ein Markt wäre da. Wie wäre es, wenn wir uns selbst auf dem Kalender mit einem schönen Zitat oder einem witzigen Spruch präsentieren?«

»Wirkt das nicht zu narzisstisch?«, meldete sich Jens.

»Ja, wenn wir nur uns präsentieren, schon. Wir brauchen einen originellen Fotografen, witzige Szenen, ungewöhnliche Motive und Zitate über Helfen, Mitgefühl, Beitrag leisten und so weiter, die zur Geschäftswelt passen, dann entsteht ein völlig anderer Effekt. Das mischen wir mit Originalfotos aus Nepal, die uns Mona zukommen lässt. Mit dieser Kombination stellen wir klar, dass mit dem Erlös der Aufbau dort unterstützt wird und das Geld direkt dorthin fließt. Der Nebeneffekt ist: Sie haben uns dauernd vor ihrem Auge. Wir sind damit präsenter denn je. Und wenn wir einen Neukontakt anrufen, weiß er genau, um wen es sich handelt … versteht ihr, was ich meine? Wir können uns auf den Kalender berufen.«

»Genial!«, rief Bernd. »Das ist der totale Aufhänger! Einmal der Kalender, dann die Spendenaktion als solche, die ja etwas Humanitäres ist … ein völlig anderer Einstieg! Eine völlig andere Basis über Umsatz zu sprechen!«

»Das hat was! Das hat was!« Auch Torsten war sehr angetan und sah mich wohlwollend an. »Hab doch gewusst, dass du nicht arbeitslos wirst, Gretel.«

Ich knuffte ihn. »Geh schon mal zum Friseur, Torsten und lass dir die Wimpern färben! Dann siehst du noch rattenscharfer aus, als du ohnehin schon bist!«

»Und ich?«, meldete sich Helena. »Darf ich auch mit drauf? O mein Gott, das wäre so … stellt euch doch mal vor! Ich auf einem Kalender! Meine Familie rastet aus!«

Ihre nach hinten geföhnten Stufen wippten mit ihr nur so um die Wette, die ausgepolsterten Schultern und die Bundfaltenhosen taten ihr Übriges dazu.

»Ähm …«, begann ich und fing den Blick der anderen ein, die mir bestätigten, was ich im Sinn hatte. Alle blickten auf Helena und dachten das Gleiche. Jens runzelte die Stirn. Er war unser Schönling und Stylingexperte.

»Jens«, meckerte Torsten. »Worauf wartest du?«

»Bin schon am Machen«, erwiderte er und zückte sein Handy. »Da wüsste ich schon was!«

***

Zwei Stunden später standen wir gesammelt vor einem kleinen Kabuff, während Helena lautstark protestierte:

»Das ist ein Dorffriseur!«

»Ja, genau«, meinte auch Bernd. »Ne Dorffrisur hat sie doch schon – wozu die Mühe?«

»Haltet die Klappe«, motzte Jens. »Das sieht vielleicht so aus wie ein Dorffriseur, aber Manu hat ein Händchen für Schnitte. Sie ist ein Geheimtipp!«

»Ich dachte, du gehst immer zu Mr. Schicki-Micki-Coiffeur?«, sagte ich einigermaßen verdattert. »Du bist doch sonst immer so etepetete.«

»Das *ist* mein Schicki-Micki-Coiffeur«, antwortete Jens verschnupft. »Sie macht mir Schicki-Micki-Frisuren, wie ihr seht. Und ist mit zwei Euro Trinkgeld glücklich.«

»Was, du Geizhals gibst für so was nur zwei Euro Trinkgeld?«, empörte sich Bernd. Und Torsten:

»Ich wusste immer, dass mit dem was nicht stimmt.«

»Nein, natürlich gebe ich ihr mehr! Ich meinte nur, sie wäre auch über zwei Euro glücklich! Und außerdem ist jetzt Helena dran! Benehmt euch, wenn wir reingehen!«

Jens war puterrot angelaufen, aber letztendlich spannte das niemand mehr, weil wir Helena in Richtung Tür schoben, gackernd und lachend ins Innere traten, sie auf einen Stuhl drängten, uns auf die Schnittkataloge stürzten und schon in den ersten Minuten totales Chaos verursachten.

Manu, die Friseurin, kam neugierig hinter einem Spiegel hervor.

»Was wird das hier?«, fragte sie belustigt. »Ein Casting?«

»Nein, eher so ein Vorher-Nachher-Ding«, antwortete Bernd.

»Ja, voll cool«, meinte Manu mit leuchtenden Augen. »Genau mein Ding! Und ich darf machen, was ich will?«

»Nein!«, rief Helena entsetzt.

»Ja!!!«, übertönten wir sie alle im Chor.

»Am Ende erkennt mein Mann mich nicht wieder!«, rief Helena.

»Das ist der Plan«, antwortete Torsten. »Das hält die Beziehung frisch und knackig. Wie wär's, wenn wir noch ein bisschen Reizwäsche besorgen … oder hast du so was zu Hause?«

Helena wurde dunkelrot.

»Sie hat was zu Hause«, sagte Torsten tief befriedigt. »Aber schon lange nicht mehr angehabt, was?«

Sie wurde womöglich noch roter. Aber sie war still geworden, atmete tief ein und aus und ließ unsere Vorschläge über sich ergehen, bis Manu Zeit hatte und sich ihr widmete.

Manu hatte wirklich ein Händchen. Innerhalb einer Stunde war Helena komplett verwandelt. Vom Farah Fawcett-Abklatsch war nichts mehr zu sehen, stattdessen war ihr Haar mit etwas dunkleren Strähnen gesättigt, fiel seidig und glatt über ihren Kopf und betonte ihr hübsches Gesicht. Manu schminkte sie noch ein bisschen und wir schossen begeistert die ersten Fotos von ihr.

»Super, Helena, du siehst klasse aus!«, rief Bernd.

»Ja, und jetzt geh heim zu deinen Kindern, lass dich feiern und dich von ihnen beraten, was du anziehen sollst!«, sagte Torsten. »Die wissen, was in ist! Und wehe, du entsorgst nicht endlich diese Schulterpolster!«

Das war der Beginn der Aktion. Wir fanden einen witzigen Fotografen und veranstalteten im Büro eine dermaßen aufgedrehte Fotosession, dass selbst Wagner den Kopf zur Tür hereinsteckte und wissen wollte, was los war. Wir verdonnerten ihn, ohne dass er wirklich peilte, was das werden sollte, zu einem Foto und merkten uns das als eventuelles Deckblatt vor. Der Fotograf war fantastisch. Angesteckt von unserem Enthusiasmus und der guten Laune, entwickelte er eine gute Idee nach der anderen und setzte die Leute auf beste Weise in Szene. Es entstanden bewegende und witzige Motive mit unserem lachenden Team, mal einzeln, mal in der Gruppe. Wir hatten noch ein paar Leute außerhalb unseres festen Kerns dazu genommen und zudem hatte ich eine Visagistin organisiert, die unsere Gesichter ins richtige Licht setzte. Torsten lieferte einen blöden Spruch nach dem anderen ab, sodass wir aus dem Lachen nicht mehr herauskamen, und der Fotograf schaffte es, unsere spritzige Laune auf den Fotos festzuhalten. Er machte aber auch ernste Fotos, arbeitete mit Schatten und Licht und überlegte, welches Nepalbild zu welchem unserer Leute passte. Wir diskutierten über die Auswahl der Zitate, bis wir am Schluss eine gute Mischung zwischen Witz, Ernst und Tiefe hatten.

Am Schluss verfiel der Fotograf auf die Idee, Kinder mit ins Bild zu nehmen und innerhalb einer weiteren Stunde waren Helenas Fünfjähriger und der freche Willi da. Eins war klar: Willi musste mit Torsten aufs Bild und die Motive mit ihnen wurden göttlich. Timmi dagegen steckte Helena in eine Jogginghose und ein Unterhemd, das wir stellenweise einschwärzten.

»Wer nimmt das Kind auf den Schoß?«, fragte der Fotograf und deutete zielsicher auf mich. »Du natürlich! Von dir haben wir noch gar kein Motiv!«

»Ich? Nein! Ich kann nicht mit Kindern!«, rief ich entsetzt. »Das kommt nicht gut rüber. Das macht am besten Helena und …«

»Ach Quatsch, mit meinem Tim kann jeder«, hackte mir Helena das Wort ab. »Nicht wahr, Tim? Nimm mal die Tante an die Hand. Schau, die hat Angst vor dir.«

Der Fünfjährige sah mich forschend an, er war wirklich zuckersüß mit seinen Pausbäckchen und den großen Augen.

»Setz dich hierhin«, dirigierte mich der Fotograf. »Mach dein Jackett auf. Nein, zieh's aus und krempel die Ärmel hoch. Gebt ihr einen Stuhl … stell die Füße drauf …«

Mir blieb nichts anderes übrig, als den Anweisungen zu folgen. Sie setzten mich auf die Kante meines gläsernen Schreibtisches, die Füße in den teuren High Heels auf dem davorstehenden Stuhl, der Kleine kam auf meinen Schoß.

Ebenso wie ich fühlte er sich nicht ganz wohl, war gehemmt, und irgendwie verband uns das. Ein eigenartiges Gefühl überkam mich, als er auf meinen Schoß kletterte. Sanft strich ich ihm über den Kopf, da lehnte er sich plötzlich an mich. Mein Herz tat weh. Machte sich selbstständig. Vorsichtig schlang ich meine Arme um den kleinen und ach so weichen Körper. Tim war knuffig. Er war anschmiegsam. Er drückte sich an mich, obwohl er mich doch gar nicht kannte. Er war von dem ganzen Zirkus hier eingeschüchtert und suchte Schutz bei mir. Das rührte mich unendlich, stieß etwas sehr Tiefes in mir an und unvermutet schossen Tränen in mir hoch, so schnell und so stark, dass ich mich abwenden musste. Der Fotograf knipste. Ich sagte nichts, obwohl ich abwehren, obwohl ich eigentlich sagen wollte: »Nicht! Wartet, ich kann das nicht. Ich kann das nicht.«

Aber dieser Kleine da in meinen Armen hatte seine Händchen auf den meinen und umklammerte sie. Ich sah das kleine Näschen von oben und den süßen Schwung seiner runden Kinderwange. Und mit einem Mal durchflutete mich eine unendliche Zärtlichkeit, und ein Gefühl, dass ich beim besten Willen nicht benennen konnte. Ich fasste ihn einen Hauch fester, beugte mich ein wenig über ihn, wie um ihn vor all dem Gewusel vor uns zu schützen. Der Kleine hob ein wenig sein Gesichtchen in meine Richtung … oh, er war so süß! Er war so so süß! Ehe ich mich's versah, legte ich meine Wange an die seine und schloss kurz die Augen, nicht bedenkend, dass das Wasser, das in ihnen gestanden war, nun als Tränen heruntertropften. So verharrten wir. Unbeholfen flüsterte ich in sein kleines Ohr: »Ist gleich vorbei«, aber Tim hielt still. Er saß auf meinem Schoß und schien nirgendwo anders hinzuwollen.

Im Zimmer war es still geworden. Außer dem Zisch-Klick-Geräusch des Fotografen war nichts zu hören.

Licht kam von hinten durch das Fenster, warf Schatten, die mich in die Vergangenheit führten. Tims kleiner Körper wärmte mich, seine runde Wange an der meinen war wie ein Zugeständnis an mich. Es war unerwartet schön und doch war es schmerzhaft. Das tiefe Vertrauen, das dieses Kind hatte, zerriss etwas in mir. Vertrauen zur Welt. Vertrauen zu Menschen. Das hatte ich nie gehabt.

Meine eigene Kindheit kam mir in den Sinn und instinktiv schmiegte ich mich noch ein bisschen dichter an Tim und vergrub mein Gesicht in seinem strubbeligen Blondhaar. Als ich ihn wieder hergeben musste, vermisste ich seine Wärme. Die Atmosphäre im Büro war seltsam. Niemand sagte die typischen Sätze wie ›steht dir gut!‹ und ›wer sagt denn, dass du mit Kindern nicht zurechtkommst‹.

Dazu war der Moment zu tief gewesen. Und alle hatten es gespürt.

***

Die Fotos wurden traumhaft - sie vermittelten das, was wir wollten: Teamgeist, die Freude am Helfen, Bodenständigkeit, Humor und darüber hinaus Mitgefühl und Verantwortung. Dass wir die Geschäftswelt-Fotos mit denen aus Nepal in einer wirklich außergewöhnlichen Collage mischten, war der Clou. So trat der krasse Unterschied zwischen diesen Welten zutage - und die Verpflichtung zu Hilfe, nach mehr Gleichgewicht entstand automatisch. Der Kalender kam ganz und gar nicht narzisstisch an, sondern als das, was er war: Eine Möglichkeit, zu teilen und Leid zu lindern. Eine Möglichkeit, mehr Balance zu schaffen.

Mein Beitrag bestand darin, die Kosten des Fotografen zu decken. Für den Druck legten alle zusammen und ließen eine Auflage von vierhundert Stück drucken.

»Wenn wir den Kalender für fünfundzwanzig Euro an den Mann bringen, hätten wir schon mal deinen Grundbetrag zusammen, Mona.«

Ein Seufzer entfuhr ihr. »Das wäre fantastisch! Zehntausend Euro! Damit können wir was anfangen!«

Hatten wir anfangs gedacht, dass der Kalender sich nicht so leicht verkaufen ließe, wurden innerhalb kürzester Zeit eines Besseren belehrt. Die Leute *wollten* helfen. Es schien, als ob das in ihrer Grundstruktur verankert war.

Das Ding wurde gigantisch. Die Leute lachten sich schief über Torstens überzogen sarkastischen Gesichtsausdruck, Willis rotzfrechem Lausbubengesicht daneben und dem coolen Spruch darunter, freuten sich an Bernds freundlichem und an Jens' charmantem Lächeln, der auf den Fotos rüberkam wie ein Filmstar.

Bernd konnte sich danach vor Anfragen über Facebook nicht mehr retten. Jeden Tag kam er mit glühenden Wangen und noch glühenderen Anfragen nach Dates ins Büro.

Innerhalb von einer Woche waren die vierhundert Exemplare verkauft und wir mussten nachdrucken. Helena hatte eine Liste aller Vertriebe angefertigt und jeder arbeitete seinen Teil ab. Nach der zweiten Woche hatten wir tausend Exemplare unter die Leute gebracht und als wir meinten, damit einen Sättigungsgrad erreicht zu haben, gab es auf Weihnachten hin noch mal einen Schub. Zu guter Letzt wurden wir tatsächlich dreitausend Exemplare los. Helena suchte Sponsoren für die Druckkosten, sodass wir Ende des Jahres Mona und ihren Schützlingen in Nepal fünfundsiebzigtausend Euro überweisen konnten.

Sie war einfach nur sprachlos und hatte vor Freude Tränen in den Augen.

Aber auch wir kamen auf unsere Kosten. Diese altruistische Aktion hatte uns bei vielen einen großen Pluspunkt eingebracht. Wir waren im Gespräch, die Telefonate liefen umso leichter und der Umsatz poppte nur so auf unseren Schreibtisch.

Mitte Dezember hatten wir schon fast unsere Gesamtplanung drin und ich überlegte, ob wir nicht manche Geschäfte zurückhalten und für die so anspruchsvolle Januaranforderung aufheben sollten.

Der Senior war kein Thema mehr. Wagner staunte mehr und mehr über unsere Ideen und rückte mich bei der übrigen Geschäftsleitung in den Fokus.

»YES!!!«, dachte ich. »Endlich! Du bist bezwingbar, Schicksal, ich wusste es!«

Es hätte nicht besser laufen können!

Der Gedanke an Tobias machte mich umso froher. Auch wenn wir uns zurzeit mal wieder fast nicht sahen.

Nur Torsten fragte:

»Hör mal, Gretel, wenn du Senior bist, würdest du doch ganz gut zu mir passen, nicht? Langsam müsstest du doch wissen, dass *ich* dein Hänsel bin! Wir gehören zusammen!«

Und als ich schon lachen wollte: »Nein, im Ernst ... was ich meine ist: Als Senior bekommst du doch einen anderen Tätigkeitsbereich zugewiesen. Sind wir dann noch ein Team?«

»Oh, stimmt. Das habe ich noch gar nicht bedacht«, erwiderte ich schockiert, weil mir der Gedanke tatsächlich zum ersten Mal kam. »Ich bin davon ausgegangen, dass wir zusammenbleiben.«

»Ja, aber dann hättest du doch zwei Jobs. Den als Senior plus die Aufgaben eines Vertriebsdirektors? Wie soll das gehen?«

»Weiß ich noch nicht. Wir arbeiten eine Sonderlösung aus«, erwiderte ich entschlossen. »Ich gebe euch nicht her. Und ihr lasst euch ja auch von keinem anderen führen, stimmt's?«

»Exakt«, stellte Torsten fest. Inzwischen wusste ich: Er war seit Jahren schon Privatier. Torsten musste nicht arbeiten, wenn er nicht wollte. Wenn ich ging, würde auch er gehen.

Ich schob den Gedanken weg. Mir würde schon was einfallen. Mit Wagner ließ sich reden. Der war sicher froh, wenn mein Umsatz weiterlief und er niemand anderen einstellen musste.

***

»Für einen Senior bist du aber reichlich jung«, lachte Klaus, Tobias Vater, als wir ihm aufgeregt alle Neuigkeiten erzählten.

»Das sagen einige«, lächelte ich. »Aber das ist eine Frage der Einstellung - wie alles im Leben.«

»Kannst du denn dann einen Schritt zurücktreten?«, fragte seine Mutter, Monika, besorgt und legte den Arm um mich. »Tobias erzählt dauernd, dass du so eingebunden bist.«

»Also, in den ersten Jahren kann ich sicher nicht kürzer treten. Aber ihr habt es ja selbst gesagt, ich bin noch jung und …«

»Aber wie machst du das, wenn mal Kinder da sind?«, fragte Monika interessiert.

»Monika, du kannst es mal wieder kaum erwarten, Enkel zu kriegen!«, rief Klaus und machte es mir damit nicht einfacher.

»Lass mich doch!«, wehrte sie sich. »Bei drei erwachsenen Söhnen ist das ein natürlicher Wunsch, oder?«

Ich wurde rot. Ich wollte nicht lügen und auch nichts beschönigen, so antwortete ich tapfer:

»Mir wäre es schon lieb, wenn ich mein eigenes Geld weiterhin verdienen könnte, auch, wenn Kinder da sind. Aber das ist gerade überhaupt kein Diskussionspunkt, nicht, Tobias?« Hilfesuchend sah ich ihn an.

»Klaro, Schatz! Mutter, du siehst mal wieder zu sehr in die Zukunft!«, grinste er.

»Dafür bin ich deine Mutter!«, ließ sie sich vernehmen. Und als ich hoffte, diese Klippe erst mal umschifft zu haben, wartete sie mit der Frage auf, die kommen musste, die überfällig war, schon längst … und der ich mich nun stellen musste.

»Wie sehen das deine Eltern?«, fragte Tobias Mutter. »Inzwischen hast du es ihnen doch bestimmt gesagt!«

Ich hatte ihnen erzählt, dass es bisher noch keine Gelegenheit gegeben hätte, sie über die Hochzeit zu unterrichten.

»Wie haben sie denn reagiert?«, fragte sie aufgeregt. »Jetzt wird es aber Zeit, dass wir uns mal kennenlernen! Wollen wir uns mal auf ein Abendessen treffen?«

Ich schluckte, wurde erneut rot. Ich hätte es Tobias gerne erst mal unter vier Augen erzählt, aber weder hatte es sich in dieser überaus hektischen Zeit ergeben, noch war ich scharf drauf gewesen. Es fiel mir erst jetzt auf, dass er selbst kaum nach meinen Eltern gefragt hatte. Auch ihm schien das ins Bewusstsein zu rücken, denn nun sahen mich plötzlich drei Augenpaare gespannt an. Mir war total unbehaglich zumute und ich schwitzte. Dann gab ich mir einen Ruck:

»Ich weiß, das hört ihr jetzt nicht gern. Aber ich bin mit meinen Eltern … entzweit. Sie sind geschieden und ich habe sie seit Jahren nicht mehr gesehen. Beide nicht. Und das soll auch so bleiben. Sie würden nicht zur Hochzeit kommen und ich will sie deshalb erst gar nicht erst einladen.«

Die Stille, die meinem Statement folgte, ließ keinen Zweifel daran, dass ich zum ersten Mal eine falsche Antwort gegeben hatte.

***

»Was ist mit deinen Eltern?«, fragte mich Tobias auch gleich, als wir wieder unter uns waren. »Weswegen habt ihr euch gestritten?«

»Tobias, ich will nicht drüber reden, okay?«

»Aber Greta, du bist bald meine Frau! Es sollte keine Geheimnisse zwischen uns geben.«

Konsterniert sah er mich an. Ich atmete tief durch. Er hatte recht. So konnte ich ihn nicht abspeisen.

»Also gut«, lenkte ich mit rauer Stimme ein. »Wir haben uns schon sehr früh geistig voneinander getrennt. Schon mit dreizehn, hatte ich nichts mehr mit ihnen zu tun. Sie sind einfach gegen alles, was ich tue. Sie wollten nicht, dass ich Karriere mache. Meine Mom wollte nicht, dass ich das Gymnasium besuche, sie wollte nicht …« Ich brach ab und biss mir auf die Lippen. »Meine Eltern sind geschieden, Tobias. Ich war drei, als es auseinanderging. Und mein Vater …« Ich räusperte mich. »Na ja, ich habe ihn nie wirklich gekannt und auch nie wiedergesehen. Er kümmert sich nur um sich selbst. Mit meiner Mutter lief es nicht besser. Als ich sechzehn war, kam es zu einem massiven Streit zwischen ihr und mir. Es ist … es ist unschön, das alles und … ach, Tobias, können wir nicht einfach so tun, als hätte ich keine Eltern?«

»So tun, als hättest du keine … aber Greta! Ist die Hochzeit denn nicht eine gute Gelegenheit, sich wieder zu versöhnen?«

»Nein«, wehrte ich entschieden ab. »Ganz sicher nicht. Und das musst du mir glauben, Tobi. Bitte.«

Flehend sah ich ihn an, er nickte zögerlich, nicht ganz überzeugt. Ich ging auf ihn zu und umarmte ihn.

»Wir haben doch uns«, murmelte ich. »Das reicht doch. Mehr brauchen wir nicht für unser Glück.«

***

Das Wellness-Wochenende stand vor der Tür. Wir waren alle ausgelaugt von der Rennerei nach Umsatz. Aber wir hatten die Planung für Dezember im Kasten und es war einfach ein wunderbares Gefühl, mit diesem Wissen zu relaxen. Ich fühlte mich einigermaßen entspannt. Wir wollten das Wochenende für die Besprechung des neuen Jahres hernehmen, dem alles entscheidenden Januar und auch darüber, wie es weiterging, wenn ich Senior wäre. Ich hatte Wagner das Versprechen abgerungen, einen Doppeljob machen zu dürfen, und er war zwar kopfschüttelnd, aber sehr zu meiner Freude darauf eingegangen.

»Das wollen Sie schaffen?«, fragte er ungläubig.

»Ja, das kriege ich schon irgendwie hin.«

»Also gut, wenn Sie sich das zutrauen … aber ich kann die Planung deswegen nicht zurückfahren. Sie müssten Ihr Niveau halten.«

Ich schluckte. Ich hatte ja jetzt schon einen Fulltime-Job und der Senior war erst recht einer! Dennoch schob ich alle Bedenken weg. Mir würde schon was einfallen. Ich würde es schaffen.

Mein Herz schlug Purzelbäume, wenn ich nur daran dachte, wie das neue Jahr starten würde. Ich musste es schaffen, ich musste, musste, musste!

So powerte ich alle hoch bis an die Kante, versprach Jens, eine Frau für ihn zu finden, Pascal eine Provisionserhöhung, Theo und Mona sie zu einem ihrer Retreats zu begleiten (damit ich endlich mal auf andere Gedanken käme, wie sie sagten) und Torsten, ihn zu heiraten, wenn, wenn, wenn das nur klappen würde … wenn das wahr werden würde!

Jackpot! Ja, das wäre der Jackpot! Der nächste Jackpot! Ein Doppeljackpot! Senior und Tobias!

Ich riss die Arme in die Luft und umarmte alle am Ende der Besprechung.

»Aber jetzt gehen wir erst mal relaxen!«, rief ich. »Auf in die Wellness-Landschaft! Und danach machen wir uns hübsch! Ich lade euch alle zum Abendessen ein!«

***

Die Wahrheit war: Nach diesem Meeting war ich unendlich müde und das nicht zum ersten Mal. Das, was vor einem Jahr begonnen hatte, das Gefühl, von den vielen Menschen um mich herum erschöpft zu sein, und der Wunsch nach Ruhe waren nicht vergangen, sondern steigerten sich mit jedem Meeting. Aber ich gab nicht viel drauf, dachte, das sei nur eine Phase in meinem Leben, die mit ein paar Nächten Ausschlafen überwunden sein würde. Ich schluckte hochdosiertes Vitamin C und aß weniger, denn ich hatte gehört, dass man so leistungsfähiger wäre. Genau das brauchte ich jetzt. Aber es half nicht. Ich war müde, um nicht zu sagen, zu Tode erschöpft – und freute mich auf die Sauna.

Mir war aufgefallen, dass Theo und Mona stiller waren als sonst. Sie hatten während des Meetings öfters bedeutungsvolle Blicke miteinander gewechselt, die mich beunruhigten, und so suchte ich nach der erstbesten Gelegenheit, sie zu fragen.

»Mona, was ist los?«, wollte ich wissen, als wir in der Umkleide standen. »Ist irgendetwas nicht in Ordnung … mit der Planung vielleicht? Ist sie euch zu hoch oder …«

»Deine Planungen sind immer zu hoch«, lächelte sie schwach.

»Das ist nicht …«

Helena kam herein, wie immer mit ihren Kindern über das Handy heftig diskutierend, und schloss damit uns beiden den Mund.

»Aber es ist nichts Schlimmes?«, vergewisserte ich mich beim Hinausgehen. Zu meiner Erleichterung schüttelte Mona den Kopf und legte den Arm um mich.

Aufatmend ging ich neben ihr her. Hoffend, in der heißen Sauna endlich den Kopf mal abschalten zu können.

Die Wellnessanlage war einzigartig. Es gab fünf Saunen, drei Dampfkammern, Massage-Oasen und traumhafte Plätze zum Relaxen draußen unter Bäumen, am See oder drinnen in behaglichen Räumen mit prasselndem Kaminfeuer.

Während Helena und Mona die gemäßigteren Dampfkammern besuchten, suchte ich mir die heißeste Sauna aus, die sie hatten. Im Tauchbecken schwammen sogar Eisstückchen – das reizte mich.

In der von mir gewählten Hütte befanden sich nicht so viele Menschen, was angenehm war, aber gerade hatte eine spezielle Anwendung begonnen, die insgesamt dreißig Minuten dauern sollte. Die Temperatur belief sich auf satte hundertzwanzig Grad, und der Bademeister wirbelte nach Kräften sein Handtuch umher, verteilte die heiße Luft, was mir den Schweiß in Strömen über den Körper trieb. Ich biss die Zähne zusammen und zwang mich zum Durchhalten. Wieder und wieder goss der Bademeister auf. Mir wurde leicht übel, mein Kreislauf war kurz vor dem Kollaps, als er eine kurze Pause einlegte. Dankbar wankten wir nach draußen, wo es Salz und Honig für die Haut gab, mit denen wir uns abreiben sollten. So einige gingen danach nicht mehr zurück. Es war ein Marathon, aber ich wollte ihn durchstehen. Mit letzter Kraft und Schwindel im Kopf ging ich wieder in den nach Fichtennadeln duftenden, überheißen Raum und kniff die Augen zu, weil die Hitze stach wie Hölle. Am Schluss war ich die Einzige, die noch in der Sauna ausharrte, alle anderen waren zum Ärger des Bademeisters, weil sie dauernd die Tür aufrissen, geflüchtet. Ich klebte vom Honig und mir war schwindlig, aber endlich, endlich hatte ich es überstanden – und durchgehalten! Mit zitternden Beinen stellte ich mich unter die Dusche, wusch Honig und Salz ab und begab mich ins Eisbecken.

Mir blieb die Luft buchstäblich in den Lungen hängen und mein Kopf wurde schlagartig leer. So leer, dass ich dachte, ich fiele in Ohnmacht. Die Kälte und der Temperaturschock raubten mir alle Sinne, alle Gedanken. Ich zwang mich, noch tiefer ins Wasser zu gleiten, zwang mich, unterzutauchen, spürte das Eiswasser wie beißende Nadeln auf meiner Haut. Es war so kalt, dass es wehtat, aber es war trotzdem ein so krasses Erlebnis, so gedankenauslöschend, dass ich blieb, die Schmerzen aushielt, bis ich nach einer gefühlten Ewigkeit schwankend aus dem Becken stieg.

Der Bademeister beobachtete mich aufmerksam, kein Wunder, so wie ich torkelte. Ich blieb stehen, hielt mich mit gesenktem Kopf an der Wand fest, konnte noch nicht einmal mein Handtuch um mich schlingen, so schwach war mir. Schließlich raffte ich das Tuch vom Haken und um meinen Körper, sah mich mit verschwommenen Blick in dem gedämmten Ruheraum nach einer Liege um, als der Bademeister resolut auf mich zukam, mich am Arm packte und mich in eine andere Richtung dirigierte.

»So, meine Liebe, Sie gehen erst mal ein paar Minuten in den Whirlpool«, kommandierte er. »Und zwar, bevor Sie sich hinlegen. Sie brauchen warme Füße.«

Seine Fürsorge tat gut, ich nickte umnebelt und suchte mit den Augen den Jacuzzi. Er stützte mich und wie eine Maschine setzte ich mich in Gang, ließ kraftlos das Handtuch fallen, steckte meinen Fuß in das warme Wasser. Ah, das tat gut! Langsam ließ ich mich in das Becken gleiten und wärmte mich wieder auf. Ich stand mit dem Gesicht nach außen, die Arme auf den Rand des Whirlpools gestützt. Oh Jesus, ich war so müde … so müde! Gedanken purzelten in meinen Kopf. Ich muss mich hinlegen … wie soll ich nur das Abendessen überstehen …

Da ertönte hinter mir ein grober Platsch, Wasser wirbelte störend auf. Ich fühlte mich genervt und wollte raus, als sich plötzlich ein Körper an meinen presste. Kurz nur, wie aus Versehen. Danach nahm er wieder ein bisschen Abstand, aber er stand immer noch nah an meinem Rücken. So nah, dass ich mich nicht umwenden konnte. Bedrohlich, gefährlich, unangenehm. Zwei muskulöse Arme streckten sich selbstherrlich links und rechts von meinem Körper aus, wie zwei Wände, die mich gefangen hielten. Unwillkürlich klopfte mein Herz, nein, es schlug wild, obwohl wir doch in einer öffentlichen Sauna waren, mir nichts passieren konnte. Niemand konnte es sich leisten, sich hier ungebührlich zu benehmen. Und doch … und doch … mir wurde auf einmal unendlich schlecht, während der Unbekannte sich wieder an mich drängte, ein anonymer Körper, der mit mir nichts zu tun hatte. Ein Unterleib, der meinem Po berührte. Ich war vollkommen erstarrt. Die Übelkeit lag wie eine Lache in meiner Kehle und nur ein Gedanke beherrschte mich, als wäre es mein Strohhalm. »O mein Gott, bitte lass mich nicht kotzen … nicht hier in dieses Wasser …«

Dieser Gedanke, irrational, unpassend, vom Eigentlichen ablenkend, besetzte mich völlig.

Der Körper hinter mir indes wollte das nicht zulassen. Er war präsent, machte sich bemerkbar. Drängend, leicht nur, aber dennoch deutlich die Grenzen des Schicklichen überschreitend. Hätte ich mich umgedreht, hätte ich mich ihm erst recht offenbart, nackt wie ich war. Die Alternative, mich am Rand hochzustemmen und aus dem Wasser zu steigen hätte bedeutet, mit meinem Po direkt an seinem Gesicht entlangzugleiten und der Gedanke daran ließ die Übelkeit erst recht anschwellen. Mir blieb nur die Erstarrung. Fiebrige, untätige Panik. Ich atmete flach. Augenwinkel. Bademeister. Grimmig. Mona, sie war aufgestanden. Aber niemand kam. Meine Augen pressten sich zusammen wie bei einem Kind.

»Geh weg«, flüsterte ich hilflos und wunderte mich über diese Unfähigkeit, mich zu wehren. Über diese Starre in mir drin. Sollte doch mein Hintern in seinem Gesicht hängen! es wäre doch egal, nur raus hier! Weg! Aber ein lange nicht gekanntes unangenehm-vertrautes, hässliches Gefühl machte sich in mir breit. Genagelt. An den Rand genagelt. So stand ich und atmete kaum, wollte jede Bewegung und sei sie noch so klein, vermeiden. Spürte, wie sich die Härchen an meinem Nacken aufrichteten, aber auch, wie mein Körper sexuell reagierte, und das widerte mich an. Ein Mund näherte sich meinem Hals, hauchte Luft über mich. Hauchte Worte in mein Ohr.

»Was für ein geiler Arsch …«, raunte die Stimme. »Warum kommt jemand wie du in die Sauna? Lass mich raten …«

Die Art, wie er es sagte, war wie ein Schlag auf den Kopf. Wie konnte er so etwas sagen? Als ob ich mich angeboten hätte! Als ob ich eine … Die Lunte brannte, das Feuer loderte, löste einen Reflex in mir aus. Ich spürte nur noch, wie unsägliche Wut, ja sogar Hass, in mir hochschoss, meine Augen verdunkelte, mich blind machte. Es war kein Gedanke mehr in mir, nicht einer, ich reagierte nur noch. Mein Körper machte sich selbstständig. Mein Ellbogen schoss nach hinten, hieb zu, traf etwas Weiches. Mein Ohr hörte einen Schrei, mehrere Schreie, hörte Mona und Helena, die bei mir angekommen waren, hörte den Bademeister, wie er den Mann anbrüllte, hörte Wasser rauschen, ein Rauschen, das ich verursachte, als ich versuchte, mich panisch, platschend, unbeholfen, aus dem Wasser zu hieven. Der Bademeister packte meine Arme, riss mich hoch, Mona half mir, als ich draußen stand, wollte mich stützen. Ich fiel trotzdem hin, schürfte mir das Knie, wickelte in Panik, mit Händen, die mir nicht gehorchen wollten, mein Handtuch um mich herum, keuchte, sah einer fassungslosen Mona ins Gesicht, die mich in den Arm nehmen wollte, spürte Helenas Hand auf meinem Rücken, aber ich ertrug nicht die geringste Berührung. Ich floh in die Umkleide, schloss mit zitternden Fingern den Spind auf, stopfte die Sachen in meine Tasche und rannte, nur mit dem Handtuch umwickelt und blutendem Knie durch die Hotellobby, zum Entsetzen des Personals an der Rezeption … rannte in mein Zimmer, auf die Toilette und übergab mich in einem fort.

Mit Mühe versuchte ich mich zu beruhigen.

Es war doch nichts gewesen, nichts gewesen … ich hatte absolut überreagiert! Tagtäglich werden Frauen von Männern angemacht … er hatte doch nur hinter mir gestanden, er hatte nichts gemacht … ich verstand mich selbst nicht. Es war mir peinlich. Es musste dieser lange Saunagang gewesen sein, ja, der war schuld, ich hatte komplett überreagiert … aber dann fielen mir die Worte des Mannes ein:

»Warum kommt jemand wie du in die Sauna?« Jemand wie du. Jemand wie ich.

Seine Worte hafteten an mir wie übler Gestank, als ob ich, einmal in Jauche getaucht, diesen nie mehr loswurde und damit alle Mistkerle dieser Welt an mich zog.

Hasserfüllt starrte ich vor mich hin. Immer ging es mir so. Ich wurde oft von solchen Typen angesprochen, die einfach widerwärtig waren. Die keinen Benimm hatten, die ordinär waren, die mich als Freiwild betrachteten, als Füllung für ihre Bettritze. Warum? Ich gab mit meinem Verhalten keinen Anlass dafür.

Es musste etwas Anderes sein und ich wollte nicht wahrhaben, dass es immer noch da war. Dass es immer noch Wirkung hatte. Es war das, wogegen ich seit Jahren ankämpfte. Es war das, was ich besiegen wollte. Ich musste mir beweisen, dass es mir gelang, dass es möglich war. Und ich würde es schaffen. Aber … Tränen verstopften meine Kehle. Mein Gesicht verzog sich in unendlichem Schmerz. Ich war so unendlich, so unfassbar müde. Ich hatte keine Kraft mehr. Und schon gar nicht für das Monster in mir drin.

***

»Reiß dich zusammen!«, schrie mein Kopf. »Du schaffst das!«

Mona klopfte an die Tür, ich ließ sie rein.

»So ein widerlicher Kerl«, sagte sie und drückte mich an sich, aber ich war steif wie ein Brett, ich spürte es selbst.

»Ja, ein totales Arschloch«, entfuhr es mir grob und ließ mich zusammenzucken. Ich wollte nicht so reden.

»Du hättest mal den Bademeister sehen sollen!«, erzählte Mona. »Der ist förmlich ausgeflippt und hat ihn rausgeworfen.«

Ich schloss die Augen. Eine Szene. Meinetwegen. Auch das noch.

»Oh, verflixt«, murmelte ich. »Morgen weiß jeder, wer ich bin.«

»Morgen weiß jeder, was das für ein Typ ist, der hat nämlich ein blaues Auge!«

Das tröstete mich wenig.

»Geht's wieder?«, fragte Mona und hielt mich im Arm. Aber auch das tröstete mich nicht.

»Ich ... ich hab überreagiert«, stammelte ich. »Es ist ja nichts geschehen ... ich ... wir ... das Abendessen ... ich bin in einer halben Stunde unten.«

Mona sah mich nachdenklich und unzufrieden an. Dann strich sie mir das nasse Haar aus dem Gesicht. »Es wird Zeit, dass du dich um dich kümmerst, Greta«, sagte sie ernst.

»Das tu ich seit Jahren«, knurrte ich. »Seit Jahren.«

»Nein, tust du nicht. Schau, du lenkst dich nur ab ... das ist nicht der Weg.«

»Doch! Und ich bin weit gekommen!«

»Du bist weit gekommen, das stimmt. Aber hier ...«, sie legte ihren Finger auf mein Herz. »Hier tut noch was weh und das kann kein Erfolg der Welt wegmachen.«

Ich antwortete nicht. Sie stand auf.

»Machst du das Retreat mit uns?«, fragte sie.

»Habe ich doch versprochen.«

Sie nickte. »Gut. Dann ... sehen wir uns beim Abendessen.«

Endlich ging sie.

Ich machte mich zurecht und schminkte mich übergenau. Ich musste perfekt aussehen. Ich wollte aussehen wie das, was ich aufgebaut hatte. Erfolgreich, in der Nahrungskette weit oben. Unantastbar. So wollte ich aussehen. Nicht wie eine, die in die Sauna kommt, weil ...

Zu meiner Überraschung riss Torsten keine Witze über die Episode, die ihm ganz sicher von allen möglichen Seiten zugetragen worden war. Auch er sah mich, wie Mona und Theo, sehr nachdenklich an. Doch diesmal blieb ich nicht so lange wie sonst mit den anderen sitzen. Die Stimmung war etwas gedrückt und als ich aufstand und allen eine gute Nacht wünschte, ging auch Torsten mit mir. Schweigend rollte er neben mir her.

»Du musst mich nicht bewachen, Torsten«, sagte ich, leicht lächelnd, aber ich mochte es, dass er da war.

»Ich bewache dich doch nicht, mein Gretelchen«, antwortete er. »Offensichtlich kannst du dich sehr gut selbst wehren. Hast ein echtes Pfauenauge fabriziert.«

Ein leichtes Grinsen erschien auf seinem Gesicht. Doch als ich auf meinem Stockwerk ausstieg, fuhr er seinen Rollstuhl zwischen die Aufzugtüren, sodass sie nicht schließen konnten.

»Greta?«

Ich wandte mich um. Langsam erhob sich Torsten. Auf seinen Stock gestützt stand er vor mir, groß, hager, mit seinem scheinbar hochmütigen Gesichtsausdruck auf mich herabsehend. Aber ich hatte das Gefühl, dass er mich eher komplett durchschaute, mehr sah, als mir lieb war. Er neigte sich mir zu, sein Gesicht kam nah an mein Ohr, dann hauchte er mir zu meiner Überraschung einen zarten Kuss auf die Wange, hob mit zwei Fingern mein Kinn und sah mir in die Augen.

»Ich kenne dich als mutige Frau, Greta«, sagte er leise. »… und ich weiß, dass du das, was ich sage, richtig einordnen wirst. Und ich hoffe, dass du es verstehst.«

Er ließ mich los.

»Torsten«, erwiderte ich müde und unruhig. »Was meinst du? Was ist los?«

»Die Dämonen sind los!« Seine Augen zwinkerten leicht, aber er meinte das tiefernst.

»Red nicht so einen Quatsch«, erwiderte ich schärfer, als mir lieb war.

»Nein, Greta, ich rede keinen Quatsch, du kennst mich.«

»Also, Darth Vader«, murrte ich, plötzlich ungeduldig, plötzlich im Fluchtmodus, »… worauf willst du hinaus?«

»Hesse hat mal gesagt: Der wahre Beruf des Menschen ist, zu sich selbst zu finden. Manchmal ist es nicht leicht zu verstehen, dass alles, was in unserem Leben passiert, genau dazu dient. Nur das, Greta … ich möchte, dass du nur das verstehst. Gute Nacht, mein Mädchen.«

Damit drehte er sich um, gab seinem Stuhl einen Schubs, stellte sich davor und starrte mich solange an, bis die Aufzugtüren sich schlossen.

Ich stand noch ein paar Sekunden vor den Metalltüren, bevor ich mich umdrehte und mein Zimmer aufsuchte. Sich selbst finden. Was für ein Bullshit! Ich wollte Ruhe! Aber die Nacht war unruhig. Rastlos. Ich fühlte mich mies, obwohl es doch dieser Mann gewesen war, der sich unschicklich verhalten hatte. Ich fühlte mich wie früher ... wie ganz früher ... unsicher, verloren und wert- und haltlos.

Der Morgen war nicht besser. Ich hatte den Mann gestern gar nicht wirklich anschauen können und wollte es auch nicht. Aber wie ein lebensgroßes Signal lief er mir prompt über den Weg. Er war leicht an seinem blauen Auge zu erkennen. Er sah prollig aus. Viele Muskeln. Niedrige Stirn. Ein Stecher, hätte Torsten gesagt. Intellektuell ein Totalausfall. Warum zog ich so jemanden an? Es kotzte mich an.

***

Es war klar, dass Mona und Theo etwas auf dem Herzen hatten und nach den Weihnachtsfeiertagen sprach ich sie erneut darauf an.

»Ja, weißt du«, begann Mona zögerlich. »Wir haben uns in den letzten Monaten viele Gedanken gemacht ... wie das so mit unserem Leben weitergehen soll, was wir wirklich wollen ...«

»Und was ist das?«, fragte ich mit einem mulmigen Gefühl im Bauch.

Die beiden sahen sich an, Mona fasste sich als erstes ein Herz:

»Wir haben beschlossen, nicht mehr in der Branche zu arbeiten, Greta. Wir wollen für ein paar Monate nach Indien gehen.«

»Für ein paar Monate?«, rief ich entsetzt. »Ihr ... ihr wollt aufhören? Jetzt? Wo ihr doch so super verdient?«

»Aber das ist für uns noch nie das Ausschlaggebende gewesen«, erinnerte mich Theo sanft. »Das weißt du doch. Wir haben das alles mitgemacht für dich und natürlich hat es auch Spaß und Freude gemacht. Aber jetzt wollen wir wieder mehr unsere wirklichen Interessen verfolgen.«

Er sandte seiner Frau einen hilfesuchenden Blick.

»Um ehrlich zu sein ist uns dieses Gerenne einfach zu viel«, setzte Mona seine Gedanken fort. »Diese Seminare, das Herumgehüpfe und dumme Gequatsche konnten wir noch sowieso nie leiden. Wir sind auch schon ein paar Jahre älter als du. Unsere Sturm- und Drangzeit ist einfach vorbei.«

»Nun sind uns andere Dinge wichtiger. Wir wollen, nachdem wir so lange nach außen gegangen sind, uns nach innen wenden.«

In Gedanken drehte ich die Augen nach oben. Gott verzeihe mir – ich hatte so manches Mal mit ihnen meditiert, ohne je auch nur im Ansatz zu fühlen, was die beiden immer so begeisternd schilderten. Die einzige Ausnahme war die ›Session‹ in meinem Büro gewesen, aber sonst hatte mir das ›Nach-innen-gehen‹ nie viel gebracht und gerade im Moment konnte und wollte ich es nicht hören. Es reizte mich zum Widerspruch. Mehr noch – es machte mich aggressiv.

»Und wovon wollt ihr leben?«, erkundigte ich mich verletzt, während die Essenz dieser Unterhaltung in mein Hirn drang. Theo und Mona gingen! Das war ein herber Verlust. Und ich hatte Wagner versprochen, meinen Umsatz zu halten!

»Das findet sich schon«, erwiderte Theo auf meine Frage. »Das Schicksal, das innere Selbst wird uns leiten.«

Ich öffnete den Mund für einen sarkastischen Protest, aber ich schloss ihn wieder. Bissige Worte hatten die beiden nun gar nicht verdient.

Ich atmete tief ein. »Ich werde euch schrecklich vermissen«, sagte ich leise, und lieb, wie sie nun mal waren, rannten beide sofort auf mich zu und umarmten mich.

»Wir gehen doch nicht gleich, meine Süße«, tröstete mich Mona. »Wir sind noch ein halbes Jahr hier, sogar noch länger. Wir kündigen zum 01.Juli und machen uns danach auf nach Indien.«

»Trotzdem«, schluchzte ich. »Ihr geht! Ihr seid Teil meines Teams! Ich kann euch doch auch aus den Planungen rausnehmen! Ihr macht, was ihr könnt und was ihr wollt!«

»Nein, Greta«, sagte Theo. »Wir wollen nach Indien, das hast du doch gehört.«

»Aber wie lange bleibt ihr da?«

»Na ja, wir haben erst mal ein Visum für ein halbes Jahr ...«

»Ein halbes Jahr!«, rief ich entsetzt. »Was mache ich nur ohne euch? Können wir wenigstens skypen?«

»Nein«, zögerte Theo. »Wir werden für ein halbes Jahr in einen Ashram gehen. Dort bieten sie derzeit ein ganz besonderes Programm an: ein vierteljährliches Schweigeseminar. Das wollen wir mitmachen.«

»Ein Vierteljahr Schweigen? Habt ihr sie noch alle?«

Die beiden lachten. »Das ist schön!«, erklärte mir Mona.

»Aber ihr könnt nicht miteinander reden? Drei Monate lang nicht?«

»Ja, das Faszinierende daran ist, dass man ja doch irgendwie kommuniziert. Wenn die Sprache wegfällt, fangen viele subtile Prozesse zu laufen an. Du glaubst gar nicht, wie sensibel du wirst.«

Ich nickte verständnislos. Auf diese Sensibilität konnte ich gut verzichten – auf Mona und Theo nicht.

Der erste Jackpot

Wieder ein Januar. Mein entscheidender Januar. Der Umsatz dieses Monats war Bedingung für meine Partnerschaft. Er würde stressig werden, so viel war klar. Wir hatten zwar Massen an Geschäft vorbereitet, aber ich blieb so lange nervös, so lange der Umsatz nicht in Säcke und Tüten verpackt war. Aber es musste schon mit dem Teufel zugehen, wenn wir das nicht packen sollten! Selbst, wenn ein Teil der bereits vorbereiteten Umsätze nicht klappte, müsste es reichen. Unsere Startposition war zwar äußerst luxuriös, trotzdem war ich schrecklich angespannt.

Tobias und ich sahen uns kaum, ich hatte ihm noch nicht einmal von der Sonderlösung erzählen können, die ich Wagner aus den Rippen geleiert hatte. Auch er war mehr als sonst eingebunden. Als wir skypten, erzählte er mir aufgeregt, dass er eine Position in der Politik angeboten bekommen hätte, bei einem prominenten und aufstrebenden Politiker, den er sehr schätzte. Gerade wurde Tobis Lebenslauf auf Herz und Nieren überprüft. Ich freute mich für ihn und auch, dass ich kein schlechtes Gewissen wegen meines Stundenplans haben musste, aber ich war ein bisschen unaufmerksam, weil während unseres Gespräches mein Telefon ständig klopfte, weil Mails in den Posteingang strömten und der Schreibtisch voll war mit unerledigten Sachen. Es war so viel, dass ich mich zwang, einen Schritt nach dem anderen zu gehen, sonst wäre ich wahnsinnig geworden.

Akribisch arbeitete ich einen Punkt nach dem anderen ab, putschte meine Leute hoch, tröstete, machte Mut, jubelte, wenn was geklappt hatte, und saß bis nachts im Büro. Die letzten Meter bis zum Senior!

Es sah gut aus. Zwar klappten einige Geschäfte nicht, aber das war kein Grund, nervös zu werden. Wir hatten genügend Puffer und alle hängten sich besonders rein.

In der dritten Woche hatten wir es so gut wie geschafft. Ich machte einen Screenshot von meiner Umsatztabelle und schickte sie Wagner. Er bekam zwar auch alle Zahlen, die ich in meine Tabellen eintrug, aber ich konnte es nicht lassen, ihn ein bisschen anzustupsen. Ende des Monats war es so weit! Ende des Monats ... Jackpot!

Wo wollte ich das überhaupt feiern?

Helena machte für mich ein superschnuckliges Hotel im Elsass ausfindig und ich lud Tobias ein, mit mir dahin zu fahren, ein paar schöne Tage zu verbringen, und das Hotel vorzutesten.
»Wir sehen uns zu wenig«, maulte ich. »Du fehlst mir.«
»Du mir auch - das ist eine gute Idee mit dem Elsass. Ich komme für zwei Tage.«

Aber wir waren beide müde vom Job und von der Anreise.
Ich trug das Abendkleid, das ihm so gefiel. Voller Erwartung, erzählte ihm von meinen Plänen, aber Tobi schaute zum Fenster hinaus, auf den Boden, nur nicht in meine Augen. Er war so unkonzentriert wie ich neulich beim Skypen und ich wusste, bald würde er zu gähnen anfangen. Die Stimmung würde trotz des eleganten Ambientes, der romantischen Kulisse, der aufmerksamen Kellner, des exklusiven Rahmens unaufhaltsam sinken, wir würden verstummen, keine Themen mehr zum Reden finden, den letzten Espresso trinken, nur noch wenige, nichtssagende Worte äußern, uns dann anschauen, um uns mit den Augen zu signalisieren: »Gehen wir?«
Ja, wir gingen. Er war müde, ich war müde. Beide hatten wir reichlich Wein getrunken, beide hatten wir einen ereignisreichen Tag verbracht. Es war legitim, müde zu sein. Und doch.
Etwas in mir sandte eine Botschaft ins Universum, instinktiv, ungewollt, verwirrend, widerwillig, weil ich das gar nicht denken wollte:
»Wo bist du? I miss you.« Ich strich über Tobias dichtes Haar. Ja, ich vermisste ihn. Wir mussten beide unsere Jobs zurückfahren, aber auch etwas tun, um dieses Schöne zu erhalten, das wir hatten, als wir uns kennengelernt hatten. Tim fiel mir ein. Seine Kinderwange. Torsten. Sein Satz »Die Dämonen sind los«.
Ich legte mich wieder zurück und machte Pläne. Pläne ganz anderer Art. Pläne, die mir nie zuvor in den Sinn gekommen waren.

**

Der Monat war um. Es war tatsächlich am Ende noch knapp geworden, aber unumstößlicher Fakt war: Wir hatten unser Ziel erreicht. *Ich* hatte mein Ziel erreicht. *Jackpot*. Ich konnte es gar nicht richtig fassen. In mir war nur Leere.

An der spontanen Feier im Büro saß ich erschöpft wie nach einem Marathon auf meinem Stuhl. Torsten beobachtete mich und ich riss mich zusammen.

»Hey, Jens«, fragte ich. »Hast du jetzt nach der Kalendersache eine Frau gefunden?«

»Eine?«, lachte er und scrollte auf seinem Handy Bilder von einer hinreißenden Frau nach der anderen ab. Torsten schüttelte den Kopf.

»Manche kapieren's nie«, murrte er und sah mit seinem berühmten diabolischen Grinsen zu mir. »Und jetzt, meine Schöne? Jackpot?«

»Jackpot.«

Ja. Jackpot. In mir war Ruhe und ich lächelte Torsten friedfertig zu.

»Ist ein gutes Gefühl.«

Er nickte. »Ich kenne das. Es hält nur nicht an.«

»Ach, Torsten, du Unkenseele, komm stoß mit mir an!«

Da rollte er ganz nah an mich heran und flüsterte mir ins Ohr: »Das hast du großartig gemacht, Greta! Große Bewunderung! Ich weiß, was das alles heißt. Lass dir das von einem Miesepeter wie mir nicht nehmen. Es ist eine fantastische, überirdische Leistung!«

Unvermutet stiegen mir die Tränen in die Augen und ich drückte ihm einen sanften Kuss auf die wettergegerbte Wange.

»Danke«, flüsterte ich.

Dann sah ich mich in der feiernden, ausgelassenen Runde um. Der Umsatz war erreicht. Ich erwartete, dass Wagner mich nun bald um einen Termin bat - um die Seniorensache zu besprechen.

Und das tat er. Schon am nächsten Morgen bat er mich um dieses Gespräch.

***

»Frau Ehlers, Sie haben sicher schon von den Gerüchten gehört.«

»Ähm, ja, klar, aber offen gestanden nicht viel draufgegeben, weil es Meldungen dieser Art schon öfter gab und sie sich immer in Luft aufgel…«

»Tja, diesmal scheint das nicht so zu sein. Nach der Bankenkrise, der Immobilienkrise … der Staat macht ernst.«

»Und was heißt das?«, fragte ich und mein Herz fing unregelmäßig an zu klopfen. Im Run um die Partnerschaft waren wir, mein Team und ich, die Einzigen gewesen, die einfach blind weitergearbeitet hatten, als gäbe es keine Krise. So ab und an hatte ich mal durch einen Mitarbeiter von mir etwas mitbekommen, aber wir hatten es tatsächlich noch ignorieren können.

»Der Staat möchte eine Lösung, die den Kunden schützt, und reguliert mal wieder alles. Der Gedanke ist ja gut, aber durch diese Regulierung wuchtet uns der Staat Bedingungen auf, die ich als Firmeninhaber nicht erfüllen kann.«

Mir wurde flau im Magen. Was wurde das jetzt?

»Aber … wir haben doch Auszeichnungen bekommen! Für das kundenfreundlichste Unternehmen! Wir haben in einer Zeit, in der es kaum noch Zinsen gibt, für unsere Kunden kräftig Gewinne erwirtschaftet, wir sind eines der wenigen in der Branche, die das überhaupt geschafft haben«, warf ich mit gerunzelter Stirn ein. »Um ehrlich zu sein, habe ich sogar damit gerechnet, dass uns die Entwicklung in die Karten spielt. Die Regierung will dafür sorgen, dass die schwarzen Schafe vom Markt verschwinden? Das kann ich nur begrüßen. Aber was hat unser Konzept damit zu tun? Unser Konzept ist sauber, das war es schon immer …!«

»Das weiß ich«, erwiderte Wagner. »Ich dachte auch erst so wie Sie, daher habe ich mir keine Sorgen gemacht. Ich dachte auch, dass die Vertriebsleute, die arbeitslos werden, weil ihr Produkt nicht mehr angeboten werden darf, zu uns strömen, weil sie einen neuen Job brauchen. Ich dachte, das könnte unsere Firma vergrößern, aber …«

»Aber …?« Beunruhigt sah ich ihn an. Warum hatte er diesmal keine Lösung? Er hatte doch immer eine gefunden. Und was bedeutete das für meine Partnerschaft? Ein weiterer Schwall unguter Gefühle überflutete mich.

»Leider hat die Regierung einen Gesetzesentwurf vorgelegt, der *alle* kleinen und mittelständischen Unternehmen vom Markt fegen würde. Auch uns. Es werden nur die Großen überleben, die es sich leisten können, all das Kontrollpersonal zu bezahlen und ihr gesamtes Vertriebssystem umzugestalten. Wir können das nicht stemmen.«

»Sie sagen ›würde‹?« Ich klammerte mich an jeden Strohhalm und doch sickerte langsam in mein Hirn ... mein Jackpot ... die ganze Mühe ... das Gerenne ...

»Im Moment ist es nur ein Entwurf. Wir versuchen, Einfluss zu nehmen, unsere Situation darzustellen, aber es ist schwer. Der Branche wird ein Breitband-Antibiotikum verabreicht, das alle Bakterien abtötet, auch die nützlichen.«

»Und was bedeutet das im Worst Case?«

Seine Antwort warf mich um. Nein, sie warf mich in etwas zurück, wo ich niemals mehr hatte sein wollen. Sie schuf in mir ein Gefühl grenzenloser Fassungslosigkeit:

»Wenn das Gesetz so durchgeht, bedeutet das, dass ich meine Firma schließen muss. Nach knapp dreißig Jahren, die ich am Markt bin, stünde ich vor dem Nichts.«

Bis in die Grundfesten erschüttert starrte ich Wagner an.

Der fuhr sich mit beiden Händen übers Gesicht, dann über sein schütteres Haar und starrte nach unten. Ich hatte ihn noch nie so niedergeschmettert gesehen. Er hatte sich niemals von den Ereignissen forttreiben lassen oder von irgendwelchen Schwierigkeiten, immer waren ihm Lösungen eingefallen. Es musste ernst stehen, wenn er so reagierte. Mein Gehirn rotierte, aber sein nächster Satz stoppte diesen Mahlstrom in mir abrupt:

»Wir müssen die geplante Partnerschaft auf Eis legen, Frau Ehlers. Sie sollten sich mit dem Gedanken anfreunden, sich einen neuen Job zu suchen. Es tut mir sehr leid.«

***

Betäubt verließ ich sein Büro, schwach in den Knien.

Kein Senior. Und nicht nur das! Ich musste von ganz neu wieder anfangen! Ich konnte es nicht fassen. Das konnte, durfte nicht wahr sein!

Mühsam rief ich mir ins Gedächtnis, dass noch nichts entschieden war ... dass es noch gut enden könnte.

Aber dann fiel mir ein: Solange die rechtliche Lage unklar war, würde keiner der Vertriebe da draußen unser Produkt verkaufen.

Das bedeutete: Wir würden die nächsten Monate kaum was verdienen. Verbissen nahm ich mir vor, meine Mannschaft so zu motivieren, dass zumindest ein Grundstein da war.

Das tat ich auch. Aber durch die Presse, die das Thema nun groß aufgegriffen hatte, spitzte sich die Lage innerhalb einer Woche extrem zu. Die Vertriebe wurden vorsichtig und sagten, sie könnten nicht etwas verkaufen, von dem nicht klar war, ob es die gesetzlichen Bestimmungen der nächsten Monate erfüllen würde. In mir brach eine Welt zusammen - und doch wollte ich nicht aufgeben und weigerte mich, dem Pessimismus meiner Kollegen anzuschließen. Der Staat konnte doch nicht einfach unsere Existenz vernichten! Es musste, es würde eine Lösung geben! Jedenfalls war ich noch nicht bereit, mir Gedanken um etwas zu machen, was noch nicht entschieden war.

Monat um Monat verging. Der Umsatz, die letzten Reste von angebahntem Geschäft trudelten ein, aber es wurde drastisch weniger. Jeden Monat gab es weniger Aktivität, uns waren schlicht die Hände gebunden. Der einzige Vorteil war, dass ich mich um die Hochzeitsvorbereitungen kümmern konnte, die ich nun mit gemischteren Gefühlen anging. Ich hatte Angst vor der Zukunft und meine Gedanken gingen oft zu Wagner, der dreißig Jahre seines Lebens verlor, wenn der Staat ernst machen würde.

Zusammen mit Mona suchte ich mir ein Brautkleid aus. Sie und Theo würden meine Trauzeugen sein. Ich fand ein Kleid, das mir ungeheuer gut gefiel und das ungeheuer teuer war.

»Nimm es«, sagte Mona. »Du heiratest nur einmal und es soll der schönste Tag deines Lebens werden. Mensch, Greta, du bist jung und hast so viele Talente, wovor hast du eigentlich Angst?«

Ja, das war wahr. Ich würde sicher wieder einen Job finden, aber der Gedanke, noch mal von vorne anzufangen, wieder nicht das zu bekommen, was ich wollte, zermürbte mich und ich scheute mich, das Kleid zu kaufen. Ich war drauf und dran das, wie ich sagte, »vernünftigere« Kleid zu nehmen. Da schaltete sich Torsten ein. Er war der Relaxteste von uns allen, immerhin arbeitete er nur noch aus Jux und Tollerei, und als ihm Mona von meinen Bedenken erzählt hatte, ordnete er einen Termin mit mir an und befahl mir:

»Du kaufst das Kleid, Greta, was soll das denn? Ich gehe nur in diesem Kleid mit dir zum Altar.«

Ich tröstete mich mit dem Gedanken, dass ich es ja hinterher wiederverkaufen konnte. Designstücke waren gesucht und so erstand ich es. Als ich es in meiner Wohnung auf einen Bügel hängte, strich ich mit der Hand darüber. Ja, es war gut, dass ich es gekauft hatte. Ich fühlte mich wohl mit dem Kleid und wohl mit dem Gedanken, dass Torsten mich zum Altar führen würde.

Aber vom Leben fühlte ich mich heillos eingeseift. Und das saß tief.

***

Die Hochzeitsvorbereitungen lenkten mich auf schöne Weise ab. Mit meiner Schwiegermutter in spe arbeitete ich das Programm aus. Sie bestanden darauf, einen großen Teil der Kosten zu übernehmen, aber ich wollte ihnen nicht alles zumuten und so stemmte ich den Teil, den normalerweise meine Eltern übernommen hätten - und schluckte erneut. Ich hatte über Jahre gut verdient. Mein Polster war nicht schlecht, aber auch noch nicht so, dass ich bedenkenlos Geld ausgeben konnte.

Tobias Mutter legte oft den Arm um mich und drückte ihr Gesicht an meines. Sie freute sich so und das war ansteckend.

***

»Hast du die Kopie von deinem Stammbuch?«, fragte mich Tobias. »Wir müssen sie dem Standesamt geben.«

»Ja, hab sie hier. Aber darum kann ich mich selbst kümmern, ich habe Zeit. Ich mache den Antrag fertig.«

»Ja, alles klar«, nickte er. »Das hilft mir sehr, bin wieder mal bis hierhin voll mit Terminen.«

Ich lächelte wehmütig. Vor zwei Monaten war ich das auch noch gewesen. Nun fiel mir noch mehr auf, wie wenig Zeit Tobias hatte – und wie wenig wir uns sahen.

Aber auch unser privater Kalender war voll: Wir besichtigten Immobilien und verbrachten viele Stunden in Möbelhäusern. Die Zeit zu kuscheln, sich zu spüren, war so knapp. Inzwischen brauchte ich diese Zeiten mehr, als ich gedacht hätte. Immer öfter kam mir der Gedanke, dass ich mit meinem Job so viel unabhängiger gewesen war. Nun kam ich mir verletzlich vor. Ich veränderte mich und ahnte, dass Tobias das auch bemerkte. Meine alte Unsicherheit kam zurück.

Im April hatten wir eine Besprechung mit dem Hotel, in dem wir feiern wollten, wir stellten das Menü zusammen und als wir vor die Tür traten, schien uns eine warme Frühlingssonne ins Gesicht.
»Das macht richtig Lust auf Eis essen, nicht?«, stupste ich Tobias an.
»Gute Idee! Das erste Eis des Jahres! Das machen wir«, antwortete er. Wir suchten die nächste Eisdiele, fanden einen sonnigen Platz und bestellten.
Tobias war gerade auf der Toilette, als ich hinter mir Stimmen hörte, die mir bekannt vorkamen.
»Hast du gehört, dass sie jetzt heiratet?«
Ich wurde aufmerksam. Ich erkannte die Stimmen und mir wurde flau im Magen.
»Ja, hab ich. Konnte es kaum glauben.«
»Ja, der Mann tut mir echt leid. Als sie Schluss machte, war ich echt down, aber nach ner Zeit hab ich gemerkt, was die für ein Tempo vorgelegt hat und wie geruhsam das Leben ohne sie ist.«
»Ging dir das auch so? Sex war der reinste Hochleistungssport. Wie ihr Leben. Es musste was erreicht werden. Du weißt, was ich meine.«
»Ja, genau. Was erreichen. Das ist ihr Ding. Egal, was. Und wer nicht mitmacht, den schießt sie eben ab.« »Und welchen Athleten hat sie jetzt gefunden, der das verkraftet?«
»Keine Ahnung. Wirst sehen, das wird ein Spiel ohne Grenzen. Im Beruf, in allem ... wer ist Erster? Immer mehr, immer besser, immer größer ...«
Mir plumpste ein Amboss in den Magen. Rolf, Gerit ... verstohlen sah ich mich um. Ja, da saßen sie und Tobias war ein paar Schritte hinter ihnen. Verharrte er? Hatte er zugehört? Das versetzte mir den ultimativen Schock. Stand er? Ging er? Nein, er ging, er kam zu mir und ich beruhigte mich mit dem Gedanken:
Er kannte die beiden doch gar nicht. Die hätten über jede x-beliebige Frau reden können. Und überhaupt, die Wahrscheinlichkeit, dass er ihre Unterhaltung mit angehört

hatte, war gering, denn er war recht zügig zu mir gekommen. Nichts an seinem Verhalten deutete darauf hin, dass meine Bedenken gerechtfertigt wären. Ich beruhigte mich. Aber das Gespräch brannte in mir. Etwas holte mich ein und ich hasste das Gefühl.

Der Mai kam schnell und langsam. Langsam, weil der Staat mit seinem Gesetz so gar nicht vorankam und Wagner immer mutloser wurde, schnell, weil sich der Hochzeitstermin näherte und ich immer aufgeregter wurde. Bald würde ich eine verheiratete Frau sein!

Tobias versuchte, sich die letzten zwei Wochen vor unserem großen Tag freizuhalten, aber das gelang ihm nicht. Seine Firma war sehr fordernd und er verbrachte viel Zeit im Flugzeug. Dann kam er eines Abends nach Hause, brachte einen Prospekt von den Seychellen mit und eröffnete mir, dass wir unsere Flitterwochen auf Mahè und Praslin verbringen würden. Das war herrlich! Dann hätten wir endlich Zeit, über die Zukunft zu reden. Zeit, uns richtig zu spüren. Zeit. Um zu lieben.

***

Wagner berichtete regelmäßig von den Sitzungen im Bundestag, mal klangen sie gut, mal weniger. Ich machte mir und meinen Leuten Hoffnung. Aber die waren beunruhigter als ich; sie bekamen die Angst der Branche direkter mit, sie waren draußen bei ihren Vertriebspartnern und erlebten deren Widerstand. Jens und Pascal taten das, was ich auch hätte tun sollen: Sie sahen sich am Markt um, aber ich wollte das alles nicht wahrhaben, ich wollte meinen Senior immer noch nicht aufgeben. »Bitte, lieber Gott, wenn es dich gibt«, betete ich, »ich habe mich doch so angestrengt! Jetzt gib mir den Gegenwert!« Aber Gott schwieg. Wie immer. Ein dumpfes Gefühl machte sich in mir breit.

Es musste eine Lösung geben, es musste! Es konnte doch nicht sein, dass es auf die letzten Meter nicht klappte! Nach all dem Aufwand! Das Leben durfte mich nicht so verarschen, nicht so! Es war nicht fair!

Schließlich eröffnete uns Herr Wagner, dass es eine erste sehr positive Sitzung gegeben hätte. Es gab Hoffnung. Ich atmete auf. Es würde gut werden, es würde gut werden.

Ich konzentrierte mich auf die Hochzeit. Noch sieben Tage.

***

Die Woche, in der ich heiraten würde, brach an. Donnerstags war die standesamtliche Trauung, zu der ich meinen engeren Mitarbeiterkreis und einige Freunde eingeladen hatte, samstags die kirchliche Trauung. In mir kribbelte und schwirrte es.

Mona war bei mir, Gott sei Dank, ich wüsste nicht, wie ich ohne sie die Zeit überstanden hätte. Und Monika, meine Schwiegermutter, war so stolz. Sie freute sich wie Oskar und sagte, sie und ihr Mann hätten noch eine besondere Überraschung für mich parat. Das berührte mich zutiefst. Wie lieb von ihnen! Das war es doch, was zählte. Ich hatte Menschen um mich herum, die zu mir standen, Tobias, der mich mit verliebten Augen ansah, Monika und Klaus, die es nicht erwarten konnten, dass ich ein Familienmitglied wurde und mein Team, das mich ständig wegen meiner Aufgeregtheit aufzog.

Aber langsam wurde auch Tobias nervös.

»Geht es dir gut?«, fragte ich ihn.

»Ja, mein Schatz, sehr gut! Morgen ist es so weit! Morgen wirst du meine Frau sein!«

Er lachte leicht, als könne er es nicht glauben, hatte es mehr zu sich als zu mir gesagt.

Wir kuschelten uns ins Bett. Ich brauchte seine Nähe mehr denn je. Er schlang seine Arme um mich, zerdrückte mich fast, presste sein Gesicht an meinen Hals. Ich streichelte ihn, er streichelte mich. Arm in Arm schliefen wir ein.

Der zweite Jackpot

Ich zog das cremefarbene Kleid für das Standesamt an, ließ mir das Haar hochstecken, alle Vorbereitungen liefen wie am Schnürchen. Monika kam in mein Zimmer, nahm mich in den Arm, brachte mir den Strauß, sah mich gerührt und mit feuchten Augen an. Ich nahm mein Täschchen, nickte ihr zu … es konnte losgehen.
Mein Herz klopfte wie verrückt. So wie ich die Tür hinter mir geschlossen hatte, verlief alles wie in einem Traum, den ich heute noch träume.

***

Als ich ins Freie trete, sticht eine grelle Sonne in meine Augen, so sehr, dass ich blinzeln muss.
Vor dem Standesamt tummeln sich meine Freunde und meine Mitarbeiter. Instinktiv suche ich mit den Augen Torsten. Ja, Gott sei Dank, da ist er, er ist da. Ich atme auf. Bärbeißig wie immer hält er in seinem Rollstuhl für ein paar Sekunden mit mir Blickkontakt und nickt mir mit einem winzigen Lächeln zu.
Meine Hände sind feucht, mir wird bewusst, wo ich herkomme, wo ich jetzt bin. In meinem Bauch kribbelt es heftig und ich schließe kurz die Augen. Oh, mein Gott, denke ich. Bald ist es so weit, in wenigen Minuten bist du verheiratet.
Tobias. Er ist genauso aufgeregt wie ich, lächelt mich an, drückt mich an sich, begrüßt wie ich Freunde und Verwandte, als ich plötzlich eine Person bemerke, die so gar nicht zu der festlichen Veranstaltung passt. Ist sie aus Versehen in die abgetrennte Zone gerutscht? Wir stehen noch auf dem Platz vor dem Amt, ein Paar ist noch vor uns drin … wir müssen warten.
Wieder rückt diese Person wie eine markierte Satzzeile in mein Blickfeld. Es ist eine grellbunte Gestalt, eine Gestalt mit blondiertem Haar, die sich – und mein Herz setzt einen satten Schlag aus – auf den Weg in Richtung Monika Michalsky macht. Sie winkt ihr, wie ein überkandidelter Fan einem Popstar winken würde.
Erstaunt sehe ich, wie Monika die Gesichtszüge entgleisen und sie mit lascher Hand einen halbherzigen Versuch unternimmt, zurückzuwinken. Wer ist das?

In der nächsten Sekunde erkenne ich sie und zucke so abrupt zurück, dass ich gegen einige Gäste stoße. Aus den Augenwinkeln kommt Torsten in mein Blickfeld, dessen Mund eine verkniffene Linie ist. Auch seine Augen sind schmal und er beobachtet alles sehr genau. Wie ich. Die Frau ist grässlich angezogen. Sie trägt ein Hippieoutfit mit einem furchtbar großen Ausschnitt, aus dem ihr faltiger Busen fast herausfällt. Ihr Gesicht ist alt, verbraucht, verlebt und komplett zugeschminkt. Massen an blauem Lidschatten sind über die faltigen Augenlider bis an die Brauen gestrichen, der Mund ist knallrot, die Wangen mit Rouge zugepinselt – es wirkt grotesk. Mit jeder verdammten Sekunde kommt sie näher, wird sie realer, geht auf Monika zu, die entsetzt zurückweicht. Inzwischen haben alle mitbekommen, dass etwas Außerplanmäßiges läuft und sie schauen, schauen, schauen … sie tuscheln, sie halten die Hand vor den Mund … wie ich, nur, dass ich nicht tuschle. Nur, dass ich das Gefühl habe, mich gleich übergeben zu müssen. Die Hand der Frau hebt sich erneut, sie ist bei Monika angekommen, Klaus hat sich neben sie gestellt und, o Gott, auch Tobias steht jetzt bei seinen Eltern. Die Hand der Frau streckt sich Monika hin und ihr runzliger, mit Lippenstift verschmierter Mund sagt etwas.

Mit spitzen Fingern berührt Monika die nikotingelbe Hand und lässt sie sofort wieder los. Ihr Blick gleitet in Zeitlupe zu mir, fassungslos. Ich kann nur stehen und starren. Wie die anderen. Was sagt die Frau? Inzwischen ist die Hochzeitsgesellschaft so still, dass jeder sie hören kann. Auch ich.

»Danke für die Einladung! Fuck! Wenn Sie nich gewesen wärn, hätt ichs gar nich erst erfahren und … ey, voll coole Sause hier! Supi, gibt ja sogar Schampus!« Ein grässliches, raues, ordinäres Lachen folgt.

Ihre Worte sind wie Steine in meinem Magen, jedes einzelne. Mein Magen ist voller dicker, schwerer Steine. Ich kann mich nicht bewegen. Ich bin festgefroren.

Sie sieht um sich, ich erinnere mich, sie war schon immer kurzsichtig … da hat sie mich erspäht.

»Greta!«, plärrt sie mit ihrer rauen, verrauchten Stimme und kommt auf mich zu. »Ich bin's! Mom!«

Habe ich ihr die Hand gegeben? Habe ich was zu ihr gesagt? Ich weiß es nicht. Der Standesbeamte ruft uns auf, ruft uns nach drinnen. Er ist mein Retter, wir setzen uns in Bewegung. Ich klammere mich an Tobias Hand, ich spüre, dass ich bleich bin. Tobias Hand ist kalt, aber er drückt die meine. Er legt den Arm um meine Schulter und presst mich an sich. Es tut so gut. Aber ich bin tiefgefrostet, kann nichts fühlen, will nichts fühlen, dabei heirate ich doch gleich, dabei müsste ich doch jetzt mit vollen Sinnen da sein. Es ist einer meiner schönsten Tage in meinem Leben!

Wir stehen vor dem Beamten, er prüft unsere Unterlagen. Ich weiß nicht, was er sonst noch sagt, ich versuche, mich auf seine Worte zu konzentrieren ...

»Hochzeit«, sagt er, »ist eine Hoch-Zeit im Leben eines Menschen. Die Kunst ist es, die Ehe so zu leben, dass es eine Hoch-Zeit bleibt«.

Ja, das will ich! Genau das will ich! Dass alles eine Hoch-Zeit bleibt, dass ich immer nur oben schwimme, dass niemand mir das nimmt! Ich wage einen kurzen Seitenblick auf Tobias.

Sein Blick ist starr nach vorne gerichtet auf das Kreuz, an dem Jesus hängt und blutet. Als er meinen Blick bemerkt, kommt wieder Leben in ihn. Seine Augen füllen sich mit Tränen, er wendet sich mir zu, sein Mund zuckt. Oh, er sieht so unwiderstehlich aus in diesem Moment! Sein Blick ist so warm! Ich bin darüber so erleichtert, dass ich fast überhöre, dass der Standesbeamte das Ehegelöbnis vorliest.

»Wollen Sie, Herr Tobias Michalsky, mit Ihrer hier anwesenden Verlobten, Frau Greta Ehlers, die Ehe eingehen? Dann antworten Sie bitte mit Ja«.

Bedächtig und zärtlich nimmt Tobias meine beiden Hände in die seinen, sie sind wieder warm, sie sind feucht. Er wirft einen kurzen Seitenblick auf den Beamten, schluckt, sein Adamsapfel hüpft hoch und nieder, er holt tief Luft, drückt meine Hände fester und leise sagt er:

»Nein. Ich ... will nicht.«

Er zieht mich ein Stück zu sich, seine Stimme ist heiser, als er wiederholt:

»Greta, es tut mir leid, aber ich ... ich kann nicht.«

Er lässt meine Hände los. Wendet sich der schockierten Hochzeitsgesellschaft zu. Er wirkt hilflos und doch erleichtert. Auf ehrliche, schamlose Weise erleichtert. Meine Augen flimmern, ich kann nicht richtig sehen, spüre, wie seine

Körperwärme schwindet, sein Mund noch einmal, schon im Weglaufen, krächzt:
»Es tut mir leid!«
Das Blut rauscht in meinen Ohren, in meinem Kopf, ich weiß nicht, wo oben und unten ist, mir ist schwindlig, und doch sehe ich klar und deutlich, wie Tobias durch den Mittelgang eilt, weder rechts noch links schaut und erst, als die schwere, alte Tür wie ein fulminanter Schlussakkord laut ins Schloss fällt, erfasse ich die Situation.

Benommen rastert mein Blick über die fassungslosen Gesichter in den Stuhlreihen, als müsse ich in ihren Gesichtern mich einer Wahrheit vergewissern, die ich nicht wahrhaben will. Ich sehe die gelbe Gestalt ... mein Blick konzentriert sich auf sie, wie sie die Hand vor den Mund hält ... lacht sie? Lacht sie schon wieder? Sehe Torsten, der seinen Rollstuhl durch die Menge lenken will, verzweifelt seinen Stock zu fassen versucht, der ihm heruntergefallen ist. Fühle, wie mir erneut das Blut in den Kopf, in mein Gesicht schießt, wie ich rot werde vor Scham, ein Signal für dieses Desaster, als hätte es noch einen Stempel gebraucht.

Meine Hand fährt vor dieses rote Gesicht – oder ist es bleich? In meinem Hals steckt eine Rasierklinge. Durch einen Nebel sehe ich zwei Gestalten auf mich zueilen. Mona und Theo sind neben mir. Sie bilden mein Spalier, meine Krücken, rechts und links, halten mich und bugsieren mich über die Hintertür nach draußen. Theo lässt mich los, rennt voran, holt sein Auto und ich steige ein. Die ersten Gäste tauchen auf und starren tuschelnd auf die Szene. Ich will ihre Gesichter und Mienen, Zeugen dieser Demütigung, nicht sehen. Theo fährt los. Die Hochzeitsgesellschaft wird immer kleiner. Ein kurzer Gedanke flasht durch mein Hirn: Was wird nun mit dem Hotel und der Feier, dem Essen, den Künstlern, dem ganzen, so mühselig zusammengestellten Arrangement? Und die Seychellen? Ich war doch noch nie auf den Seychellen!

Und dann kommt er, der Gedanke, der mein Leben beherrscht: Nie klappt es ... immer stellt mir dieses Scheißleben ein Bein! Immer verweigert mir das Schicksal das, was ich mir wünsche!

Ich fühle Hass. So sehr, dass mir schlecht wird. Auf die gelbe Gestalt. Auf mich. Auf Tobias. Auf alle. Auf das Leben. Es ist kaum auszuhalten. Ich fühle mich nicht gebrochen. Ich fühle mich wie ein Pulverfass kurz vor der Explosion. Ich fühle mich nahe am Wahnsinn.

***

Es dauerte lange, nervtötend lange, bis ich Mona und Theo glaubhaft versichern konnte, allein sein zu können.

»Nein, alles gut, bitte … ich komme zurecht«, wiederhole ich stereotyp auf jede ihrer besorgten Aussagen.

»Nein«, war ihre ebenso stereotype Antwort. »Wir lassen dich jetzt nicht allein. Komm, zieh dir was Bequemes an – ich mache uns jetzt eine schöne Tasse Tee …«

»Ich will keinen Tee«, wehre ich erstickt ab. »Bitte. Ich muss das jetzt für mich sortieren und ich kann jetzt nicht reden. Ich will nicht. Versteht doch.«

Unschlüssig sah Mona zu Theo hinüber, der mich gleichermaßen unsicher ansah. Oh, so lieb ich die beiden hatte, so sehr wünschte ich mir, sie würden gehen! Bei jedem Wort, das ich äußern musste, schnitt die Rasierklinge in meiner Kehle tausend Wunden, beim besten Willen konnte ich jetzt nicht über das alles diskutieren und – oh Graus – mir spirituelle Erklärungen darüber anhören, weshalb es wohl so gekommen war.

»Bitte«, presste ich barsch und mit letzter Beherrschung hervor. »Ich muss jetzt allein sein.«

Zögernd nahm Mona ihren Schal vom Stuhl.

»Okay«, gab sie widerstrebend nach. »Aber du rufst uns an, wenn du uns brauchst oder wenn du reden willst … versprichst du uns das?«

Ich nickte heftig und stumm, konnte sie nicht ansehen, starrte blind aus dem Fenster, blieb steif, als sie mich umarmten, hielt den Atem an, bis ich die Tür endlich klappen hörte und ich endlich, endlich allein in meiner Wohnung stand.

Tief atmete ich aus. Ging in die Knie. Mein Gesicht verzog sich, ich spürte, wie mein Mund sich in einer grotesken Bewegung öffnete, die Augen zu Schlitzen wurden und die so lang zurückgehaltenen Tränen wie eine Sturzflut hervorströmen wollten. Es blieb bei der Geste. Ich blieb beherrscht. Dachte Vernünftiges. Sah auf mein Handy. Es war Torsten, mehrfach.

»Mach die Tür auf. Ich komme.«
»Komm nicht. Ich mache nicht auf.«
Er klingelte Sturm. Ich schloss die Augen. Setzte mich mit dem Rücken zur Wand. Ließ ihn klingeln.
SMS: »Die Camargue ist schön in dieser Zeit. Der Mistral weht.«
Ich antwortete nicht.
»Greta!«, schrie er verzweifelt vor der Tür mit einer Stimme, wie ich sie noch bei ihm vernommen habe. »Mein Mädchen! Mach auf!«
Ich rührte mich nicht. Stoisch wartete ich ab. Und irgendwann war endlich Ruhe.
»Das Kleid«, dachte ich, als er endlich fort war. »Das schöne Kleid! Ich darf es nicht verschmutzen.«
Zu meiner Überraschung brachte ich es fertig, es sauber aufzuhängen, den von Mona vorgeschlagenen Jogging-Anzug anzuziehen. Brachte es fertig, an alle für die kirchliche Trauung eingeladenen Gäste eine kurze Absage zu schicken. Gesittet setzte ich mich auf die Couch. Es gab keine Tränen. Ich war zu Eis gefroren.
Die gelbe Gestalt. Sie hatte alles versaut. Wie immer.

***

Meine Hoffnung war der Job. Ich schleppte mich ins Büro und biss die Zähne zusammen. Herr Wagner war natürlich eingeladen gewesen und anständig wie er war, behandelte er mich rein geschäftsmäßig und tat so, als sei nichts passiert. Bis auf eine Ausnahme, als er mich während einer face to face Besprechung offen fragte, ob ich nicht lieber ein paar Tage Urlaub nehmen wolle.
»Nein, danke«, antwortete ich steif. »Davon wird nichts besser. Ich muss mich ablenken.«
»Womit denn, Greta«, sagte er ungewohnt ernst. »Es gibt im Moment auch hier nicht viel zu tun.«
Ich starrte vor mich hin.
»Ich meine … bitte nehmen Sie mir das nicht übel, aber ich glaube, solche Dinge wollen bearbeitet werden.«
Böse sah ich ihn an und er hob sofort beide Hände.
»Ich will Ihnen wirklich nicht zu nahe treten.«

»Dann lassen Sie uns mit unserer Agenda weitermachen«, erwiderte ich tonlos und wir gingen zum minimalen Tagesgeschäft über.

Jeden Tag öffnete ich den Rechner und klickte den Salesreport an: Die Kurve war nach unten gerutscht. Erst auf halbe Höhe, dann hatte sie sich etwas erholt, uns allen Hoffnung gemacht, um hernach erneut nach unten zu stürzen – bis fast an die Nullgrenze.
Ich konnte es nicht fassen. Das Schlimmste war: Ich konnte nichts tun. Das machte mich krank. Die meisten Vertriebe schwenkten schon um und begannen ihre Konzepte umzustricken – wir würden sie ganz verlieren.
Ich setzte Helena auf halbe Tage. Besprechungen gab es keine mehr. Ich wollte keinen sehen. Auch Torsten nicht.

***

Tobias ließ sich nicht blicken. Seine Eltern versuchten, mich zu erreichen, ich bat sie um Abstand, schickte ihnen eine förmliche Nachricht, dass sie mir die entstandenen Rechnungen zusenden könnten.
Kurz danach kam ein Umschlag und in der Meinung, es seien die Belege, öffnete ich ihn. Ein Brief von Tobias flatterte mir entgegen. Meine Augen flogen über den Text.
»... unverzeihlich ... ich weiß ... tut mir leid ... kann ich nie wieder gutmachen ... herausgefunden, wer dein Vater ist ...«
Nun las ich genauer.
»Meine Mutter wollte dich überraschen und deine Eltern zur Hochzeit einladen. Sie dachte, eine bessere Gelegenheit zur Versöhnung gibt es nicht, und so hat sie das Blatt aus dem Stammbuch kopiert und herausgefunden, wer deine Eltern sind und wo sie wohnen. Greta, ich weiß, es hört sich snobistisch an, aber als ich erfuhr, dass dein Vater ein Alkoholiker und Kleinkrimineller ist, das war schon hart. Du weißt, welche Position ich habe, und dass ich demnächst in die Politik wechseln will. Ich brauche dir nicht zu sagen, wie die Presse so ist ... blütenreine Weste ... und dann ... deine Mutter an der Hochzeit ... war einfach zu viel ... du hast nie darüber gesprochen ... bitte versteh ...«

»Ja, du Spack!«, dachte ich bissig und wütend. »Was soll ich denn verstehen? Dass ich dir nicht genug bin? Danke! Das habe ich voll und ganz kapiert!«

Von unten grollte etwas aus meinem Magen hervor, als ich das artikulierte, mir vor Augen hielt, was wirklich Sache war. Ja, ich war ihm nicht gut genug! Eine gelbe, verrunzelte Gestalt schien wichtiger zu sein als ich selbst! Mit gerunzelter Stirn las ich weiter.

»…dann kamen ein paar andere Dinge noch dazu, nein, keine andere Frau, es ist eher etwas Subtiles, schwer Erklärbares … es war einfach das Gefühl, nicht das Richtige zu tun. Ich weiß nicht, wann es angefangen hat, aber plötzlich war es da. Plötzlich zweifelte ich. Zu spät, ich weiß. Aber die Ereignisse haben sich so überstürzt und du hast dir solche Sorgen wegen eurer Geschäftslage gemacht … ich wollte dich nicht noch mehr belasten und hab's dann doch getan. Du bist ein wunderbarer Mensch, Greta …«, an dieser Stelle verdrehte ich die Augen, »…und ich möchte, dass du das weißt.«

Ich ließ den Brief sinken. Standardgebrabbel. Das hätte er sich sparen können.

***

Die Tage zogen dahin. Die Wochen zogen dahin. Mit meinen Leuten hatte ich wenig Kontakt. Torsten kam ab und zu vorbei, aber ich weigerte mich, mit ihm ein tiefes Gespräch anzufangen, wich aus, wenn er mit einer flapsigen Bemerkung mich dazu zu animieren versuchte. Er schien enttäuscht darüber.

Die gesamte Branche war eingefroren. Kein Umsatz. Meine Fixkosten liefen. Mein Polster hatte ich bereits angreifen müssen.

»Mach dir keine Sorgen, es geht bestimmt noch gut aus«, tröstete mich Theo. »Denk positiv. Das wird schon.«

Ich nickte, konnte aber nicht verhindern, dass Angst in mir hochflutete. Mit brennenden Augen sah ich Theo und Mona beim Packen zu. Sie brachen für ihre Indienreise auf, sie würden für Monate weg sein. Mir kamen die Tränen. Was sollte ich nur ohne die beiden machen? Meine anderen drei Jungs, Bernd, Pascal und Jens waren schon so gut wie weg und Bernd hatte sogar schon was Neues. Sie glaubten nicht an ein Happy End.

Dann lag plötzlich Torstens Kündigung auf dem Tisch. Mit einem PS:
»Das gilt nicht für die Camargue.«
Ich hatte keine Ahnung, warum ich nicht fuhr. Die Tage waren einfach furchtbar. Hätte ich mich nur in die Arbeit stürzen können! Aber da war nicht viel zu tun. Wir mussten warten. Das war das Grässlichste und machte den Zorn in mir nicht kleiner.

Genau dieser Zorn suchte einen Kanal und ich fing an, meine Wohnung auf den Kopf zu stellen, alles, was mich an Tobias erinnerte, in einen Karton zu packen, alte Kleidung wegzuwerfen, Ordner mit alten Akten zu schreddern, den Keller aufzuräumen … beschäftigte mich zwanghaft, um nicht denken zu müssen.
Beim Aufräumen fand ich mehrere CDs von Theo, die ich noch nie angehört hatte. Es waren geführte Meditationen oder einfach nur Instrumentalmusik – und ich hielt plötzlich meine alten Kunstturnschuhe in der Hand. Wehmütig strich ich über die Riemen. Wie lange war das her?

***

Schließlich, fast drei Monate nach dem Hochzeitsdesaster, in der die bittere Pille mit Tobias weit und tief nach unten gerutscht war, rief Wagner an und verkündete, dass die entscheidende Sitzung heute stattfand.
»Morgen in meinem Büro, neun Uhr«, schloss er nervös. »Dann ist die Entscheidung gefallen.«

Es war eine unruhige Nacht. Ich stand viel zu früh auf. Trank viel zu viel Kaffee. War viel zu schnell fertig. Um viertel nach acht war ich schon im Office und schluckte noch mehr Koffein, obwohl mein Magen ohnehin verrückt spielte. Alle anderen waren schon da, ähnlich angespannt wie ich, sich entweder Mut machend oder düster durch die Gegend blickend.
Dann kam Wagner – mit einem Pokerface. Das kannten wir von ihm. Und es machte mir Hoffnung. Er hatte uns schon des Öfteren mit einem finsteren Gesichtsausdruck genarrt. Mein Herz schlug heftig gegen meine Brust, als wir uns in den Konferenzraum setzten. Wagner war sehr bleich – das war

wieder ein schlechtes Zeichen, aber vielleicht hatte er gestern einfach gefeiert? Aber hätte es positive Nachrichten gegeben, hätte er uns wohl sofort angerufen und mit uns angestoßen … Ich gab es auf. Fühlte, wie sich kalter, unangenehmer Schweiß in meinen Achselhöhlen bildete, hörte kaum die Begrüßung Wagners, hoffte nur, er würde es kurz und knackig machen.

»… eine stundenlange Diskussion, wir haben erst gegen Mitternacht das Ergebnis erfahren …«

Okay, da ruft man keine Leute mehr an. Mit verkrampftem Körper hörte ich weiter zu.

»… muss euch leider mitteilen, dass die Entscheidung gegen uns ausgefallen ist. Unsere Konzeption wird gesetzlich nicht mehr unterstützt, was bedeutet, dass ich mich gezwungen sehe, die Firma zu schließen. Es ist aus. Es tut mir für Sie alle unendlich leid.«

Wagner kämpfte mit sich. Er hatte seine Firma verloren, seine Existenzgrundlage und zeigte dennoch Mitgefühl mit uns.

Mir rutschte eine Lawine in den Magen, mein Kopf war leer – ich glaube, ich verstand kein einziges Wort mehr von dem, was er noch sagte.

Es waren sowieso nur noch mühsame Verabschiedungen und ein Danke für all die gemeinsamen Jahre.

***

Mit steifen Gliedern fuhr ich nach Hause. Es war vorbei. Ich hatte keinen Job mehr. Ich musste irgendwo ganz von vorne anfangen und wusste nicht mal, wo. Die Finanzbranche hatte mich außer dem, was Wagner geboten hatte, nie wirklich gereizt und den Job hatte ich auch nur angenommen, weil ich der Meinung gewesen war, er wäre krisensicher. Krisensicher! Ein unschönes Lachen kam aus meinem Mund, meine Augen glühten vor Wut.

Schon. Wieder. Am Jackpot. Vorbei! An den beiden wichtigsten in meinem Leben!

Es schien, als ob das Leben mir immer ein Schnippchen schlagen wolle. Als ob es mir immer beweisen wolle, dass es der Stärkere war, dass es nach seinen Launen ging und nicht nach meinem Willen. Als ob es sich einen Spaß daraus machte, mir ständig das Bein zu stellen. Hochnäsig und arrogant. Ich hasste es.

Doch meine Situation hatte ihren Kulminationspunkt noch nicht erreicht. Sie spitzte sich noch weiter zu.

Am nächsten Tag klingelte das Telefon. Die Polizei war dran und forderte mich auf, in die Polizeiinspektion zu kommen.

Sie hatten mir nicht gesagt, worum es ging, und ich zerbrach mir den Kopf, ob ich unwissentlich ein Verkehrsdelikt begangen haben könnte.

Als ich dort ankam, führte man mich durch viele Gänge, bis wir in der Kriminalabteilung landeten. Mir rutschte erneut das Herz in die Hose und alle Abwehrstacheln stellten sich in mir auf. Was wollen die von mir?

»Frau Ehlers, bitte nehmen Sie Platz«, begrüßte mich ein zivil gekleideter Mann und deutete auf einen Stuhl an seinem Schreibtisch. Er ging in den Nebenraum, kam mit einem braunen DIN A 4 Umschlag zurück und ließ sich ächzend in seinen Stuhl fallen.

»Dürfte ich Ihren Ausweis sehen? Der Form halber«.

Er prüfte alles und reichte mir im Anschluss den Umschlag.

»Wir haben seit einem Monat Herrn Parkow in Haft bei uns und er bat uns, Ihnen den Umschlag zu geben. Tut mir leid, dass das nicht gleich passiert ist, aber Sie wissen ja, Bürokram dauert manchmal … wenn Sie mir bitte hier noch unterschreiben, dass ich den Umschlag an Sie ausgehändigt habe …«

Mit zittrigen Fingern unterschrieb ich. Der Umschlag in meiner Hand fühlte sich so eklig an wie eine volle Windel und ich warf ihn bitter auf den Beifahrersitz, ärgerte mich, überhaupt dafür aufgestanden zu sein.

»Okay, Greta, du musst dich langsam mit der Situation anfreunden«, sagte ich laut zu mir, als ich wieder in meiner Küche stand. »Und Disziplin walten lassen. Mach dir klar, wo du dich als nächstes bewerben willst. Du bist jung, du bist positiv. Du schaffst das. Du schaffst das!«

Ich hatte das letzte Wort noch nicht ausgesprochen, als mich schon der Mut verlassen hatte. Wie oft schon hatte ich mir das in meinem Leben gesagt! Und wohin hatte mich diese Disziplin gebracht? Die Antwort erstickte jeglichen Antrieb im Keim.

Ich durchlebte erneut die Situation am Standesamt, die Scham, das Auftreten meiner Mutter, der Super-GAU, als Tobias vor versammelter Mannschaft gesagt hatte, dass er mich nicht wollte. Mit jedem Detail verlor ich mich mehr in Wut, Groll und Hass.

»Komm schon, Greta«, murmelte ich mir zu. »Tu was! Lass dich nicht hängen!«

Unschlüssig stand ich am Fenster und schaute nach draußen. Es war ein wunderschöner Spätsommertag, wir hatten Ende August.

Ich packte meine Autoschlüssel und fuhr einfach drauflos, wollte ein wenig im Wald laufen, das hatte ich schon ewig nicht mehr gemacht. Noch nicht einmal mit Tobias.

Auf einem Besucherparkplatz stellte ich mein Auto ab und wollte meine Jacke packen, als darunter der braune Umschlag zum Vorschein kam. Mein Blick fiel auf den großen Papierkorb aus Drahtgeflecht, der ziemlich genau vor meinem Auto stand. Ich stieg aus, schloss den Wagen ab, band mir die Jacke um die Hüften und lehnte mich gegen die Kühlerhaube. Ungeduldig riss ich das Kuvert auf und sah hinein. Mehrere Briefumschläge starrten mir entgegen. Ein einzelner, neuer Umschlag und etliche, mit einem Band umschlossene ältere Briefe.

Nun doch neugierig geworden zog ich alles heraus, aber weitere Autos fuhren heran, spuckten Spaziergänger aus und störten die Intimität des Augenblicks. So stopfte ich alles wieder zurück und lief in den Wald. Ich lief schnell und lange, bis ich an eine Bank an einem Weiher kam, so weit hinten, dass ich vor Spaziergängern meine Ruhe haben würde.

Wieder zog ich die beiden Bündel heraus, drehte den neueren Umschlag in den Händen.

»Für Greta Ehlers«, stand in schwungvoller Schrift darauf. Die Schrift meines Vaters, viel zu schwungvoll für das, was er war. Drei Sekunden später faltete ich ein liniertes Blatt Papier auseinander, das er vermutlich im Gefängnis geschrieben hatte.

»Hallo Greta«, stand da, in derselben steilen, großen Schrift. »Nun haben sie mich erwischt. Keine schöne Sache. Ich werde wohl ein paar Jahre hierbleiben müssen. Die Bullen haben meine Bude aufgeräumt und die Briefe gefunden. Ich hab gesagt, sie sollen sie dir geben. Du hast wohl eher Verwendung dafür. Kann

mir vorstellen, dass du nichts von ihnen weißt. Das sähe Uschi ähnlich. Sollte es so sein, fall nicht um.«
Thomas Parkow

Kein »dich liebender Vater« oder ein: »Es tut mir leid, dass ich nie für dich gesorgt habe ... und nie für dich da war ...«

Meine Lippen pressten sich zusammen. Tränen brandeten in meinen Augen, die ich unwirsch wegwischte.

Ich nahm das andere Päckchen in die Hand. Aus alten Zeiten stammendes dünnes, blaues Luftpost-Papier mit dem blau-weiß-roten Muster am Rand – und noch ein weiterer weißer moderner Umschlag, hinten an das Bündel geheftet.

Die Briefe waren adressiert an Ursula Ehlers, in einer unbekannten, verschnörkelten Schrift. Die Adresse des Absenders war mit Poststempeln übersät und nicht zu entziffern. Mein Herz klopfte schon wieder und ich zog vorsichtig das erste, sehr dünne Blatt aus dem Kuvert.

Es war eng beschrieben ... in englischer Sprache.

»... can't forget you ...«, las ich, »my parents will be happy to see you ...« und »... need your answer ... arranged everything ... when will you come? I love you.«

Unkontrolliert fuhren meine Augen über die Textstellen, ich musste mich zwingen, von vorne anzufangen und langsam Wort für Wort zu lesen.

»Dear Ursula,
I love you! You are the breath of my soul! It was the night of my dreams with you. You are my golden angel and I am so happy to be with you, I can't wait to have you here with me ...«

In dieser Manier ging es zeilenlang weiter. Ich drehte das Blatt, Unterschrift: Naresh.

In blumenreichen Phrasen schwörte Naresh meiner Mom seine ewige Liebe, seine Freude darüber, dass sie ihm nach Indien folgen würde, versicherte ihr, dass er alles für ihre Ankunft vorbereitet habe. Sie müsse nur noch sagen, wann sie komme, er würde alles arrangieren, den Flug, die Kosten, everything. Blume meines Herzens, Stern meiner Augen, du bist der Nachtwind, der um meine Stirn streicht, wenn ich Richtung Westen blicke und dem Mond zurufe, dass ich dich liebe. Ich warte auf dich. I am waiting for you. I love you. I love you. I love you.«

Schockiert und berührt nahm ich den nächsten Brief in die Hand. Darin schrieb er, er hätte ihr Geld in englischen Pfund geschickt, sie müsse nur noch das Ticket kaufen, er warte immer noch auf Antwort, warum sie sich denn nicht melde ... der Brief klang beunruhigter, drängender.

Zwei weitere Briefe dieser Art folgten. Endlich sah ich auf das Datum. Es war das Jahr meiner Geburt.

Mit klopfendem Herzen öffnete ich das letzte Kuvert und las den englischen Text.

»Liebste Ursula, Vipin hat mir deine Nachricht überbracht. Ich bin unglücklich und froh zugleich! Nun weiß ich, dass du meine Briefe nicht bekommen hast! Ich warte noch immer auf dich. Du bist mein Augenstern. Meine Heimat soll die deine sein. Mein bescheidenes Haus dein Palast. Aber du musst dich lösen. Das kann nicht ich für dich tun. Du schreibst – und mein Herz läuft über vor Glück! – du schreibst, du erwartest ein Kind. Ich werde kommen, Ursula, du Schöne, du Goldene, ich werde dich holen ... wir werden zusammen glücklich.«

Mir blieb das Herz stehen. Ein letzter, moderner Umschlag war übrig. Ich zerstörte das weiße Kuvert vollständig, weil ich es nicht schnell genug aufreißen konnte: Ein Foto fiel mir entgegen. Die jüngeren, noch milderen Gesichtszüge meines Vaters kamen in meinen Blick, als er so um die fünfundzwanzig, dreißig Jahre alt gewesen sein musste. Ein Papierschnipsel lag dabei, der aussah, als habe ihn jemand aus einem Prospekt ausgerissen und als Schmierzettel benutzt. Ich starrte auf die blauen Augen meines Vaters, auf sein Foto, dann drehte ich es langsam um. Hintendrauf stand:

»Das bin ich mit achtundzwanzig. Ich war blond. Wie deine Mutter. Falls dir das weiterhilft.«

Und auf dem aus einem Magazin herausgerissenen Stück Papier, mit der Seitennummer 31 unten in der Ecke, stand in verschnörkelter Schrift:

»Bitte, nenn sie Geeta. Gib sie mir. Ich sorge für sie. Gib mir wenigstens mein Kind.«

Mein Mund öffnete sich für einen Atemzug, der in die Tiefen meiner Seele zu tauchen schien und die Luft in die Ewigkeit hinausblies. Ich beugte mich wie in einem Krampf nach vorne, die Augen aufgerissen, dann schloss ich sie. Das war zu viel. Das war einfach zu viel! Geeta! Nenn sie Geeta! Meine Mutter hatte ein »r« eingefügt ... hatte versucht, der Situation gerecht zu werden, den Schein vor Thomas Parkow zu wahren, dem sie gesagt hatte, ich sei sein Kind! Und genau das, was ich bis jetzt geglaubt hatte, das, was alle bisher geglaubt hatten, hatte meine Hochzeit, mein Leben zerstört! Greta. Geeta. Osten. Westen. Wer war ich? Wieder hatte ich das Gefühl, wahnsinnig zu werden, das alles nicht fassen zu können. Aber in meinem Kopf formierte sich ein einziger Satz:

Ich hatte einen indischen Vater.

***

Meine Welt stand kopf, mein Verstand stieg aus, meine Gefühle auch. Sie staken in einer übervollen Blase und fanden kein Ventil. Am liebsten hätte ich geschrien.

Ich rannte zurück zum Wagen, startete mit verkrampften Gliedern und fuhr den weiten Weg zu Mom. Oh, mein Gott, wie lange war ich nicht mehr hier gewesen! Erinnerungen überfluteten mich, als ich die Straßen des Sozialgebietes entlangfuhr. Wie hatte ich mir geschworen, es nie mehr zu tun! Nie mehr in diese Stadt zu kommen, nie mehr hierher! In Affengeschwindigkeit, die Briefe in der Hand, hetzte ich die schmutzigen Stufen nach oben und klingelte. Klingelte. Klingelte. Klingelte Sturm.

»Mom!«, schrie ich und hieb gegen die Tür. »Mach auf! Ich bin's!«

Ich legte die Hand auf das dreckige, verbeulte Blech und horchte nach drinnen, da öffnete sich die Tür daneben.

»Die ist nich da«, informierte mich ein Herr in Bademantel und Fluppe zwischen den Lippen. »Ich kümmere mich um ihre Pflanzen, sie ist für ne Woche in Urlaub gefahren.«

»In Urlaub!«, schrie ich unbeherrscht und hielt mich gerade noch davor zurück, gegen die Tür zu treten. »Wohin denn? Seit wann ...«

Seit wann kann sie sich einen Urlaub leisten? Hatte ich eigentlich sagen wollen.

»Keine Ahnung ... geht mich auch nix an.«

Rumms die Tür war zu.

Ich lief wieder nach unten, fuhr nach Hause, zurück in meine Wohnung. Oh, warum nur waren Theo und Mona nicht hier! Wie ein Tiger lief ich im Wohnzimmer auf und ab. Beruhig dich, befahl ich mir. Beruhig dich. Ich atmete tief ein und aus und nahm mir die Briefe wieder vor.

Schrieb die Adresse des Absenders ab, die auf den übrigen Briefen deutlicher erkennbar war. Naresh Sharma aus Bombay, nun Mumbai. Oh, mein Gott, es war neunundzwanzig Jahre her! Ob man so was googeln konnte? Ob ich vielleicht eine Telefonnummer herausfinden konnte? In einem Land mit einer so riesigen Bevölkerung? In einer Stadt mit knapp zwölf Millionen Menschen? Wie ging man bei so was vor? Konnte ich das Konsulat einschalten? Was kostete eine solche Suche?

Ich tippte seinen Namen ins Netz und erschrak: Sharmas gab es wie Sand am Meer. Es war ein Brahmanenname, erfuhr ich, aber dennoch so häufig wie Müller in Deutschland. Und auch Naresh war kein unüblicher Name. Telefonnummer konnte ich vergessen, es hätte Jahre gedauert, die alle durchzurufen. Und überhaupt! Nicht alle würden Englisch sprechen! Sie sprachen Hindi und Marathi und Kannada und was weiß ich was! Ich musste mich an die Adresse halten. Vielleicht war es doch nützlich, das Konsulat einzuschalten … oder was auch immer.

Schon am nächsten Tag rief ich an. Sie sagten mir, sie könnten mir darüber keine Auskunft geben, aber sie könnten zumindest ausfindig machen, ob die Adresse noch aktuell war. Ob mir das weiterhelfen würde? Ja, ja, das würde mir weiterhelfen.

Die zuständige Dame war sehr hilfsbereit, sie versprach mir, noch am selben Tag eine E-Mail zu senden. Und das tat sie.

»Sehr geehrte Frau Ehlers,

leider ist unter dieser Adresse kein Naresh Sharma gelistet, aber er war es mal. Er ist unbekannt verzogen, eine Weiterverfolgung hat leider nichts ergeben. Wir konnten den neuen Wohnsitz von Herrn Sharma nicht ausfindig machen. Es tut mir leid, Ihnen nicht vollständig Auskunft geben zu können, aber ich hoffe, dass Sie eventuell mit privaten Nachforschungen mehr Erfolg haben.«

Ich schloss die Augen. Wusste noch nicht einmal, was ich denken sollte.

Als ich sie wieder öffnete, hatte Google meine Suchanfrage schon personalisiert. Werbung mehrerer Reisebüros,

Fluggesellschaften und Vergleichsportale flimmerten über meinen Bildschirm. Ja, dachte ich sarkastisch. Ihr wisst genau, was ich jetzt brauche! Dann erstarrte ich. Vielleicht war es ja wirklich genau das, was ich brauchte! Plötzlich regte sich der Wunsch in mir, verrückt zu sein, Widersinniges, Nicht-Vernünftiges ohne Plan zu tun, und ich fühlte, wie mich dieser Wunsch aus meiner monatelangen Starre riss. Trotzdem – ich schob das weg, das war nicht das, was ich denken wollte, das war genau die falsche Richtung! Das war genau das, wogegen ich die ganzen Jahre gekämpft hatte! »Erfolgreich!«, wollte ich hinterher setzen, aber mein Gott, die Wahrheit war: Ich stand trotz allem vor dem Nichts!

Der nächste Gedankenblitz schoss in meinen Kopf: Theo und Mona waren in Indien! Das war doch ein Fingerzeig! Ich würde sie aufsuchen. Vielleicht könnten sie mir helfen! Sie hatten doch so viele Verbindungen! Ich schrieb ihnen eine Mail. Fragte, wie lange ihr Retreat dauerte oder ob sie es unterbrechen könnten, um mit mir zu sprechen, es wäre wichtig.

Dann buchte ich, bevor sich mein Verstand wieder einschalten konnte, einen Flug nach Mumbai ohne Rückflugticket.

Abreise

Der Nebel war so dicht, dass man das Wasser in der Luft mit bloßem Auge erkennen konnte. Ich saß in der Abflughalle an meinem Gate und wartete auf den Aufruf zum Boarding. Mit mir saßen nicht viele hier, was mir Anlass zur Hoffnung auf eine freie Sitzreihe gab. Aber der Flug von Frankfurt nach London würde sowieso nicht lange dauern – eineinhalb Stunden maximal. Schöner wäre eine freie Sitzreihe von London nach Mumbai, aber darauf setzte ich lieber nicht. Meine Jackpot-Wünsche hatten mich ziemlich desillusioniert in den Jahren meines Daseins. Was ich jedoch nicht bereit war aufzugeben, war der Glaube, nicht an ein Leben gebunden zu sein, in das man hineingeboren wurde. Sehr witzig, Greta, dachte ich. Gerade hast du vor, in ein Land zu fliegen, das ein fest gefügtes Kastensystem hat. Meine Gedanken schwappten zu Tobias und seinen Eltern. Hatten wir nicht auch ein Kastensystem in Europa? Das Auftreten und Aussehen meiner Mutter, die Herkunft meines vermeintlichen Vaters hatten genügt, einen Bruch herbeizuführen. Alles andere, meine Leistungen, meine Stellung, mein Verdienst, mein Studium, meine Disziplin … nichts hatte genützt. Tobias wollte jemanden wie mich nicht zur Frau haben. Und da war er wieder, der übermächtige Schmerz der Zurückweisung, der Wunsch, es allen zeigen zu wollen, allen beweisen zu müssen, dass ich Glück verdient hatte.

Eine Viertelstunde über Boardingtime. Meinen Laptop hatte ich längst zugeklappt, nervös spielte ich mit dem Handy. Schließlich kam eine Dame im blauen Kostüm auf unsere kleine Gruppe zu und rief unseren Flug auf. Folgsam standen wir auf und gruppierten uns um sie. Eine kleine, quirlige Italienerin mit Louis Vuitton-Tasche, ein älterer, distinguiert wirkender Herr mit Buch und Brille, ein gut aussehender junger Kerl mit Backpackerausrüstung, ein Geschäftsmann mit dünnem Lächeln und Laptoptasche und ein Mann in alternativen Klamotten, halblangem, hellbraunem Haar und einer Reisetasche.
Die Angestellte erklärte uns, dass die Maschine wegen Nebels nicht starten könne und wir deswegen unseren Anschlussflug in London verpassen würden. Sie empfahl uns, entweder morgen wieder zu kommen und es erneut zu versuchen oder mit einer

späteren Maschine nach London zu fliegen, sich dort eine Übernachtung zu buchen und am nächsten Tag nach Mumbai zu fliegen.

»Bitte begeben Sie sich zum Schalter für Umbuchungen und regeln Sie das«, erklärte sie, während ein Sturm von Entrüstung sich über sie ergoss. Inzwischen waren noch ein paar andere Fluggäste hinzugekommen, die ebenso erregt auf sie einredeten, während sie stereotyp auf den Schalter für Umbuchungen verwies.

Meine Schultern sackten nach unten. Na, klasse. Ich packte als erstes meine Tasche und machte mich auf den Weg zum Schalter. Aber ich war unschlüssig. Vielleicht sollte ich doch lieber in Frankfurt bleiben? London war teuer – dort ein Hotel zu finden schwieriger als hier in Frankfurt. Andererseits meldete mein Handy: Frühnebel war für die nächsten drei Tage gemeldet. Es konnte durchaus sein, dass ich morgen wieder hier stand und die Wetterverhältnisse das Flugzeug nicht hochsteigen ließen.

Unschlüssig kaute ich auf meiner Lippe, kramte in der Handtasche, scrollte meine Kontaktliste ab. Vielleicht gab es ja einen Freund, den ich hier in der Stadt besuchen konnte? Aber ich hätte im Elsass übernachten können, in Paris und in der Schweiz, in der Camargue, im Schwarzwald und am Bodensee, aber Frankfurt ... Fehlanzeige. Ich seufzte.

Noch immer wusste ich nicht, was ich machen sollte.

»Sie müssten sich bitte in den nächsten fünfzehn Minuten entscheiden«, informierte mich die Dame. »Es sind nur noch drei Plätze in der Maschine frei.«

»Okay, fünf Minuten«, sagte ich und wollte mich abwenden. Der Typ in den alternativen Klamotten kam an den Infoschalter geschlappt, stellte sich neben mich und buchte den Flug nach London.

»Ähm ...«, machte ich mich bemerkbar und sah mich um. Hinter mir standen die Italienerin und der Geschäftsmann, das wären dann die letzten zwei Plätze.

»Sorry, waren Sie noch nicht fertig?«, fragte er mich mit englischem Akzent.

»Nicht ganz ...«, erwiderte ich zerstreut. »Ich weiß nur nicht, ob es Sinn macht, nach London zu fliegen.«

»Ist in jedem Fall besser«, antwortete er grammatikalisch völlig fehlerfrei. »Die Maschine nach Mumbai geht mittags und da ist in der Regel der Nebel weg. Das ist sicherer.«

»Okay«, sagte ich zu der Dame am Schalter. »Okay, dann ... fliege ich auch nach London.«

Sie nickte und machte unsere Tickets fertig.

»Ich setze Sie gleich nebeneinander«, sagte sie. »Da Sie sich schon kennen.«

»Tja«, rutschte es mir heraus. »Hoffentlich lässt uns Ihr Pulli genügend Platz.«

Amüsiert blitzte er mich von der Seite her an und strich mit der Hand über seinen gepflegten kurzen Bart. Wie alt mochte er sein? Ich schätzte ihn auf Mitte dreißig. Ein bisschen erinnerte er mich vom Aussehen her an Rea Garvey oder diesen virtuosen Violinisten, diesen Garrett, mit seinem hellbraunen, halblangen nach hinten gebundenen Haar. Oder Chris Hemsworth, genau. Alles an ihm wirkte kräftig. Trotz seines sehr, sehr (viel zu!) lässigen formlosen Pullis in Kotzfarbe schien er muskulös und hätte vom Körperbau her ein Holzfäller aus den Bergen sein können. Seine Gesichtszüge waren markant und schnittig, sein Mund sensibel, er hatte eine geradezu zierliche Nase für seine Größe und auch seine Hände sahen nicht so aus, als ob sie je eine Axt geschwungen hätten.

Ansonsten war er genau einer jener Typen, denen ich niemals Beachtung schenkte. Nicht nur trug er keinen Anzug, schlimmer noch: Er hatte diese betont alternative Kleidung an, die sagte:

»Sieh her. Ich bin einer, der sich um unseren Planeten kümmert. Ich esse vegan, fahre Rad und mein Tag beginnt um vier Uhr früh mit Meditation und Gebet.«

Seine Füße staken in unsäglichen fußbettschonenden Gesundheitsschuhen mit Riemchen über dem Rist (was Rea Garvey niemals getan hätte!). Seine Beine waren in eine mit Sicherheit fair getradete Jeans gewandet – und dann dieser unmögliche, links gestrickte, bis fast bis an die Knie hängende Pulli, dessen löchrige Maschen mir eröffneten, dass er darunter ein weißes T-Shirt trug. Ansonsten hätte er auch einfach pummelig sein können. Das war unter dem Zeugs, das er anhatte, nicht wirklich auszumachen. Der Kerl war mindestens einen Meter neunzig groß, was mir das Gefühl gab, mit meinen gerade mal hundertfünfundsechzig Zentimetern und fünfzig

Kilos winzig zu sein. Aber meine Prioritäten bezüglich linksgestrickter löchriger Pullis und Ein-Meter-neunzig-Typen, die Gesundheitsschuhe mit Riemchen trugen, waren klar definiert.

Ich bereute trotzdem sehr, diese Worte gesagt zu haben, als er glucksend fragte:

»Gefällt Ihnen meine Kleiderwahl nicht?«

»Nein«, antwortete ich spontan. »Nicht wirklich. Muss sie aber auch nicht.«

Seine hellgrauen Augen blitzten noch immer und mein Blick fiel auf seine Lippen. Ich wurde rot. Er bemerkte, wo meine Augen gelandet waren, und lächelte noch intensiver. Nein. Er grinste. Er lächelte dreckig. Unanständig! Ja, wirklich, das war ein echt dreckiges Lächeln. Oder … schmunzelte er? Nein, es blieb immer noch ein Lächeln, aber ein – hm – ein provokatives, so schien es mir. Die Sekunden verstrichen mit all den Gedanken, die mir durch den Kopf gingen, und ich starrte wie ein Arzt in sein Gesicht, als ob ich etwas Wichtiges herausfinden müsste, bis die Dame hinter dem Schalter sich amüsiert räusperte. Mit verwirrtem Blick wandte ich mich ihr zu und wusste nicht, ob sie mich was gefragt hatte. Kein Wunder, dass ich durcheinander war nach all dem, was hinter mir lag.

»Tut mir leid«, murmelte ich und lächelte ihn entschuldigend an. »Ich muss Ihnen wie eine Idiotin vorkommen. Ich habe gerade überlegt, ob ich Sie von irgendwoher kenne, aber ich hab mich wohl getäuscht, sorry.«

Damit wandte ich mich wieder der Dame am Infoschalter zu und fragte vernünftige Dinge wie nach meinem Gepäck und der Chance, ein Hotelzimmer auf Kosten der Fluggesellschaft zu bekommen, setzte mich wieder auf einen Stuhl in der Wartehalle, bis das Boarding begann.

Tobias fiel mir wieder ein, die Demütigung an dem Tag, der einer der schönsten in meinem Leben hätte werden sollen. Die Seychellen! Wie gern hätte ich sie gesehen! Ich hatte immer nur gearbeitet, war nie groß weggewesen, außer meinem Auslandssemester, außer ein paar Tagen in Hotels, zu wenig, um die Landschaft von irgendwas zu sehen. Sonne, Strand, das Meer … die Werbeplakate lachten mich an. So viele schöne Urlaubsziele waren auf diesen Plakaten rund um die Wartehalle aufgebaut, so viele farbenfrohe Orte. Aber ich blickte durch riesige Glasscheiben auf eine dicke graue Nebelwand. *Das* war meine Zukunft.

***

Ständig checkte ich die Nachrichten auf meinem Smartphone, wartete auf Antwort von Theo und Mona. Mir wurde siedend heiß bewusst, dass ich ziemlich auf Risiko spielte, denn wenn sie keine Zeit für mich hätten, was sollte ich dann allein in Indien? Ich war nicht reiseerfahren, ich wusste gar nichts! Und noch schlimmer: Die beiden waren doch eingebunden in ein Schweige-Retreat! Und hatten sie nicht erwähnt, dass im Ashram keine Handys erlaubt seien? Die Wahrscheinlichkeit, dass meine Nachricht sie erreichte, war somit ziemlich gering. Das alles wurde mir erst jetzt bewusst. Verflixt, Greta, schimpfte ich mich. Hättest du nur eine Sekunde deinen Verstand eingeschaltet, dann würdest du jetzt gemütlich zu Hause sitzen! Und hättest nicht unnötig Geld ausgegeben!

Aber mit einem Mal trotzte etwas in mir auf. Alles war besser, als in der Wohnung zu sitzen und Trübsal zu blasen! Doch! Du hättest dich schon mal um einen neuen Job bemühen können! So viele haben mit diesem neuen Gesetz ihre Existenz verloren! Sie werden sich auf die wenigen Firmen stürzen, die die nötige Kohle haben, diese horrenden Bedingungen zu erfüllen – und was machst du? Du willst ausgerechnet jetzt in der Weltgeschichte rumgondeln? Und wieder Trotz: genau! Ich gondele zum ersten Mal in diesem verdammten Leben in der Weltgeschichte herum, wenn's recht ist! Weil ich das noch nie gemacht habe! Weil ich immer nur gearbeitet habe! Schau dir das an! Schau dir diese Reklamen an den Wänden an! China, Indonesien, Ozeanien, die Staaten … die Welt ist bunt!

Wie losgetretenes Geröll kamen mir die Gespräche mit Mom in den Sinn, damals, als sie mir ihre Alben gezeigt hatte, die Fotos voller Leben und Tanz. Ich hatte das Bild vor Augen, als sie mit ausgebreiteten Armen, ihr Gesicht dem Himmel zugewandt, an den Klippen von Dover gestanden hatte, gegen dessen Felsen das Meer mit ehrfurchtgebietender Gewalt brandete, vernahm ich ihr Gerede über Freiheit und die große weite Welt. Aber ich wollte nicht so sein wie sie! Ich hatte alles getan, um nicht so zu sein wie sie! Ich hatte immer auf mich geachtet, auf meinen Ruf, meine Manieren, auf alles! Und sowie ich das dachte, hatte ich keine Lust mehr darauf, mich irgendwelchen Regeln und Leuten anzupassen, die einen doch am Ende schassten.

Und die Welt ... war sie denn noch immer groß und bunt? Für mich in jedem Fall. Denn ich hatte bisher nur einen Bruchteil davon gesehen.

Plötzlich ergriff mich genau diese Sehnsucht: Tun zu können, was ich wollte, in den Tag hineinleben, keinen Verpflichtungen zu folgen, keiner Disziplin, keinem Ziel und keiner Angst ... einfach sein. Plötzlich wandten sich meine Gedanken in eine andere Richtung: Sie rechneten aus, wie lange ich mir das leisten konnte. Wann ich mich spätestens wieder für ein pflichtbewusstes Leben im Stress entscheiden musste. Und ich kam zu der Erkenntnis, dass, wenn ich nicht unvernünftig war, durchaus zwei Monate und mehr drin waren. Mir wurde heiß. Mir wurde kalt. Ich hatte so etwas noch nie gemacht. Zwei Monate.

Okay, Greta, dachte ich. Okay, Schicksal. Hier bin ich. Ich lasse los. Ich lasse mich treiben. Ich versuche, dir zu vertrauen. Ich hole tief Luft. Dachte an die vielen Jackpots, denen ich im Laufe der Jahre hinterhergejagt war – und die ich, wie die Orgasmen beim Sex, immer als nicht adäquat zur vorhergehenden Anstrengung empfunden hatte ... wenn sie denn kamen. Okay, Leben, dann eben kein Jackpot! Ich erwarte keinen. Ich erwarte gar nichts mehr von dir. Ich gebe dir und mir einfach zwei Monate! Der nächste Gedanke allerdings kickte mich wieder nach unten:

Meine Vergangenheit hatte mich eingeholt, die Prägung meiner Mutter ... alles war aktiv. Und obwohl ich dieses Gefühl gar nicht mochte, blieb ich bei meiner Entscheidung. Auch, wenn sie unvernünftig war.

***

Rea Garvey saß während des Flugs neben mir, in ein Buch vertieft, Gott sei Dank, ich wollte kein Gespräch und ließ es ihn durch meine Körpersprache wissen. Er hatte mir galant den Fensterplatz überlassen und so lehnte ich meine Stirn an das Glas-Kunststoffgemisch und gab vor zu schlafen.

Der Flug war kurz und bald schon setzte das Flugzeug im Vereinigten Königreich auf.

Natürlich regnete es in London in Strömen, wie es sich gehörte. Nachdem ich meinen dicken Koffer vom Band gewuchtet hatte und in eine der riesigen, überfüllten Ankunftshallen von London Heathrow getreten war, überfiel mich Beklemmung. Was hatte ich da nur vor?

Ich musste mir eine Unterkunft suchen, aber ich kannte mich in dieser Stadt nicht aus. Unschlüssig sah ich auf die Uhr. Es war 11:00 Uhr. Um 12:30 musste ich morgen wieder hier sein. Vielleicht wäre es das Beste, die Zeit hier am Flughafen totzuschlagen? Mir eine Liege zu suchen? Ich könnte irgendwo frühstücken und sicher auch duschen. Aber vierundzwanzig Stunden hier verbringen? Im Halbschlaf, weil ich ja auch meinen Koffer bewachen musste, hm, das machte mich nicht an. Ich biss mir auf die Lippen. Aus den Augenwinkeln sah ich, wie der Rea-Garvey-Garrett-Hemsworth-Typ einen deutlich kleineren Koffer, als ich ihn hatte, vom Band nahm und zielsicher Richtung Ausgang lief.

»Ähm … hallo!? Warten Sie! Eine Sekunde! Tschuldigung!«

Verdutzt drehte er sich um. Eilig lief ich auf ihn zu.

»Nur eine Frage … wüssten Sie ein günstiges Hotel für mich? Sie müssten sich doch hier auskennen …«

»Na ja, nicht wirklich. Ich bin nicht von hier.«

»Nicht? Woher kommen Sie?«

»Aus Schottland.«

»Schottland!« Ich sah ihn an. Seine Augen blitzten immer noch. War offensichtlich ein Dauerzustand. Aber sie blitzten sehr freundlich und schnell setzte ich hinzu:

»Da war ich noch nie. Ich kann nichts Intelligentes dazu sagen.«

Er lachte erfreut. »Das ist ja sehr ehrlich!«, schmunzelte er.

»Woher können Sie so gut Deutsch?«, wollte ich wissen.

»Ich habe sechs Jahre in der Schweiz verbracht«, antwortete er. »Ich kann auch Schwyzerdütsch. Hab dort studiert.«

»Sechs Jahre? Was war zwischen Bachelor und Master? Ein Bummeljahr?«

»Nein, ich habe während des Bachelors ein Symposium-Jahr eingelegt, das mich bis nach Südafrika getrieben hat«, erwiderte er. »War superinteressant.«

»Symposium? Dann waren Sie am Ende an der HSG?!«
Er nickte überrascht.
»St. Gallen!«, rief ich beeindruckt. »Wow! Sie haben den Wahnsinnstest dort bestanden?«
»Offensichtlich. Und stellen Sie sich vor: sogar die Abschlussprüfungen.« Er schmunzelte auf eine Weise, die mir klarmachte, dass meine Äußerungen besonders geistreich waren.
»Ähm, ja … klar«, sagte ich. »Tut mir leid, aber ich bin zurzeit in einer wirren Phase und wohl nicht der beste Gesprächspartner.«
»Aber Sie sind aufrichtig.« Sein Schmunzeln wich einem freundlichen Blick. »Und das ist schön.«
Ich lächelte unsicher.
»Und hätten Sie vielleicht einen Tipp für mich? Müssen Sie sich nicht auch was suchen?«
»Doch, klar. Wenn Sie's günstig haben wollen, fahren Sie auf keinen Fall Taxi. Ich schreibe Ihnen den Namen eines kleinen Hotels auf. Das ist nicht ganz in der Nähe, aber Sie können morgen wieder den Bus hierher zurücknehmen …«
Je länger er redete, desto verzagter wurde ich. Ich weiß nicht, wie lange es her war, dass ich Bus gefahren war. Ich konnte diese Pläne nicht lesen und schreckte davor zurück.
»Was würde denn ein Taxi in die Stadt kosten?«, fragte ich. »Ich meine, es ist ja erst Mittag und im Hotelzimmer sitzen will ich auch nicht.«
»Mindestens fünfzig Pfund« antwortete er. »Ist wirklich nicht zu empfehlen. Und die Hotels in der Stadt sind teuer und oft schlecht.«
»Und was machen Sie? Fahren Sie mit dem Bus?«
»Na ja …«
Er kratzte sich am Kinn und warf einen Blick auf mich. Es war klar, er hatte meine Hilflosigkeit erkannt. »Eigentlich wollte ich Freunde besuchen, aber wie wär's, wenn wir zusammen zu dem Hotel fahren? Wir könnten den Tag zusammen verbringen … waren Sie schon mal in London?«
»Nein, noch nie. Ich bin überhaupt noch nicht großartig gereist, leider. Das macht mich gerade auch ein bisschen unsicher und insofern …«
Ich wurde rot. Ich musste ihm ja vorkommen wie eine Bauernpomeranze! Vielleicht sollte ich doch einfach hier am

Flughafen bleiben? Zum ersten Mal fragte ich mich, wie das meine Mutter damals gemacht hatte – ohne Internet oder sonstige technische Hilfen. »Insofern bin ich sehr dankbar für Ihr Angebot, aber ich will auf keinen Fall, dass Sie meinetwegen Ihre Pläne ändern.«

Entschlossen packte ich meinen Rucksack.

»Oh, mein Gott!«, rief er da. »Dachten Sie, ich wollte Ihnen … weil ich das mit dem Hotel gesagt habe …?«

»Nein! Nein, oje, bestimmt habe ich das nicht gedacht!«, rief ich meinerseits erschrocken. »Ich wollte Ihnen wirklich nur nicht zur Last fallen!«

»Das tun Sie nicht. Also, was ist? Unternehmen wir was gemeinsam?«

Erleichtert atmete ich aus und sagte:

»Gern! Sehr gern! Ich bin Ihnen sehr dankbar.«

Er lächelte und streckte mir die Hand hin.

»Ich heiße Ben.«

Ich schlug ein. »Ich bin Greta«, lächelte ich zurück. »Ich freue mich.«

Beide verzichteten wir darauf, unsere Nachnamen zu nennen, beide waren wir nicht erpicht auf eine dauerhafte Bekanntschaft. Es sollte dieser Tag sein, vielleicht noch der Flug, dann würden sich unsere Wege trennen.

***

Gemeinsam schulterten wir unsere Rucksäcke, ich zapfte noch ein paar Pfund aus einem Automaten, dann machten wir uns auf den Weg zum Busbahnhof, den ich alleine schon mal niemals gefunden hätte.

»Wir checken im Hotel ein, dann sind wir schon mal die Koffer los«, schlug Ben vor.

Der Busfahrer war ein sonniger Ire und wir die einzigen Fahrgäste in seinem Bus. Er redete während der Fahrt ohne Unterlass mit Ben und die beiden lachten über Witze, die ich nicht verstand. Ohnehin konnte ich kaum ein Wort aus ihrem Kauderwelsch herausfiltern.

»Was war das denn?«, fragte ich, als wir ausstiegen. »Englisch kann das nicht gewesen sein.«

Ben lachte. Überhaupt lachte er sehr oft, fiel mir auf.

»Sagen wir mal eine Mischung zwischen Irisch und Schottisch, wirklich schwer zu verstehen.«

Er führte mich in eine Seitenstraße, bis wir vor einem schon etwas heruntergekommenen, aber ehrwürdigen Hotel standen. Aber innen war alles tipptopp und gemütlich. Die Wände waren mit Blumenmustern versehen, dicke Teppiche lagen auf dem Boden, ich erspähte ein kleines Kaminzimmer, einen kleinen Essraum und knorrige, alte Stufen, die in die oberen Stockwerke führten. Die Rezeptionistin war eine etwas fahrige alte Dame, die uns erklärte, dass zwar Zimmer frei, aber erst ab 15:00 Uhr beziehbar wären, frühestens ... besser wäre es, wir würden erst danach kommen.

Zehn Minuten später standen wir erneut auf der Straße und warteten auf den nächsten Bus, mit dem wir in die Stadt fuhren.

»Und Sie kennen gar nichts von London?«, fragte Ben ungläubig.

»Nein, nur aus Büchern Big Ben ... Tower ... Madame Tussauds und so weiter ...«

»Okay, dann müssen wir mit den Basics anfangen«, grinste er. »... am Trafalgar Square, dem zentralen Platz Londons – das passt gut bei dem Wetter!«

Überrascht blinzelte ich in den Himmel. Tatsächlich! Es hatte aufgehört zu regnen, und die Sonne kam zum Vorschein. Das Laub der Blätter sah wie frisch gewaschen aus, die Rasenflächen, die überall aufblitzten, und die üppig blühenden Rhododendren und Hortensien in den Gärten und Parks schufen ein zauberhaftes Bild. Wir fuhren über Paddington Station und waren kurze Zeit später im Zentrum Londons angekommen. Die Sonne schien warm und freundlich auf diesen gigantischen Platz, der mir schier den Atem raubte.

»Darf ich Sie zu einem Kaffee einladen?«, fragte Ben formvollendet und es wirkte natürlich und seltsam zugleich. Zum ersten Mal fielen mir seine gerade Haltung und seine noble Art auf, die einen krassen Gegensatz zu seinem Schlabberpulli-Outfit bildete.

»Gern«, antwortete ich. »Kaffee ist immer gut – in allen Lebenslagen!«

Ein wenig später kam er mit zwei XXL Kaffeebechern und zwei Blaubeermuffins wieder. Ich mochte beides. Er hätte es nicht besser treffen können.

»Nicht die Tauben füttern«, informierte er mich mit Blick auf zwei Bobbys. Und dann klärte er mich darüber auf, dass dies der größte öffentliche Platz überhaupt sei, seit dem Mittelalter zentraler Treffpunkt – was er heute noch war. Staunend betrachtete ich die Vielfalt an Menschen, die sich hier einfand. Touristen, Punks, Models, sämtliche Arten von Menschen und alle Nationen der Welt schienen hier vertreten zu sein. Ben erläuterte mir, dass hier die *Whitehall*, die Straße, die von Westminster kam und *The Mall*, die zum Buckingham Palace führte, sowie die *Pall Mall* zusammenliefen, dass man über den *Strand* in die City of London komme. Er wusste, wofür die riesige zentrale Statue des Admiral Nelsons stand und, dass die Säule mit ihren einundfünfzig Metern so hoch war wie dessen ehemaliges Flaggschiff. Er kannte die Namen der Brunnen im Norden, erklärte, dass der westliche davon Admiral Jellicoe, der östliche Admiral Beatty gewidmet war, im Süden die Denkmäler Napier und Havelock standen und wo die kanadische und südafrikanische Botschaft untergebracht war.

»Ich staune«, sagte ich zu ihm. »Ist das Nationalstolz, dass Sie das alles wissen?«

Wieder lachte er.

»Ich bin Schotte«, erinnerte er mich schmunzelnd. »Und wie Sie wissen, gibt es so einige von uns, die sich von England lossagen wollen.«

Mir fiel auf, dass er wenig zu meiner Person fragte, und ich wusste nicht, wie ich das finden sollte. Für den Moment war ich froh darüber. Er hatte sichtlich Freude daran, mir Dinge zu zeigen. Es war alles natürlich und unbeschwert, und tief in mir drin nährte ich dieses mir unbekannte Gefühl, zum ersten Mal machen und genießen zu können, was ich wollte.

Ben war sehr sicher bei allem, was er tat. Er fragte nicht lange nach, führte mich einfach dahin und dorthin, wir lachten viel, hatten den gleichen Humor. Etwas Unbekümmertes umgab uns, etwas, das einen gewissen Zauber auf diesen Tag legte. Vielleicht, weil wir beide wussten, dass es nur dieser Tag war? Jedenfalls stieg unsere Laune mit der Erkenntnis, dass wir uns verstanden, stetig an und so liefen wir zum Buckingham Palace, schauten uns eine Wachablösung an. Weiter ging's in die Downing Street, wir besuchten Westminster Abbey, Big Ben und schafften es sogar bis St. Paul's Cathedral, der letzten Ruhestätte von Admiral Nelson.

Nach sechs Stunden hatte ich unglaublich viel gesehen. Wir waren kilometerweit gelaufen und hatten beide ordentlich Hunger. Aber ich war seit Langem mal wieder total aufgekratzt. Das schöne Wetter, die herrlichen Gebäude, das Alte, Ehrwürdige, Prächtige und gleichzeitig Moderne, das London vereinte, bezauberten mich.

»Wie weit ist es bis Harrods?«, fragte ich mit glänzenden Augen.

»Harrods?«

»Ja! Das muss gigantisch sein! Das würde ich unbedingt mal gerne sehen!«

»Das ist von hier etwa eine halbe Stunde mit der Straßenbahn entfernt … könnten wir schon machen, wenn Sie unbedingt wollen, aber für Harrods muss man sich mindestens einen Tag Zeit nehmen. Wir sollten auch so langsam was essen, was meinen Sie?«

»Hm … wer weiß, ob ich noch mal Gelegenheit habe, so nah an Harrods zu kommen«, sinnierte ich laut.

»Ich bitte Sie! Wie weit ist London von Deutschland entfernt! Eine Flugstunde! Haben Sie keinen Hunger?«

»Doch, sehr sogar!« Ich wollte nicht unhöflich sein, nach all dem, was er mit mir unternommen hatte, und mein Gesicht leuchtete wieder auf.

»Aber diesmal lade ich Sie ein!«

»Was heißt diesmal?«, fragte er verdutzt. »Hab ich Sie schon mal eingeladen?«

»Der Kaffee? Die Muffins?«

»Ach, der Kaffee …! Alles klar, na, gut, wenn Sie unbedingt wollen, mir soll's recht sein.«

»Ja, ist mir ein Bedürfnis«, sagte ich mit einem kurzen Blick auf sein Outfit. Auch, wenn er in St. Gallen studiert hatte – einen lukrativen Job hatte er wohl danach nicht ergattert. Oder es ging ihm gerade so wie mir.

»Aber das Lokal kann ich aussuchen? Das ist nämlich hier in der Nähe und Harrods ist bestimmt kein Ersatz dafür.«

Ich hatte eher den Eindruck, dass er sich im oberelegantem Harrods mit diesem Pulli wohl ziemlich unwohl gefühlt hätte. Zielsicher führte er mich durch etliche Nebengassen, bis wir vor einem arabischen Lokal standen, aus dem es verführerisch duftete und in dem man auf niedrigen Polstern im Schneidersitz zwischen vielen dicken Kissen und Decken saß.

»Oh, wie schön!«, freute ich mich und ließ mich mit leuchtenden Augen auf einem der Sitzkissen nieder. »Das ist ja supergemütlich hier!«

Auch die Speisekarte war voll von Dingen, die mich anmachten – ich konnte mich kaum entscheiden und so entschlossen wir uns, von allem ein bisschen zu bestellen und gemeinsam von den Platten zu essen. Allein die Auswahl machte uns höllisch Spaß und bot jede Menge Gelegenheit zum Gelächter. Das Essen kam schnell und es sah köstlich aus. Der rubinrote Wein, der in den Gläsern leuchtete, die vielen Schalen auf dem Tisch, das würzige warme Fladenbrot, die Farben der Gerichte … und vor allem der Duft! Das war nicht nur Essen, das symbolisierte die wunderbare, reiche Welt des Orients, eine Welt, die ich nicht kannte, die aber, wie ich nun wusste, ein Teil meiner Wurzeln war.

»Mmh«, machte ich. »Das ist genau meins! Mal hier und da naschen … einfach klasse! Damit haben Sie einen weiteren Volltreffer gelandet!«

Ich nahm einen Schluck von dem Rotwein, was ein Fehler war, er war schwer und mein Magen noch ziemlich leer.

»Welcher war der erste?«, wollte er wissen.

»Der Kaffee!«, schoss es aus mir heraus und wir lachten beide.

»Da haben wir schon mal was gemeinsam«, schmunzelte er. »Was mir auffällt: Sie haben gar kein Fleischgericht bestellt.«

»Sie auch nicht«, stellte ich fest und sah mich auf dem Tisch um.

»Ich esse seit Jahrzehnten kein Fleisch mehr«, erklärte er.

»Aus ethischen Gründen?«

»Aus vielen Gründen. Die Ethik ist einer davon. Und Sie?«

»Weiß nicht. Ich kann's einfach nicht. Eigentlich habe ich nie wirklich darüber nachgedacht, aber jedes Mal, wenn ich ein Stück Fleisch auf dem Teller hatte, war ich kurz davor, mich zu übergeben. BSE, Antibiotikum, Massentierhaltung und Klimawandel tun ihr Übriges dazu.«

Neugierig sah er mich an und diese Neugier war schön. Es war eine intelligente, eine aufmerksame und feine Neugier. Und außerdem: Es konnte mir egal sein, was er von mir dachte. Es war ein Tag, den wir verbringen würden, und ich durfte sein, wie ich wollte. Warum sollte ich mich bemühen, einen guten Eindruck zu machen? Ich würde ihn nach diesem Tag vermutlich nicht wiedersehen, höchstens noch auf FB ein bisschen chatten oder so. Das zu wissen war sehr entspannend.

Wieder fiel mir ungewollt Mom ein, die auf die Meinung anderer nie was gegeben hatte und in ihren unmöglichen Klamotten herumlief, heute noch, egal, was die Leute sagten. Unwillig schob ich die Gedanken an sie weg. Stattdessen musterte ich Ben, diesen mir unbekannten Menschen, der mir nun, trotz seiner Körpergröße in einer natürlichen und geraden Haltung im Schneidersitz gegenübersaß. Er strahlte eine unglaubliche Ruhe aus, eine Lässigkeit, die mich faszinierte, gekoppelt mit einer starken erotischen Präsenz, mit der er nicht hausieren ging, die aber gerade deswegen nicht an mir vorbeiging. Und dann dieses Lächeln! Meist lächelte er einfach freundlich, aber am Flughafen, als ich ihn so angestarrt hatte, da hatte er auf diese selbstbewusste, freche, ja fast dreckige Art gelächelt, die mir klarmachte, dass er durchaus wusste, wie er wirkte. Wirken konnte.

Mittlerweile hatte er diesen komischen Pulli ausgezogen und trug nur Jeans und T-Shirt. Es war keine Frage: Er war äußerst attraktiv. Ich mochte seine hellgrauen Augen, auch seinen gepflegten kurzen Bart, über den er immer strich, wenn er nachdachte, bevor er etwas sagte. Sein ganzes Sein schien in etwas getaucht, was ihm eine besondere Ausstrahlung verlieh. Ich konnte nicht orten, was das war. Er wirkte locker und sicher und in sich gefestigt. Und doch gab es daneben noch etwas anderes… eine kleine Unruhe, ein Hauch Schwermut, den ich zu spüren meinte.

»Sitzen Sie öfter in dieser Stellung?«, fragte ich ihn. »Es wirkt sehr lässig. Ich meine, mir schlafen in dieser Position schon nach zehn Minuten die Beine ein.«

»Das ging mir zu Beginn auch so, hat sich aber mit der Zeit gegeben. Aber, verzeihen Sie, wenn ich indiskret bin … was machen Sie in Indien?«

Ich öffnete den Mund – und konnte nichts sagen. Die Flut der Ereignisse der letzten Tage, Wochen und Monate prasselte wie eine Sturmflut auf mich ein und ich schloss meine Lippen. Mein Blick ging an ihm vorbei, durch das Fenster, blieb am

Schriftzug des Restaurants gegenüber hängen. Instinktiv drehte er sich leicht in Richtung meines Blicks, dann wieder zu mir zurück. Sah mir in die Augen.

»Böse Erlebnisse gehabt?«

Seine direkte Frage schnürte mir den Hals zu. Ich nickte.

»Ziemlich«, sagte ich heiser. Er schwieg daraufhin, die Bedienung kam, räumte ab. Mit einem Fingerschnippen bestellte er orientalischen Kaffee, der am Tisch zubereitet wurde und einen betörenden Duft verströmte.

»Kardamom, Zimt, geröstete Bohnen ... mmh«, schwärmte er. »Das ist echter Kaffee, finden Sie nicht?«

Ich nickte stumm. Beide rührten wir eine Weile in unseren Tässchen. Niemand sprach ein Wort. Er brach als erstes das Schweigen.

»Was machen Sie beruflich?«

»Ich war Vertriebsdirektorin in einer Immobilien-Entwicklungsgesellschaft, aber ich will mich neu orientieren und weiß noch nicht, wohin es gehen soll. Ich brauche Bedenkzeit. Und Tapetenwechsel.«

»Wow. Dann ist Indien natürlich die erste Wahl, was Tapetenwechsel angeht. Festes Ziel dort?«

»Ich habe Freunde, die gerade in Maharashtra sind und die will ich besu...«

»Maharashtra!«, unterbrach er mich erstaunt. »Das heilige Land ...« Er wirkte fast bestürzt.

»Heiliges Land?«

»Ja, in Maharashtra ist nachweislich der größte Anteil an Heiligen zu finden ... Shankarachaya, Tukaram, Eknath, Guru Nanak ... und die meisten heiligen Stätten.« Er lächelte schwach. »Da haben Sie ganz schön was zu tun, wenn Sie die alle aufsuchen wollen.«

»Oh, wow, Sie kennen sich ziemlich aus! Ich hatte gar nicht vor, diese Stätten zu besuchen. Aber sind diese Sehenswürdigkeiten der Grund, warum Sie nach Indien fliegen?«

»Ähm ... jein. Ich will eher Richtung Himalaja. Uttarakand reizt mich auch. Aber ich habe es nicht eilig und will vorher noch ein wenig umher reisen. Ich gönne mir ähnlich wie Sie eine Art Auszeit.«

»Vom Beruf?«

»Vom Leben.«

Ich starrte ihn an.

»Böse Erlebnisse gehabt?«

»Ich … nein … ist ein lang gehegtes Vorhaben, diese Reise.«

Aber diesmal war er es, dessen Blick sich in der großen Weite der Mokkatasse verlor.

Ich betrachtete ihn wieder. Seine Augen, seine Statur, die Art, wie er saß, sein halblanges, in der Mitte gescheiteltes Haar und die glänzenden Strähnen, die ihm vorwitzig über die Augen fielen. Ich musste lächeln. Er war süß. Ich nahm mein Weinglas in die Hand und stieß sachte an das seine, das unberührt auf dem Tisch stand. Als er den Blick hob, sog ich die Luft ein und mir fiel überdeutlich auf, wie schön sein Gesicht war, wie schön der Ausdruck in seinen Augen.

»Stoß mit mir an«, sagte ich leise. Und als er wortlos sein Glas hochnahm und der vollendete Klang zweier Gläser nachhallte, die sich nicht zu fest und nicht zu sanft berührt hatten, toastete ich:

»Auf das Leben!«

Er zuckte zusammen und trank mit gesenktem Blick.

***

Vom Rotwein erhitzt, mit vom Tag müden Körpern, standen wir schließlich wieder in der einigermaßen kühlen Abendluft. Es begann zu nieseln und Ben studierte den Fahrplan.

Als wir an der letzten Station ausstiegen, war der feine Niesel in heftigen Regen übergegangen. Ausgiebig kam das Wasser vom Himmel herunter und wir flüchteten uns in ein kleines Pub, um den Zenit des Regenschauers abzuwarten. Ben bestellte noch mal Wein.

»Kein Whiskey?«, fragte ich ihn.

»Willst du?«

»Oh, bloß nicht, ich bin schon betrunken. Mir wäre ein Kräutertee lieber gewesen.« Ich lächelte. »Aber Pfefferminztee in einem englischen Pub ist wohl eher seltsam.«

Wieder lachte er in sich hinein, lehnte sich amüsiert mit einem Arm auf den Tresen und sah auf mich hinunter. Er wirkte irgendwie total vertrauenswürdig. Ich fühlte mich bei ihm zu absoluter Offenheit aufgerufen.

»Also, ohne diesen scheußlichen Pulli bist du wirklich attraktiv«, sagte ich zu ihm.

»Das fällt auf, dass du was gegen meinen Pulli hast. Das verletzt mich«, gluckste er »Dabei hab ich den selbst gestrickt!«

»Du? Ich meine, mit Nadeln und Wollknäuel … das volle Programm?«

Er nickte.

»Oh, nee!« Gespielt gequält vergrub ich mein Gesicht in meinen Händen. »Du strickst!? Jetzt weiß ich endlich, woher du solche Muskeln hast!«

Nun lachte er lauthals heraus, während ich fortfuhr:

»Aber ehrlich, Ben: Das Teil ist ne Katastrophe! Ist nur noch durch deine Schuhe zu toppen. Wie kann ein Mann wie du solche Schuhe anziehen?«

Ich wurde rot, weil das ja ziemlich unverschämt war, aber er lachte noch immer.

»Ich stelle fest, du bist nicht sauer«, sagte ich überrascht. Vorsichtig nippte ich von dem starken Wein. Ich fühlte mich betrunken. Also gut, ich *war* betrunken. Dieses kühne Besoffensein, das einem weismacht, alles sagen zu dürfen, ohne je die Folgen tragen zu müssen.

»Wieso runzelst du die Stirn bei dieser Aussage?«, fragte er, lächelte breit, vollkommen amüsiert und so ansteckend, dass ich mitlächeln musste.

»Weil ich gerade einige Dinge bemerke, die anders sind an dir.«

»Anders gemessen an was?«

»Anders als bei anderen Männern.«

»Und das wäre?«

»Zum Beispiel, dass du lachst, wenn du dich ärgern müsstest. Und in deinen Augen ist etwas, was ich bisher nicht so oft bei Menschen gesehen habe. Eine gewisse Leichtigkeit oder Heiterkeit … hm … du scheinst sorglos zu sein. Bist du das? Bist du sorgenfrei, Ben?«

Bildete ich mir das ein oder verdunkelte sich sein Blick mit einem Mal? Bevor ich noch weiter darüber nachdenken konnte, ob meine Einschätzung richtig war, schoss die Antwort auf die Frage statt aus seinem aus meinem Mund:

»Okay, nein, du bist nicht sorgenfrei. Aber das wärst du gern, nicht? Ist es das, was du in Indien suchst?«

Nun war sein Lächeln komplett verschwunden. Seine Augen blitzten nicht mehr, sie ruhten auf mir in ehrlichem Erstaunen.

»Oh«, sagte ich und wunderte mich immer mehr über mich selbst. »Ich habe recht, nicht?«

»Sag mal ...«, fing er an, brach ab, stieß einen undefinierbaren Laut aus und sah sekundenlang zu Boden.

»Was heißt eigentlich ›Auszeit vom Leben‹«, brabbelte ich weiter. »Wie kann man vom Leben eine Auszeit nehmen, wenn man doch am Leben *ist*? Das ist doch Betrug an sich selbst, irgendwie ... oder nicht?«

Inzwischen starrte er mich fast böse an. Aber es ging an mir vorbei, ich war voll in diesem ›ich kann sagen was ich will-Modus‹, der mich erst recht trunken machte und den ich auskosten wollte, bevor es wieder vorbei war.

»Und wieso brauchst du eine Auszeit vom Leben, wenn du noch gar nicht gelebt hast? Ich meine, wie alt bist du? Du hast ein Studium – ein Elitestudium – machst du da gar nichts draus? Bist du einer, der sein Leben hinwirft?«

»Nein«, brachte er heraus. Offensichtlich hatte er Schwierigkeiten, sich zu fangen, aber es gelang ihm. »Ich setze Prioritäten. Sagen wir mal, ich habe früh erkannt, was wirklich wichtig ist im Leben.«

»Und was ist wirklich wichtig im Leben, Mr. ... Mr ... hast du mir eigentlich schon deinen Nachnamen verraten?«

»Bisher noch nicht.«

»Tust du's?«

»Ich weiß nicht.«

Pause. Ich nahm einen großen Schluck Rotwein, einen sehr großen Schluck, und dachte mir: Wenn er mich nach meinem Namen fragt ... was sage ich dann? Ich hätte in Indien aufwachsen und Geeta Sharma heißen sollen, wäre es nach meinem Vater gegangen. Aber so heiße ich Greta Ehlers. Wäre ich eine andere, wenn ich anders heißen würde? Wäre ich anders, wenn ich in Indien aufgewachsen wäre? Sicher wäre ich das. Aber wenn ich durch eine andere Umgebung anders hätte werden können, dann steckte das als Potenzial doch alles in mir! Die Umstände hatten eben bisher nur einen Teil herausgeholt. Wer war ich wirklich? In Gänze? Und was waren das gerade für verdrehte Gedanken?

»Vielleicht müsste ich es anders formulieren«, dachte ich weiter laut nach und ohne Rücksicht darauf, dass Ben ja meinen gedanklichen Wegen nicht folgen konnte. »Vielleicht müsste ich dich einfach nur fragen, wie du zurzeit heißt. Wie du dich zurzeit nennst.«

Sein Glas knallte auf den Tresen und er bestellte sich mit einem Wink Whiskey. Erschrocken sah ich auf. Was hatte ich denn gesagt? War ich unhöflich gewesen? Bestürzt beobachtete ich ihn, wie er blind auf sein Glas starrte, dann zu mir blickte mit einem Ausdruck in den Augen, den ich nicht deuten konnte. Sein Whiskey kam, er stürzte das Zeug mit einem Schluck hinunter. Wieder fixierte er mich. Stumm senkten sich unsere Blicke ineinander und schließlich sagte er leise:

»Ich bin ... Ben McArran.«

Seine Antwort warf mich um. Die Art, wie er sie geäußert hatte. Trotzig. Stolz. Sehnsüchtig. Unschlüssig, für welches Gefühl er sich entscheiden sollte. Aber er lächelte wieder, lächelte mit Wehmut, als gäbe er ihn her, seinen Namen, als gäbe er damit seine Persönlichkeit an mich preis, als entblöße, verriete er sich damit ... und er sah mich immer noch an, fast wie ein trotziges Kind, fast hilfesuchend ... und dieser Moment, dieser Blick von ihm war so intim, so delikat, dass die kleine Ecke an der Bar, in diesem rauchigen Pub, im überfüllten London, inmitten von Millionen von Menschen, zu einer kleinen Insel wurde, auf der es nur noch ihn und mich gab.

»Ben Mc Arran«, wiederholte ich andächtig. »Das klingt wundervoll. Ein wirklich schöner Name.«

Er sagte nichts. Inzwischen war klar, dass er genauso wie ich Geheimnisse trug, über die er nicht reden wollte.

»Aber sag nicht, dass Ben von Benjamin kommt«, versuchte ich ihn aufzuheitern und stupste leicht an seine Hand, die auf dem Tresen lag. »Wie ein kleiner Benjamin siehst du eigentlich nicht aus.«

»Weißt du, was Benjamin bedeutet?«, fuhr er mit diesem melancholischen, wehmütigen Anstrich fort. »Der Name stammt aus dem Hebräischen und bedeutet ›Sohn der rechten, glücklichen Hand‹; Es bedeutet Glückskind. Cool, was?«

»Oh, wie schön!«, entfuhr es mir. »Hoffentlich machst du was draus!«

»Was?«

»Hoffentlich machst du was draus! Nomen est omen, oder? Bei diesem Namen ist es ja schon fast Verpflichtung, etwas aus seinem Leben zu machen!«

»Okay, hört sich fast so an, als meintest du, ich hätte das nötig! Wegen des Pullis?«

»Oh, verflixt, ich hoffe, ich hab nicht allzu oft draufgestarrt!«

»Doch, hast du!«

»Das entbindet dich nicht von der Antwort auf die Frage, was du aus deinem Leben machst? Oder eben mit der Auszeit?«

»Kommt drauf an, was du darunter verstehst.«

»Ist ja wohl nebensächlich, was ein anderer darunter versteht«, sagte ich. »Entscheidend ist doch, was es für dich bedeutet. Und ob dich all das wirklich glücklich macht.«

Ich weiß nicht, warum, aber aus irgendeinem Grund hatte es ihm schon wieder die Sprache verschlagen. Er sagte lange Zeit nichts. Und endlich trat mir ins Bewusstsein, dass ich ihm ziemlich nah kam, fast schon angriff. Er wirkte jedenfalls, als hätte ich ihn mehrmals unvermutet geohrfeigt.

»Oh, sorry, ich wollte dir nicht zu nahe treten«, ruderte ich zurück. »Ich ...«

»Greta ... ich ...« Er brach ab. Ich hatte keine Ahnung, an welchen wunden Punkt ich gerührt hatte, der ihn jetzt so durcheinanderbrachte. Aber die Art, wie er mich beim Namen nannte, so, als ob wir uns schon lange und ewig kennen würden, ließ mich meinerseits verstummen. Noch immer starrte er vor sich hin, auf das Glas, auf den Aschenbecher, zog einen Zahnstocher aus der Menage vor uns und brach ihn in lauter kleine Stücke. Er schien inzwischen ganz woanders zu sein.

Vorsichtig legte ich meine Hand auf die seine. Obwohl er so hünenhaft und muskulös war, hatte er keine Pranken. Seine Finger waren schmal und als ich ihn berührte, durchfuhr mich ein Stromstoß – und ihn fühlbar auch. Salz auf unserer Haut. Er sah auf.

»Es tut mir leid«, sagte ich leise. »Ich wollte dir nicht auf die Zehen treten. Ich weiß auch nicht, was mich dazu getrieben hat, all das zu sagen. Bitte entschuldige.«

So. Die Stimmung war hinüber. Wir beide waren wohl in unsere jüngste Vergangenheit gefallen, die die heitere Stimmung der letzten Stunden restlos verbrannte.

»Bist du nicht«, behauptete er dennoch. »Alles gut.«

»Logisch«, spöttelte ich. »Und wie geht es dir sonst? Benjamin von McArran?«

Sein Lächeln war wieder da. »Oh, bitte sag Ben«, sagte er. »Benjamin klingt so … na ja, lassen wir das. Also, Greta von und zu … hast du mir eigentlich schon deinen Nachnamen verraten?«

»Ehlers. Greta Ehlers. Mein Vorname ist banal und hat wohl kaum eine Bedeutung.«

»Alle Namen haben eine Bedeutung«, widersprach er, plötzlich wieder voll anwesend. Er holte sein Handy aus der Tasche und googelte meinen Vornamen.

»Greta bedeutet ›Perle‹«, informierte er mich. »Also … Mylady! Nomen est omen – mach was draus! Der Bedeutung nach sollst du wohl Dreck und Schmutz in etwas Wunderschönes, Wertvolles und Unzerstörbares verwandeln.«

Beide getroffen sahen wir uns an, und beide schwiegen wir. Beide senkten wir den Blick. Schließlich sagte er:

»O je. Scheint ne passende Retourkutsche gewesen sein. Gehen wir?«

Ich nickte. Er ließ es sich nicht nehmen zu zahlen, aber dann bekam er eine Reihe von Textnachrichten, die er, noch während er das Geld auf den Tresen legte, las und die ihm eine Reihe von leisen Flüchen entlockte. Als er mit mir nach draußen trat, war sein Blick dunkel und kühl.

Die Stimmung war endgültig verdorben.

***

Es regnete nicht mehr so stark, dennoch wurden wir nass, bis wir das kleine Hotel erreichten und mir war kalt. Die Rezeptionistin, inzwischen eine Dame mittleren Alters, händigte Ben seinen Schlüssel aus.

»Und wo ist meiner?«, fragte ich.

»Ihrer? Hier steht, Sie haben ein Doppelzimmer.«

»Oh, nein, ich habe ganz sicher zwei Einzelzimmer gebucht«, wehrte sich Ben und lief rot an. »Hier steht's!« Er zog die Kopie aus der Tasche und zeigte sie ihr.

»Oh, Sir, das tut mir leid, aber da ist uns wohl ein Fehler unterlaufen. Ich kann aber einen von Ihnen gern in unserem Schwesterhotel in der Innenstadt unterbringen.«

»Ja, okay, dann buchen Sie das für mich«, antwortete Ben.
»Selbstverständlich. Das kostet nur einen Anruf. Ich werde …«
»Nein, warten Sie«, fiel ich ihr ins Wort. Es war fast Mitternacht und Ben sollte noch mal eine Stunde durch die Gegend gondeln? Und überhaupt: Ich wollte ihn hier haben, damit ich morgen mit ihm stolperfrei zum Flughafen kam!
»Ben«, wandte ich mich an ihn. »Du bist doch sicher anständig, oder?«
»Hochanständig« Er lächelte. »Kannst dich drauf verlassen.«

Alles ganz anders

Das Zimmer war entzückend. Es war klein, mit rostrot-gold gestreiften Tapeten ausgekleidet, altmodischen Möbeln und einem kuscheligen Himmelbett mit dicken dunkelroten Samtvorhängen und goldenen Troddeln dran. Es gab ein Minibad mit einer herrlich heißen Dusche – mehr wollte ich gar nicht! Mit Genuss spülte ich den Staub des Tages ab und fühlte zudem einen angenehmen, leichten Muskelkater.

Ohne Ben anzusehen, lief ich zum Bett und kuschelte mich hinein, während er im Bad verschwand. Es dauerte nicht lange, da ächzte die andere Seite unter seinem Gewicht und er zog vorsichtig die Decke hoch. Ich fühlte mich herrlich müde, sah zu ihm hinüber. Er lag mit offenen Augen auf dem Rücken, starrte die Decke an, und ich stützte mich noch mal hoch.

»Ben? Geht es dir gut?«

»Ja, alles gut, Greta.«

»Okay«, sagte ich zögernd. »Dann ... vielen Dank für den schönen Tag heute, es war herrlich! Einfach alles! Gute Nacht, Ben.«

»Gern geschehen, Greta, gute Nacht.«

Ich legte mich zurück – um gleich wieder hochzufahren.

»Herrje!«, rief ich und schwang die Beine wieder aus dem Bett.

»Was ist jetzt?«

»Hab vergessen, den Wecker zu stellen!«

»Ich hätte dich schon geweckt, keine Sorge.«

»Trotzdem ...« Ich holte mein Handy aus dem Rucksack und blieb mitten im Zimmer stehen, um die Weckzeit einzustellen.

»Du bist total ... zierlich«, sagte da Ben.

»Hm ... ja ... ich weiß«, murmelte ich zerstreut. »Danke, dass du zierlich sagst. Und nicht dünn.«

Das Signal für einkommende SMSs ertönte. Theo und Mona! Endlich! Aufgeregt ging ich, die Nachricht aufrufend, zurück zum Bett und setzte mich darauf.

»Liebe Greta, wir fassen es nicht! Du kommst nach Indien! Aber wie du schon richtig vermutet hast, sind wir mitten im Retreat. Wir können das nicht unterbrechen. Am besten wäre es, du kommst so in drei, vier Wochen – Anfang Oktober. Ansonsten müsstest du dich alleine in Indien herumschlagen.

Nicht gut als Frau. Komm einfach später und alles ist gut. Wir freuen uns auf dich!«

»Oh, nein«, ächzte ich leise. »Und was mache ich jetzt?«

»Schlechte Nachrichten? Was ist los?«

»Theo und Mona, meine Freunde, die ich besuchen wollte, sie haben keine Zeit. Sie sagen, ich soll erst in drei bis vier Wochen kommen ... ich ...«

Gestresst biss ich mir auf die Lippen. Was sollte ich nun tun? Wieder zurück nach Deutschland? Flug umbuchen? Wäre das Vernünftigste. Oder doch allein nach Indien? Nein, das traute ich mich nicht. Ben hatte sich aufgesetzt.

»Heißt das, du fliegst morgen nicht mit?«

»Ich weiß es noch nicht. Vermutlich nicht.«

Wieder presste ich die Lippen zusammen. Ben breitete die Decke über meine angezogenen Knie. Ich merkte es nicht.

»Du frierst«, stellte er fest. Ich ließ mich nach hinten fallen, das Handy in der Hand. Wieder zupfte er an der Decke, zog sie hoch bis zu meinem Kinn, stopfte sie seitlich an meinen Körper fest, wie bei einem Kind. Das weckte sehr seltsame Gefühle in mir. Sein Gesicht war nah, sehr nah, als er das tat. Seine Augen blickten in die meinen.

»Wie lange bleibst du in Indien?«, fragte ich ihn.

»Ähm ... schon eine Zeit lang. Könnten Monate werden. Und du?«

»Ich habe ungefähr acht Wochen. Dann muss ich zurück.«

»Okay ... und ...«

Er zögerte, dann brach er ab.

»Du willst mir nicht sagen, was du vorhast, oder?«, fragte ich und richtete mich wieder ein bisschen auf, was unsere Körper noch näher zueinander brachte. »Du willst eigentlich gar nichts von dir verraten. Und das musst du ja auch nicht. Ich meine, wir kennen uns nicht. Wir müssen uns überhaupt nichts erzählen.«

Verwirrt sah er mich an. Ich hatte geradezu verzweifelt geklungen, hatte laut und wirr gedacht, und es war mir bewusst.

»Worauf willst du hinaus?«

Ja, worauf wollte ich hinaus? Das wusste ich selbst nicht. Wieder ließ ich mich in die Kissen fallen. Da fasste er mit einem Arm über meinen Brustkorb, stützte seine Hand neben meinem Kopf ab und beugte sich über mich. Sein Gesicht war direkt vor meinem und mein Herz fing unkontrolliert an zu schlagen, sandte Hitze aus, Hitze, die ihn erreichte, die ihn umfing, die ihn die Augen schließen ließ. Eine Sekunde verging, noch eine. Auch ich hatte meine Augen geschlossen. Fühlte ihn, ohne dass wir uns berührten. Sein Atem strich über mein Gesicht, aber er bewegte sich nicht. Mein Herz, mein Körper reagierte, ungewollt, er war so nah, so warm, so …

»Du hast gesagt, du bleibst anständig«, flüsterte ich und unterdrückte den Impuls meines Körpers, sich ihm entgegenwölben zu wollen.

»Und was ein McArran sagt, das hält er«, flüsterte er zurück und öffnete seine Augen. Sie waren klar, intensiv und so voll, dass mein Blick sich in ihnen verlor. Ein winziger, undefinierbarer Funke stahl sich in seine Augen, dann rollte er zurück, wieder in Rückenlage, verharrte ein paar Sekunden, schlug die Bettdecke zurück und begab sich noch einmal ins Bad. Ich hörte Wasser rauschen. Ich lag in den Kissen, berührt und verwirrt von dieser kleinen Szene.

Sein Handy lag auf dem Nachttisch und begann so stark zu vibrieren, dass es herunterfiel. Ich legte mich quer übers Bett, langte nach unten und hob es auf. Der WhatsApp-Verlauf war offen und unversehens erhaschte ich die Vorschau von in Sekundentakt abgesandten Nachrichten.

»Hey, Dude, hab gerade davon erfahren … dachte, ich …«
»… und was mach ich jetzt mit den Tickets???«
»Und die Hütte?«
»Du hast uns was versprochen, Alter!«

Vorsichtig legte ich das Handy auf sein Kopfkissen.

Ich wusste, ich hätte nachdenken müssen, aber alles, was in meinem Kopf herumgeisterte, war der hellgraue, glitzernde Blick von Ben McArran.

Ohne mich anzusehen, kam er zurück und sah auf das Handy auf seinem Kissen.

»Es ist runtergefallen«, informierte ich ihn. »Hat ziemlich heftig gebimmelt.«

Damit drehte ich mich um, hörte, wie er das Smartphone nach einer Zeit zurück auf den Nachttisch legte, hörte das Bett ächzen. er schaltete das Licht aus. Es wurde dunkel.

Er schlief ein, ich auch. Aber nach zwei Stunden war ich wieder wach. Mein Kopf wollte eine Lösung. Vorsichtig sah ich auf die

Uhr … halb vier. In drei Stunden musste ich wissen, was ich machen wollte.

Und wenn ich hier in England bliebe? Leihwagen? Hm, aber der Linksverkehr … oder einfach Mallorca, Zypern, Madeira …? Erschien mir langweilig. Aber ich hatte alles im Koffer – Abendkleider, Bikinis, Pullis und Geld hatte ich eigentlich auch.

»Kannst du nicht schlafen?«

Ich erschrak. »Hab ich dich geweckt? Sorry.«

»Nein, ich werde oft um diese Zeit wach. Was wirst du jetzt tun?«

»Weiß ich immer noch nicht.«

»Sei doch einfach spontan!«

»Das war ich noch nie. Fällt mir schwer.«

Er drehte sich in der Dunkelheit auf die Seite und sah mich erstaunt an.

»Noch nie?«

»Soweit ich mich erinnern kann. Nicht mal als Kind. Bin eher der Typ, der neunundneunzig Jahre vorausplant und der Überzeugung ist, dass Disziplin und harte Arbeit die Grundlage jeden Erfolgs sind und …«

Ich brach ab, als mir bewusst wurde, dass sich das bei mir gar nicht bewahrheitet hatte. Disziplin hatte mir auch nicht den Erfolg gebracht, den ich mir so dringend vom Leben hatte erkämpfen wollen.

»Ja, aber hier geht es doch nicht um Erfolg, sondern darum, was du aus zwei Monaten Auszeit machst«, antwortete er sanft. »… und da ist es wunderbar, dass du jetzt Gelegenheit hast, spontan zu sein.«

»Ich war schon zu spontan, als ich diese Reise gebucht habe! Total unüberlegt! Wie man sieht, stellt sich das Leben wieder mal quer.«

»Das Leben stellt sich nie quer.«

»Oh, Mann, Ben, du redest wie einer frisch von der Uni! Hast du eine Ahnung, wie quer sich das Leben stellen kann! Das erlebe ich dauernd!«

»Wahrscheinlich bist du es, die sich quer stellt«, antwortete er ernst.

»Ach, ich weiß nicht«, maulte ich und der ganze Frust der letzten Monate färbte meinen Tonfall. »Wenn ich etwas will und was dafür tue, dann sollte es sich doch erfüllen. Und was passiert? Meistens das Gegenteil. Manchmal hab ich echt keine Lust mehr.«

Ich brach ab. Ich hörte mich an wie ein negativer Jammerlappen.

»Vielleicht soll es einfach nicht so sein«, hörte ich ihn sagen. »Dinge sind, wie sie sind, und was geschieht, ist immer besser, als das, was hätte sein sollen oder was wir eben glauben, was hätte sein sollen. Nur dass wir das nicht immer gleich erkennen.«

Ich lachte verständnislos.

»Du hast gesagt, du machst eine Auszeit«, erinnerte er mich. »In einer Auszeit lässt man los … man lässt die alten Dinge auf den Grund sinken, damit das Wasser wieder klar wird. Lass doch mal die Dinge auf dich zukommen und schau, wohin dich das führt.«

»Und du? Was hätte bei dir sein sollen und ist nicht so gelaufen, dass du sogar vom ganzen Leben eine Auszeit brauchst?«, fragte ich. »Ist ne ganz spontane Frage, weißt du.«

Ein verblüfftes Lachen entfuhr ihm und er schüttelte leicht den Kopf. Mir war, als hätte er am liebsten »Fuck!« gerufen. Aber er drehte sich um und schlief wieder ein. Jedenfalls tat er so.

***

Am Morgen war ich vor ihm wach, machte mich leise zurecht, schrieb ihm einen Zettel und ging nach unten. Vor meinem mixed toast und dem heißen Tee sitzend, spielte ich alle möglichen Szenarien erneut ergebnislos durch.

Dann kam Ben durch die Tür. Er musste den Kopf einziehen, um nicht anzustoßen, trug zu meinem Erstaunen Sneakers und ein völlig normales Sweatshirt. Seine gute Laune war zurückgekehrt und als er sich großzügig Butter aufs Toast schmierte, fragte er:

»Was macht die Spontaneität?«

»Die schwimmt irgendwo in Abrahams Wurstkessel. Ich denke darüber nach, aber das ist wohl nicht spontan.«

»Wovor hast du Angst?«

»Dass ich mich für das Falsche entscheide.«

»Dann ist wohl keine der Möglichkeiten, über die du nachdenkst, die richtige.«

»Woher weißt du das?«

»Weil du dich mit keiner wohlfühlst. Zumindest hab ich den Eindruck, dass es so ist.«

»Ja, das ist wahr«, bestätigte ich. »Ich will nicht allein nach Indien ohne festes Ziel, nicht zurück nach Deutschland, aber auch nicht auf die Balearen oder Kanaren ...«

»Was sagt dein Wohlfühlbarometer zu dem Vorschlag, mit mir durch Schottland zu reisen?«

»Was?«

»Durch Schottland und England zu reisen. Ich habe ein paar Freunde, die unbedingt mit mir noch was unternehmen wollen, bevor ich nach Indien gehe – und tadaa – ich bin spontan! Ich habe zugesagt. Du könntest mit.«

»Ich könnte mit?« Ein heißes Gefühl durchflutete mich. »Das ... das würde dich nicht stören?«

»Sonst hätte ich dich doch nicht eingeladen! Hast du nicht gesagt, dass du England nicht kennst?«

»Und du hast keine Hintergedanken?«

»Garantieren kann ich für nichts«, grinste er und es war wieder dieses dreckige, charmante, selbstbewusste Lächeln vom Flughafen. Er sah mit einem Mal ganz anders aus, als ob er eine Maske abgelegt hätte. Es war nicht beunruhigend, es war einfach nur anders, es war, als ob er wieder in eine gewohntere, vertrautere Rolle schlüpfte. Jedenfalls lächelte er, lässig, und mit seinem Glitzern im Auge, als er fortfuhr:

»Ich bin offen für alles. Ich will nur, dass du weißt, das alles, was passiert, von dir und mir gewollt sein soll ... und dass es nur in dieser Auszeit existieren kann. Jetzt brauchst du aber eine Menge Spontaneität auf diese Ansage, was?«

Ich pustete Luft aus. »Ja, allerdings, das stimmt! Kannst du mir mal verraten, warum ich mich trotzdem so wohl damit fühle?«

Er lachte laut heraus und hielt die Hand für ein High five hoch. »Deal?«

»Deal«, sagte ich glücklich und schlug ein. Ja, weiß der Geier – aber ich fühlte mich nicht nur wohl mit dieser Entscheidung – ich hätte jauchzen können! Es war ein sattes, rundes, gutes Herzbauchgefühl.

Voller Enthusiasmus machte ich von meiner Umbuchungsversicherung Gebrauch, kaufte mir einen

Reiseführer, was Ben mit einem Kopfschütteln quittierte, und auf seine Empfehlung noch einen Schal und eine Mütze. In vier Wochen auf den Tag genau würde ich wieder hier stehen und meinen Flug nach Mumbai antreten – zu Mona und Theo.

Vor mir lagen vier Wochen Spontaneität! Oh, es war ein geiles Gefühl! Ich hatte ich mich noch nie so lebendig gefühlt!

Wir kamen überein, uns etwa zehn Tage lang einen Leihwagen zu nehmen, dessen Kosten wir uns teilten, danach konnte Ben das Auto seines Kumpels Chris nutzen.

»Wo fangen wir an?«, fragte ich aufgeregt. »Hast du einen Plan?«

»Was interessiert dich denn? Willst du das Nightlife von London kennenlernen oder andere Städte?«

»Ich will vor allem aufs Land. In England soll es doch die schönsten Gärten geben – die will ich sehen! Und die Highlands in Schottland! Ich brauche keine Stadt, es sei denn, du sagst, dass eine besonders sehenswert ist, dann gehen wir dahin. Wie machen wir das mit den Übernachtungen?«

»Ich habe ein Zelt.«

»Okay.« Mit Wehmut dachte ich an die Abendkleider in meinem Koffer – Campen war nicht so mein Ding. »Dann müsste ich mir noch eine Isomatte und einen Schlafsack besorgen.«

»Ach Quatsch, das war Spaß. Wir übernachten in kleinen Hotels und B&Bs, bis wir nach Schottland kommen. Das ist übrigens wunderbar, dass du keine Städte magst! Weißt du was? Wir fahren wir an der Südküste Englands entlang, von Kent bis Cornwall und die Westseite hoch bis nach Schottland in die Highlands. Dann ist schon mal gut ne Woche um.«

»Das hört sich spannend an! Und danach?«

»Ein Freund von mir hat eine Hütte in den Highlands. Die können wir für die restliche Zeit nutzen. Aber in der letzten Woche kommen meine Kumpels und bleiben ein paar Tage.«

»Ist da genug Platz, wenn das nur eine Hütte ist?«

»Keine Sorge. Sie hat drei Gästezimmer.«

»Wow«, freute ich mich. »Ach, Ben, das klingt absolut super!«

»Also, meine Perle«, erwiderte er und zwinkerte mir zu. »Dann lass uns losfahren!«

Es war das erste Mal, dass er mich so nannte, und das Leuchten in seinen Augen zeigte mir, dass er sich auf diese Tour genauso freute wie ich. Auch das war ein gutes Gefühl.

***

Schon der erste Tag war ein Traum. Als Ben die Formalitäten für den Wagen erledigte, wurde mir so richtig bewusst, was dieser Trip bedeutete: Es war ein echter Break und die Tatsache, dass ich mit jemandem unterwegs war, der mich nicht kannte, war besonders reizvoll. Es gab kein Muss und keine Leistungsanforderung, keine Rolle, die ich einnehmen oder Verpflichtungen, die ich übernehmen musste. Ich würde in den Tag hineinleben und zwei Monate in meinem Leben das tun, wonach mir war.

So wie wir aus London herausgefahren waren, wurde es grün. Satte, üppige Wiesen und Felder breiteten sich vor meinem Auge aus und Ben bog, zwei Autostunden von London entfernt, in eine Seitenstraße ein, die zu einem, wie er sagte, kleinerem Schloss führte. So ich besichtigte ich zum ersten Mal ein altes englisches Anwesen.

Es waren nicht nur die großzügig gestalteten Räume, die mich faszinierten. Es war die Anordnung des Gesindehauses, die perfekte Aufteilung der Zimmer. Alles war dafür gemacht, dass von draußen geerntete Produkte verarbeitet und frisch auf den Tisch gebracht werden konnten. Im Herrenhaus gab es mehrere Kaminzimmer, Frühstückszimmer, Salons, Esszimmer und so viele Schlafzimmer … und alle waren mit Feuerstellen bestückt.

Aber am meisten war ich von den Gärten begeistert, diesen typisch englischen walled gardens, in denen Gemüse, Obst, Kräuter und Blumen fürs Haus angepflanzt wurden, dem umliegenden Land mit den riesigen Grünflächen, teils kultiviert, teils wild, aber immer gepflegt, mit wunderschönen, großen Bäumen im Park, eigenem Waldbestand, manchmal sogar mit Flüssen oder Seen.

»Oh, das ist so schön! Oh, Ben, das ist ein Traum! Wie wünschte ich mir, hier leben zu können! Inmitten dieser Natur! Was für ein Zauber!«

Er lachte über meine Begeisterung und ich schwärmte ihm in einem fort vor, was ich an dieser Stelle machen würde und an jener ... am Wasser sitzen und lesen ... unter den Bäumen feiern ... und schau doch mal hier, dieses wunderbare Moos! Aufgeregt deutete ich auf einen alten Baumstumpf, der die Form eines dicken Kobolds zu haben schien und über und über mit smaragdgrünen Moosflechten bedeckt war.

»Oh, Mann, Ben!«, rief ich ekstatisch. »Wenn man so was sieht, dann glaubt man doch wieder an Elfen und Zwerge und unsichtbare Wesen!«

Eine ganze Welt entstand in meinem Kopf und Ben stieg darauf ein. Wir unterhielten uns über die Herr der Ringe- und die Hobbit-Trilogien und meine Augen leuchteten umso mehr.

»Wenn ich genügend Geld hätte, ich würde mir sofort so was kaufen!«, rief ich und war wieder mal extrem motiviert, einen Job zu ergreifen, der mir die Chance dazu gab.

»Musst du es denn besitzen, um es schön zu finden?«

»Ich will es besitzen, *weil* ich es schön finde! Dann könnte ich das jeden Tag genießen. Würdest du nicht gern so wohnen? Hier schwebt man doch nur noch! Das ist doch einfach grandios!«

»Ja, die Natur ist schön«, antwortete er. »Aber der Rest ist doch nicht so wichtig.«

»Oh, doch, er ist wichtig! Immerhin kostet das ja einiges, so ein Anwesen. Allein die Pflege für Garten und Wald ... vom Haus gar nicht zu reden.«

Der Ehrgeiz brannte in mir und mein Kopf suchte tatsächlich nach Möglichkeiten, sich das alles leisten zu können. Vielleicht war es doch nicht so blöd gewesen, BWL zu studieren?

»Trotzdem, es reicht doch, wenn man sich schlicht an so etwas erfreut«, widersprach Ben. »Im Besitz liegt ganz sicher nicht die Garantie für ein glückliches Leben.«

»Mag sein, muss ja auch nicht gleich ein Schloss sein«, unterbrach ich ihn und merkte nicht, dass seine Miene sich verändert hatte. »Obwohl ... Ich finde das wunderbar! Und ich fühle mich einfach wohl hier!«

Ich breitete die Arme aus und tanzte durch ein besonders schönes Stück Garten. Ben lachte und schüttelte den Kopf. Danach führte er mich in ein kleines Farmerrestaurant, wo wir im Ofen gegarte Kartoffeln und dicke Suppe mit selbst gebackenem Brot aßen. Es schmeckte himmlisch.

»Wie kommst du dann mit unserem so einfach gestrickten Urlaub zurecht?«, wollte er wissen. »Mit Suppe und Brot ... wenn du auf Schlösser stehst.«

»Das ist ja auch wunderbar.« Ich grinste ihn an. »Vielleicht ist es einfach die Schönheit der Natur, die man beschützen will. Das Wissen, sich darin zurückziehen zu können. Wir sind zwar erst seit ein paar Stunden unterwegs, aber ich könnte jetzt schon fliegen!«

»Erstaunlich!«, wunderte er sich ehrlich.

»Du weißt halt nicht, wo ich herkomme, ich meine als Kind. Sonst fändest du das nicht erstaunlich.«

»Wo kommst du denn her?«

»Es war eng. Und laut. Stickig. Der nächste Baum gefühlte drei Kilometer entfernt.«

»Aber hast du nicht gesagt, du bist Vertriebsdirektorin? Da verdient man doch einiges.«

»Ja, schon ...« Ich verstummte. An die momentane Situation wollte ich nicht denken.

»Was machst du eigentlich beruflich, Ben?«

»Ich war ein paar Jahre bei McKinsey und später Manager eines Familienunternehmens.«

»Bist du da immer noch?«

»Im Moment mache ich doch Auszeit.«

»Ich meine, nach der Auszeit. Oder nutzt du sie auch dafür, um dir klar zu werden, was du willst?«

»Nein, meine Zukunft ist klar geregelt.«

Er nahm einen Schluck aus seiner Flasche und sah zum Fenster hinaus. Okay, er wollte nicht drüber reden. Ich sagte nichts, aber nach einer Zeit wandte er sich mir wieder zu.

»Und wo willst du hin?«

»Nach oben. Viel Geld verdienen. Unabhängig sein. Ich will so viel Geld haben, dass ich mir nie mehr Sorgen machen muss. Am liebsten so viel, dass ich mir ein Schloss leisten könnte«, setzte ich noch feixend hinzu.

»Okay« Er runzelte die Stirn und schien gar nicht angetan. »Das ... ähm ... klingt ehrgeizig.«

»Ehrgeiz ist mein zweiter Vorname, wenn du es genau wissen willst.«

»Willst du darum einen anderen Job? Weil der alte nicht genug war? Was hast du denn vor?«

»Egal, irgendwas, was Geld bringt. Ich hab etliche Fähigkeiten, die ich einsetzen kann.«

»Aber du musst doch was tun, was dich innerlich erfüllt. Was dir Spaß macht!«

»Es macht mir Spaß, wenn ich Erfolg habe.«

»Aber du wirst keinen echten Erfolg haben, wenn dir die Arbeit keinen Spaß macht.«

»Was ist denn echter Erfolg?«, fragte ich, plötzlich gereizt.

»Wenn man tief in sich das Gefühl hat, dass das, was man macht, das Richtige ist, und zwar egal, ob es Geld bringt oder nicht.«

Ich rollte die Augen nach oben und hitziger als beabsichtigt, entfuhr mir:

»Ben, nimm's mir nicht übel, aber das sind alternative Redensarten, völlig realitätsfremd! Die Wahrheit ist, dass die Miete bezahlt werden muss und Strom und Wasser und alles ... und dass man eben auch Wünsche hat. Wenn man sich die finanzieren will, muss man was dafür tun. Fertig. Ich meine, jeder sucht sich seinen Lebensstil aus und ... nix dagegen einzuwenden, wenn du mit weniger auskommst, aber ich will halt einfach mehr! Was ist falsch daran? Wie schon angedeutet, ich habe das Gegenteil kennengelernt und für mich festgestellt: Da will ich nie wieder hin. Nie wieder!«

Ich stoppte abrupt.

»Oh, wow, das war ziemlich heftig«, stellte er fest. »Aber ehrlich, Greta, ohne zu wissen, wie dein Leben verlaufen ist ... vielleicht ist genau das der Stolperstein. Du scheinst die Dinge zu tun, um ein schreckliches Mangelgefühl zu kompensieren, das heißt, du agierst aus Angst. Aber Dinge, die aus Angst geboren sind, bestehen eben daraus. Auch ihre Ergebnisse. Das heißt, wenn Angst dich antreibt, dann hast du vielleicht was erreicht, aber es hat keinen Bestand. Und natürlich hast du dann auch Angst, es wieder zu verlieren. Du willst es festhalten, du willst mehr, bist dauernd in Hetze oder unter Druck, dein Kopf sagt dir, du brauchst noch mehr, damit die Angst endlich schwindet ... sprich, sie übernimmt alles und wird dich – ich will dir jetzt keine Angst machen ...«, er zwinkerte kurz mit ernstem Blick über das Wortspiel, »aber ... sie wird dich einholen. Dinge, die aus Angst entstanden sind, haben kein Fundament, also müssen sie früher oder später in sich zusammenstürzen.«

Ich wurde bleich, mein Blick verdunkelte sich. Aufgewühlt blickte ich auf den Brotkorb und zerbröselte die letzte Scheibe, die darin lag.

Genau das war mir passiert. Aber ich wollte nicht damit leben! Ich akzeptierte das nicht! Ich wollte das Ergebnis meiner Anstrengungen! Es konnte doch nicht falsch sein, aus seinem Leben etwas machen zu wollen! Was waren das nur für unfaire Regeln!? Und wer verdammt noch mal zwang uns, danach zu leben? Gott?

»Schau, Ben«, sagte ich heiser und wandte mich ihm mit brennendem Blick zu. »Ein Freund von mir wäre am liebsten Philosoph geworden. Nur, davon kann er seine Familie nicht ernähren. Also macht er irgendwas, um Geld zu verdienen, und Philosophie ist sein Hobby. Es klappt gut.«

»Ja, warum auch nicht. Aber wie macht er seinen Job? Mit welcher Intention? Bestimmt nicht aus Angst. Vermutlich macht er ihn aus Liebe, weil er seine Familie damit ernähren will.«

Nun war ich endgültig verstummt.

»Sag mal, Greta«, meldete er sich erneut zu Wort. Seine Stimme klang ehrlich neugierig. »Hast du dir noch nie überlegt, was du machen würdest, wenn es dir nicht auf Geld oder Erfolg ankäme?«

»Nein«, antwortete ich leise. »Weil es mir mein Leben lang darauf angekommen ist.«

Mit einem ungläubigen Laut lehnte er sich zurück.

»Warum hast du dann gekündigt, wenn dir Geld so wichtig ist?«, wollte er wissen. »Wolltest du einen noch besser dotierten Job?«

»Mein Chef hat seine Firma schließen müssen«, teilte ich ihm tonlos mit. »Es gibt in Deutschland aufgrund des Finanzskandals neue Regulierungen für Vertriebe und er hat nicht das Geld, die Auflagen zu erfüllen. Das können sich nur noch die Großen leisten – wie immer – und das ist einfach …«

»Mein Gott«, unterbrach er mich. »Das ist ja unglaublich!«

»Ja!«, fiel ich ein, froh, dass er mich verstand. »Es ist unfair! Es scheint, als ob man sich von alten …«

»Ist das Leben nicht herrlich?«

»Ähm … wie bitte?«

Und nun lachte er sogar. Laut, erstaunt, fasziniert.

»Das ist einfach grandios, findest du nicht?« Er kriegte sich fast nicht mehr ein vor lauter Freude.

»Sag mal, gibst du mir vielleicht ne Chance mitzulachen?«, fauchte ich ihn an.

»Hey, Dude!« Stürmisch winkte er dem Wirt hinter der Theke: »Zwei Gläser Sekt! Das muss gefeiert werden!«

»Sekt? Ben? Ähm … hallo? Was … sag mal … geht's noch? Was soll das? Fängst du jetzt total an zu sp…«

»Mann, Greta! Die Chance deines Lebens! Du hattest einen Job mit der falschen Grundlage, jetzt hast du die Möglichkeit, dir einen zu suchen, der besser zu dir passt! Wir trinken jetzt auf die Weisheit des Lebens und ihren Witz und Humor und …«

Der Wirt stellte die Gläser vor uns ab und grinste uns breit an.

»Habt ihr euch gerade verlobt?«

»Nein!«, rief Ben und seine Augen blitzten wie Sterne. »Besser! Wir trinken auf das Leben!«

»Von dem du gerade Auszeit nimmst!«, erinnerte ich ihn spitzzüngig. »Du dürftest gar nicht mittrinken! Und wir trinken auf *deinen* Humor. Der scheint nämlich ziemlich schwarz zu sein. Übrigens: Ich kapier gerade gar nichts?«

Wieder kullerte ein aufrichtiges Lachen aus Bens Kehle, er beugte sich über den Tisch zu mir und sah mir amüsiert in die Augen. Sein schön geformter Mund leuchtete, seine Augen blitzten. Ich saß vor ihm wie ein erstarrtes Kaninchen.

»Greta, du Glückspilz!« Er hob das Glas. »Du bist eine echte Inspiration! Auf das Leben! Auf dich!«

»Auf das Leben!«, wiederholte ich mechanisch, stieß mit ihm an und mit dem ›Pling‹ kam die Erkenntnis: Verflixt, der Typ hatte recht. Es hatte so kommen müssen. Zumindest was den Job anging. Aber was war mit Tobias? Ich war nicht ganz so guter Laune wie Ben. Mir schien, als hätte er mit dieser Aussage eine Tür in mir geöffnet.

Eine Falltür, in die ich nicht stolpern wollte.

***

Dieses unerwartete Mittagessen hatte jedenfalls Bens Schleusen geöffnet. Er wurde gesprächiger, erzählte von seiner Familie und seinen Freunden, von seiner Kindheit, von Streichen, die sie gespielt und Abenteuern, die sie erlebt hatten.

»Du hattest eine schöne Kindheit, was?«, fragte ich ihn. »So ganz ohne Geldsorgen und das alles.«

»Na ja, meine Eltern kann man nicht gerade als wohlhabend bezeichnen.« Er räusperte sich. »Sie sind toll und sehr aufgeschlossen. Meine Mutter ist ziemlich spirituell und hat in mir einen geeigneten Zuhörer gefunden. Da ist so einiges hängen geblieben, wie du bemerkt hast. Aber sie hat es nie übertrieben oder ist in diese schreckliche New Age-Szene gerutscht, wo jeder mit dem anderen wetteifert, die meisten übersinnlichen Fähigkeiten zu haben. Sie ist eher bodenständig.«

»Und dein Daddy?«

»Mein Daddy ist…« Ben verstummte und ich warf ihm einen Seitenblick zu. Er saß am Steuer, an den Linksverkehr hatte ich mich bislang noch nicht gewagt, das wollten wir angehen, wenn wir in Schottland waren. Da waren die Straßen freier, hatte mich Ben informiert. Jetzt sah er auf den Verkehr vor sich und seine Augen bekamen einen zärtlichen Glanz. »Mein Dad ist der großartigste Mensch, den ich kenne. Er ist alles, was man sich von einem Dad nur wünschen kann. Er hat uns Kindern Werte vermittelt, und uns doch stets unsere Freiheit gelassen. In allen Dingen. Auch, wenn es ihm manchmal nicht leichtfiel.«

Er schwärmte noch weiter von ihm und mir wurden die Augen feucht. Wie schön musste es sein, so einen Papa zu haben! So ein Elternpaar!

»Du hast ›uns‹ gesagt«, meine Stimme wackelte ein wenig, »hast du Geschwister?«

»Eine zauberhafte, verrückte Schwester.« Er lächelte, als er an sie dachte. »Sie ist Künstlerin und malt Bilder, die ich nicht verstehe und trotzdem schön finde. Offenbar geht es auch anderen so. Jedenfalls hat sie Erfolg damit.«

»Wow, ihr seid ja eine echte Bilderbuchfamilie!« Wieder lag mir die Frage nach seinem Grund für Indien auf der Zunge, aber er war schon so oft ausgewichen … es wäre aufdringlich gewesen, erneut nachzuhaken.

»Wo in Schottland lebt ihr?«, fragte ich. »Ich meine, willst du sie nicht besuchen, wenn wir schon da sind?«

Sein Lächeln erlosch.

»Das soll nicht bedeuten, dass ich mitwill!«, erklärte ich errötend. »Ich will nur nicht, dass du dich an mich gebunden fühlst, falls du es vorhast.«

»Kein Ding«, sagte er und schaltete einen Gang höher. »Ich werd's dich wissen lassen.«

Er drückte so aufs Gas, dass es mich in den Sitz drückte und mein Kopf ruckartig nach hinten schlug. Okay. Die Geheimnisse des Ben McArran. Sie schienen ein ganz schöner Brocken zu sein.

***

Wir übernachteten in einem kleinen Hotel, brav getrennt in zwei Einzelzimmern und fuhren am nächsten Tag nach Cornwall, das mir einen Begeisterungsschrei nach dem anderen entlockte.

»Oh, Ben, schau nur, die süßen Häuser! Und was sind das nur für Straßen, das ist ja einfach nicht zu glauben! Jetzt verstehe ich, warum du mich erst in Schottland fahren lässt!«

Die Wege waren oft nicht breiter als ein Flurbereinigungsweg bei uns in Deutschland, aber das Originelle daran war, dass sie von meterhohen Hecken gesäumt waren, sodass man nur oft den Eindruck hatte, man führe durch ein Labyrinth. Ab und an gab es kleine Buchten, die man dringend brauchte, um entgegenkommende Autos vorbeizulassen. Ich quiekte die ersten paar Male erschrocken auf, wenn plötzlich ein Laster unvermittelt vor uns auftauchte – es war eine vollkommen andere Welt.

Wir hielten in einem ehemaligen Piratennest und ich aß, obwohl wir beide Vegetarier waren, aber Ben meinte, das müsse hier sein, das beste Meeresfrüchte-Risotto meines Lebens. Mit einem Glas kalten, spritzigen Weißwein genossen wir die Septembersonne, die das Wasser glitzern ließ und uns wärmte.

Danach führte mich Ben über einen wildbewachsenen schmalen Pfad hoch über den Klippen entlang in den nächsten kleinen Ort. Die Natur war atemberaubend schön, das Meer brandete gegen die Felsen, die Sonne kam ab und zu zwischen dunkelgrauen Wolken hervor und schuf ein unglaublich schönes Licht. Oft blieben wir stehen und schauten über das raue Meer, die Luft war klar und frisch, ein kräftiger Wind blies uns ins Gesicht und Ben schaute besorgt in den Himmel und inspizierte die grauen, schweren Wolken. Ein paar Minuten später fing es schon an zu regnen, und wir hatten natürlich keinen Schirm dabei.

»Ist nicht mehr weit!«, rief Ben. »Schau, da vorne, noch dreihundert Meter, dort kriegst du die besten Scones von ganz Cornwall!«

»Okay, los, dann lass uns laufen!«, rief ich und rannte voran. Nach ein paar Metern drehte ich mich verdutzt um. Wo blieb er denn? Ich hatte damit gerechnet, dass er mich mit seinen langen Beinen innerhalb von zwei Sekunden eingeholt hätte. Aber er kam erst jetzt angetrabt, boxte mir leicht mit der Faust auf den Oberarm und meinte verdutzt:

»Sag mal, bist du im Sprinterverein? Du läufst ja wie ne Gazelle!«

»Hattest du ernsthaft Schwierigkeiten, mich einzuholen!«, lachte ich, drehte mich um, lief ein paar Schritte rückwärts und rief. »Los! Wer als erster da ist!«

»Fuck!«, rief er und keuchte mir hinterher. Ich war leicht und kurz, er schwer und lang. Es gab ein Kopf an Kopf-Rennen, aber mit hoher Anstrengung legte er auf die letzten fünfzig Meter noch einen Spurt hin und kam als erster an dem Café an.

»Meine Güte!«, japste er. »Wo hast du denn so laufen gelernt?«

»Gar nicht! Bin eigentlich Gerätturner und ich schwöre dir, ich hab schon lange nichts mehr gemacht!«

Ich keuchte aber auch gewaltig und stützte mich an der Mauer ab. Es schüttete inzwischen in Strömen und wir lehnten uns lachend und schwitzend unter dem Vordach an die Hauswand und bemühten uns, wieder Luft zu bekommen.

»Hab dich übrigens gewinnen lassen«, informierte ich ihn. »Damit du in deiner Mannesehre nicht gekränkt bist, McArran.«

Dabei grinste ich wohl so arrogant, dass er mich unversehens packte.

»Wer's glaubt, wird selig!«, rief er und schwenkte mich so mühelos durch die Luft, dass ich erschrocken quiekte, mich an seinem Hals festhielt, während meine Beine nach hinten in die Luft schwangen. Ben blieb urplötzlich stehen, die Beine schwenkten zurück und da er mich weiter festhielt, blieb mir nichts anderes übrig, als sie zu grätschen und sie um seine Hüften zu schlingen. Der Aufprall ließ ihn nach hinten taumeln, er stieß gegen die Hauswand und versuchte, sein Gleichgewicht wiederzufinden. Ich hing wie ein Äffchen an seinem Körper, sein Brustkorb hob und senkte sich, meine Arme lagen um seinen Hals, meine Wange an der seinen. Wir wurden still.

Er hätte mich jederzeit loslassen können, aber er hielt mich. Seine Arme lagen um meinen Rücken und ich fühlte sein pochendes Herz an meinem. Verlegen löste ich die Umklammerung meiner Beine und ließ sie nach unten gleiten – aber meine Füße kamen nicht bis zum Boden, er hielt mich immer noch fest.

»Ben … lass mich runter«, murmelte ich in sein Ohr. Langsam ließ er mich ab, bis ich wieder stand. Verlegen zupfte ich meine Kleidung zurecht, wagte einen Blick zu ihm. Er schaute, als ob etwas mit ihm durchgegangen wäre, das nicht hätte durchgehen sollen. Diesmal war ich es, die ihn schelmisch anlächelte.

»Darf ich dich zu ein paar Scones einladen?«, fragte ich. »Weil ich gewonnen habe?«

»Du hast mich nicht gewinnen lassen!«

»Wollen wir auf dem Rückweg den Beweis antreten?«

Er lachte, legte den Arm um mich und dirigierte mich ins Restaurant.

»Das würde ich mir an deiner Stelle überlegen. Nach den Scones wirst du wissen, was ich meine.«

Ich wusste, was er meinte. Die Dinger waren in ihrer Grundform schon gehaltvoll und Ben wurde nicht müde, mir clotted cream auf die Scones zu häufen, bis mir fast schlecht wurde.

»Das machst du mit Absicht«, lästerte ich. »Nur damit du nachher eine Chance hast«.

»Ich kann jedenfalls mit den Dingern im Bauch nicht laufen«, erklärte er mir. »Und du hoffentlich auch nicht. Das war der Plan.«

Wir lachten und ich erzählte ihm, dass ich früher mal Kunstturner im kleinen Rahmen war und wie sehr ich das geliebt hatte.

»Und du? Welche Sportart machst du?«, wollte ich wissen.

»So, wie du aussiehst, tust du auf jeden Fall was.«

»Ja, ein bisschen Muskeltraining, das ist ja mittlerweile Standard. Und reiten. Wir haben hier in Schottland weite Flächen, auch menschenleere Strände … dort zu reiten ist für mich etwas ganz Besonderes.«

»Das ist ja wie in der Camargue! Ich habe einen Freund, der dort ein Häuschen hat und der erzählt mir immer von Camargue-Pferden …«

Wir redeten und redeten, Ben hatte, damit wir die clotted cream besser verdauen konnten, angefangen, Schnaps zu bestellen, und ich hatte mich zu zwei überreden lassen, aber erst als der Besitzer des Ladens kam und uns eröffnete, dass er gerne schließen wolle, sahen wir erschrocken, dass es schon Nacht geworden war.

»Können wir noch über diesen Pfad zurück?«, fragte ich.

»Es regnet nicht mehr – wenn es dir nichts ausmacht? Mit einem Taxi müssten wir ganz außen herumfahren und der Pfad führt direkt nach Polperro.«

»Nein, gar nicht. Die frische Luft tut uns gut. Du hast mich ganz schön abgefüllt!«

»Na, bei deinem Fliegengewicht verträgst du ja nichts.«

»Das Fliegengewicht ist dir immerhin davon gelaufen«, erinnerte ich ihn süffisant. Hin und her flachsend liefen wir die noch beleuchtete Straße entlang und den Pfad zu den Klippen hoch. Aber als wir in den Küstenweg eintauchten, wurde es stockdunkel. Die Vegetation schluckte jedes Licht, der Mond kam nur ab und an zwischen den noch immer tief am Himmel hängenden Regenwolken zum Vorschein. Ben holte sein Handy heraus und schaltete die Taschenlampe ein. Dann nahm er wortlos meine Hand und schweigend liefen wir den alten Schmugglerpfad zwischen Heide, Brombeeren und rotem Leimkraut entlang.

An einem etwas breiteren Stück Weg blieben wir stehen. Der Ausblick auf das Meer war atemberaubend. Die Wolken hatten einen Kranz um einen fast vollen Mond gebildet und er leuchtete wie aus einem Bilderrahmen auf die weiße Gischt des Meeres, die unter uns mit gewaltigem Donnern stetig gegen die Felswand brandete. Wir standen auf diesem Felsen über dem Meer und schauten in die Weite, verzaubert von diesen unfassbar schönen Wolkenformationen und der im silbrigen Glanz des Mondes ziseliert wirkenden Vegetation. Wir standen Hand in Hand. Es war einer der innigsten Momente in meinem Leben. Ich fühlte mich vollständig. Und vermisste gar nichts.

Destiny's Cave

Am nächsten Tag stand Project Eden auf dem Programm, das ich zwar spannend, aber letztlich als zu künstlich empfand. Als ich das Ben sagte, brachen wir ab und tranken noch gemütlich irgendwo einen Tee, schlenderten durch eine dieser süßen Städte, die sich den Flair vergangener, Jahrhunderte bewahrt hatten. Beide waren wir müde und gingen früh schlafen. Tags darauf wollten wir Caerhays Castle und The Lost Gardens of Heligan besuchen. Aber für mich war eines jetzt schon klar: Dieses Land war einfach magisch – und ich freute mich schon auf Schottland.

Wir fingen an mit den Lost Gardens und ich fühlte mich, als ob ich im Sekundentakt in Ohnmacht sänke. Die Pflanzenwelt war so überirdisch schön, dass ich teilweise mit der Hand vor dem Mund durch den Garten lief, weil er mir im Dauerzustand offenstand. Als wir auf die berühmte mit Moos bewachsenen schlafenden Statue mit den Grashaaren trafen, drückte ich mein Gesicht an Bens Arm und flüsterte:

»Oh, wie schön! Wie wunderbar das ist! Sie wirkt so lebendig! So magisch! Wie eine Wächterin aus alten Zeiten!«

»Genau, die, bevor die Apokalypse zuschlägt, die wir tagtäglich heraufbeschwören, aufwacht ...«

»... und ein Heer bereitstellt, das unseren Untergang verhindert und die Welt in ihren paradiesischen Zustand zurückführt, wovon wir hier ja schon mal ein Abbild haben!«

»Ich wollte eigentlich sagen: die entsetzt in Tränen ausbricht, weil wir die Erde so versaut und trotz aller Warnungen nichts dazu gelernt haben.«

»Ach wo! Sie rettet uns! Siehst du nicht, sie ist ein Guardian, sie ist ein Abbild von Mutter Erde! Sie eilt zu einem Kreis von Weisen, die sie über unsere Notlage unterrichtet, und die alles in die Wege leiten, uns zu helfen! Sie erwecken die Drachen aus ihrem Schlaf und ...«

Ich redete und redete, erfand eine Geschichte nach der anderen, was denn alles nach der Erweckung des schlafenden Erdgeschöpfes passieren könne, und wieder schüttelte Ben seinen Kopf und lachte.

»Du hast eindeutig deinen Beruf verfehlt«, erklärte er. »So viel ist schon mal sicher. Du solltest diese Geschichten aufschreiben!«

»Pah, davon kann man nicht leben!«, entgegnete ich. »Außerdem will das keiner wissen. Höchstens Kinder vielleicht.«

»Ja, genau, du wärst ne gute Mom – du bräuchtest schon mal keine Märchenbücher, weil du viel bessere Geschichten erfindest!«

»Ich wäre ganz sicher keine gute Mutter«, entgegnete ich und meine Stimme klang barsch. »Ganz sicher nicht. Mich als Mutter tue ich keinem Kind der Welt an. Weißt du, wo hier die Toiletten sind?«

***

Wir machten unzählige Fotos, die ich schon im Auto auf meinen Rechner speicherte, als wir nach einem eigentlich schon vollen Tag nach Caerhays Castle weiterfuhren. Das Castle lag mehr oder weniger direkt am Meer und wieder war der Garten dort bestrickend schön. Es war mir selbst unverständlich, was diese so wohlgestaltete und gleichzeitig wilde Natur mit meinem Herzen machte. Es war größer, es war weiter, es weckte Sehnsucht nach dieser Fülle und der Schönheit. Für mich lag einfach ein besonderer Zauber über den Gärten Englands, der mich unweigerlich in seinen Bann zog. Als wir zum Abschluss am Strand entlangliefen, seufzte ich tief auf und blickte nochmal zurück zu diesem wunderschönen Schloss.

»Ehrlich, Ben, das müsste man sich leisten können.«

»Das können die wenigsten. Die meisten verkaufen ihre Schlösser, sie sind teuer und unrentabel. Oder sie werden dem National Trust einverleibt oder subventioniert und zur Besichtigung freigegeben, damit ein bisschen Geld reinkommt.«

»Ich weiß, es muss ja nicht so groß sein wie das hier, aber ...«

»Such dir doch einen Mann mit Schloss«, empfahl er mir.

»Das kommt ja gar nicht in die Tüte.«

»Was wäre daran schlimm? Der Mann oder die Suche?«

»Beides! Ich will es alleine schaffen! Schon gar nicht aus diesen Gründen mit jemanden zusammensein! Das wäre ja berechnend. Und ganz sicher will ich nicht von einem Mann abhängig sein.«

»Warum nicht?«

»Weil Männer das immer ausnutzen?«, zischte ich. »Weil sie meinen, dass du ihnen dann gehörst? Weil sie dir, wenn du alles aufgegeben hast und Kinder hast, im ungeeignetsten Moment klarmachen, dass sie eine Andere haben? Nee, du. No way.«

Schockiert sah er mich an. Er wirkte geradezu abgeschreckt. Und ich … ich merkte, wie aufgewühlt ich war nach diesem kurzen Disput. Warum war ich so emotional geworden? Ich hatte viel zu viel von mir preisgegeben und noch dazu nichts Gutes. Verlegen senkte ich den Blick. Aber Ben reagierte völlig anders als erwartet.

»Da ist aber einiges in dir in Aufruhr«, sagte er sanft und strich mir mit einem Finger über die Wange. Das schockierte mich umso mehr. Einmal, weil er den Ausbruch richtig gedeutet hatte und er tiefer in mich hineinblickte, als mir lieb war. Das wollte ich nicht.

***

Letztlich waren die Tage für all das, was wir vorhatten, zu kurz. Meist frühstückten wir ausgiebig – was wir beide liebten. Wenn ich sonst bei Tobias immer eine Stunde früher aufgestanden war, um beim Frühstück meiner Lieblingsbeschäftigung – Lesen – nachgehen zu können, erkannte ich bald, dass diese Kombi auch eine von Bens Favoriten war. So saßen wir beide mit unseren Büchern oder Zeitungen am Tisch, tranken Kaffee und Tee, löffelten Porridge, unterhielten uns, wenn es sich ergab, und genossen die Ruhe.

Am nächsten Tag fuhren wir zum ersten Mal eine längere Strecke, fünf Stunden Richtung Norden, besichtigten Städte und Burgen und landeten schließlich einen weiteren Tag später in Carlisle, am Hadrianswall, den ich ausgiebig bestaunte. Eine hundertdreizehn Kilometer lange Mauer, die die Grenze zwischen Schottland und England markierte – knapp zweitausend Jahre alt – und sie stand zum Teil noch immer. Ben wollte mit mir über den Südwesten Schottlands Richtung Highlands fahren und wie immer suchten wir nach einem passenden Hotel im Internet.

»Oh, Mann, Ben, schau doch mal das hier an! Hast du so was schon gesehen? Oh, wie toll! Die haben sogar ayurvedische Küche! Da stehst du doch drauf, oder?«

Neugierig schaute Ben auf meinen Bildschirm.

»Ist das Glenapp Castle?«, fragte er.

»Sag bloß, du kennst das?«

»Jein ... ich hab davon gehört. Auch von den Preisen! Hast du die auch schon gecheckt? Das kostet die Nacht pro Nase dreihundertfünfzig Pfund! Das sind über vierhundertfünfzig Euro!«

»Verflixt, das ist echt teuer. Aber warte mal, hier steht, Preis pro Nacht ... und es sind Doppelzimmer!«

»Greta ...«

»Das wären dann nur noch hundertfünfundsiebzig Pfund für jeden! Ich meine ...« Ich wurde rot. Ben hatte durchblicken lassen, dass er Geld nicht mit beiden Händen ausgeben konnte.

»Greta, das geht nicht. Und überhaupt, was sollen wir denn in einer solchen Nobelkiste?«

»Sie genießen! Ach, Ben, ich hab drei Abendkleider im Koffer!«

»Du hast ... was?«

»Ich habe gepackt, ohne zu wissen, was mich erwartet. Und daher habe ich drei Abendkleider im Koffer.«

»Aber ich keinen Anzug.«

»Oh, klar. Sorry«. Ich biss mir auf die Lippen. »Würde dir aber gut stehen.«

»Willst du jetzt so ein Vorher-Nachher-Ding machen?«

»Nein, nein, woher denn. Ist schon gut ... vergiss es einfach.«

Ich schaute mir noch lange die Bilder an. Es war ein Familienhotel mit nur siebzehn Zimmern, jedes ein Juwel, hochexklusiv und wunderschön. Und natürlich war die Parkanlage um das Hotel herum der absolute Traum. Ein Prunkstück! Ich setzte es in meine Favoritenliste.

***

Im Auto war er es, der wieder die Sprache darauf brachte.

»Warst du schon mal in einem solchen Hotel?«, fragte er.

»Nicht mit dieser Natur drum herum.«

»Das heißt, du kannst es dir leisten.«

»Ja, aber ich bin vorsichtig. Ich weiß nicht, was noch kommt. Eigentlich war ich schon voll auf der Überholspur, wenn mich das Leben nicht wieder verarscht hätte.«

»Hoppla. Es hat dich verarscht?« Er warf mir einen interessierten Blick zu. »Coole Lebensansicht. Und was meinst du mit ›schon wieder‹?«

»Weil mir das immer so geht, verstehst du?«, rief ich aufgebracht. Unkontrollierte Wut wallte in mir auf, ohne, dass ich mich dagegen wehren konnte. Vielleicht weil ich gern in dieses Hotel gegangen wäre, vielleicht, weil alte Ängste hochkamen … sehr wahrscheinlich, weil ich die frisch erlebten Ereignisse noch lange nicht verdaut hatte. Tatsache war: Die Wut war da und poppte hoch wie ein Tischfeuerwerk. Mein Mund machte sich selbstständig.

»Weil mir das Leben immer solche miesen Streiche spielt!«, geiferte er. »Weil ich immer kurz vorm Jackpot stehe, nur um kurz danach wieder mit leeren Händen dazustehen! Weil es mir immer beweisen will, dass es am längeren Hebel sitzt und idiotische Regeln macht, die kein Mensch kapiert, oder schlimmer noch: Es gibt gar keine! Was habe ich nicht Persönlichkeitsseminare besucht, Erfolgsseminare, die einem das Blaue vom Himmel versprechen, wenn man nur positiv denkt! Die mir sagten, man muss nur an Erfolg glauben, dann käme er schon … man muss ihn fühlen, visualisieren, sich alles genau im Detail vorstellen und die Gefühle dabei entwickeln, die man hätte, wenn man alles schon erreicht hat! Und ich *habe* alles gemacht, das darfst du mir glauben! *Alles!* Und was passiert? Das genaue Gegenteil! Und das Beste ist, dass es eine Zeit lang so aussieht, als ob das Leben in die gewünschte Richtung läuft! Ich *habe* gut verdient, ja! Aber was habe ich dafür geschuftet! Tag und Nacht! Ich war auf einem so guten Weg – und patsch! Von einem Tag auf den anderen ist alles vorbei! Einfach so! Ohne Erklärung! Und so geht es mir mit allem! Ich hasse das! Ich hasse das!«

O mein Gott, schon wieder! Entsetzt von mir selbst verstummte ich abrupt und drehte meinen Kopf zum Fenster. Mein Brustkorb hob und senkte sich und Tränen verstopften meine Kehle. Nicht zuletzt auch deshalb, weil ich mich schämte.

Sacht legte Ben seine Hand auf mein Bein. Das machte es noch schlimmer.

Ich verstand mich selbst nicht mehr. Was war das für ein Ausbruch? Aus heiterem Himmel! Angefüllt mit dieser Wut, die Hände zu Fäusten geballt und mit Tränen in den Augen, saß ich neben Ben, der fassungslos abwechselnd auf die Straße und zu mir schaute. Bei der nächsten Gelegenheit fuhr er links ran und stellte den Motor ab. Ich wischte mir die Tränen ab und klemmte meine Hände zwischen die Beine.

»Tut mir leid, Ben«, sagte ich, ohne ihn anzusehen. »Das hätte nicht passieren dürfen. Es tut mir so leid.«

»Greta«, begann er zögernd. »Ich spüre schon eine ganze Weile, dass in dir was brodelt. Willst du es mir nicht erzählen?«

»Nein, Ben.«

»Warum nicht?«

»Weil ich auch damit schlechte Erfahrungen gemacht habe.«

Ich dachte an Tobias. Als er erfahren hatte, wo ich herkam ... und ich dachte an früher ... an ganz früher und schüttelte heftig den Kopf.

»Und ich will dich damit auch nicht belasten, Ben.«

Endlich sah ich ihn an. »Du hast doch auch Urlaub. Und das mit dir hier ist so schön. Ich bin dir so dankbar, dass du mich mitgenommen hast. Ich habe kaum, eigentlich noch nie in meinem Leben, eine so schöne Zeit erlebt. Ich möchte das nicht kaputtmachen ... bitte lass uns einfach weiterfahren.«

Er hatte seinen Arm um meine Schulter gelegt und sah mich immer noch an und – der Himmel stehe mir bei –- er war so nah, er wirkte so sicher, so gelassen, so ruhig, er war wie ein Fels in der Brandung. Sein Blick war nicht um ein Jota gestresst oder genervt, es lag offenes, vorbehaltloses Mitgefühl darin. In diesem Moment hätte ich nichts lieber getan, als ihn zu küssen. Ich musste mich schwer beherrschen und saß wie eingefroren, um meine Gefühlsregung nicht zu verraten.

»Und wenn es mich nicht belastet?«, fragte Ben leise.

»Würdest du mir glauben, wenn ich sage, dass es das gar nicht kann? Wie sollte es? Aber vielleicht hilft es dir. Greta, ehrlich ... es wäre mir eine Freude, dir helfen zu können.«

»Aber warum?«, fragte ich heiser. »Es sind doch auch deine Ferien, warum willst du dir einen solchen Mist aufhalsen?«

»Vielleicht ist es ja gar kein Mist. Vielleicht sind es zukünftige Perlen.«

Er war immer noch nah, zu nah, seine Wärme zerschmolz mein Schutzeis immer mehr. Ich schloss die Augen, um Beherrschung bemüht. Mein Herz klopfte mir bis zum Hals und ich wusste nicht, ob es seine Nähe oder seine Worte waren, die das verursachten.

»Greta, weißt du … du fragst, warum ich das mache … und ja, es gibt einen Grund. Aber den zu enthüllen, dafür brauche ich noch ein bisschen Zeit. Nur so viel: In den letzten Tagen hast du mir viel gegeben und ich möchte mich revanchieren.«

»Ich habe dir was gegeben? Was denn?«

Er lachte leicht. Typisch Frau, sagte dieses Lachen. Dann wurde mir der erste Teil seiner Botschaft bewusst.

»Du verrätst mir den Grund?«

Sanft griff er mit seiner großen Hand um meinen Hinterkopf, und zwang mich, ihn anzusehen. »Ja, ich verspreche es dir.«

»Das heißt … erst rede ich … dann redest du?«

Seine Finger streichelten meinen Nacken. »Ja, das ist der Deal.«

»Das klingt fair.«

Ich war durcheinander, von seinen Fingern, seinen Sätzen, war dennoch unentschlossen. Er merkte es.

»Greta, wenn wir darüber reden, wenn du dich öffnest, dann musst du aber alles, was damit einhergeht, auch geschehen lassen.«

»Wie meinst du das?«, fragte ich verwirrt.

»Ich weiß aus Erfahrung, dass das ziemlich schmerzhaft werden kann. Und dass nicht jeder den Mut hat, in seine dunklen Ecken zu schauen. Solltest du erzählen, dann möchte ich, dass du nichts zurückhältst und nichts beschönigst. Ich würde dich nie für irgendetwas verurteilen, niemals.«

»Ich glaube nicht, dass es allzu interessant wird«, erwiderte ich, immer noch unsicher. »Meine Kindheit war zwar nicht rosig, aber es gibt ganz sicher Schlimmeres.«

»Nichts zurückhalten. Das ist die Bedingung«, beharrte er.

»Okay. Ist gut.«

»Ich meine das ernst, Greta.«

Nie werde ich diese hellen Augen vergessen, die in diesem Moment so dunkel erschienen, seinen tiefen Blick, der mir klarmachte, dass er bereit war, sich auf mich einzulassen, auf einen fremden Menschen. Und dass ihn das ebenso wie mich ziemlichen Mut kostete. Weil es – auf irgendeine Weise – auch ein Risiko für ihn war.

***

Kurz danach passierten wir die Grenze und befanden uns auf schottischem Boden. Ab hier hörte das Hotelleben auf, denn wir würden bald an der Hütte sein. Zusammen kauften wir in einem Supermarkt ein, und auf Bens kurze Frage:

»Kannst du kochen?«, und mein »Was denkst du denn?«, ließ er mir freie Hand und mich alles in den Einkaufswagen werfen, was ich für nötig hielt. Ich hatte für die erste Woche einen Speiseplan gemacht, ging durch die Regale und ließ mich vom Angebot inspirieren.

Wir waren noch etwa zwei Stunden von der Hütte seines Freundes entfernt. Schweigend fuhren wir durch die herrliche Landschaft. Der Südwesten Schottlands war lieblich und sanft und wieder besuchten wir ein ihm bekanntes Castle, das der Öffentlichkeit zugänglich war. Es hieß Castle Kennedy und war für mich eines der schönsten Anwesen überhaupt. Über der Landschaft, die sich weit, weit, weit erstreckte, lag eine majestätische Ruhe. Wir waren die einzigen Besucher und das Wetter spielte mit. Die Sonne schien, es war warm. Der Sommer hatte sich noch nicht verabschiedet und grüßte uns mit einer reichen Natur.

Die Tour durch das Anwesen begann mit dem alten Castle, das halb zerfallen, efeuumrankt, von saftigen, grünen Wiesen umgeben war. Weiter hinten sah ich einen See, Loch Crindill, wusste Ben, der aus zwei Teilen bestand, dem White Loch und dem Black Loch. Der walled garden hier war riesig und selbst im Spätsommer noch ein Traum. Noch nie hatte ich so viele schöne Arrangements und Farben auf einer Fläche gesehen, die Pracht der Natur war überwältigend. Egal, wo ich hinlief – auf jedem Flecken dieses Grundstücks hätte ich bleiben wollen.

Ein Teil des Himmels war dunkelgrau, vom anderen schien die Sonne auf die Krishna-Wolken, wie Ben sie nannte, und schuf ein unirdisches Licht, das das Grün und die Farbe jeder Pflanze hervorhob.

Ich brachte kein Wort hervor von diesem Schauspiel am Himmel und auf Erden, von diesem göttlichen Zusammenspiel. Stumm ging ich von hier nach da, besichtigte das große Herrenhaus, das immer noch bewohnt wurde, saß am Wasser des großen Sees und wünschte mir, für immer hierbleiben zu können. Es lag ein ganz besonderer Zauber über diesem Grund und Boden.

Kurz bevor wir wieder ins Auto stiegen, umarmte ich Ben. »Danke«, sagte ich bewegt. »Das ist so lieb von dir, dass du mir all das zeigst. Es ist so wunder-wunderschön. Es ist so schön, dass es wehtut. Es wird ewig in meinem Herzen bleiben.«

Seine Augen waren dunkler als sonst, ein bisschen Wehmut lag darin. Aber er lächelte und strich eine Strähne aus meinem Gesicht.

»Na, dann bin ich gespannt, was du über die Highlands sagst«, meinte er. »Die sind zwar nicht so grün – und jetzt im Spätsommer nur noch manche lila – aber sie sind gigantisch und einzigartig. Kann's kaum erwarten, sie dir zu zeigen!«

Er sollte recht behalten. Eine Stunde später tauchten die ersten Hügel auf, wurde die Zivilisation deutlich geringer und machte einer raueren, wilderen Landschaft Platz, die mich bis auf den Grund meiner Seele berührte. Die Kulisse war bizarr, mit ihren ineinander geschachtelten Hügeln und tiefen Schluchten, ihren Farben und Formen … manche mit Schneespitzen, manche purpur, manche erdbraun, manche bewaldet. Wasserfälle schossen die steilen Hänge hinunter, Lochs durchbrachen mit ihrer ruhigen Stille immer wieder die Landschaft, Schafherden weideten in den Tälern, rechts und links von diesen einsamen Straßen, die durch die Landschaft führten.

Manchmal waren wir mehrere Kilometer unterwegs, ohne einem weiteren Wagen oder Menschen zu begegnen. Die Sonne ging unter, und Ben fuhr viele kleine Wege, bis wir inmitten dieser kargen Berge an einen etwas grüneren Landstrich kamen. Ein Waldweg führte uns an ein großes, massives Haus. Und vor ihm ein stiller, dunkler See. Es wirkte wie eine sichere Zuflucht.

»Willkommen«, sagte Ben. »Das ist Destiny's Cave.«

»Wegen des Gesprächs vorhin?«

»Nein, die Hütte heißt wirklich so.«

Tatsächlich, als ich ausstieg, sah ich das Brett mit dem Namen drauf: Destiny's Cave. Die Höhle des Schicksals.

***

Die Sonne war untergegangen. Ben hatte mit mir einen kurzen Rundgang gemacht. Die Hütte war keine Hütte, sie war ein großes Holzhaus, geradezu luxuriös, aus Naturstein und festem duftenden Balken errichtet, verfügte über ein tolles Bad mit einem Mix aus Glas und Felsgestein, das malerisch in die Fliesen eingefügt war. Alle Schlafzimmer waren mit Doppelbetten ausgestattet, es gab eine modern eingerichtete Küche, ein geräumiges Wohnzimmer mit flacher Couch sowie einen ominösen Flachbildschirm und einen riesigen Kamin.

Mein Zimmer war ein gemütlicher Raum, das eine mit dicken Kissen ausgelegte Fensternische aufwies, mit fantastischem Blick auf die Highlands und den See.

Ich genoss es, auspacken zu können, nachdem ich über eine Woche aus dem Koffer gelebt hatte. Danach machte ich mich in der Küche zu schaffen, verstaute die Vorräte in den Kühlschrank und sah mich in den Schränken um. Es war alles da. Vom Mixer bis über Küchenmaschine, Toaster, Kaffeevollautomat, Wasserkocher ... nichts fehlte.

»Das ist ja hochkomfortabel hier«, sagte ich mit glänzenden Augen zu Ben, der in der Zwischenzeit Holz hereingetragen und die Musikanlage eingeschaltet hatte. Leise Pianomusik tönte in den Raum, innerhalb kurzer Zeit prasselte ein mächtiges Feuer und schaffte mit seinem Licht eine romantische, behagliche Stimmung. Draußen rauschte der Wind durch die Bäume, bewegte das Wasser und jagte Wolken in großer Geschwindigkeit über den Himmel. Es war unmöglich, sich gegen diese besondere Stimmung zu wehren. Es fühlte sich heimelig und sicher an und ich merkte, wie ich mich entspannte und die Freude, hier sein zu können, überhandnahm.

Ich beschloss, Pasta zu machen, da ich inzwischen wusste, dass Ben sie mochte, deckte den Tisch, zündete Kerzen an und öffnete eine Flasche Rotwein.

Während die Lasagne im Ofen buk, ging ich unter die Dusche, wusch mein Haar, zog mir einen Jogginganzug an und schminkte mich etwas. Ich fühlte mich wunderbar und als ich in die Küche zurückging, um die Lasagne zu überprüfen, hatte Ben schon die Gläser gefüllt und reichte mir eines davon. Zusammen standen wir am Fenster, lauschten der Musik und dem Wind und sahen den Wolken zu.

In vollkommener Harmonie aßen wir zu Abend. Ben erzählte weiter von seiner Schwester und ihren Streichen, von seinen Eltern und seiner Schulzeit. Wir tranken den Wein, das Feuer brannte langsam herunter und ich merkte, dass Ben müde wurde.
»Geh schlafen«, sagte ich zu ihm. »Du bist die ganze Strecke gefahren. Ich mache die Küche sauber.«
»Bist du sicher?«
»Ich bitte dich! Die zwei Teller! Das ist doch kein Aufwand.«
Ben ging. Ich räumte den Tisch ab und setzte mich vor die letzten, glimmenden Reste des Feuers. Großzügig goss ich mir noch mal Wein nach.

Destiny's Cave. Treffender ging es nicht. Aber ich war mir nicht sicher, ob das Schicksal nicht schon längst zugeschlagen hatte. Zumindest für mich. Doch diesmal nahm ich bewusst Abstand von irgendwelchen Jackpot-Gedanken. Das machte die Sache nicht einfacher – im Gegenteil. Es hätte an Komplikationen nicht mehr sein können.

***

Es stank. O Gott, wie das stank! Ich würde immer und ewig danach riechen! Ich würde darin ersticken! Ich strampelte wie verrückt, um aus dieser engen Kiste heraus zu kommen, fühlte, wie das Erbrochene wieder in meinen Mund zurücklief, wie ich es hätte schlucken müssen, um Luft zu bekommen, ekelte mich noch mehr, spuckte, schrie wie eine Abgestochene, konnte mich nicht drehen, versuchte es dennoch, wandte den Kopf zur Seite, aber es war so eng, überall um mich herum Wände … Wände, dickes Holz, das mich erdrückte, mich gefangen hielt, mich nicht freigab, meine Laute schluckte, so wie das Erbrochene, das Eklige, das mich am Schreien hinderte und doch gurgelte ich in unsäglicher Panik, in der Angst, lebendig begraben zu werden, der Angst, dass niemand mich rechtzeitig hören würde, niemand da war, niemand, niemand, niemand …
Ein Schlag traf mein Gesicht, meine Wange brannte, ein Ofenrohr tauchte vor meinem geistigen Auge auf, ein besoffenes, wutverzerrtes Gesicht … ich wurde geschüttelt, jemand schüttelte mich grob … Ruß stäubte auf mich nieder, in feinen Partikeln, auf mein Gesicht, ich musste husten – und wachte auf.

Ben kniete vor mir, seine Hände waren um meine Schultern. Er war es, der mich geschüttelt hatte, er hielt mich, aber ich stank doch so, ich hatte mich erbrochen ... langsam kamen meine Sinne wieder, hörte ich seine Stimme ... Greta ... ich bin's ... spürte ich den Arm um meiner Schulter, ein warmer Körper an meinem ... der Geruch schwand, mein Blick wurde klar ... die Sinne funktionierten wieder ... kein Erbrochenes auf dem Bett. Alles war sauber, alles roch gut, ich hatte geträumt. Stoßartig atmete ich aus. Mein Herzmuskel schlug heftig gegen meine Rippen. Ben spürte es und hielt mich.

»Oh, du meine Güte, Greta ...«, flüsterte er.

Mit zittrigen Händen fuhr ich über mein Gesicht.

»Es ... es geht schon wieder ... sorry, Ben, du warst ... doch so müde.« Es fiel mir schwer, zu sprechen. »Jetzt ... hab ich dich geweckt ... willst sicher schlafen ... tut mir so leid. Entschuldige bitte.«

Noch immer zitternd legte ich mich zurück, rollte mich zusammen wie ein Embryo, zog langsam die Decke über meinen Kopf, fühlte mein Herz noch immer in Panik rasen.

Verständnislos sah Ben auf mich hinunter. Dann schlug er die Decke zurück, rollte mich auf den Rücken und hob mich hoch. Er trug mich in sein Bett, drückte mich an sich und hielt mich fest. Etwas in meinem Hirn schaltete um. Er hielt mich fest. Jemand hielt mich. Es war jemand da. Sein warmer Körper entspannte mich. Tief seufzte ich auf. Streckte die Beine aus. Und schlief ein.

Als ich am nächsten Morgen aufwachte, quälte mich Kopfweh. Verführerischer Kaffeeduft erreichte das Schlafzimmer. Ben hatte einen Frühstückstisch gedeckt, Croissants aufgebacken und frisches Müsli gemacht und stellte gerade Orangensaft und Kaffee auf den Tisch, als ich in die Küche kam.

»Guten Morgen! Setz dich und greif zu«, sagte er. »Wir haben einen langen Tag vor uns.«

»Was hast du denn vor?«

»Wir gehen wandern. Das Wetter ist schön, das sollten wir nutzen. Es kann hier schnell umschlagen. Ab Nachmittag sind wir wieder hier, kochen uns was und dann ... bist du dran.«

»Okay. Und du bist sicher, dass du das willst?«

»Greta, hör auf damit. Du hast wohl dein bisheriges Leben in der Sorge verbracht, jemanden damit zu nerven. Hier – bei mir – ist Ende.«

Ich schwieg. Er nahm sein Buch wieder vom Tisch, als ich nichts mehr sagte, aber ich spürte, dass er nichts las.

»Ben?«, sagte ich schließlich.

»Ja?«

»Danke.«

***

In jenen Wochen gab es so viele erste Male in meinem Leben. Zum ersten Mal lief ich durch kaum berührte Natur und allein dafür liebte ich dieses Land, dafür, dass es das noch gab. Ben führte mich über teilweise steil ansteigende, schmale Pfade, die so dicht von hüfthohem Adlerfarn gesäumt waren, dass man den Weg nur sah, wenn man stur nach unten blickte. Wir stiegen über Felsen, immer weiter nach oben, bis wir an einen dunkelgrünen Gletschersee kamen. Die Aussicht von hier oben war atemberaubend. Ringsum nichts als ineinandergreifende verschiedenfarbige Hügel und Schluchten, ab und an ein Stück Wald, der dunkle See, der hohe Adlerfarn, die letzten Blüten und Farben des Sommers.

Am Nachmittag waren wir wieder in der Hütte. Wir schliefen eine Stunde, machten uns was zu essen und setzten uns vor den Kamin. Mir war mulmig zumute.

»Nichts auslassen«, mahnte er mich.

»Nein, mach ich nicht. Ich vertraue dir«, antwortete ich. Aber mein Herz klopfte dennoch. Es war mir nicht egal, was Ben über mich dachte. Aber ich hatte inzwischen gelernt, dass Verdrängen keine Lösung war. Trotzdem erzählte ich ihm meine Geschichte eigentlich nur, weil ich die seine hören wollte. Dafür hätte ich alles getan.

Namaste

Freiheit ist etwas, was so viele Menschen anstreben, aber ich hasste das Wort von Kind auf. Jeder um mich herum wollte frei sein und ich war immer das Opfer.

Mein Vater ist Alkoholiker, ob er inzwischen clean ist – keine Ahnung, ich habe ihn schon zig Jahre nicht mehr gesehen und das soll auch so bleiben. Meine Mutter hingegen ... na ja, ich sage es ungern, weil es mir peinlich ist, aber sie ist promiskuitiv. Oder nymphoman. Vor allem exotische, rassige Typen haben es ihr angetan, was mein Verhältnis zu Ausländern kompliziert macht. Wir wurden immer komisch und mit einem verächtlichen Blick angesehen. Als Kind kam ich nicht auf die Idee, dass das nichts mit der Nationalität, sondern eher mit dem freizügigen Gebaren meiner Mutter und deren Partner zu tun hatte. Und den Blicken der Leute, wenn sie ihnen zusahen.

Genauso allergisch reagiere ich auf die von so vielen verherrlichte Flower-Power-Zeit, diesen unsäglichen Schlaghosen mit Pullundern, orangefarbenen Tapeten mit braunen Kreisen, Eier-Tomaten-Fliegenpilze mit Mayopunkten, Frauen mit hochtoupierten Frisuren und grellen, kurzen Kleidchen oder noch schlimmer – diese Batik-Tücher-Outfits und Glasperlenschmuck, Stirnbänder und Jesuslatschen ... das war die Zeit meiner Mom. Manchmal blätterte sie mit mir Fotoalben durch, Fotos, die sie auf Rock-Festivals zeigen, tanzend, lachend, singend, eine Zigarette zwischen den Fingern, ihr blondes Haar mit einem breiten Band nach hinten gebunden, das Leben in vollen Zügen genießend. Und immer Männer um sie herum. Sie sah richtig gut aus und man kann auf den Fotos erkennen, dass sie das auch wusste. Und wenn sie nach dem letzten Bild mich und die winzige Wohnung mit den Augen durchmaß, und in ihrem Blick der Satz stand: ›Das ist die grausame Wirklichkeit. Oh, mein Gott, wo bin ich nur gelandet!‹, dann war eines klar: Sie wünschte sich diese Zeit mit aller Macht zurück. Und sie hielt sie mit aller Macht und so gut sie konnte lebendig.

Ihre antiautoritäre Flower-Power-Einstellung verhinderte, dass ich in den Kindergarten kam. Meine Mom war der Meinung, sie könne mich zuhause unterrichten, was sie anfangs auch tat. Sie brachte mir mit vier Grundsätze im Schreiben und Lesen bei, aber sie war nie konsequent. Sie fing etwas an und zog es nicht durch, eher war sie dauernd damit beschäftigt, aufzufallen und sich toll zu finden. Sie flog von einer Blume zur nächsten, sprich von einem Mann zum nächsten. Sie tat, was sie wollte, war oft einfach nicht da. Manchmal setzte sie sich mit mir in ein Café oder eine Bar, platzierte mich so, dass die Männer mich nicht bemerkten, bestach mich mit einem Eis oder Buch, damit ich Ruhe gab und sie ein bisschen flirten konnte. Das machte die Dinge zu Hause nicht einfacher. Ihr Verhalten verursachte in den Jahren, als sie noch mit meinem Vater zusammenlebte, viel Geschrei und Streit.

Obwohl es nur Unfrieden zwischen meinen Eltern gab, hatte ich als Kind seltsamerweise tierische Angst vor einer Trennung. Keine Ahnung, warum das so ist – vielleicht ein Urtrieb in uns Menschen, die Einheit der Trennung vorzuziehen? In diesem Fall war eindeutig die Trennung der Einheit zu bevorzugen, denn es gab bei uns eigentlich den ganzen Tag nur Gebrüll, Gezeter und Gewalt.

Mein Papa schrie, meine Mama schrie, ich schrie. Die einen aus Wut, ich aus Angst. Oft hielt ich mir die Ohren zu, oft wünschte ich mich weit weg. Oft wollte ich meine Mutter verteidigen, die ganz offensichtlich ebenso wie ich Angst vor meinem Vater hatte und daher das Opfer war. Und doch wäre es mir am liebsten gewesen, sie hätten sich einfach vertragen, friedlich miteinander gelebt, und ich startete schon früh irrationale Versuche, die beiden zusammenzuhalten.

Einmal zog ich in meiner kleinkindlichen Verzweiflung aus dem Sack mit Faschingsklamotten mein Prinzessinnenkleid heraus, himmelblau mit silbernen Spitzen und einem hochgestellten Kragen, der kaum auf meinen schmalen Schultern hielt. Ich streifte mir das Kleid über, setzte die Krone auf, schob mich weinend zwischen die beiden, die gerade kurz davor waren, mit dem Messer aufeinander loszugehen, und beorderte sie in mein Zimmer.

Erstaunlich war: Sie kamen tatsächlich. Oh, Himmel, so viele Emotionen in einem so kleinen Raum! Da standen sie, zornig, verletzt, frustriert. Als ob sie selbst keine Ahnung hätten, was sie tun sollten und jemanden brauchten, der es ihnen sagte. Aber das war genau das, was ich damals fühlte, und vielleicht war es dieser Moment, in dem ich das Vertrauen zu den Erwachsenen verlor. Oder zum Leben – für ein Kind ist das wohl erst einmal dasselbe.

Mein Vater lachte, als er mich in diesem Ornat sah. Aber es war kein gutes Lachen, keines, das zum Mitlachen einlud. Meine Angst, sie würden sich scheiden lassen, die Angst vor dem großen Unbekannten, einer dunklen Zukunft, gab mir die Worte vor:

»Küsst euch!«, befahl ich. »Vertragt euch wieder!«

Nie werde ich den zornigen, hilflosen Blick meiner Mutter vergessen, den ich erst viele Jahre später verstehen sollte. Aber siehe – das Wunder geschah: Beide fügten sich meinen Worten. Sie küssten sich. Sie vertrugen sich und es hielt mindestens zwei, drei Tage.

Das, was ich aus der Situation mitnahm, war nicht das, was sie eigentlich an Weisheit barg. Mein Kopf registrierte, dass ich die Dinge in die Hand nehmen konnte. Das prägte mich.

Ein chaotisches halbes Jahr später zog meine Mutter mit mir fort – viel genützt hatte meine Prinzessinnen-Intervention also nicht. Aber irgendwie hatte sie das Verhältnis zu meiner Mutter definiert. Ich meinte, sie beschützen zu müssen, meinte, verantwortlich für sie zu sein, und je älter ich wurde, umso mehr Tipps gab ich ihr. Mein Denken kreiste um Möglichkeiten, wie man die Dinge besser machen könne, da sie sie ja ganz offensichtlich nicht hinbekam.

Mit der Zeit merkte ich: Sie kam mit Geld nicht zurecht. Sie kam mit Jobs nicht zurecht. Und schon gar nicht mit Männern. Es war schwer. Sie hörte immer nur ein paar Wochen auf mich, dann tat sie wieder das, was sie für richtig hielt. Es brachte mich zum Verzweifeln, aber natürlich gab ich die Schuld wider besseres Wissen mir. Das tun Kinder oft.

Damals trank sie zwar nicht so viel, wie mein Vater, als sie ihn verließ – aber sie trank. Das störte mich nicht sehr, denn wenn sie beschwipst war, lag die Chance, dass sie gut drauf war, bei mindestens fünfzig Prozent und so wünschte ich mir oft sogar, sie würde trinken, weil sie anders kaum zu ertragen war.

Nüchtern machte sie sich Sorgen um die Zukunft, saß mit dem Taschenrechner am Küchentisch, sammelte Münzen, um festzustellen, ob wir uns noch ein Brot zum Wochenende leisten konnten, und weinte oft. In solchen Momenten streichelte ich sie, den tiefen Wunsch in der Seele, ihr mit viel Geld und allem, was sie sich wünschte, helfen zu können. Ich versuchte, ihr Trost zu spenden, aber seit der Intervention im Prinzessinnenkleid lehnte meine Mutter das ab. Sie war immer steif wie ein Brett, wenn ich versuchte, ihr nah zu kommen, was mir ein noch unzulänglicheres Gefühl vermittelte. Es gab keinen Körperkontakt zwischen uns. Keinen Kuss, kein Streicheln, kein Kuscheln, keine Umarmung.

Ich höre heute noch ihre stereotypen Standardseufzer: »Irgendwie muss ich dich durchbringen.« Oder: »Wenn du nicht wärst, wär ich schon längst woanders.« Und: »Freiheit ist das Beste, was es auf der Welt gibt! Oh, was gäbe ich dafür, noch einmal so frei zu sein!«

Freiheit, Freiheit, Freiheit – ich fing an, dieses Wort zu hassen. Meine Mutter wollte frei sein und ich war der Grund, warum sie es nicht war.

Bei ihren Sätzen fühlte ich immer unverzeihliche Schuld, ihr Leben zerstört zu haben. Gar nicht da sein zu sollen. Und deswegen wollte ich das irgendwie wieder gutmachen, mir eine Berechtigung für mein Dasein verschaffen, hatte aber ständig den Eindruck, es nicht richtig hinzukriegen. Es war nie so, dass ich zufrieden sein konnte. Dass sie zufrieden sein konnte. Sie war nicht glücklich. Immer fehlte etwas. Meistens fehlte sogar viel. Eigentlich fehlte es an allem. Ich wollte so unbedingt etwas tun und war doch so machtlos. Denn das, was sie wirklich wollte, konnte ich ihr nicht geben, weil ich kurioserweise der Grund war, dass sie es nicht hatte: diese ominöse Freiheit. Ihr Mantra.

Nach dem Abbruch der Schule habe sie sich frei gefühlt, erzählte sie mir. Volle zehn Jahre lang habe sie gelebt, wie sie wollte. Einfach in den Tag hinein. Wenn sie sich entschloss, irgendwohin zu reisen, war sie am nächsten Tag schon an einen anderen Ort in der Welt gereist. Sie sei nach Irland getrampt, war in Woodstock und am Strand von Miami gewesen ... es sei immer irgendwie weitergegangen. Ihre Schutzengel hätten immer für sie gesorgt. Das war einfach ein Leben aus dem Bauch, aus der Intuition heraus und es war gut gewesen. Doch nun, nun war sie gefesselt und gekettet – an mich.

Den Wunsch nach Freiheit las ich in ihren Augen, ich hörte ihn in der Musik, die sie abspielte, in den Unterhaltungen mit ihren ebenso hippigen Freundinnen, die so ab und zu kamen,

Freiheit suchte sie in ihrer Promiskuität – Free Love! – das einzig Wahre! Dass AIDS dem eigentlich schon längst einen gesundheitlichen wie gesellschaftlichen Riegel vorgeschoben hatte, ging an ihr spurlos vorbei. Free Love ... mit Frauen, mit Männern, mit mehreren ... sie kannte keine Tabus.

Freiheit umwob wie ein plakatives Transparent ihre 70er-Klamotten, die jeder Konvention spotteten, und fand Ausdruck, trotz unendlichen Fremdschämens meinerseits, in ihren betont rebellischen Aktionen: Barfußlaufen im Winter, kein Weihnachtsbaum, weil der spießig ist, das Feiern von Nicht-Geburtstagen, weil sie den richtigen wieder mal vergessen hatte und die ohnehin allesamt aufgrund fehlender Planung im Chaos endeten. Ob Nicht-Geburtstag oder Geburtstag, sie schaffte es immer, ein Desaster draus zu machen. Ich erinnere mich an ein Picknick im November (»im Sommer machen das alle! Das geht doch auch mit Glühwein!«), das als Entschuldigung für mein vergessenes Geburtstagsgeschenk herhalten musste und das auf einem armseligen Stück Rasen in der Betonwüste, in der wir lebten, stattfand – im strömenden Regen, weil wir so lange nach dem für ein Picknick erforderlichen Stück Grün gesucht hatten. Aber ich war schon froh, dass sie sich nicht die Autobahn dafür ausgesucht und eine spontane Klimaaktivistenaktion daraus gestaltet hatte.

»Macht doch Spaß, nicht? Picknick im Regen! Wer tut das schon!«

Ja, meine Mutter. Sie lebte vollständig in den Zeiten der Studentenrevolution und glorifizierte sie in allen Facetten. Von Amerika, allem voran Florida und Kalifornien, war oft die Rede, von Indien und dem Tibet, selbst Europa, explizit dem lebensbejahenden Italien, konnte sie mehr abgewinnen als dem tristen, erzkonservativen Deutschland, in dem sie ihren Worten nach zu ersticken drohte. Erwähnte sie das Wort ›Freiheit‹, endete das immer mit einem Blick zu mir und dem Seufzer: »Wenn du nicht wärst ... wenn ich dich nicht hätte ...«

So lebte sie ihre »Freiheit« in dem eng gesteckten Rahmen, den ich ihr ließ.

Eine Freiheit, die sie sich trotzig nahm, als sie von meinem Vater wegzog. Viele Männer gingen nach der Trennung bei uns aus und ein. Sehr viele. Dunkelhaarige, südländische, asiatische Typen, die sie hart rannahmen. Das liebte sie. Durch die

Schlafzimmertür, die unbekümmert so manches Mal einen Spalt offenstand, sah ich sie gefesselt auf einem Stuhl, sich in Ekstase windend, auf dem Bett, in Positionen, die ich nicht verstand, ihr Gesicht ein einziges Entzücken. Ich habe Bilder von ihr auf dem Küchentisch im Kopf, auf dem sie zum Bügeln immer eine dicke Decke legte, zwischen gerade geplätteten, vom Eisen noch warmen Wäschestücken, das Gesicht trunken vor Lust, den Kopf zurückgebogen, ihr Mund stammelnde Laute hechelnd, eine braune, fremde Hand auf ihrer Brust, ein nackter Körper zwischen ihren gespreizten Beinen, der ihr diese fremden, unheimlichen Töne entlockte.

Es war ein fesselndes und verstörendes Bild zugleich, weckte Sehnsucht und Abscheu. Ich schwankte immer zwischen Angst und Faszination, aber meist gewann die Angst. Hervorgerufen durch einen mitunter schmerzlichen Ausdruck auf dem Gesicht meiner Mutter, das ich genau beobachtete, einem tierischen, grölenden Laut, der dem Mann entfuhr oder ihren gemeinsamen Geräuschen, die sich nicht gut anhörten. Einmal war ich sicher, dass meine Mutter gerade unter großen Schmerzen starb, und schrie entsetzt, am Türrahmen stehend, laut auf. Irgendwas brachte mich immer zum Wimmern und Weinen, verriet mich, katapultierte meine Mutter aus ihrer Ekstase und mich unter ihren Schimpfen und Flüchen in mein Zimmer, dessen Schlüssel sich von außen drehte.

Es kam mehr als einmal vor, dass sie mich danach einfach vergaß und sich meiner erst wieder erinnerte, wenn sie ihren Rausch ausgeschlafen hatte und mein Klopfen und schüchternes Rufen hörte, weil ich hungrig war. Oder aufs Klo musste. Ich pinkelte in die Ecken meines kleinen Zimmers, weil ich nicht rauskonnte. Ich wollte nicht, dass sie wieder wütend auf mich war. Ich tat alles dafür, dass sie mich lieb hatte. Ich hatte doch nur sie.

»Oh, Greta«, sagte Ben und seine Augen waren tiefe Seen, seine Stimme klang rau. »Das ist … das allein ist schon … meine Güte … sie hat dich vergessen? Hattest du nicht Angst?«

»Manchmal. Aber das war eine so verschwommene Zeit … eigentlich rief mir unsere Nachbarin diese Erlebnisse immer wieder in Erinnerung, weil die meine Mutter deswegen immer angegiftet hat. Wir wohnten in einem Sozialbau mit sehr dünnen Wänden und sie hat mich oft weinen hören.«

Es wurde ein wenig anders, als ich eingeschult wurde. Meine Mutter, die keine sozialen Kontakte zu normalen Leuten gepflegt hatte, fand sich plötzlich unter Eltern wieder, die vor Stolz auf ihre Sprösslinge platzten, und auch ich sah mich mit glücklichen Kindern konfrontiert, die Mittelpunkte und nicht lästige Randerscheinungen waren, befand mich, was wohl am schlimmsten war, mit einem Mal in einer Welt, die Vergleiche zuließ.

O mein Gott und was für Vergleiche! Herausgeschleudert aus der Zweisamkeit mit meiner Mom erschreckten mich diese vielen wimmelnden Kinder, erschlugen mich die Eindrücke. Und ich spürte, dass es meiner Mom nicht anders erging.

Es war, als sei sie mit einem Zeitsprung von den 70ern in den braven 90ern mit völlig anderen Werten gelandet. Ich sehe heute noch ihren verwunderten Blick, den sie in die Menge schweifen und sie ahnen ließ, dass es außer ihrem eigenen Universum noch viele andere gab. Und auch mir, die ich nie im Kindergarten gewesen war, kam es vor, als wäre ich auf einem anderen Planeten gelandet. Mein neu justierter Blick registrierte erschreckt das verlebte, ordinär wirkende Gesicht meiner Mutter im Vergleich zu den frischen, rosigen Wangen anderer Frauen, bemerkte das verliebte Lächeln, mit dem die ihre Kinder bedachten, die innigen Küsse, die getauscht wurden. Das weckte etwas ganz Komisches in mir. Genauer gesagt ließ es eine Welt in mir einstürzen.

Darüber hinaus aber nahm ich dieses untergründige Abschätzen, wer welcher Gesellschaftsschicht angehörte, in einer Schärfe wahr, die wehtat. Denn Mom, ihre zu stark geschminkten Augen, das zerzauste Haar, die runzlige Haut, obwohl sie doch erst Anfang dreißig war, ihre knallbunten Klamotten, schoben sie innerhalb von Sekunden in eine der untersten Gesellschaftsschubladen. Aber was mich fuchsteufelswild machte, war, dass ich automatisch mit ihr gleichgesetzt wurde. Mein Secondhand-Schulranzen im schlammbraunen Look neben all den ultraneuen mit Reflektoren, Lillifee, Spaceshuttles, Starwars und Pokémon vollgepoppten Rückenbehältern, war schnell klassifiziert: Er war ich. Mom war ich.

Und alle außer mir hatten so ein Ding dabei, das aussah wie ein riesiger Faschingshut – eine Zuckertüte. Ich kann mich noch erinnern, dass ich jemanden in meiner Naivität fragte, was das sei. Der erste Tag in der Schule begann schon mal voller zweifelhafter Wunder und es ging nicht wirklich besser weiter.

Stumm belauschte ich Gespräche meiner Klassenkameraden, um zu erfahren, wie es bei ihnen daheim ablief, verglich, bewertete und versuchte, meinen Rang in dieser topgestylten, Gameboy und Nintendo-infizierten Generation zu finden. Es sah nicht gut aus.

Ehrlich, das erste Jahr war eine Qual für mich und auch für meine Mutter. Eines, das unser Verhältnis zueinander schwer änderte. Auch sie hatte den Unterschied bemerkt, die abschätzigen Blicke der Leute an den ersten Elternversammlungen, an denen sie teilnahm. Sie stand mit einem Mal oft vor dem Spiegel, strich sich über die Wangen, zog die Augenlider in die Höhe – und hörte von einem Tag auf den anderen mit dem Trinken auf.

Sie wurde unruhig und lief in der engen Wohnung umher wie ein eingesperrter Tiger, lenkte sich mit Filmen über Länder dieser Erde ab und – das war das einzig Positive – widmete sich in den ersten Monaten meinen Hausaufgaben, als sei sie die Schülerin. Innerhalb kürzester Zeit steigerte sie meine Schreib- und Lesefähigkeiten weit über das Niveau einer Erstklässlerin hinaus, indem sie mir Karl May-Bücher zum Lesen gab. Der Schatz im Silbersee oder die Abenteuer des Hadschi Halef Omar Ben Hadschi Abul Abbas Ibn Hadschi Dawuhd al Gossarah, dessen Name ich auswendig konnte und damit meine Lehrerin verblüffte.

Aber nicht nur die Schule brachte Änderungen.

Plötzlich tauchte auch eine Frau in regelmäßigen Abständen bei uns auf, die Mom Dinge fragte, die sie offensichtlich durcheinanderbrachten. Meine Mom hielt Schreiben in den Händen, die sie zittern ließen, ich wusste nicht, was drin stand. Aber sie sah mich plötzlich anders an als sonst und presste dabei immer die Lippen zusammen. In ihrem Kopf arbeitete es, ich konnte es fühlen und die Ungewissheit, nicht zu wissen, was sie dachte, machte mich krank. Vielleicht war es diese Zeit, in der in mir der tiefe Wunsch entstand, mein Leben kontrollieren zu wollen, um nicht von unvorhergesehenen Faktoren abhängig zu sein.

Eines Tages jedoch hockte sie sich vor mich hin und fragte: »Möchtest du deinen Papa sehen?«

Stumm schüttelte ich den Kopf. Von meinem Vater hatte ich nur diffuse, wenig Vertrauen erweckende Szenen im Kopf und vor allem das Wissen, dass es nach der Trennung gewaltloser war als mit ihm. Es gab zwar Männer in unserer Wohnung, aber meistens kein Geschrei. Und sie blieben auch nie so lange, dass sie Ärger machen konnten. Ich war eingebettet in das, was ich kannte, und Neues war mir suspekt. Ich hatte Angst außerhalb meines eng gesteckten Rahmens. Auch die Frau, die immer kam, fragte mich das. Nein, ich wollte meinen Vater nicht sehen.

Meine Mom sah mich an und schüttelte seufzend den Kopf.

Jahre später kam mir, dass meine Mutter mit dieser Frage vielleicht ihre ewig ersehnte Freiheit in greifbarer Nähe gesehen und ich ihr die mit meiner Antwort nicht nur ein weiteres Mal, sondern endgültig zunichtegemacht hatte.

Das ließ sie mich spüren. Von diesem Tag an machte ich alleine Hausaufgaben. Und nicht nur das. Es war, als hätte sie innerlich aufgegeben. Sie vernachlässigte alles. Ich weiß noch, wie ich eines Tages in die Schule kam und eine Klassenkameradin zu mir angeekelt sagte:

»Iiih, du stinkst.«

Ich war außer mir. Es verletzte mich tief. Mom hatte meine Wäsche nicht gewaschen, ich hatte nicht gelernt, auf Körperhygiene zu achten. Ja. Ich stank. Meine Fingernägel waren nicht geschnitten und auch nicht mein Haar. Ich wusste nicht, dass man sich regelmäßig waschen, dass man seine Kleidung wechseln, die Zähne putzen musste. Nur mühsam fand ich das alles heraus.

Ich lernte, mit der Waschmaschine umzugehen, die im Keller stand. Eine Nachbarin half mir. Und die machte mir auch klar, dass man jeden Tag duschen, mindestens einmal pro Woche die Haare waschen sollte. Sie schnitt mir ab und zu die Fingernägel und schenkte mir Erfrischungstücher. Meine Mutter machte sich über meinen Hang, oft zu duschen, lustig. Ja, ich duschte. Trotzdem hatte ich immer das Gefühl zu stinken. Manchmal habe ich das heute noch.

***

»Wie alt warst du da?«, fragte Ben mit zugeschnürter Kehle.

»Sieben oder acht ... Na ja, es hört sich jetzt recht dramatisch an ...« Ich lachte leicht. »Aber letztendlich gibt es ja wirklich Schlimmeres. Immerhin hat sie mich nicht geschlagen.«

»Ach, Greta, wie kannst du so was sagen.« Ben war kreuzunglücklich. »Ich meine, ja, es stimmt, es gibt Schlimmeres, aber das hier ist nichts, was man auf die leichte Schulter nehmen sollte.«

»Aber je mehr ich mich in diesem Wust verliere, umso schlimmer wird es!«, rief ich. »Deswegen war ich nicht scharf darauf, es dir zu erzählen. Auch, weil ich mich schäme. Ich schäme mich schrecklich! Ich möchte am liebsten mit diesem Teil meines Lebens nie mehr was zu tun haben, verstehst du? Und nun wärmen wir das alles auf! Wir machen es lebendig! Und ... du ... du weißt es dann!«

»Ich will es ja auch wissen! Wir schauen es uns an. Du schaust es dir an. Wie willst du eine Wunde heilen, wenn du nur was darüber deckst? Ja, sie stinkt, sie gärt, man will sie am liebsten nicht sehen. Aber sie heilt nicht. Wir müssen nicht darüber reden, was eine nicht behandelte Wunde alles auslösen kann.«

Resigniert umklammerte ich mit den Armen meine angewinkelten Knie und sah ins Feuer. »Es fällt mir nicht leicht, Ben. Am Ende denkst du ...« Ich brach ab. Es war ohnehin schon zu spät.

»Erzähl weiter«, sagte er. »Bitte.«

***

Verzweifelt hielt ich Ausschau nach Möglichkeiten, Mom zu helfen, nach Dingen, die sie glücklich und meine Existenz sinnvoll machten. Ich bemühte mich in der Schule, gut zu sein, und bekam so manches Lob in mein Heft, dass ich Mom stolz hintrug. Das Lob tat mir so gut! Die Lehrerin lächelte mich freundlich an, das war in diesen Tagen lebensnotwendig für mich. Auch das prägte mich. Aber bei meiner Mutter konnte ich damit nicht punkten, keine Ahnung warum.

Ich fand für sie eine Freundin, die Mutter einer Klassenkameradin, die sie zum Kaffeetrinken einlud und mit uns auf Spielplätze ging. Sie war zwar nicht meine Wunschkandidatin und ihre Tochter auch nicht, aber irgendwo musste man ja einen Anfang machen.

Die beiden verstanden sich ziemlich gut, und da Laura, meine Klassenkameradin, einen Verein besuchte, schlug ihre Mutter meiner vor, mich doch da auch reinzustecken.

»Dann hast du wenigstens ein bisschen«, erklärte sie. »Und deine Kleine ist aufgeräumt. Das kostet nicht viel, zwanzig Mark im Jahr, dafür hast du ein paar Stunden für dich.«

Aber meine Mom sagte, sie hätte kein Geld dafür.

Je älter ich wurde, je mehr ich erkannte, dass sie alleine nicht zurechtkam, desto mehr war ich besessen von dem Verlangen, ihr zu helfen, um der Ablehnung entgegenzuwirken. In dieser Phase war sie immer noch meine Mutter.

Wider besseren Wissens drängte ich sie mit naiven Fragen: »Mom, welchen Beruf hast du eigentlich? Warum arbeitest du nicht? Der Papa von Klaus leitet sogar eine Computerfirma!« in die Arbeitswelt, in Gelegenheitsjobs und befristete Stellen. Es machte mir nichts aus, dass sie über Mittag oder manchmal abends nicht da war. Im Gegenteil, die Ruhe zuhause war erleichternd und überdies war ich stolz, dass ich eine Mama hatte, die arbeitete.

»Wo ist eigentlich meine Oma?«, fragte ich sie eines Tages.

»Tot. Hatte Krebs.«

»Und Opa?«

»Der ist im Krieg gefallen. Hab ihn selber kaum gekannt.«

»Laura hat gesagt, sie hat zwei Tanten und einen Onkel …«

»Ich bin ein Einzelkind – wie du. Du hast keine Tante und keinen Onkel. Du hast nur mich.«

Ihre Stirn war gerunzelt, als sie das sagte, aber ich hörte an dieser Stelle nicht auf.

Ich fragte sie, warum sie sich so komisch anziehe, schleppte Prospekte von Modeversandhäusern an, deutete auf Teile, die ich an anderen Müttern gesehen hatte, machte sie auf die topgestylten Ansagerinnen im Fernsehen aufmerksam. Ich wollte wissen, warum ich sie »Mom« und nicht »Mama« oder »Mutti« nennen sollte, wie das die anderen Kinder taten, erklärte ihr, dass Rauchen ungesund und teuer sei, und machte mir Sorgen, wenn sie wegen einer Grippe nicht zur Arbeit konnte.

Dann redete ich mit ihr darüber, dass sie nicht zu lange ausfallen dürfe, damit sie die Stelle nicht verlöre. Beim Einkaufen wies ich sie auf Sonderangebote hin, um Geld zu sparen, während sie immer zu den teureren Artikeln griff. Ich zog an ihrem Arm, wenn sie zu lange in ein Bekleidungsgeschäft hineinstarrte und vor allem, wenn sie einen Mann anlächelte.

Immer öfter sah mich meine Mom an, als sei ich ein Wesen von einem anderen Stern.

»Schämst du dich meinetwegen?«, fragte sie mich eines Tages, als sie mit Husten im Bett lag und ich sie ängstlich fragte, ob sie morgen auf die Arbeit gehen würde.

»Nein, Mom«, sagte ich und senkte den Kopf.

»Warum willst du mich dann anders haben, als ich bin?«

»Ich will dich nicht anders haben. Ich will, dass es dir gut geht.«

Sie schwieg daraufhin. Ich nahm ihre Hand. Ihre Finger lagen wie ein lebloser Gegenstand in den meinen. Sie drückte nicht zurück, sie schaute mich auch nicht an. Nach einer Zeit schloss sie die Augen und tat so, als ob sie schliefe. Aber ich wusste, dass es nicht so war.

Trotzdem – durch die Schule und ihre Arbeit hatten sich Änderungen ergeben. Es war der Anklang eines normalen Lebens, das sich da plötzlich vor mir auftat. Ich schöpfte Hoffnung und hatte gleichzeitig Angst, dass dieser Zustand ein Verfallsdatum hatte, und das wollte ich nicht. Ich wollte dafür sorgen, dass es immer so blieb, dafür, dass es sogar besser wurde. Wie, wusste ich nicht. Und dass es nahezu unmöglich war, merkte ich bald, denn jedes Mal, wenn es mir wichtig war, dass etwas funktionierte, ging es schief oder klappte nur zum Teil. Da war der Job, den meine Mom nicht bekam, obwohl sie so sehr darauf gehofft hatte … der Ausflug, den sie mir versprach, aber an dem Tag fiel der Zug aus … der Kuchen, den ich ihr zu ihrem Geburtstag heimlich backen wollte und der mir so gründlich misslang …

Ich war fest davon überzeugt, dass es das Leben war, das mir diese Steine in den Weg legte.

Mit großen Augen verfolgte ich Sendungen im TV, von Leuten, die Geld hatten, von einem Leben, das mir fremd war.

Auch wurde ich so manches Mal von Klassenkameradinnen eingeladen und das Leben in deren Familien unterschied sich drastisch von meinem. Sie lebten in Häusern mit Gärten oder in aufgeräumten, dekorierten Wohnungen, in denen Blumen auf dem Tisch standen. Die Kinder hatten eigene Zimmer, ihre Wäsche lag geordnet und gebügelt in den Schränken und ihre Eltern turtelten um sie herum als seien sie kleine Götter.

Ich war neun, als mich Marlene zu ihrem Geburtstag einlud, das reichste Mädchen der Stadt. Sie hatte die ganze Klasse eingeladen und sie genoss es, mich den Unterschied spüren zu lassen. O ja, ich spürte ihn deutlich. Dieser Unterschied ließ mich fortan nicht mehr los. Ab diesem Tag wusste ich sicher: Ich liebe Luxus.

»Woher wusstest du das?«, fragte mich Ben interessiert.
»Weil ich nicht wirklich von Marlenes Auftreten eingeschüchtert war. Weil ich in diesem riesigen Haus herumlief und es selbstverständlich fand, dass alles so war, wie es war. Klar war ich schwer beeindruckt, aber es war ein tiefes Gefühl in mir, dass diese Lebensweise eher zu mir passte. Es kam mir bekannt vor, verstehst du? Es war so ein Herzbauchgefühl. Es hat einfach alles gepasst.«
»Herzbauchgefühl!« Ben gluckste. »Ein wunderbares Wort!«

Aber vor Marlene, die uns mit selbstgefälligem Geplapper durch ihr Reich führte, gab ich natürlich nichts zu. Wir durften nicht alle Zimmer sehen, aber als alle anderen von den Nannys in Spiele eingebunden worden waren, nahm sie mich zur Seite und fragte mich:
»Willst mal das Wohnzimmer sehen?«
Ich nickte, stolz, dass ich es war, der sie es zeigen wollte. Doch die Art, wie sie es tat und wie sie mich dabei beobachtete, machte mir schnell den Grund ihrer Auswahl klar: Sie zeigte es dem Mädchen, das von ihrem Lebensstandard am meisten schockiert sein musste. Sie wollte, dass ich mich mies fühlte, und das schaffte sie auch. Aber ich fühlte mich nicht nur mies, ich war auch irgendwie wütend. Ihre Verhaltensweise setzte etwas in mir in Brand, wenn auch diese Regung lange Zeit latent im Unterbewusstsein vergraben lag.

Damals hasste ich Marlene dafür, mir gezeigt zu haben, dass es Unterschiede zwischen Menschen gab, auf die alle großen Wert legten, mehr noch aber dafür, dass sie mir mit ihrem sozialen Exhibitionismus meine Stellung hämisch vor Augen geführt hatte. Das saß tief.

In diesem Stadium kämpfte ich noch darum, meine Mom zu ändern, aber meine Mom war ein Irrlicht. Sie fühlte sich immer noch jung genug, ihre Reize bei den Männern zu testen, fing wieder an, in Bars zu gehen, und träumte von einer Zukunft, die nie kam.

Und mit am schlimmsten war das Betteln.

Sie schickte mich in Drogerien und erklärte mir, ich solle den Verkäuferinnen erzählen, dass ich kein Geld für ein Geburtstagsgeschenk für sie hätte, um ein paar Samples Gesichtscreme oder Bodylotion abzustauben. War das schon schlimm genug, aber am meisten hasste ich den mitleidigen und gleichzeitig genervten und abschätzigen Blick dieser Frauen. Dummerweise funktionierte es, sodass Mom mich ein ums andere Mal für ihre Zwecke einspannte.

Sie schickte mich fünf Minuten nach Ladenschluss in Bäckereien und ließ mich fragen, ob ich ein übrig gebliebenes Brot bekommen könnte. Oder zum Inhaber des Supermarktes, um Obst und Gemüse zu ergattern.

»Und wenn sie Nein sagen, heul einfach ein bisschen und sag, dass du Hunger hast.«

Der Blick der Leute ist bis heute in mein Hirn geschraubt: Mitleid und Verachtung, der Widerspruch zwischen dem Bedürfnis zu helfen und der Geringschätzung, weil meine Mom diese fiese Mitleidstour abfuhr. Als ich älter wurde, weigerte ich mich, für sie den Bettlejungen zu spielen.

»Gut«, sagte sie knapp. »Dann gibt es eben heute kein Abendbrot.«

Sie füllte Lottozettel aus und sah hypnotisiert zu, wie die Bälle im Glaskasten sich den Weg nach unten bahnten. Jede Woche saß ich daneben, drückte mit ihr die Daumen und hoffte, dass das Wunder geschähe. Ich hatte das tiefe Empfinden, dass eine Menge Geld sie und mich befreien würde. Aber nichts geschah. Kaum ein Ball trug eine der von ihr angekreuzten Zahlen. Es gab nie einen Jackpot für uns.

Wenn wir auf dem Jahrmarkt ein Los zogen, war es immer eine Niete, während andere neben uns den riesigen Teddybären wegtrugen, der als Hauptgewinn ausgezeichnet war. Mir ging es nicht um das Riesenvieh, mir ging es um die Frage: Warum gewannen immer die, die sowieso schon genug hatten? Warum zogen wir immer nur Nieten? Warum schienen die Rollen so ungleich und unwiderruflich verteilt?

Meine Mom war überdies allwissend; permanent sonderte sie Sätze ab wie: »Das wird sowieso nix.« Und: »Wir haben einfach kein Glück.« »Uns passiert immer das Schlimmste.« »Als ob wir jemals eine Chance hätten …« Und siehe da – sie hatte immer recht.

Ich hörte das ständig. Und auch, dass mein Vater, der Sauhund, sich weigere, für mich zu bezahlen, dass sie mich ganz allein durchbringen müsse und sie mir ihre Freiheit tagtäglich opfere. Ich hatte ständig ihr Seufzen im Ohr, ihren in die Ferne gerichteten Blick, der von alten Tagen träumte oder einer Zukunft ohne mich. Und am liebsten hörte sie das Lied von Udo Jürgens: ›Ich war noch niemals in New York‹, von dem Mann, der Zigaretten holt und daran denkt, einfach weiterzugehen, statt zurück nach Hause. Zurück in sein Gefängnis. Zurück zu mir.

Wir lebten von Sozialhilfe. Ab und an arbeitete meine Mom und verdiente ein bisschen Geld, aber nie für lange, es gab immer etwas, was ihr nach kurzer Zeit stank und ihr eine Entschuldigung lieferte, den Job zu schmeißen.

Sie fing etwas an und brachte es nie zu Ende, und da wir auf engstem Raum zusammenlebten, blieb es nicht aus, dass ihre Worte und Einstellungen auf mich abfärbten.

Nachdem ich mit guten schulischen Leistungen bei meiner Mutter keinen Eindruck schinden konnte, begann ich meine Hausaufgaben ab dem zweiten Halbjahr der dritten Klasse zu vernachlässigen. Die anderen redeten über mich: Ich war die Tochter der Asozialen, die mit Ausländern rummachte. Es verletzte mich jedes Mal zutiefst, aber ich hatte gelernt, anderen die Schuld zu geben, so schimpfte ich über die »blöden Pauker«, freute mich, wenn auch andere mal in Ungnade fielen, träumte im Unterricht vor mich hin, saß immer öfter die Stunden einfach ab und wollte nur, dass die unangenehme Zeit in der Schule so schnell wie möglich vorbeiging.

Meine Klassenlehrerin bat meine Mutter in die Schule, weil ich so abgesackt war. Das war auch das letzte Mal, dass sie um ein Gespräch bat, denn Mom stritt sich mit ihr, zeigte ihr, als sie ging, den Stinkefinger, mit dem Ergebnis, dass meine Lehrerin mich danach in die Schublade ›gesellschaftsfeindlich‹ steckte und abhakte.

Ich wurde übersensibel, versuchte, ständig auszuloten, was man über mich dachte. Es war, als entwickle ich einen Sinn für unterschwellige Gefühle und Regungen bei anderen Menschen – in Bezug auf mich. Ohne es zu wissen und zu merken, wurde ich egozentrisch.

In der Grundschule wurschtelte ich mich so durch. Meine Mutter war Gott sei Dank nicht der einzige Einflussfaktor. Anfang der vierten Klasse brach der Kampf um das Übertrittszeugnis aus und die Eltern meiner Mitschüler offenbarten sich als ehrgeiziger als ihre Kinder, was mich zutiefst erstaunte. Mit großen Ohren lauschte ich Unterhaltungen bei Tisch, wenn ich mal von mitleidigen Müttern zum Mittagessen eingeladen worden war oder mich jemand freundlicherweise nach Hause fuhr.

Diese Mütter redeten über Nachhilfe, Feriencamps, Auslandsaufenthalte, von ihren eigenen Karrieren und Berufswegen, von den Begabungen und Neigungen ihrer Kinder und was sie einmal werden könnten, während meine Mutter zu Hause saß und immer noch nichts war. Noch nicht einmal eine zuverlässige Supermarktkassiererin. Das wäre doch wenigstens schon mal etwas gewesen.

Die Mutter einer Freundin fragte mich am Ende der dritten Klasse, welche Berufspläne ich hätte – und das, nachdem sie eine halbe Stunde lang mit Tina über die Herausforderung eines Medizinstudiums gesprochen, und ihr erklärt hatte, dass sie für den erforderlichen Numerus clausus heute schon zu sorgen habe, jetzt, in der Grundschule.

Ich fiel aus allen Wolken. Zum ersten Mal wurde mir bewusst, dass man beruflich nicht einfach alles machen konnte, worauf man Lust hatte, sondern, dass es dafür Eintrittspreise gab. Dass es so etwas wie Pläne und Ziele gab, für die man etwas tun musste. Was ich einmal werden wollte? Die Frage war ein Same, der keimlos in den Boden meines Unterbewusstseins sank.

Doch der Groschen war längst noch nicht gefallen. Es war nur eine erste Ahnung, dass meine gewohnte Lebens- und Denkweise nicht das Metrum für die Zukunft war. Mein Leben schluderte so vor sich hin, ich hatte keine Meinung zu den Dingen. Sie waren, wie sie waren, und es gab ja auch keine echten Schwierigkeiten. Wir hatten halbwegs zu essen, die wechselnden Kerle meiner Mom und die Geräusche ihres Sexlebens waren Standard. Ich hatte einigermaßen sozialen Kontakt in der Schule und schaffte es tatsächlich mit Ach und Krach aufs Gymnasium, was meine Mutter gar nicht freute. Es wäre ihr lieber gewesen, wenn ich mit sechzehn ins Berufsleben eingetaucht wäre. Und das sagte sie mir auch.

Unmotiviert schlappte ich also im Gymnasium einfach mit, kassierte mittelmäßige bis schlechte Noten, weil ich systematisches Lernen nicht kannte. Meine Mutter stellte klar, so was müsse man laufen lassen, nicht jeder sei geeignet fürs Gymnasium, und ob ich das sei, sei sowieso fraglich. Sie hätte ja schon immer gesagt, dass alles zu sehr theoretisiert werde und das Studium sei noch schlimmer, das produziere nur humorlose Korinthenkacker und ich solle mir das am besten gleich abschminken. Also, wenn kein Studium, wozu dann Gymnasium? Zeitverschwendung!

Dann spielte sie mir »*Another brick in the wall*« vor und zeigte mir das Video dazu: *We don't need no education! We don't need no thought control!* Kind, das ist das, was die mit dir machen, je eher du da rauskommst, desto besser.

Ich nickte dazu, elf Jahre jung, unfähig, mir eine eigene Meinung zu bilden. Ich wusste noch nicht einmal, was das war, eine eigene Meinung. Und wie man sich die bildete. Es gab so viele Meinungen – welche war nun richtig? Ich erinnere mich an meine Kindheit als einen Zustand unendlicher Verwirrung.

Und doch… manchmal konnte ich Mom verstehen, wenn sie so begeisternd von Free Love, von Woodstock, den Weiten Amerikas, den Redwoodbäumen dort, den endlos scheinenden Highways oder den menschenleeren Stränden Irlands erzählte … dem Duft der großen weiten Welt. Ja, dann fühlte ich, was sie fühlte, dann wusste ich, was sie meinte, dann war ich ihr nah.

Aber es waren Momente. Die Realität war eine andere – und die Realität tat weh. Sie riss uns in Stücke, trennte uns, machte aus uns Mutter und Tochter, diese und jene Generation, die 70 und die 90er Jahre, schuf Unterschiede, schuf eine Kluft.

Unaufhaltsam war ich gefangen in dem Prozess der Vergleiche und interner Wettbewerbe und mit jedem Monat in der höheren Schule merkte ich, wie ich Halt verlor und alle um mich herum in jeder Hinsicht besser abschnitten. Sie schienen so sicher, so selbstbewusst, wussten so genau, was falsch und was richtig war.

Sie redeten ungezwungen mit dem Lehrer, während ich vor Hemmungen verging, wenn mal einer das Wort an mich richtete. Sie redeten von Dingen, von denen ich noch nie gehört hatte. Die meisten hatten ein viel größeres Allgemeinwissen als ich. All das schwappte mit den sich steigernden Anforderungen an die Oberfläche.

Mein Überlebensrezept hieß Beobachten. Aus dem Gerede meiner Schulkollegen, den Ansichten der Lehrer oder anderer Erwachsener möglichst viel darüber herauszufinden, wie das Leben funktionierte und worauf es ankam. Bald hatte ich ein Bündel frustrierender Fakten vor mir liegen: Der Beruf der Eltern war wichtig. Ihre soziale Stellung. Ihr Einkommen. Alles Dinge, die ich null beeinflussen konnte.

Ab der sechsten Klasse wurde es immer wichtiger, was man anhatte, von welcher Marke es war und ob es zusammenpasste. Auch das konnte ich kaum steuern. Mom brachte mir Sachen von der Caritas mit. Ich war froh, wenn ich etwas Modernes darunter fand und einmal passierte es, dass eine Klassenkameradin ein ausrangiertes Teil von sich selbst an mir erkannte.

Ausgerechnet in der siebten Klasse, als meine Proportionen so gar nicht zusammenpassten und mein Gesicht eine unattraktive Transformation durchmachte, wurde es wichtig, wie man aussah, welche Figur man hatte und ob die Jungs sich für einen interessierten.

Ja, und dann die Auslandsfahrten, die von der Schule angeboten wurden! England! Frankreich! Andere Länder sehen! Das versetzte mich in einen Zustand zwischen Aufregung und Angst.

Zwei Wochen vor der ersten Reise drückte mir mein Lehrer einen Brief für Mom in die Hand.

Ich registrierte, wie sie ihn las, nachlässig auf den Tisch ablegte und sich eine Zigarette anzündete, deren Rauch sie mit verkniffenem Gesichtsausdruck ins Zimmer blies. Ich kam näher.

»Was steht da drin?«, fragte ich ängstlich.

»Ach, nichts weiter.« Sie zog heftig am Glimmstängel. »Nur, dass du in der Zeit, wo diese Auslandsfahrt ist, in der Nachbarklasse untergebracht wirst.«

Ich war verwirrt. »Nachbarklasse? Warum muss ich mit der Parallelklasse fahren?«

»Du fährst *gar* nicht«, antwortete meine Mutter patzig. »Von was denn? Die Fahrt kostet zweihundert Mark – eine Woche! Wo soll ich das denn hernehmen?«

Und als ich sie entgeistert anstarrte, unfähig, ihre Worte zu begreifen, herrschte sie mich an:

»Mann, kapier doch! Du bist halt in der Woche im Unterricht in der Nachbarklasse, wo ist das Problem, du *Gymnasiastenkind*?«

Wo das Problem war? Dass jeder danach wusste, dass wir kein Geld für eine Klassenfahrt hatten!? Dass alle anderen fuhren, nur ich nicht? Dass alle sich näherkommen und eine Mordsgaudi haben würden – nur ich nicht? Das war das Problem!

»Aber ... aber da muss man doch was machen können!«, begehrte ich auf. »Es muss doch irgendetwas geben, woher wir Geld kriegen können! Mom, ich will da mit!«

»Greta. Nerv mich nicht!«

»Aber ... Mom!«, rief ich. »Dirk Rudelow fährt doch auch – und die haben auch wenig Geld! Ich will mitfahren!«

»Kein Problem! Besorg die Kohle und alles ist gut. Ich wäre die Erste, die sich freut, wenn du weg bist.«

Ich hasste sie dafür. Nicht nur für ihre Worte, nein, auch dafür, dass sie einfach aufstand, in ihr Schlafzimmer ging, die Tür schloss und Gott weiß was da drinnen machte.

Danach kam sie und brachte so etwas wie einen Trost zustande.

»Komm, lass den Kopf nicht hängen«, sagte sie. »Dafür lass ich dich in den Turnverein ... na, freust du dich?«

Ich freute mich nicht. Ich hatte noch gut die Unterhaltung von vor zwei Jahren im Kopf. Sie wollte ja nur, dass ich aufgeräumt war.

Es war komisch. Einerseits wollte ich raus, andererseits erschreckte mich alles Unbekannte. Ich war noch nie in einem Verein gewesen und der Trainer war nicht nach meinem Geschmack. Er schrie die ganze Zeit nur herum und das mochte ich gar nicht, weckte es doch tiefliegende, unangenehme Assoziationen in mir.

Aber das Turnen selbst war nicht schlecht. Ich merkte, dass mir die körperliche Bewegung und auch das Tänzerische lag, ich war nicht untalentiert. Mein Körper war für diese Sportart wie gemacht, ich war beweglich und leicht, und viele Dinge, die anderen schwerfielen, bereiteten mir gar keine Mühe. Obwohl ich mit dreizehn viel zu spät für diese Sportart dran war, startete ich gut durch. Meine Muskeln wurden fester, ich ging gerader, der Sport veränderte meine äußere Haltung. Das begann auch etwas im Inneren zu ändern. Das gefiel mir und hielt mich die erste Zeit bei der Stange.

Und doch hatte ich null Ehrgeiz. Wozu auch? Es war uncool, ein Streber zu sein. In der Schule wie im Verein. Ich turnte die Übungen, die mir schnell zuflogen, und wenn es zu wehtat oder anstrengend wurde, machte ich das, was ich kannte: Ich drückte mich. Ging raus auf die Toilette, hampelte in der Garderobe herum, setzte mich mit den anderen auf die Matten im Geräteraum und schaute auf die Uhr. Schon nach einem halben Jahr begann ich mich auch schon zu fragen, ob das Ganze denn überhaupt Sinn machte.

Die Schule stresste mich zusätzlich. Die schlechten Noten und die Lehrer saßen mir inzwischen im Nacken, ich mochte den Blick nicht, mit dem sie mich ansahen. Ich mochte den Druck und das schlechte Gewissen nicht, das ich jeden Morgen schon beim Aufwachen verspürte. Die Gedanken meiner Mom schlichen sich in mein Hirn, ob es nicht besser wäre, sich einen Job zu suchen, statt dieses ständige Lernen, die Angst und blöde Lehrer zu ertragen. Oder fiese Trainer, die herumbrüllten, weil wieder alle auseinandergelaufen waren, statt an den Geräten zu üben. Und diese immerwährende Unsicherheit, die ich im Umgang mit allen Menschen spürte. Ich wusste nicht, wie ich mich verhalten sollte. Mein Bedürfnis, dem allen am liebsten einfach aus dem Weg zu gehen, wuchs immer stärker.

Lehrer hatten so eine Art, einem klarzumachen, dass man ein Loser war. Mitschülerinnen, die keine Geldprobleme hatten,

hatten so eine Art, einem klarzumachen, falsch angezogen zu sein und nicht dazu zu gehören. Eltern, die sich für was Besseres hielten, hatten so eine Art, ihre Kinder an ihre Seite zu ziehen und mit anderen zu flüstern, was mir das Gefühl gab, dass sie über mich redeten.

Obwohl das Gymnasium anonymer war und nicht jeder wusste, wo ich herkam, schien ein Geruch an mir zu haften. Irgendwo stank ich immer noch. Der Geruch der Armut haftete an mir, des Asozialen. Ich fand keinen Anschluss an die Mädchen aus gutem Haus, von denen ich mich unwiderstehlich angezogen fühlte.

Was war das für ein Highlight, wenn mich eines davon nach einem Tempotaschentuch fragte und ich sogar eines hatte! Wenn ich mit ihnen manchmal in der Pause zusammenstehen konnte und einen halbwegs vernünftigen Satz zustande brachte! Ja, danach hungerte ich! Brosamen, die ich mir erbettelte.

Meine übersensiblen Antennen waren auf die Bestätigung meines geringen Selbstwertes ausgerichtet, filterten gekonnt die Essenz der Nichtachtung aus jedem Blick, jeder Geste, jedem Wort. O ja, ich entwickelte ein Gespür dafür, ein untrügliches Gespür – und je feiner es funktionierte, desto mehr erkannte ich, desto mehr schmerzte es mich.

Ich hatte eigentlich mit dreizehn das Leben schon satt.

Doch plötzlich tauchten Leuchttürme auf: Jungs.

Die beurteilten Mädchen nach völlig anderen Kriterien, das wurde mir mit zunehmender Geschlechtsreife schnell klar. Allerdings betraf das nicht die Jungen aus unserer Klasse, die waren noch komplette Kinder und völlig vertieft in ihre Gameboyspiele. Aber ich merkte, wie der Blick größerer Jungs mich traf, wenn ich im Pausenhof stand. Ältere Jungs. Hübsche Jungs. Jungs, über die so manches Mädchen in meiner Klasse tuschelte. Da gab es diese Kerle mit den Lederjacken, motorisierten Zweirädern, die nachmittags immer auf dem Pausenhof abhingen, heimlich rauchten, flotte Sprüche auf den Lippen, ihre taxierenden Blicke auf alle möglichen Mädchenärsche gerichtet. Hungrig nach Anerkennung wurde mir bewusst, dass sie ab und zu auch mir nachsahen.

Ich lechzte danach, endlich für irgendjemand von Bedeutung zu sein. Und die Blicke dieser Jungs ließen mich wissen: Ich war da. Es gab mich.

***

Ben sandte mir an dieser Stelle einen undefinierbaren Blick. Zu meiner Überraschung stand er auf, fuhr mit beiden Händen über seinen Kopf und blieb so im Zimmer stehen. Verwundert beobachtete ich, wie er danach zerstreut den Feuerhaken nahm, in der Glut stocherte und Holz nachlegte.

»Alles klar, Ben?«, fragte ich.

»Ja, alles klar … alles klar … machen wir eine kurze Pause?«

»Ja, natürlich«, sagte ich verwirrt. Er ging raus, ich hörte die Tür klappen und als ich in der Küche war, sah ich ihn draußen auf dem Holzstoß vor der Hütte sitzen. Er blickte zum Himmel hoch und danach aufs Wasser. Er dachte nach – zu gern hätte ich gewusst, worüber. Aber ich ließ ihm seine Ruhe und legte mich wieder vor den Kamin. Ich war müde.

Als er wiederkam, brachte er kalte, frische Luft von draußen mit herein.

»Sollen wir morgen weitermachen?«, fragte ich ihn.

»Nein, wenn es für dich noch geht …«

»Na ja, ich will's hinter mir haben.«

»Ich hole uns noch einen Kaffee, okay?«

»Nein, hol mir … hol mir einen Whisky.«

Ben war so feinfühlig wie ein Seismograf und seine Augen waren dunkel, als er mir das dicke Kristallglas reichte und sich wieder zu mir setzte. Auch er hatte sich einen eingeschenkt.

Kreuzungen

Als ich dreizehn wurde, gab mir meine Mom manchmal fünf Mark Taschengeld und das erste, was ich mir davon kaufte, waren ein schwarzer Kajal und ein Lippenstift in Minigröße. In der Umkleide der Schulturnhalle fand ich eines Tages eine unter die Bank gerollte Wimperntusche und steckte sie ein. Zuhause übte ich mich dann in meinen ersten Schminkversuchen und war fasziniert, was das Schwarz und Rot mit meinem Gesicht machte. Ich war ein anderer Mensch! Ich konnte mich verwandeln! Kritisch beäugte ich mich im Spiegel. Gut, die Nase könnte kleiner sein, die Haut etwas reiner, aber sonst ... Ich sah in meine schwarz umrandeten blauen Augen, auf die rot geschminkten Lippen und anschließend nach draußen aus dem Fenster.

Die Sonne schien. Der Himmel war wolkenlos. Mein Blick fiel auf meine Schultasche, die ich achtlos aufs Bett geworfen hatte. Mein Zimmer, das eigentlich als Abstellkammer gedacht war, war so klein, dass nur das Bett hineinpasste, Hausaufgaben musste ich am Küchentisch machen, aber verdammt, gerade auf die hatte ich im Moment gar keine Lust! Ich verspürte ein unbändiges Verlangen, meine Wirkung zu testen und ich dachte an die Jungs, die am Nachmittag immer am Schulgelände herumstrolchten. Und musste ich nicht noch die Busfahrkarte für das nächste Jahr aus dem Sekretariat holen? Als das vernunftorientierte Argument, mein neues Ich der Welt zu präsentieren, gefunden war, zog ich meine engsten Jeans an und machte mich auf den Weg. Vielleicht war er ja da ... dieser honigsüße Typ mit dem Wuschelkopf, den breiten Schultern und der Honda unter seinem Knackhintern?
Er war da. Als ich aus dem Schulgebäude trat, blickte er mir nach.

Ich schuf immer öfter Gelegenheiten, nachmittags auf den Pausenhof zu gehen. Oder in die Stadt, dahin, wo ich an seiner Gruppe, deren Aufenthaltsorte ich schnell herausgefunden hatte, vorbeilaufen musste. Hausaufgaben und Lernstoff blieben liegen und waren so uninteressant wie nur was.

Es dauerte nicht lange, da winkte er mich zu sich und ich fühle noch heute diesen Stolz: Der coolste Typ der Schule, okay, der

Mittelstufe, interessierte sich für mich! Er begann ein belangloses Gespräch, dem ich belanglose Antworten beisteuerte.

Zu Beginn wartete ich immer darauf, dass Marcel mich zu sich rief, und tat er das nicht, war ich am Boden zerstört. Ich wollte nicht wahrhaben, dass meine Wirkung so schnell verflogen sein sollte, und tat dann so, als hätte ich etwas im Schulgebäude vergessen, ging also ein zweites Mal über den Hof – und siehe da! Es funktionierte! Er winkte mich her. Mit einem Grinsen im Gesicht, als ob er sich entschuldigen wolle, mich nicht gleich bemerkt zu haben. Es tat gut, das zu fühlen. Tat gut, jemandem zu gefallen.

Dieses Spiel wurde zur Sucht. Manchmal blieb ich sogar über Mittag in der Schule, Mom merkte eh nichts und mit der Zeit gesellte ich mich zu seiner Gang, ohne auf einen Wink zu warten. Wir lachten über die Streber und die Nerds, ich horchte mit großen Ohren, wie sie Kleidung, Aussehen oder Verhalten anderer Schüler kommentierten, und merkte mir die Details. Wie ein Schwamm sog ich auf, was angesagt war, was diese Kerle als krass oder erbärmlich empfanden. Demnach war es vollkommen daneben, gut in der Schule zu sein oder sich in Theatergruppen, der Bigband, Tanz oder was die Schule sonst so bot, zu engagieren. Alles Schleimscheißer! Die machen das doch nur, um dem Lehrer in den Arsch zu kriechen, und das Krasse ist, dass das auch noch funktioniert und diese Vollkoffer tatsächlich die besseren Noten kriegen …

So ging das meistens und es prägte mich. Ich hatte von zu Hause keinen Maßstab für richtig oder falsch, so suchte ich ihn mir außen. Fleißig lästerte ich mit, bemerkte, wie gut das tat, gerade über die schlecht zu reden, die schnippisch zu mir waren.

Eines schönen Tages, so nach drei, vier Wochen, legte Marcel den Arm um mich. Ein heißer Strom durchfuhr meinen Körper. Ich blieb einigermaßen steif, wusste wie immer nicht, wie ich reagieren sollte. Aber als ich abends im Bett lag, stellte ich mir die hunderttausend Fragen, die sich ein Mädchen in dieser Situation stellt: Warum hatte ich keinen flotten Spruch auf Lager gehabt? Wieso war ich so uncool? Hat er etwas von mir erwartet? Was bedeutet das alles?

Aber glorreiche Tatsache blieb: Der coolste Junge der Mittelstufe hatte den Arm um mich gelegt! Ich schloss die Augen. Ja, das war ein gutes Gefühl. Es ließ mich alles andere vergessen. Die Geldsorgen, die Klassenfahrt, die ich wieder nicht mitmachen durfte, den ekligen Typen, den meine Mutter gerade am Haken hatte und – fast – die Geräusche, die aus ihrem Schlafzimmer drangen. Ich ging auf die vierzehn zu. Der heiße Strom, der am Nachmittag meinen Körper durchlaufen hatte, durchfuhr mich auch jetzt. Ich spürte meine wachsenden Brüste, die warme Hand Marcels auf meiner Schulter … hörte das Geseufze und Gestöhne durch die dünnen Wände … und legte unwillkürlich meine Hand auf meinen Busen. Berührung. Hautkontakt. In mir war schreckliche Sehnsucht.

***

»Greta, hast du mal eine Minute?«
Ich blickte auf. Frau Dr. Steiger, unsere Deutschlehrerin sah mich an. Die anderen gingen an mir vorbei, grinsten teilweise, zogen vielsagend die Augenbrauen hoch. Klar, das wurde wohl ein Anschiss oder zumindest eine ernste Besprechung wegen der Noten. Alle wussten, dass ich schlecht war.
Als wir allein waren, zog Frau Dr. Steiger einen Stuhl aus der ersten Reihe, stellte ihn vor die Bank und deutete auf den Stuhl dahinter.
»Setz dich«, forderte sie mich auf.
Unsicher setzte ich mich ihr gegenüber. Frau Dr. Steiger war unsere Klassenlehrerin, sie war erst seit diesem Schuljahr hier und bei uns Schülern beliebt, da sie fair war und einen engagierten und mitreißenden Unterricht machte. Ihr Gesicht war jung, dennoch wirkte sie auch irgendwie mütterlich, obwohl sie keine Kinder hatte. Sie hatte etwas Edles an sich, eine schlanke Figur, trug Hosen mit Blazer und seidene Blusen darunter. Ihr braunes Haar war meist zu einem Knoten gebunden, aus dem immer ein paar Strähnchen in ihr zart geschnittenes Gesicht mit den großen, braunen Augen und dem zierlichen Näschen fielen. Sie sah gut aus. Sie hätte Model sein können – und sie war ein drastisches Gegenstück zu meiner Mutter, deren Ausschnitt nicht groß genug sein konnte und die alles anzog, was grelle Farben hatte. Mein Herz pochte.
»Wie geht es dir, Greta?«, fragte sie mich freundlich und mein Herz klopfte noch mehr. Die Frage irritierte mich. Bisher hatte noch nie jemand wissen wollen, wie es mir ging.

»Gut«, erwiderte ich einsilbig und verschreckt.
»Alles okay zuhause?«
»Ähm ... ja?« Ich wurde womöglich noch roter.
Sie wusste nicht recht, wie sie weitermachen sollte. Eine Pause entstand. Ihr war anzusehen, dass sie ihre Worte sorgfältig abwägte.
»Greta, weißt du, ich bin deine Klassenlehrerin und ich nehme diese Aufgabe ernst. Also, wenn es etwas gibt, was einen Schüler oder eine Schülerin belastet, dann sollen diese wissen, dass sie jederzeit damit auf mich zukommen können. Und dass Diskretion mein oberstes Gebot ist, verstehst du, was ich meine?«
Ich nickte stumm. Was wollte sie von mir? Nachdem ich weiter schwieg, fuhr sie vorsichtig fort:
»Also, wenn du was auf dem Herzen haben solltest ...«
Ich sah zu Boden. Was sollte ich ihr denn sagen? Dass ich meinen Vater nicht kannte und meine Mutter mit sich und ihren Kerlen beschäftigt war? Dieser Model-Frau? Auf keinen Fall!
»Greta«, fing sie wieder an. »Du ... du bist ein hübsches Mädchen und ich kann mir vorstellen, dass du es nicht so leicht zu Hause hast ...«
Sie verstummte auf meinen entsetzten Blick hin. Aber dann fasste sie sich ein Herz und fuhr fort:
»Ich meine, ich habe mitbekommen, dass deine Mutter alleinerziehend ist und ... und dass du anfängst, dich für Jungs zu interessieren.«
Nun war ich völlig schockiert. Zum ersten Mal kam mir der naheliegende Gedanke, dass sie und auch andere Lehrer mich mit Marcel und seiner Gang gesehen hatten – und dass das einen äußerst fragwürdigen Eindruck hinterlassen haben könnte. Und ein weiterer, sehr unangenehmer Gedanke schoss durch meinen Kopf: Schlossen sie von meiner Mutter auf mich? Waren sie über deren Lotterleben informiert? Was wussten die alle? Ich wurde flammend rot und ein mieses Gefühl krabbelte von meinem Bauch hoch in meine Kehle und verstopfte sie.
»Wie ... wie meinen Sie das?«, krächzte ich.
»Na ja, ich sehe dich öfters im Pausenhof mit Marcel und Attila und den Jungs aus der 10a. Du bist dreizehn, oder?«
»Vierzehn«, antwortete ich trotzig, obschon ich wusste, dass diese kleine Korrektur nichts, aber auch gar nichts korrigierte.

»Vierzehn«, wiederholte sie, immer noch um geeignete Worte ringend. Doch dann schien ihr alles egal zu sein. Sie beugte sich über den Tisch, fasste nach meinem Arm und zog mich ein Stückchen zu sich.

»Greta«, sagte sie eindringlich. »Bitte lass dich mit diesen Jungs nicht ein. Bitte gib dir Zeit, bis du die Situation aus einem distanzierten Blickwinkel beurteilen kannst. Das kannst du gerade nicht, weil du so mittendrin steckst. Ich finde, du solltest dich besser um dich kümmern und nicht um andere. Ich finde, du solltest erst mal herausfinden, was du wirklich willst, bevor …« Sie räusperte sich, »… bevor du etwas heraufbeschwörst, was du möglicherweise hinterher nicht mehr im Griff hast.«

Dunkelrot. Roter konnte man nicht werden. Fassungslos sah ich sie an. Machte sie mir gerade klar, dass ich ein leichtes Mädchen war? Wirkte ich so?

»Ich … ich habe nicht vor …«, stotterte ich heiser. »Ich hatte nie die Absicht …«

Und wieder schoss mir Mom in den Kopf. Die Gewissheit, dass ihr Ruf bis in die Schule gedrungen sein musste und auf mich abfärbte, überfiel mich wie ein eisiger Guss, unter dem ich gefror.

»Nein, nein, Greta, ach Gott, nein!«, sagte da Frau Dr. Steiger und rüttelte an meinem Arm. »Das missverstehst du jetzt! Das ist … o mein Gott … ich will nicht, dass du so denkst! Das ist nicht, was ich meinte!«

Woher wollte sie denn so genau wissen, was ich dachte? Aber ihre warme Hand lag nach wie vor auf meinem Unterarm. Sie ließ ihn nicht los und es fühlte sich gleichzeitig angenehm und gefangen an.

»Greta, ich rede von diesen Burschen! Ich kenne sie und besonders Marcel. Der ist nicht gerade der Feinfühligste und nicht der Diskreteste.« Sie biss sich auf die Lippen. »Ich möchte einfach, dass du auf dich aufpasst und ihm nicht alles glaubst, was er sagt. Und ich will, dass du aus deinem Leben etwas machst und deine Chancen erkennst. Aber das kannst du nicht, wenn du dich nicht mit dir selbst beschäftigst und dich mit solchen Leuten herumtreibst …«

Das war wie ein Schlag auf den Kopf. Ich riss meinen Arm los. Mein Stolz filterte nur jene Worte heraus, die ihn verletzten:

»Ich treibe mich nicht herum!«, fauchte ich unter Tränen. »Ich war nur ab und zu bei ihnen gestanden und habe mich unterhalten!«

»Greta«, sagte sie sanft. »Das mag sein, aber du musst damit rechnen, dass der eine oder andere etwas mehr in dein Verhalten interpretiert.«

»So wie Sie!?«, zischte ich zutiefst gekränkt zurück.

Sie stockte kurz, dann sagte sie ruhig:

»Ja, so wie ich. Ich interpretiere eine ganze Menge hinein, und wenn du offen bist, verrate ich dir das in voller Ausführung. Es könnte interessant für dich werden. Wenn ich dich vor diesen Burschen warne, dann deswegen, weil ich sie ein wenig besser beurteilen kann als ein vierzehnjähriges, unbescholtenes Mädchen. Das ist alles, Greta. Um mehr geht es nicht. Verstehst du das?«

Ich nickte. Trotzig, verwirrt, und doch, ich fühlte mich gedemütigt und obendrein meiner momentanen, einzigen Freude und Bestätigung meiner selbst beraubt.

Frau Dr. Steigers Intervention bewirkte mehreres, aber nicht das, was sie sich erhofft hatte. Das Erste war, dass ich mich nur zu Marcel und seiner Gang gesellte, wenn er in der Stadt war, aber nicht mehr auf dem Schulhof. Somit sah ich ihn auch nicht mehr so oft und implizierte damit eine zweite Wirkung: Er begann sich nach mir umzusehen, war erstaunt, dass ich mich rarmachte, ließ durch Klassenkameradinnen nach mir fragen und … oh, Jesus … das war ein so gigantisches, fantastisches Gefühl, das alle Bedenken, sollte ich je welche gehabt haben, in den Wind schlug. Marcel begann, sich ernsthaft für mich zu interessieren! Das tat so gut! Ein so gutes Gefühl hatte ich noch nie in meinem Leben verspürt! Um nichts in der Welt würde ich das hergeben.

**

»Was machst'n heute Abend?« Seine weißen Zähne blinkten mich an. Seine Nussaugen funkelten, seine Hand lag locker auf seinem Oberschenkel. Er saß auf seiner Honda, mit der unvermeidlichen Lederjacke, cool, lässig, ein Traum von einem Kerl. Ich kicherte albern und wurde rot.

»Na ja … noch nichts«, brachte ich lahm hervor. Und setzte schnell, damit ich gar so langweilig klang: »Was man halt so macht ...« Hm. Das war auch nicht besser, verflixt! Oh, diese verdammte Unsicherheit! Diese verdammte Angst, dass er mich doch letzten Endes abservieren würde!

»Wir könnten ja was trinken gehen«, schlug er vor und legte seine Hand um meine Hüften. Das Turnen hatte mir ein sexy Hinterteil beschert und sein Blick ging genau dorthin, wanderte höher und blieb an meinem Mund hängen. Er sah nicht in meine Augen, er fixierte meine Lippen und sie fingen tatsächlich an zu zucken.

»Was trinken gehen?«, wiederholte ich einfallslos, während ich einen Schweißausbruch bekam. »Ähm ... wohin denn? Ich meine ...«

»Ich wüsste da was«, sagte er. »Ne gemütliche Bar ... was ist? Haste Lust?«

Ja, natürlich hatte ich die! Gedanklich stand ich schon unter der Dusche, wusch mein Haar, schminkte mich und inspizierte meine Klamotten. Ich stellte mir vor, wie ich dieses affengeile Erlebnis morgen beiläufig bei meinen Klassenkameradinnen einfließen lassen würde. Genau bei jenen Tussen, die mich immer so abblitzen ließen. Aber mit wem ging Marcel aus? Mit mir. An wem hatte er Interesse? An mir!

***

Es war noch hell, als wir uns trafen. Marcel tat sehr lässig und sehr cool. So lässig und so cool, dass es selbst mir trotz meiner nicht geringen Nervosität affektiert und aufgesetzt vorkam. Ich fühlte mich abgehetzt, war zu spät gekommen, hatte die Bar kaum gefunden, so weit draußen lag sie. Das Lokal war schmuddelig und selbst im Schankraum roch es schwach nach Männerpisse. Aber sämtliches Beurteilungsvermögen war bei mir auf die niedrigste Stufe gestellt. Ich hatte nur Augen für Marcel, war nur darauf konzentriert, wie ich wohl auf ihn wirkte. Ängstlich rasterte ich jede Gemütsbewegung von ihm ab, um darauf reagieren zu können.

»Was willst'n trinken?«

»Ne Cola«, krächzte ich mit Blick auf die rechte Seite der Karte. Die konnte ich mir gerade noch leisten, aber ich ging davon aus, dass er mich einlud. Er bestellte sich etwas Härteres. Der Wirt ließ sich den Ausweis zeigen. Ich hatte nicht gewusst, dass Marcel schon achtzehn war. In der zehnten Klasse? Aber ich war zu aufgeregt, um darüber nachzudenken. Mein Hirn rotierte wie verrückt, um ein geistreiches Thema zu finden, aber mir fielen nur Allgemeinplätze ein, die ich in einsilbigen Sätzen absonderte. Mit jedem kam ich mir einfältiger und dümmer vor. Mir fiel nicht auf, dass Marcel gar nichts zur Unterhaltung beisteuerte.

Fast schweigend tranken wir die Gläser leer, als er ziemlich unvermittelt aufstand. Unsicher machte ich es ihm nach. Hatte er schon genug von mir? Wir zahlten – jeder sein Getränk – und er legte den Arm um meine Taille.

»Du bist so dünn«, bemerkte er. Ich wurde rot, aber etwas in mir wehrte sich zum ersten Mal.

»Ich bin zierlich«, erwiderte ich patzig und brachte eine erste, echte Ansage hervor. »Wenn du die fetten Hüften von Micha lieber hast, hättest du dich eben mit ihr verabreden müssen.«

Er grinste nur, sagte aber nichts. Missmutig stapfte ich mit ihm nach draußen. Bisher erfüllte das Treffen keine meiner Erwartungen. Es war total unbefriedigend, aber natürlich gab ich mir die Schuld daran und nicht dem coolsten Jungen der Mittelstufe. Ich war es, die langweilig – oder zu dünn – war und ich wollte nicht, dass er mich fallen ließ. Was würden dann die anderen denken? Ich hatte bemerkt – mit Genuss bemerkt - wie meine Mitschülerinnen gegafft hatten, als er mir Nachrichten hatte zukommen lassen. Sie hatten ziemlich getuschelt, aber diesmal war es ein gutes Tuscheln gewesen. Sie waren schlicht eifersüchtig! Ab diesem Moment hatten sie mich anders angesehen! Wenn Marcel das Interesse an mir verlöre, würde ich wieder in der Nullsuppe versinken, im Niemandsland. Ein Schweißausbruch überfiel mich.

Marcel bemerkte es, und wie ein Tier, das Pheromone schnuppert, grub er seine Nase in mein Haar. Seine Hand packte mich noch fester um die Taille.

»Ja«, flüsterte er. »Zierlich … und dein Haar ist so schwarz … sieht aus wie gefärbt.«

»Ist es aber nicht«, sagte ich beleidigt.

»Ist dein Vater Türke oder so was?«

»Nein!«, rief ich und meine Mutter mit all ihren fremdländischen Typen war in meinem Kopf und ließ mich erneut schlecht fühlen.

»Ja, schon gut«, beruhigte mich Marcel. »Dachte halt nur. Deine Haare sind echt total schwarz. Fast blauschwarz. Aber sie glänzen schön. Hast sie extra für mich gewaschen, was?«

Sein Gerede störte mich und ich spürte, wie ich störrisch wurde.

Wie hypnotisiert starrte er meinen dunklen Schopf an und drückte seinen Mund darauf. Alkoholgeruch drang zu mir. Hatte er etwa vorher schon getrunken? Mir wurde mulmig zumute. Zum ersten Mal kam mir ins Bewusstsein, ihn kaum jemals ohne Bierflasche auf seiner Honda gesehen zu haben. Aber er griff noch fester um meine Mitte, drängte mich weiter. Wir liefen aus der Stadt hinaus und beunruhigt fragte ich:

»Wohin gehen wir?«

»Siehste gleich. Is' ne Überraschung.«

Ein ungutes Gefühl überkam mich. Es wurde dunkel und ich war noch nie so lange draußen gewesen. Im Normalfall war ich immer um neun zu Hause. Jetzt war es halb zehn und ich musste ja noch zurücklaufen.

»Wo hast du dein Moped heute?«, fragte ich ihn.

»Nicht dabei.«

»Das sehe ich. Aber wie komme ich nachher heim?«

Er antwortete nicht.

Die Gefühle stritten in mir. Das war gar nicht so, wie ich mir das erwünscht hatte. Aber er hatte eine Überraschung vorbereitet! Vielleicht wurde der Abend ja doch noch schön … vielleicht sagte er mir ja was Süßes. Aber trotzdem … ich kannte mich hier nicht aus, wusste nicht, wo die nächste Bushaltestelle war, ob überhaupt so spät noch ein Bus fahren würde … Abrupt blieb ich stehen.

»Wie komme ich nach Hause, wenn du dein Moped nicht dabei hast?«, wiederholte ich.

»Ey, jetzt laber doch nicht rum, das klären wir später.«

»Aber ich würde gerne wissen, ob hier noch Busse fahren.«

»Woher soll ich das wissen?«

»Marcel, ich denke, ich gehe zurück, es ist spät und …«

»Menno, jetzt reg dich ab! Wir sind doch gleich da! Ich habe extra was vorbereitet! Schau mal, da vorne ist es! Nur noch eine Minute!«

Sein Arm schob mich weiter und widerwillig setzte ich mich wieder in Gang.

Es dauerte wirklich nicht mehr lange – als wir um die nächste Biegung kamen, standen wir vor einer Schrebergartensiedlung und Marcel steuerte auf eine der Hütten zu, zog einen Schlüssel aus der Tasche und schloss die einfache Holztür auf.

»Voila!«, sagte er und ließ mir den Vortritt. Zögernd trat ich ein.

Er hatte tatsächlich etwas vorbereitet. Auf einem einfachen Holztisch stand ein Windlicht, eine Flasche Rotwein und zwei Wassergläser. Marcel zündete die Kerze an. Romantisches, stilles Licht strahlte in den Raum. In der Ecke registrierte ich ein Feldbett.

»Wem gehört die Hütte?«, fragte ich so lässig wie möglich, aber mein Herz klopfte wie verrückt. Irgendetwas sagte mir, dass ich hier rausmusste, und zwar am besten so schnell wie möglich. Aber eine andere Stimme verharmloste diese Bedenken und erklärte mir, wie süß es doch sei, dass er extra etwas arrangiert habe.

»Meinem Onkel«, antwortete Marcel, schenkte Rotwein ein und, schüchtern und immer wieder in der Angst zu einem jener Mädchen zu werden, über die sie in ihrer Gang ablästerten, hob ich das Glas, schaute ihm in die Augen. Er hob nur kurz das seine. Ich setzte das Glas an den Mund und stieß vor lauter Unsicherheit den Rand des Glases gegen meine Zähne. Verdammt, war ich jetzt auch noch zu blöd zum Trinken? Es gab ein klackendes Geräusch, es war mir peinlich und ich verschluckte mich daraufhin, was mir noch peinlicher war.

Meine Verklemmtheit erreichte ihr Höchstmaß und ich fühlte mich so unwohl, dass ich mich entschloss, einfach zu gehen. Marcel hatte mehr als einen großen Schluck genommen, sein Glas war leer. Das Moped war somit ohnehin obsolet geworden. Hektisch goss er sich nach, stieß erneut mit seinem Glas an meines und ich sah mich gezwungen, noch einen Schluck zu nehmen. Der Fusel schmeckte sauer, aber aus dem geplanten kleinen Nippen wurde nichts, weil Marcel plötzlich, künstlich lachend, mit seiner Hand gegen den Boden meines Glases drückte und die Flüssigkeit in meinen Mund zwang. Erschrocken schluckte ich einen Teil, aber der Rest lief an meinen Mundwinkeln herunter auf mein T-Shirt und tropfte wie Blut auf den Holzboden, als ich zurückwich. Aus meinem anfangs gezwungenen Kichern wurde mit einem Mal Wut.

»Sag mal, spinnst du?«, rief ich und sah mir die Bescherung an. Dann sah ich auf Marcel, der sich, als müsse er einen Wettbewerb gewinnen, den Rotwein wie Wasser hinter die Binde stürzte, die Flasche mit einem Knall auf dem Tisch absetzte, rülpste, mich mit verschleiertem Blick ansah und sagte:

»Warte, warte … ich mach das.«

In seinem Blick war ein ungutes Glitzern. Ungeniert fuhr er mit den Augen meinen Körper ab und seine Hände streckten sich nach meinem T-Shirt aus.

»Nein, lass«, wehrte ich mich und wich zurück. »Ich gehe jetzt lieber.«

Mir war inzwischen nicht mehr mulmig zumute, ich bekam es handfest mit der Angst zu tun. Frau Dr. Steiger blitzte durch meinen Kopf.

»Du bleibst«, herrschte mich Marcel in einem Ton an, der endgültig alle Alarmglocken in mir aufjaulen ließ. Ich machte einen Schritt rückwärts, wagte kaum, mich umzudrehen, weil ich ihn lieber im Blick haben wollte. Da stand ich auch schon an der Tür, drückte die Klinke hinunter – sie ließ sich nicht öffnen. Er hatte abgeschlossen.

Eine gewaltige Lawine an Panik stieg in mir hoch, so stark, dass mir schwindlig wurde und ich mit verschwommenem Blick auf Marcel starrte, der die Flasche vom Tisch nahm und nochmals ansetzte. Der Tisch … auf dem Tisch lag der Schlüssel! Kopflos lief ich los – genau in seine Arme, in seine Hände, die mein T-Shirt hochrissen, mich Richtung Feldbett schubsten, seinen glasigen Blick auf meinen noch im Entstehen begriffenen Busen gerichtet, einen abfälligen Ausdruck im Gesicht, weil der ihm wohl nicht groß genug war. Ich schrie auf und schlug ihm auf die Hand. Zu meiner Bestürzung geilte ihn das nur noch mehr auf. Wortlos warf er mich aufs Lager, das Gestänge ächzte und quietschte unter dem Schwung, mit dem unsere Körper auf die Bespannung fielen. Ich meinte, unter seinem Gewicht lebendig begraben zu sein, schnappte nach Luft, ließ einen Schrei ab, den er sofort mit seiner Hand abwürgte. Umso mehr wehrte ich mich, aber er lag wie ein Felsbrocken auf mir, drückte seine Hand auf meinem Mund, starrte mich aus rot geäderten Augen an. Sein Atem roch sauer, als er mich anzischte:

»Mann, du Schnepfe, halt den Rand!«

Ich wehrte mich unter dieser Hand. Der Druck verstärkte sich, mein Nacken hatte sich verdreht. Es tat weh, wenn ich den Kopf bewegte und Marcels Hand presste sich weiter auf meinen Mund, stieß mit der Kante höher gegen die Öffnung meiner Nase, bis ich keine Luft mehr bekam und erstarrt Ruhe gab. Wütend fixierte er mich.

»Ich tue jetzt meine Hand weg«, keuchte er. »Aber wehe, du schreist ... wehe, du lässt auch nur einen Laut ab!«

Ich konnte nicht klar denken. Nie hatte ich geglaubt, in eine solche Situation zu geraten. Ich war vollkommen naiv und blöd in die Falle getappt und hatte wie immer keinen Plan.

Luft! Das war das Wichtigste, also blieb ich ruhig. Vorsichtig nahm er die Hand weg und gierig atmete ich ein, atmete aus, zweimal, dreimal, blickte an die kahle, spinnwebenbedeckte Holzdecke und schloss die Augen. Mein Herz schlug wild gegen die Rippen. Ich spürte die Schläge bis in den Hals. Versuchte, einen ruhigen Kopf zu bekommen. Spürte, wie Marcel von mir runter, halb zur Seite abrollte, so weit es die schmale Liege zuließ. Spürte, wie er meine Beine mit den seinen gefangen hielt, wie er mein T-Shirt erneut nach oben zog, den BH löste. Kühle Luft umspielte meinen nackten Oberkörper und da strich Marcel mit einem Finger über meine Brust, so behutsam und zart, dass sich meine Warzen aufstellten wie sich öffnende Blütenblätter und ich ein Beben nicht unterdrücken konnte. Ein Stromstoß fuhr zwischen meine Beine, der mir fast die Luft nahm und ich erschauerte so sehr, dass sich mir ein Keuchen entrang. Wenn ich mit allem gerechnet hätte, aber nicht mit dieser starken Reaktion meines Körpers – ich war vollkommen überwältigt. Und jetzt nahm Marcel eine Brust in seine warme Hand, vorsichtig. Er war sanft, er war sacht, er umschloss sie, spielte mit der steifen Knospe und der Strom zwischen meinen Beinen wurde zu Lava, wärmte mich, belebte mich, schickte vibrierende, elektrisierende Impulse durch mich hindurch, durch jede Zelle, durch alle Partikel meines Seins. Wieder wusste ich nicht, was ich tun sollte. Das war so schön! Das tat so gut! Marcel war so zärtlich! Berührung. Nähe. Kontakt, Haut, Streicheln ... es war ungewohnt, ich hungerte so sehr danach. Ich wollte das so unbedingt genießen und wusste, es war falsch ... es war brandgefährlich ... und doch, diese Gefühle, diese Intensität ...

jemandes Haut an meiner zu spüren ... ich konnte nicht darauf verzichten.

Ein Seufzer entfuhr mir und unwillkürlich bäumte ich mich auf, als seine Hand unter meinen Rücken fuhr, meinen Oberkörper an seine Lippen hob. Ich verging, ich schmolz, ich verlor fast das Bewusstsein, als sein heißer Mund die Brustwarze umschloss. Marcel saugte und lutschte. Mein Becken presste sich gegen seines, ich versank in einer Woge unendlicher Lust, merkte, wie er mir die Jeans von den Beinen zog, fühlte mich mulmig und konnte es doch kaum erwarten. Sein Mund ... meine Brust ... oh Gott, das war so himmlisch. Meine Bedenken erstickten in diesem trunkenen Gefühl, bis ich sein hartes Glied spürte, er am Reißverschluss seiner Hose herumnestelte, sie von den Beinen zog, was nicht ganz leicht war ... und einige Zeit dauerte ... und mich wieder zur Besinnung brachte.

»Marcel«, flüsterte ich und strich ihm über die Locken. »Ich ... es ist schön, wirklich ... aber ich will das nicht ... noch nicht ... bitte ...«

»Komm schon«, murmelte er und nahm wieder meine Brustwarze in den Mund. Ich konnte mich nicht wehren, es war unmöglich. Seinen Kopf mit den Händen umklammernd tauchte ich ein in diese Lust und hielt die Augen geschlossen. Seine Hose klatschte auf den Boden. Seine Finger spielten weiter mit meinem Oberkörper, während seine zweite Hand nach unten glitt, zwischen meine Beine. Seine Finger teilten meine Schamlippen. Das Empfinden dort unten war so gigantisch, löschte alles aus, es gab nur noch dieses Verlangen und mir entfuhr ein kehliger, tiefer Laut. Es war so erregend, so gut, so schön! O mein Gott, dachte ich, lass das nie aufhören! Mein Becken machte komische Bewegungen, aus meinem Mund kamen animalische Laute.

Marcels Gesicht war heiß, als er es an mich presste. Aber nun zog er sich auf mich, ich fühlte sein steifes Glied an meinem nackten Unterkörper, mein Becken drückte sich dagegen. Ich spürte, dass er sich kaum noch beherrschen konnte, ein gemeinsames Stöhnen kam aus unseren Mündern – und plötzlich machte es »Klick« in meinem Kopf.

Mir war, als würde ein Vorhang aufgerissen und ich als außenstehende Person auf die Szene auf dem Feldbett starren. Wir machten genau die Geräusche, die ich so oft aus Moms

Schlafzimmer gehört hatte! Wir machten die gleichen triebhaften Bewegungen. Wir hatten beide den Mund offen und die Augen verdreht und benahmen uns wie Tiere. Schlagartig war ich ernüchtert, wurde mir klar, wo ich war, was ich da vorhatte und dass ich erst vierzehn und auf keinen Fall bereit war, so weit zu gehen, wie Marcel das wollte.

»Marcel«, sagte ich entschlossen, schob ihn weg und fühlte mich zum ersten Mal sicher in dieser Entscheidung. »Es geht nicht. Hör auf. Bitte.«

Ich wand mich aus seinem Griff, schwang meine Beine über den Rand der Liege, zog das T-Shirt nach unten, hangelte nach meinem Slip und meiner Jeans und stand auf. Marcel lag halb auf dem Lager und schaute mich ungläubig an.

»Sag mal, geht's noch?«, fragte er fassungslos. »Da investiere ich einen Abend und stell noch Rotwein hin und Kerzen und den ganzen Scheiß … und dann so was? Mittendrin?«

»Was heißt, du investierst einen Abend?«, fragte ich beklommen, die Jeans in der Hand. »Du hast gesagt, wir gehen was trinken. Und das hier ist nicht das, was geplant war. Ich meine, ich bin erst …«

Marcel richtete sich auf, eine solche Wut im Blick, dass ich verstummte. Er griff die Rotweinflasche vom Tisch, trank sie leer und ich dachte nur noch: »Greta, mach, dass du vom Acker kommst!«

Mit fliegenden Fingern versuchte ich mir die Jeans überzuziehen, aber er hatte schneller getrunken, als ich die Beine in die Hose stecken konnte. Brutal packte er mich um die Hüften, riss mich zu Boden, warf sich auf mich, was unendlich wehtat und mich ein zweites Mal aufschreien ließ. Aber diesmal drang das nicht zu ihm durch. Er war komplett betrunken. Und er war geil. Er war wie ein brünstiges Tier. Seine Hände fixierten meine Arme über meinem Kopf, sein Gewicht presste mich nach unten, seine Zunge schlabberte unkontrolliert auf meinem Oberkörper herum. Plötzlich biss er zu, ließ mich schreien, biss erneut, wurde noch geiler. Er hechelte »Oja, oja, oja, Baby« und krallte seine Fingernägel in mein Fleisch. Sein Speichel verteilte sich auf mir, ich ekelte mich und wehrte mich wie eine Furie. Da schlug er mir ins Gesicht – so heftig, dass ich für Sekunden die Besinnung verlor. Meine Wange brannte wie Feuer. Als ich wieder zu mir kam, hatte er seine Boxershorts und meine Jeans, die halbmast auf Kniehöhe bisher Schlimmeres verhindert hatte, heruntergerissen. Gewaltsam drückte er den Zwickel meiner Unterhose zur Seite, etwas Großes, Hartes stocherte da unten nach Einlass und panisch presste ich mit aller Kraft meine Beine zusammen. Erbarmungslos zwang er ein Knie dazwischen und ich schrie »Nein! Nein! Lass das! Ich will nicht! Ich will nicht!«

Da schlug er erneut zu, diesmal mit voller Wucht. Mein Kopf knallte gegen das Ofenrohr, Ruß rieselte auf mein Gesicht herab. Meine Beine gaben den Widerstand im Moment des Schmerzes auf – da drang er in mich ein. Er kam nicht weit, es sperrte was, doch ließ er sich davon nicht abhalten. Bevor ich überhaupt irgendwie reagieren konnte, hob sich sein Becken wie ein Rammbock, und er stieß mit aller Gewalt ein weiteres Mal zu.

Ein gleißender Schmerz, ein glutheißes Messer durchstach mich und machte mich fast besinnungslos. Mein Mund öffnete sich in unendlichem Schmerz, aber nichts kam aus heraus. Kein Laut, kein Hilfeschrei, gar nichts, denn ein Stoß nach dem anderen erschütterte meine Welt, meinen Körper, mein Universum. Ich fühlte nur noch Folter, nur noch Wahnsinn, fühlte mich in einem Inferno, fühlte meinen Kopf, der jedes Mal in grotesker Weise gegen den Ofen donnerte, dieses Gewicht, diese Gewalt da auf mir, die mir die Beine abquetschte, die Arme verdrehte, den Rücken stauchte und für eine Pein sorgte, die ich nie für möglich gehalten hatte.

Marcel tobte auf mir wie ein Stier seinem Höhepunkt entgegen, er hielt mein Becken wie in einem Schraubstock und rammelte wie ein Rasender, vollkommen losgelöst von allem. In einer instinktiven Bewegung winkelte ich die Beine an, schaffte es, sie auf seinem Brustkorb zu platzieren und stieß ihn mit aller mir verbliebenen Kraft von mir. In genau diesem Moment, auf den Hintern fallend, kam er. Sein Sperma spritzte durch den winzigen Raum, landete auf dem Holzboden, dem alten Ofen, besudelte mich und meine Kleidung. Panisch raffte ich alles zusammen, riss den Schlüssel vom Tisch und rannte nach draußen. Hinter einem Busch zog ich mich mit flatternden Händen an, unter Schock. Alles tat mir weh, aber ich wollte nur weg. Weg, weg, weg! Das war der einzige Gedanke, der mich aufrechterhielt. Der einzige, der mir überhaupt noch die Kraft gab, zu laufen.

Noch nie in meinem Leben hatte ich mich so dreckig und verdorben gefühlt. Ich stank, oh, ich stank so sehr! Ein Strudel an Gedanken und Empfindungen tobte in mir, als ich mich nach einer unendlichen Zeit der Siedlung mit den Sozialwohnungen näherte, in der ich lebte. Alles daran, die versifften Hochhäuser, eins neben dem anderen. Die identisch gestaltete Zellen, die schäbigen Fassaden mit abblätterndem Putz, unterschiedslos, anonym, stießen mich in einem Maße ab, dass ich mich fast übergeben hätte.

Der Gedanke »Jetzt hast du dafür gesorgt, dass du zu ihr passt«, stürzte mich in tiefe Verzweiflung. Aber es half nichts. Ich musste da rein. Ich hatte nichts anderes.

***

Meine Mom saß auf der Couch und schaute fern, als ich die Tür aufschloss. Unsere Wohnung war winzig, es war nicht möglich, unbemerkt in mein Zimmer zu schleichen. Den ganzen Weg über hatte ich versucht, einen klaren Gedanken zu fassen, aber das Einzige, woran ich mich festhielt, war: Geh so schnell wie möglich in dein Zimmer, Greta, Klamotten runter und duschen. Duschen. Heißes Wasser. Sauberkeit, Reinheit. Die Tränen kamen mir hoch, als ich das letzte Wort dachte. Diese Reinheit … sie war dahin. Sie war weg. Ich roch nach Sperma, nach Rotwein, nach Verderbnis.

Mom war nicht allein. Ein Mann saß neben ihr. Etwas Undefinierbares flutschte in mir hoch, als ich ihn sah und mir wurde erst recht übel. Mit übermenschlicher Anstrengung riss ich mich zusammen.

»Hi, Mom«, sagte ich so lässig wie möglich, aber meine Stimme klang heiser.

Der Mann neben ihr sah neugierig auf.

»Du hast ne Tochter?«

»Yo, aber die stört nicht, nur keine Panik.« Begütigend legte sie die Hand auf sein Bein und ließ sie mit anzüglichem Blick etwas höher gleiten.

»Hi, Greta«, erwiderte sie, den Blick auf den Fernseher gerichtet. »Sei so gut und bleib in deinem Zimmer, ja?«

Sie sah mich gar nicht an. Das konnte mir nur recht sein und doch trieb mich ihre Gleichgültigkeit noch mehr an den Rand des Abgrunds. Ich antwortete nicht und wollte gerade die Tür zu meinem Kabuff öffnen, als sie auf die Uhr sah und sagte:

»Wow, ist ja schon nach elf! Seit wann bist du so lange unterwegs?«

»War mit ner Freundin noch …«

Da fiel ihr Blick auf mich. Sie sah das rotweinbesudelte T-Shirt, mein verdrecktes Gesicht, auf dem die Ohrfeigen so sehr brannten, dass ich überzeugt war, die Fingerabdrücke zeichneten auf meiner Wange ab. Mein ganzes Sein strömte etwas aus, was meine Mutter wie ein Tier erschnupperte. Ganz gegen ihre Gewohnheit stand sie auf. Ich sehe sie heute noch vor mir. Sie stellte sich vor mich hin, musterte mich, die Schulter an die Wand gelehnt, die Arme vor der Brust verschränkt mit diesem nahezu hämischen Funkeln in den Augen, auf den ich mir keinen Reim machen wollte.

Stumm sah ich auf den Boden. Wassertropfen brannten in meinen Augen, drängelten heiß wie kleine Feuerkugeln hinter meinen Augenlidern, begierig darauf, hervorzustürzen. Ich hob leicht, ganz leicht, den Blick auf das verwelkte Dekolleté meiner Mom, höher noch auf ihr Kinn, aber mehr schaffte ich nicht, konnte ich nicht. Ich wusste, wenn ich ihr in die Augen sah, wäre es um mich geschehen. Ich wäre in Tränen ausgebrochen … hätte meine Arme um sie geworfen. Warum tat ich es nicht? Sie stand doch vor mir! Warum tat sie es nicht? Ich stand doch vor ihr! Meine Arme zuckten, wollten das Unmögliche wagen, da hörte ich ihre Stimme und ihre Worte trafen mich wie ein Kinnhaken.

»Naaaa??? Scheint ein *heißer* Abend gewesen zu sein! Lass mich raten: Die Büchse ist geknackt! Das seh ich dir auf hundert Metern Entfernung an!« Sie lachte. »Und? Wie war's?«

Ihr beißender Unterton stach wie ein Messer in meinem Ohr. Mir blieb die Luft weg. Das Wasser, das sich in meine Augen hochgekämpft hatte, gefror. Zwei Tränen, sinnlose Überbleibsel einer Hoffnung, tropften in Zeitlupe auf den Boden. Platsch. Platsch. Starr sah ich ihnen nach. Meine Augen waren frei, aber meine Kehle fühlte sich an wie mit Drahtgeflecht verstopft. Fassungslos sah ich meiner Mutter ins Gesicht.

Sie grinste. Ich begriff es nicht. Sie grinste. Sie hatte erkannt, was passiert war. Und sie grinste.

Zitternd öffnete ich meine Tür, weg von diesem wissenden, höhnischen, sich mit mir verbünden wollenden Blick, weg von ihrer fragwürdigen Moral.

Es war der Anfang vom Ende unserer Beziehung. Für mich jedenfalls.

***

Ich dachte an Frau Dr. Steiger. An ihre elegante, moderne, edle Erscheinung. Ihre Worte wogen wie zentnerschwere Säcke auf mir. Sie hatte erkannt, in welcher Gefahr ich geschwebt hatte. Sie hatte mich gewarnt. Sätze, die ich geflissentlich überhört hatte, klangen plötzlich glasklar in meinen Kopf:

»Ich interpretiere eine ganze Menge da hinein, und wenn du offen bist, verrate ich dir meine Meinung in voller Ausführung … wenn ich dich vor diesen Burschen warne, dann einfach, weil ich sie ein wenig besser beurteilen kann als ein vierzehnjähriges, unbescholtenes Mädchen.«

Unbescholten war ich nicht mehr. Ich war besudelt. Restlos und für immer.

Weder hatte ich die Gefahr erkannt noch ihre Warnung auch nur im Ansatz überdacht. Ich war in die Falle getappt wie ein blindes, dummes, minderwertiges Huhn.

Und das sollte mir, nie, nie, nie mehr wieder in meinem Leben passieren.

Sobald ich Mom sicher vor dem Fernseher wusste, schlüpfte ich ins Bad. Ich konnte gar nicht lange genug duschen und fühlte mich am Ende doch nicht sauber. Blut klebte an meinen Beinen, meine Scheide brannte wie verrückt, mein Körper war übersät mit blauen Flecken und anschwellenden Bisswunden. Aber neben der Vergewaltigung selbst empfand ich am demütigsten die Schläge ins Gesicht. Ich weinte lautlos in das Handtuch. Der Wunsch nach ein bisschen Zärtlichkeit – und wie hatte er geendet!

Alles schmerzte, mein Inneres, mein Äußeres, die Reaktion von Mom – ich konnte nicht einen klaren Gedanken fassen, alles war heillos durcheinander.

Das Schlimmste war die Einsamkeit. Das Gefühl, vollkommen im Stich gelassen zu sein. Niemand, der da war.

Niemanden zu haben, dem ich wichtig war. Und der, von dem ich es geglaubt hatte, gerade der hatte mich …

Der Rest von Frau Dr. Steigers Ansprache erreichte mich in den vielen Wachphasen dieser Nacht:

»… ich will, dass du aus deinem Leben etwas machst und deine Chancen erkennst … aber das kannst du nicht, wenn du nicht anfängst, dich mit dir selbst zu beschäftigen, und dich stattdessen mit solchen Leuten herumtreibst …«

Ich wusste nicht, ob ich es mir wert war, mich mit mir selbst zu beschäftigen. Ich stank.

Ich lag im Bett und starrte an die Decke. Druck in der Kehle und immerwährenden Signalschmerz zwischen den Beinen. Die Macht, die Fülle an Gedanken, die in dieser Nacht auf mich einströmte, war wie eine Lawine, die mich niederriss und mich am nächsten Tag am Aufstehen hinderte. Zu vieles beschwerte mich: Abscheu vor mir selbst, Hass auf Marcel, meine Mutter, auf meinen Vater – weil er nicht da war, weil er meine Existenz verleugnete, Hass auf meine Eltern, weil sie mir keinen Halt gaben, Hass auf das Leben, das Gefühl, versagt zu haben, jemand zu sein, mit dem man so umgehen durfte, nichts wert zu sein – und Angst vor der Zukunft.

Ja, ich hatte Angst, am nächsten Morgen diesen Kampf namens Leben wieder antreten zu müssen. Ich zog die Decke über den Kopf, auf allen Ebenen verwundet, unfähig, auch nur einen weiteren Schritt zu tun.

***

Ben rührte sich nicht, er saß wie in Schockstarre, sein Gesicht war tiefgefroren, meine damalige Verzweiflung füllte die Hütte.

Ich war dicht an den Kamin gegangen, weil ich fror. Kalter Schweiß lief meine Achseln hinunter. Ich roch komisch und sehnte mich nach einer Dusche. Wie damals. Ja, ich stank noch immer. Nach all den Jahren stank ich noch immer. Ich konnte Ben nicht ansehen.

»Erzähl weiter«, bat er mich.

***

Der Wecker klingelte erbarmungslos nach einer friedlosen Nacht. Die Erlebnisse des letzten Abends fielen nach zwei wundervollen Sekunden der Benommenheit wie ein einstürzendes Dach auf meinen Kopf und begruben mich unter sich.

Heute hatte ich Training – da konnte ich nicht hin. Ich konnte auch nicht in die Schule. Ich fühlte mich elend und krank. Ich wollte aber auch nicht in dieser engen Wohnung Tür an Tür mit meiner Mutter sein. Und ihrem Macker. Geräusche drangen durch die Wände. Geräusche, die ich hasste. Lieber doch in die Schule. Lieber ins Training. Immerhin konnten die anderen ja nicht wissen, was passiert war. Sie würden nur registrieren, dass ich nicht mehr bei Marcel stand – und ach, wie lächerlich – war das nicht genau das gewesen, wovor ich solche Angst gehabt hatte? Dass sie denken könnten, er hätte mich fallen lassen? Dass dies eine Abwertung meiner selbst wäre? Diese Gedanken erschienen mir nun so absurd, dass mir ein bitteres Lachen entfuhr.

Und was, wenn Marcel redete? Nein, beruhigte ich mich, das würde er nicht tun. Oder doch? Wieder fiel mir Frau Dr. Steiger ein: »... er ist nicht der Diskreteste ...«

Erneut flammte Angst hoch. Verdammte Angst. Verdammte Unsicherheit. Immerzu gab es etwas, wovor man Angst haben musste! Ich konnte das nicht mehr ertragen!

Verzweifelt kauerte ich mich unter der Bettdecke zusammen. Ich fror, ich schwitzte, ich fühlte mich so unendlich schäbig und verdorben. Ich hatte keine Ahnung, wie ich den Tag überstehen sollte.

Unter großer Anstrengung quälte ich mich auf. War wie immer zu knapp dran, hetzte ohne Frühstück zum Bus, nur um zuzusehen, wie er gerade wegfuhr. Der nächste ging erst in zwanzig Minuten. Ich würde zu spät kommen. Erste Stunde war Englisch. Herr Gareiß würde mir das übel nehmen, er machte immer so bissige Bemerkungen und das war das Letzte, was ich heute brauchte. Besser war's, gar nicht zu gehen. Der Gedanke beruhigte mich. Wegen der Entschuldigung machte ich mir keine Sorgen, die unterschrieb Mom immer ungefragt. Zweite Stunde Biologie ... hm ... da könnten wir eine Ex schreiben. Nix gelernt. Okay, dann eben erst zur dritten Stunde rein. Da musste ich hin, das war Mathe und da stand eine Schulaufgabe an und heute wurde besprochen, was drankommen würde. Wieder überfiel mich der Gedanke, diesem Stress einfach zu entgehen, die Schule zu schmeißen ... einfach in den Tag hineinzuleben ... da kam der Bus und zögernd stieg ich ein.

Eine Haltestelle vor der Schule verließ ich ihn und lief den Hügel zur Schule hoch. Es gab davor ein kleines Café und ich hatte im Bus gecheckt, dass mein Geld für eine Tasse Kaffee reichen würde. Das würde jetzt guttun, eine heiße Tasse Koffein. Hunger hatte ich auch, aber etwas zu essen zu kaufen – daran war nicht zu denken.

Ich setzte mich an den Tisch in der hintersten Ecke, der hinter der Garderobe verborgen war und daher oft von Liebespärchen genutzt wurde. Es gab etliche nicht einsehbare Nischen in diesem Lokal – was es für Schüler so beliebt machte.

Etwa fünfzehn Minuten später stürmten weitere Gäste das kleine Café und setzten sich vorne an den Platz zur Straße hin, eigentlich fast neben mich, aber ich war ja hinter der Garderobenwand verborgen. Als ich die Stimmen erkannte, erstarrte ich.

»Und, Alter, wie war's? Bist du zum Zug gekommen?«

Das war Attila, Marcels bester Freund, der immer besonders über Mädchen herzog. Ich konnte förmlich sehen, welche zotigen Gesten seine Frage begleiteten.

»Ach, eben, genau, Marc, erzähl mal ... du hattest ja gestern dein *großes* Date!«, ließ André sich vernehmen.

»Wenn man von der Alten auf die Junge schließt, dürfte das kein großer Kampf gewesen sein«, setzte ein anderer hinzu. »Apfel, Stamm und so weiter. Keine große Errungenschaft. Nix worauf man stolz sein sollte.«

Mir wurde schlecht.

»Echt, ey«, ertönte da Marcels Stimme und ich höre die Verachtung in seiner Stimme noch heute. »Die ist fast ausgelaufen! Und so flach – die kannste ja faxen! An der ist echt nix dran. Aber immerhin ... war ne zünftige Neulingsbegrüßung! Mann, die hab ich so was von entkorkt! Die ganze Hütte ist voll von meinem ...«

»Was, Alter, echt jetzt? Du hast tatsächlich ... und die war noch Jungfrau?«

»Waaarrr ...«, betonte Marcel, und lautes Gelächter ertönte.

»Wie alt ist die überhaupt?«, meldete sich André erneut. »Nicht, dass die dich wegen Verführung Minderjähriger anzeigt.«
»Ach, komm!«, warf Marcel verächtlich hin. »So wie die sich angeboten hat! Wisst ihr noch, wie sie zweimal über'n Schulhof gelaufen ist, nur damit ich winke? Die wär auch ein drittes Mal gelaufen, das garantiere ich euch.«
»Und wie die dich immer angrinst!«, fügte Attila lachend hinzu. Das Gewieher, das daraufhin ertönte, ließ keinen Zweifel offen, dass ihm eine äußerst gelungene Kopie meines Lächelns gelungen war. Die ›Ey, Alter, echt, genau so!‹-Rufe waren wie Messerstiche in meinem Bauch. Zitternd lehnte ich mich zurück.
Ich ging an diesem Tag nicht in die Schule. Und auch nicht am nächsten. Ich konnte nicht.

***

Mom fing tatsächlich am Nachmittag ein Gespräch an – über die letzte Nacht. Wie es gewesen sei. Süffisantes Lachen. Ob ich jetzt auf den Geschmack gekommen wäre. Sie könne mir ein paar Tricks zeigen. Ich war einfach aufgestanden und in mein Zimmer gegangen. Sie kam mir nach.
»Übrigens«, eröffnete sie mir. »Da ist ein Brief von der Schule gekommen. Und ein Anruf. Sie sagten, du hättest gestern und heute unentschuldigt gefehlt.«
Ich starrte aus dem Fenster. Stumm.
»Willst du nicht wissen, was sonst noch in dem Brief steht?«
Sie stand an der Tür und wedelte mit dem Blatt vor ihrer Nase herum. »Du bist vorrückungsgefährdet, meine Gute, drei Fünfer! Vielleicht wäre es doch besser, wenn du abgehst. Das packst du doch eh nicht. Geh arbeiten und such dir ne eigene Wohnung!«
»Damit du endlich deine Freiheit hast«, giftete ich sie an. »Das ist dir doch das Allerwichtigste! Die hast du doch jetzt schon! Als ob du dich jemals um mich geschert hättest!«
»Und ob ich das getan habe!«, säuselte sie. »Viele, viele Jahre lang. Ohne von deinem Vater auch nur einen Pfennig zu sehen. Und von Freiheit hast du keine Ahnung. Keine Ahnung!«
»Geh einfach weg, Mom«, sagte ich müde. Der Gedanke, zu meinem Vater zu ziehen, zuckte durch mein Hirn. Schlimmer als das, was Mom mir bot, konnte das Leben bei ihm auch nicht sein. Und als sie stehenblieb und mich ansah wie ein sperriges

Objekt, von dem sie nicht wusste, wo sie es am besten abstellen sollte, zischte ich:

»Geh weg! Mach die Tür zu! Lass mich einfach in Ruhe!«

Sie zuckte unbekümmert mit den Achseln und zog die Tür hinter sich zu. Sie trällerte. In diesen Sekunden war ich fest davon überzeugt, dass meine Mom krank war. Geistig krank. Anders konnte ich mir all das nicht erklären.

***

Ich ging nur ins Training, um von zu Hause weg zu sein. Noch immer tat mir alles weh. Wund an Seele und Körper lief ich mich warm, jeder Schritt war eine Strapaze. Ich hatte nicht die geringste Kraft, mich anzustrengen, alles wog zentnerschwer.

Sobald ich konnte, verkroch ich mich im Geräteraum in eine Ecke und starrte vor mich hin. Ab und zu turnte ich ein paar Übungen, beteiligte mich aber nicht an den Unterhaltungen der Mädchen aus meiner Riege. Wenigstens die waren nicht aus meiner Schule – sie konnten nichts wissen, das erleichterte mich etwas. Aber die Schule … die Schule war zu einem riesengroßen Hindernis- und Angstfaktor geworden.

***

Mit gesenktem Kopf hatte Ben sich neben mich ans Feuer gesetzt. Hatte den Arm um mich gelegt. Drückte mir einen Kuss auf meinen Scheitel, sein Gesicht in mein Haar. Er schien verzweifelt zu sein. Aber ich fühlte mich taub. Seine Nähe tat mir nicht gut, ich rückte etwas ab. Verwundert stellte ich fest, dass ich voll im Geschehen drin war, obwohl es doch über fünfzehn Jahre zurücklag.

»Kannst du noch?«, fragte ich ihn.

»Nicht mehr lange. Ich … ich muss …«

Da tropften plötzlich einzelne Tränen über sein Gesicht und er drückte mich wieder an sich. Automatisch schlang ich diesmal auch meine Arme um ihn.

»Ben«, sagte ich. »Bitte wein doch nicht. Vielleicht sollte ich doch nicht weitermachen. Sollen wir aufhören?«

»Nein«, erwiderte er entschieden und wischte sich die Tränen ab. Legte nochmals Holz nach, das Feuer flackerte auf und mit ihm meine so lang verdrängten Erinnerungen.

***

Ich konnte nicht ewig in der Schule fehlen - ein gewisses Pflichtbewusstsein verließ mich nicht, gerade, weil ich als abschreckendes Beispiel Mom vor Augen hatte. Die hing wieder mal den ganzen Tag nur zu Hause rum, statt zu arbeiten. Es war nervig, weil ich mich dringend nach etwas Privatsphäre sehnte, die ich in der engen Wohnung nicht hatte. Aber dauernd in der Stadt herumzulaufen und auf einer Parkbank abzuhängen war auch nicht der Brüller. Ich wusste nicht, was ich tun sollte. Mir wurde schlecht, wenn ich nur daran dachte, wie meine Mitschüler mich behandeln und ansehen würden. Marcel hatte seine Heldentat sicher schon überall hinaus posaunt, ebenso wohl seine Kumpels.

Ich versuchte, in die Schule zu gehen. Aber ich schaffte es nicht. Auch am dritten Tag stieg ich zwei Haltestellen vor dem Ziel aus, vertrieb mir die Zeit in Einkaufsläden und beschloss, früher nach Hause zu gehen. Mom war es eh egal. Und schließlich begann ich, auch das Training sausen zu lassen.

Es gab so viele Dinge, die in dieser Zeit zusammenspielten und aus mir das machten, was ich heute bin. Vielleicht ist es das, was mich an eine höhere Macht, eine höhere Intelligenz als die des Kopfes glauben lässt. An das, was du am Anfang mal gesagt hast, Ben, dass alles, so wie es ist, gut ist – und dass man, wenn man mittendrin steckt, den Sinn eben noch nicht sieht. Und doch bestehen solche Zeiten aus vielen Kreuzungen, verschiedenen Wegen, die du einschlagen kannst ... einem Feld voller Möglichkeiten. Aber es ist schwer, sich für das Gute zu entscheiden, wenn man es nicht kennt.

In diesen Tagen lief ich ziellos in der Stadt umher, trieb mich in Parks herum, holte mir mein Essen aus dem Abfall, war nur abends zuhause oder wenn meine Mutter nicht da war und ich die Wohnung ein paar Stunden für mich hatte. Ich war auf dem besten Weg, total abzusacken.

Vier Tage hatte ich schon die Schule geschwänzt. Hatte mich in den ersten Tagen noch das schlechte Gewissen geplagt, nahm es von Tag zu Tag mehr ab. Am fünften Tag war Mom mit einer Freundin verabredet und erklärte mir, dass sie erst abends heimkommen würde. Mein Herz wurde weit bei dieser Ansage. Ein Tag ohne sie! Was für eine Erleichterung!

Um neun Uhr morgens verließ sie das Haus. Als ich die Tür klappen hörte, atmete ich auf.

Es tat so gut, einfach liegen bleiben zu können. Die Wohnung für mich zu haben. Niemanden, um mich, der mich ankotzte. Ich fühlte mich immer noch tief verwundet. Die blauen Flecke, die Bissspuren hatten sich intensiv verfärbt und waren geschwollen. Und ich fühlte mich unendlich einsam.

Es war warm draußen, die Sonne schien, der Himmel war blau. Ich duschte, aber dieses unsaubere, miese Gefühl verließ mich nicht, es haftete wie ein Brandzeichen an mir. Weit öffnete ich das Fenster. In voller Lautstärke dröhnte der Verkehrslärm herein, die Abgase und der Baulärm vom benachbarten Grundstück. Ernüchtert schloss ich es wieder. Aber es wurde nicht wesentlich leiser. Die Mieter unten schrien sich wieder mal an, ein Baby weinte pausenlos ... warum kümmerte sich niemand um es? Warum setzten die Erwachsenen Kinder in die Welt, wenn sie sie nicht haben wollten?

Einzelne Gedanken blitzten in meinem Hirn auf wie rote Ampeln. Der Gedanke zum Beispiel, meinen Vater aufzusuchen. Bei ihm zu wohnen. Ich wollte wissen, wie er aussah, was damals geschehen war, ob es Verwandte gab. Ob er wirklich so ein Bösewicht war, wie Mom immer behauptete. Meine vagen, gewaltbesetzten Erinnerungen an ihn, verdrängte ich. Ich brauchte etwas Hoffnung. Mom hatte außerdem gesagt, dass ihre Mutter an Krebs gestorben und ihr Vater im Krieg gefallen war. Aber was war mit den Eltern meines Vaters? Waren die auch tot? Hatte ich Großeltern? Ich wusste noch nicht einmal, wo mein Vater lebte! All das hätte ich Mom fragen müssen.

Ich brachte den Tag irgendwie rum. Ich tat das Gleiche wie meine Mom. Ich verschleuderte ihn einfach.

Es war schwer für mich, das Wort an sie zu richten. Die Fragen brannten in mir und diesmal machte sie sogar den Anfang – wenn er auch nicht nett war:

»Und? Hat Madame jetzt beschlossen, nicht mehr mit mir zu reden? Ist sie sich zu fein geworden … das *Gymnasiastenkind*?«

»Wann ist eigentlich deine Mutter gestorben?«, fragte ich tonlos, ohne auf ihre Frage einzugehen.

»Meine Mutter …? Wie kommst'n jetzt darauf?«

»Weil ich es wissen will.«

»Wozu?«

»Weil sie meine Oma war?«

»Sie ist gestorben, als du geboren wurdest.« Feindselig.

»Und wo hat sie gewohnt?«

»Was wird das jetzt?« Noch abweisender.

»Ist doch normal, dass man sich für seine Familie interessiert«, fauchte ich.

Mom schwieg.

»Und? Wo hat sie gewohnt? Wo ist ihr Grab? Warum gehst du nie hin? Gibt es überhaupt keine Verwandten?«

Sie schwieg noch immer.

»Wo wohnt mein … mein Vater?« Mir fiel es total schwer, dieses Wort auszusprechen.

»Warum interessiert dich das jetzt alles auf einmal?«

»Warum es mich interessiert? Weil ich nichts lieber täte, als dir deinen vermaledeiten Wunsch nach Freiheit zu erfüllen! Und wenn es jemanden gäbe, der mich aufnimmt, dann wäre ich in der nächsten Minute weg, das kannst du mir glauben!«

Wieder schwieg sie. Biss sich auf die Lippen.

»Du willst zu deinem … Vater?«, kicherte sie dann höhnisch. »Kannste gern versuchen. Aber von mir erfährst du nichts. Weil ich nichts weiß. Er ist verschollen.«

Ihr Ton war bitter, als sie das sagte. Als ob sie sich jemals nach ihm gesehnt hätte! Damals konnte ich nicht wissen, wie sie diesen Satz wirklich gemeint hatte.

Ich war wütend und ich glaubte ihr nicht. Ich wusste, dass sie die Adresse hatte. Bei der nächsten Gelegenheit durchwühlte ich ihre Unterlagen und fand seinen Namen im Stammbuch. Immerhin war er ihr einziger Ehemann gewesen. Sie hatte in den ersten Jahren noch so manches Mal von ihm gesprochen, immer in unflätiger Manier, und einmal hatte ich mitbekommen, wie sie einer Freundin von dieser Beziehung erzählt hatte, in flüsternden

Worten. Aber da es auch mich betraf, hatte ich nach allen Regeln der Kunst gelauscht.

»...hab‹ ich mir so oft gewünscht, ich hätte ihm das Baby gegeben. Wenn damals Thomas nicht ...« An dieser Stelle war ihre Stimme zu einem unverständlichen Flüstern herabgesunken » ... ich hätt's getan! Und dann lässt mich dieses Arschloch mit einer Dreijährigen in einer Sozialwohnung sitzen! Und ich ... ich hatte nichts. Ich hatte mein Leben, meine Chance verloren, meine Freiheit verloren ... nur ein Balg am Hals, das ich irgendwie durchfüttern musste ...«

Damals war ich acht gewesen und die Frage nach Omas und anderen Verwandten war nach dem Eintritt in die Schule immer dringender geworden. Aber Mom war stets ausgewichen. Nun hatte ich durch das Stammbuch seinen Namen und eine weitere Suchaktion in den Unterlagen meiner Mutter verriet mir auch seine Adresse. Mein Herz klopfte. War das meine Chance, hier rauszukommen?

***

Thomas Parkow, Gärtnerstraße 33, ein entgegengesetzter Stadtteil. Ich war entschlossen, ihn kennenzulernen. Es war über zehn Jahre her, seit er gegangen war. Vielleicht hatte er sich geändert. Vielleicht war er wieder verheiratet, hatte weitere Kinder, vielleicht hatte ich Halbgeschwister? Vielleicht ... war da die Chance auf Familie!?

In dem Wunsch, meinem Loch zu entfliehen, der Sehnsucht nach Geborgenheit und vor allem einem Neuanfang, verrannte ich mich in haltlose Träumereien. Ich versuchte, realistisch zu bleiben, aber die Hoffnung auf ein bisschen Wärme war einfach stärker und so checke ich die Busverbindung und machte ich mich auf den Weg.

Meine Stimmung hob sich etwas, als ich durch die Straßen lief und die Nummer suchte. Das war kein Sozialgebiet wie das unsere, sondern eine etwas gehobenere Gegend. Reihenhäuser mit kleinen Gärtchen wechselten mit alleinstehenden Häusern ab. Manche neu, manche alt ... und da ... da war es. Die 33! Ein älteres Häuschen, eine abgenutzte Haustür ... es sah schon ein bisschen schäbig aus. Die Gardinen hinter den Fenstern waren eher grau statt weiß und der Vorgarten war ziemlich verwahrlost, aber als ich die Klingel checkte, stand da nur ein Name. Parkow.

Er hatte ein Häuschen für sich allein? Dann ... dann wäre eventuell auch Platz für mich?

Ich holte tief Luft und drückte auf den alten Klingelknopf. Ein scheppernder Ton erklang. Und da ... Schritte! Mein Herz pumpte wie verrückt, er war da! Mit Mühe holte ich mir die Sätze ins Gedächtnis, die ich mir während der Busfahrt zurechtgelegt hatte, und die alle irgendwie hohl klangen. Da machte sich schon jemand an der Tür zu schaffen, Schlüssel klirrten, die Tür öffnete sich einen Spalt. Ein Mann mit grauem Bürstenschnitt, brutalen Gesichtszügen, kleinen, rotgesoffenen Augen und dreckigem, geripptem Unterhemd öffnete.

»Ich geb nix«, fauchte er mich an und wollte die Tür wieder zuwerfen. Mein Herz sank mir in die Kniekehlen.

»Moment!«, rief ich heiser. »Ich sammle nicht ... ich ...«

»Was willst'n dann?«

Unfreundlich sah er mich an.

»Sind Sie Herr Parkow?«, zwang ich mich zu fragen, obwohl mir schon wieder die Tränen hochstiegen und meine Vorstellungen eines erfreut dreinblickenden, gerührten und vor allem attraktiven Papas in alle Winde zerstoben.

»Wer soll ich sonst sein?«

»Ich ... ich bin Greta Ehlers ...« Oh, mein Herz schlug so sehr gegen die Rippen, dass es wehtat. »... die Tochter von Uschi Ehlers«, fuhr ich fort, nachdem er mich entgeistert ansah und mir das fast schon wieder Hoffnung machte. Doch sein Blick wurde böse und hart, als er sich fasste, mich musterte, die Augen über mein Gesicht und über meine Gestalt gleiten ließ. Er kniff die Augen zu Schlitzen zusammen und mutig setzte ich mit zitternder Stimme hinzu:

»Ich ... ich bin Ihre ... deine Tochter und ich woll ...«

»Halt die Fresse und verpiss dich!«

Und als ich wie angewurzelt stehen blieb, schrie er es diesmal, damit ich es auch ja verstand:

»*Hau - ab!*«

Und schlug die Tür vor meiner Nase zu.

Mit beiden Händen hielt ich mich an den Trägern meines Schulrucksacks fest, als ich mich auf dem Weg nach Hause machte, die Sinne auf Details fokussiert, wie dem Schweiß meiner Hände an den imprägnierten Trägern des Rucksacks, die Tränen in meinen Augen, das Drahtgeflecht im Hals.

Wieder einmal hatte ich eine Niete gezogen.
Als ich zu Haue war, legte ich mich aufs Bett und wollte nie wieder aufstehen.

***

Ein Laut entfuhr Ben. Verwundert sah ich zu ihm. Diesmal weinte er offen. Die Tränen liefen über sein Gesicht und sanft zog er mich wieder zu sich, drückte sein Gesicht an meinen Brustkorb, als wäre er es, der das alles erlebt hatte.

»Oh, Greta«, flüsterte er. »Wie hast du das nur ausgehalten? Ich bin … ich kann … oh, fuck!«

Er wischte sich über das Gesicht und ich war schwer erstaunt, dass er so intensiv auf meine Geschichte reagierte. Es rührte mich. Und außerdem … beim Erzählen waren mir so sehr meine Muster, die sich gebildet hatten, die Überzeugungen, Gedanken bewusst geworden. Aber diese Anteilnahme, noch dazu von einem Mann, warf mich um.

»Was geht denn in deinem Kopf vor?«, fragte ich Ben verwundert.

»Mehr, als du meinst. Ich fühle mit dir.«

»Das sehe ich.« Ich lächelte. »Hast du … hast du Ähnliches erlebt?«

Heftig schüttelte er den Kopf. »Wenn du nur wüsstest …«, murmelte er. Er zog mich wieder an sich, als wäre ich ein Kind, und vergrub sein Gesicht in meinem Haar.

Ja, wenn ich nur wüsste … ich wüsste es zu gern. Ich öffnete den Mund, um ihn zu fragen, aber er schüttelte wieder den Kopf und wischte sich die Tränen fort.

Wir legten uns vor das Feuer, in trauter Zweisamkeit, und ich fühlte mich erschöpft.

Das Feuer wärmte, die Natur sang draußen ihr Lied und ich fühlte mich in diesen Wänden, hier bei Ben, geborgen. Die Erzählung erschöpfte mich mehr, als ich geglaubt hatte, aber ich wollte es durchziehen, weil ich auf seine Geschichte brannte. Wissen wollte, wer er war. Und was ihn bedrückte. Warum er so intensiv auf meine Erlebnisse reagierte. Wir sagten beide nichts mehr und hingen unseren Gedanken nach.

Ich schlief ein. Wachte auf bei seinem Versuch, mich auf die Arme zu nehmen und ins Bett zu tragen.

»Nein, Ben, lass … ich kann gehen.«

Die Stimmung war seltsam. Es hing etwas Unfertiges in der Luft. Ich benutzte als Erste das Bad, wünschte ihm eine gute Nacht und warf ich mich dann aufs Bett.

Ben blieb noch im Wohnzimmer und bevor ich meine Tür schloss, sah ich, wie er sich erneut einen Whisky einschenkte.

Erschöpft warf mich aufs Bett, schlief ein, aber nach zwei Stunden wachte ich wieder auf. Hörte kleine Geräusche. Leise öffnete ich meine Tür und spähte hinaus. Er saß noch immer vor dem Kamin. Tief in Gedanken versunken.

Ich glaube, ich beobachtete ihn volle fünf Minuten lang. Einfach, weil ich ihn schön fand. Weil etwas so Schönes ihn umgab. Etwas unglaublich Erhabenes. Ja, Ben war schön. Innen wie außen.

***

Am nächsten Tag ging es weiter. Es hatte sich eingeregnet, das Wetter hätte nicht geeigneter sein können. Ben trug Unmengen an Holz herein und ich bereitete Fingerfood und eine Suppe zu, für die Pausen zwischen den Erzählungen.

Und immer, wenn du glaubst …

Ich glaube, ich war nach der Begegnung mit meinem Vater noch nicht mal in der Lage, zu denken. Apathisch lag ich auf meiner Matratze, als es am Abend an unserer Tür klingelte.

Mom ging öffnen. Ich hörte eine Frauenstimme und stellte meine Musik ab.

»Dürfte ich kurz Greta sprechen?«, fragte die Stimme. Sie klang sehr distinguiert vor allem im Vergleich zu dem überaus groben »Was wolln Sie denn hier?« meiner Mutter. Es war Frau Dr. Steiger. Entsetzt schoss ich hoch.

»Was gibt's? Hat sie was ausgefressen?«

Mein Magen krampfte sich zusammen, weil Mom sich so ordinär anhörte. Hektisch öffnete ich meine Tür.

»Nein, überhaupt nicht! Ich wollte nur … ach, da ist sie ja! Da bist du ja, Greta!«

Sichtlich erleichtert lächelte mich Frau Dr. Steiger an. Sie wirkte in diesem Sozialbau wie ein Fremdkörper. »Ich habe hier die Unterlagen für dein Referat und doch glatt vergessen, dir die Infos zu geben. Da wollte ich sie dir schnell vorbeibringen, damit du alles fertigstellen kannst.«

Sie drückte mir ein DIN A 5 Kuvert in die Hand.

»Wenn du nicht klarkommst, kannst du mich anrufen«, setzte sie hinzu und tätschelte, unbemerkt für meine Mutter, ganz kurz mit ihren Fingern meine Hand, als sie mir den Umschlag reichte. Der Ausdruck in ihren Augen gab mir den Rest. Er war ernst, er war besorgt, er war mitfühlend. Ein dicker Kloß verstopfte meine Kehle.

»Ähm … okay … danke«, erwiderte ich heiser. Es war mir furchtbar peinlich, dass sie sah, wie ich lebte. Aber schon war sie wieder weg. Ich stand mit dem weißen Kuvert in der Tür und sah ihr nach, wie sie leichtfüßig die Treppe hinunter sprang. Meine Mutter lehnte wie neulich an der Wand, die Arme vor der Brust verschränkt und unterstellte mit ihrer kratzigen Stimme:

»Du hast was ausgefressen, das seh ich dir an der Nasenspitze an.« Wieder grinste sie leicht triumphierend dabei, als ob sie kurz vorm Ziel stünde und ehe ich überlegen konnte, entfuhr es mir:

»Und selbst wenn! Ich gehe nicht vom Gymnasium ab, nur, dass du's weißt!«

»Ach komm, verarsch dich doch nicht selbst! Drei Fünfer! Und vor allem, was willst du denn nach dem Abi machen? Studieren? Von was denn?«

»Darum kümmere ich mich, wenn es so weit ist«, biss ich zurück. »Und jetzt lass mich in Ruhe, ich muss Hausaufgaben machen.«

»Hausaufgaben!« Sie lachte meckernd. »Wann hast du das letzte Mal Hausaufgaben gemacht? Das kannst du doch gar nicht!«

Trällernd ging sie zurück zum TV-Gerät.

In mir sackte etwas nach unten – sie wollte mich immer noch weghaben. Sie wollte nicht, dass ich es schaffte, weil sie es nicht geschafft hatte. Mein Gelingen wäre der Beweis ihres Totalversagens auf jeder Ebene. Und mit diesem Gedanken begann sich der Hauch, der Anklang eines vagen Entschlusses begann sich in mir zu regen.

Ich schloss die Tür hinter mir und öffnete den Brief.

»Liebe Greta«, stand da. »Du warst seit Tagen nicht in der Schule. Glaub mir, das ist keine Lösung. Ich kenne dein Problem sehr genau und ich möchte mit dir darüber reden. Meine Sprechstunde ist morgen in der ersten Stunde, dritter Stock, Zimmer C 311. Ich habe dich bereits bei Herrn Pottmann entschuldigt.«

Der Brief duldete keine Widerrede und angesichts der letzten Sätze zwischen mir und meiner Mutter hatte ich auch nicht vor, dieses Treffen zu schwänzen. Im Gegenteil. Irgendwie roch ich eine schwache Hoffnung, ohne zu wissen, ob sie berechtigt war. Bis jetzt war ich jedes Mal an einem vermeintlichen Jackpot nicht nur vorbei geschrammt – er hatte sich jedes Mal als Vollniete oder Katastrophe erwiesen.

Seit jener Nacht mit Marcel und dem Erlebnis mit meinem Vater misstraute ich meinen Impulsen und Gedanken zutiefst.

Bis jetzt hatten sie zu nichts Gutem geführt.

***

Ich brauchte meinen ganzen Mut, um aus dem Schulbus zu steigen und die Treppen zum Eingang der Schule hochzulaufen. Innerlich wappnete ich mich und biss die Zähne zusammen. Ich wusste, es würde ein Spießrutenlauf werden.

Die Pausenhalle war voll, die Treppe zu den Klassenzimmern hoch noch nicht freigegeben. So stellte ich mich in die Ecke der Fünftklässler – weder Marcel noch meine Klassenkameraden würden hier auftauchen. Ich tat so, als studiere ich irgendetwas in einem Heft, als sich zu meinem Entsetzen eine Hand auf meine Schulter legte.

Paulina stand vor mir, wohlhabende Tochter zweier Medizinereltern ... Paulina, die immer angezogen war, als sei sie einem Modejournal entsprungen, und deren Freundschaft ich in den ersten Jahren vergeblich gesucht hatte. Sie hatte mich mehr oder weniger stets abgewimmelt. Es konnte nichts Gutes bedeuten, wenn sie jetzt Kontakt suchte. Ich war in jeder Hinsicht planlos. Die frühzeitige Konfrontation mit den Rudelführern meiner Klasse überforderte mich total.

»Hallo Greta«, grüßte mich Paulina, die großen, hübschen Augen auf mich gerichtet. Mir stieg ein Kloß in den Hals, ich fühlte, wie die meinen rot wurden. Oh, Shit, nein, ich wollte nicht weinen! Und verflixt, da tauchte auch noch ihre beste Freundin Michelle hinter ihr auf, die mich gefährlich freundlich anlächelte und ebenfalls grüßte. Oh, Himmel nun auch noch Janine, die immer so hämisch zu mir war. Das volle Aufgebot. Wieder biss ich die Zähne zusammen, wappnete mich für den Angriff, der kommen musste.

Jetzt legte Paulina auch noch den Arm um mich. Ich versteifte mich, blickte zu Boden, bereit, die Stacheln auszufahren.

»Ich wollte dich fragen, ob du nicht morgen Nachmittag mal mit zu mir kommen willst«, hörte ich Paulinas Stimme. »Oder halt die Tage ... wenn du mal Zeit hast.«

Sie pausierte kurz und dann setzte sie hinzu: »Ich würde mich freuen.«

Sie würde sich freuen? Misstrauisch hob ich ein wenig den Kopf. Was sollte das werden?

»Zu dir?«, krächzte ich und hatte schon wieder Angst, dass sie mich für beschränkt hielten. »Warum?«

Ich verbiss mir gerade noch ein feindseliges: »Um mich fertigzumachen? Das kannst du auch hier tun!«, denn in Paulinas Augen war etwas, was ich nicht definieren konnte und auch nicht verstand. Es schien, als sei es ehrliches Mitgefühl. Verschreckt zog ich mich zurück. Was wussten sie? Weshalb waren die so freundlich? Die einzige Erklärung war, dass sie eine besonders fiese Verarsche geplant hatten. Das Jackpot-Nieten-Spiel, das ich vom Leben so gut kannte.

Die Anspannung der letzten Tage, die vollkommen kalte Reaktion meiner Mutter, das Erlebnis mit meinem Vater, das ewige Sich-ausgegrenzt-Fühlen ... all das lag in mir drin wie loses Geröll. Paulinas Lächeln und ihr »Halt einfach so, ein bisschen quatschen ...« war der Kick, der eine gefährliche Lawine lostrat, mich spüren ließ, wie labil ich inzwischen geworden war und wie nah am Zusammenbruch. Ich hatte keine Ahnung, was ich von Paulinas Angebot und den Blicken von Janine und Michelle halten sollte, aber ich fühlte mich schrecklich unter Druck, fühlte, dass ich ihren Angriffen, die sie mit zuckersüßem Lächeln einleiteten, nicht standhalten würde. Tränen schossen mir plötzlich in die Augen und panisch packte ich meine Schultasche und rannte Richtung Toiletten, sperrte mich in eine Kabine und kam erst fünf Minuten, nachdem es geläutet hatte, wieder raus.

Die Luft war rein. Sie waren alle weg. Ich machte mich auf den Weg nach C 311. Und dachte darüber nach, die Schule zu verlassen. Nein nicht nur die Schule. Die Welt. Es war einfach zu viel. Zu viel. Zu viel.

***

Frau Dr. Steiger sprang auf, als ich ins Zimmer trat.

»Greta!«, rief sie erlöst. »Ach wie gut! Du bist gekommen!«

Unwillkürlich lächelte ich zurück. Es kam nicht so oft vor, dass jemand sich freute, mich zu sehen. Sie legte den Arm um mich und führte mich zum Lehrerpult, an dem schon ein Stuhl für mich bereitstand, genauer gesagt zwei Stühle, die sich leicht schräg gegenüberstanden.

»Setz dich«, forderte sie mich auf und dann, mitfühlend: »Wie geht es dir?«

Ich antwortete nicht. Wieder stritt das Für und Wider in mir. Ihre Frage trieb mir erneut Wasser in meine Augen. Sollte ich es ihr sagen? Wie weit konnte ich ihr vertrauen? Warum tat sie das? Was hatte sie vor? Aber meine Augen waren schon nass und meine Kiefer pressten sich in dem vergeblichen Bemühen zusammen, die Tränen zurückzuhalten.

»Greta«, sagte sie behutsam, aber bestimmt. »Ich weiß, dass etwas passiert ist ... aber ich würde es gerne von dir hören.«

»Woher ... woher wissen Sie, dass etwas passiert ist?«, brachte ich schockiert hervor. »Was wissen Sie?«
Sie biss sich auf die Lippen. Entschied sich.
»Also gut«, begann sie. »Ich war zufällig im Café, als ich Marcel damit prahlen hörte, dass er ... dass er ...«
Bleich geworden starrte ich sie an. Ich hatte das Gespräch aus dem Café sehr genau im Kopf. Meine Lippen zitterten. »So wie die sich angeboten hat ...«
Was musste Frau Dr. Steiger nur von mir denken? Sie hatte mich noch vorher gewarnt! Mein Kopf sank nach unten, meine Lippen pressten sich aufeinander und ich schlug die Hände vors Gesicht. Da spürte ich ihre Hand auf meinem Kopf, eine Hand, die mich streichelte, hörte, wie ihr Stuhl näher an den meinen rückte, fühlte einen warmen, weichen Körper, der mich an sich drückte – und es war um mich geschehen. Laut schluchzte ich auf, ließ zu, dass mein Kopf sich an eine mütterliche Brust lehnte, und heulte los.
Frau Dr. Steiger hielt mich fest. Sie sagte keinen Ton. Sie hielt mich einfach fest, ließ den Tränenstrom kommentarlos über ihre feine Bluse laufen, hielt mich in ihren Armen, wiegte mich, machte »Sch ...sch ...«, als wäre ich ihr Kind. Es dauerte ziemlich lange, bis ich mich beruhigt hatte. Die Anspannung hatte ein wenig nachgelassen und ich konnte endlich ein paar Töne von mir geben.
»Ich wollte es nicht«, weinte ich. »Ich schwöre, ich wollte es nicht! Es ... es war am Anfang noch schön, aber dann wollte ich nicht mehr mitmachen ... und dann hat er mich ... dann hat er mich ...«
»Was hat er?«, fragte sie sanft nach.
»Er hat mich vergewaltigt«, flüsterte ich. »Er war total betrunken. Er hat eine ganze Flasche Rotwein leer getrunken. Er hat mich ins Gesicht geschlagen. Und ich bin an den Ofen geknallt und hab kurz die Besinnung verloren und da ...«
Frau Dr. Steigers Kieferknochen drückten sich so stark durch ihre Gesichtshaut, dass sie sich weiß abzeichneten.
»Hast du es deiner Mutter gesagt?«
Meine Augen schlossen sich. Heiser sagte ich:
»Das musste ich nicht. Sie hat es erkannt – ich war so dreckig.«
Es schüttelte mich.
»Was ... was hat sie gesagt?«

Ich schwieg. Das Sexualleben meiner Mutter vor einer im Prinzip fremden Frau auszubreiten – das konnte ich nicht.

»Das mit meiner Mom ist ... schwierig«, erwiderte ich gequält. »Ich glaube, sie war nicht ... sehr ... beeindruckt. Sie haben sie ja gesehen.«

Frau Dr. Steiger schnaufte tief und nickte.

»Okay«, sagte sie resolut und legte den Arm fester um mich. »Greta, ich wollte von dir wissen, was wirklich passiert ist ...«

»Jetzt wissen Sie's ja«, unterbrach ich sie bitter. »Und alle anderen auch ... Frau Dr. Steiger, ich weiß nicht, ob ich das kann ... ob ich das aushalten werde ...«

Unglücklich sah ich sie an. »Mein ganzes Leben geht es mir schon so ... und ich will einfach nicht mehr, verstehen Sie? Ich kann nicht mehr.«

Wieder musste ich weinen. Die Tränen tropften auf den Boden, ich sah nach unten, weil ich es nicht gewohnt war, vor jemandem Gefühle zu zeigen. Und obwohl mich Frau Dr. Steiger nicht berührte, spürte ich ihre Herzenswärme wie die Hitze eines Kaminfeuers.

In diesem Moment kam mir ein Gedanke, der mich nie mehr in meinem Leben loslassen sollte: Wie gut es tat, dass es mitfühlende Menschen auf der Welt gab. Menschen, denen das Schicksal anderer nicht egal war. Und dass auch ich in der Lage sein wollte, mitfühlend zu sein. Gutes zurückgeben zu können.

»Das ist der Grund, warum ich dich sprechen wollte«, erwiderte sie sanft. »Ich denke, ich habe Marcel zumindest den Mund stopfen können. Und ich möchte dich darauf aufmerksam machen, dass du ihn anzeigen kannst. Das würde ich ihm an deiner Stelle auch mitteilen. Am besten schriftlich, amtlich – über einen Rechtsanwalt. Wenn ich du wäre, würde ich ihm einen kräftigen Schuss vor den Bug setzen. Damit er weiß, dass du dich wehrst. Denn das Letzte, was du jetzt tun solltest, ist, in die Knie zu gehen und ihn damit vollständig gewinnen zu lassen.«

Mit großen Augen sah ich sie an.

»Sie haben Marcel den Mund gestopft?«, fragte ich ungläubig. »Wie?«

»Ich habe ihm erklärt, dass du ihn wegen Verführung Minderjähriger anzeigen wirst, was an sich keine rechtliche

Grundlage hat, weil er noch keine einundzwanzig ist, aber jetzt, nachdem du mir gesagt hast, dass er dich vergewaltigt hat …«

»Niemand wird mir das glauben«, entgegnete ich bitter. »Und das wissen Sie auch.«

»Ja, es ist schwierig, so etwas zu beweisen. Aber gerade deswegen will ich, dass du den Kopf hochträgst. Du hast zwei Möglichkeiten, Greta: dich zu vergraben und alles hinzuwerfen oder eben das Gegenteil zu tun. Diese Wahl hast du immer.«

Und dann leidenschaftlich, eindringlich setzte sie hinzu:

»Gib nicht auf! Sieh es als Prüfung! Geh hindurch, lass dich davon nicht unterkriegen, lass dich davon läutern, mach es zu einem Diamanten, zu einer Perle in deinem Leben! Diamanten entstehen unter ungeheurem Druck, Perlen aus einem Schmutzpartikel, einem Sandkorn in der Muschel … du hast die Wahl.«

»Was … was hat Marcel gesagt, als Sie mit ihm gesprochen haben?«, fragte ich und ein leiser Hoffnungsschimmer flackerte auf.

»Er hat natürlich vehement dementiert, dass überhaupt etwas passiert ist – *vor* seinen Klassenkameraden. Er ist komplett zurückgerudert und hat zugegeben, dass er nur angeben wollte.«

Sie zwinkerte mir zu. »Und ich habe ihm klargemacht, dass, sollte er noch einmal behaupten, was er gerade behauptet hat, du ihn dann eben wegen Rufschädigung anzeigen wirst … und dass ich dich dazu ermutigen werde. Das hat ihm den Mund gestopft. Seinen Kameraden übrigens auch.«

Befriedigt lächelte sie in Erinnerung an die Szene. Der kleine Hoffnungsschimmer wurde zum Silberstreif am Horizont. Ich sah in Frau Dr. Steigers schönes Gesicht und sie sandte mir einen ernsten, aber kampfeslustigen Blick aus ihren wunderbaren, warmen, braunen Augen.

»Wie kann ich Ihnen nur danken?«, hauchte ich. »Das ist so … so …«

»Wenn du mir wirklich danken willst, Greta«, sagte sie und nahm meine Hand. »Dann mach was aus deinem Leben. Vergeude es nicht. Egal, wie deine Umstände sind, alles, was dir im Leben passiert, dient deiner Erhebung. Das darfst du nie vergessen. Alles hat seinen Sinn. Aus allem, was dir widerfährt, kannst du etwas Gutes machen – das ist dein freier Wille. Sorg dafür, dass es dir gut geht. Das kann niemand sonst für dich tun.

Nur du. Sag dir, dass du ein guter Mensch bist. Auch das kann niemand für dich tun. Nur du. Und wenn du es tust, wird es immer Menschen geben, die dir helfen. Das ist ein unumstößliches Gesetz.«

Ich nickte, gefangen von ihren Worten, aber glauben … glauben konnte ich ihr an dieser Stelle noch nicht. Vor allem diese ›Alles hat seinen Sinn-Sache‹ war mir suspekt.

Prüfend sah sie mich an. Sie lächelte.

»Hier ist meine Nummer, Greta. Du kannst mich jederzeit anrufen, wenn du mich brauchst.«

***

Es ging mir besser nach diesem Gespräch. Ich fühlte eine Riesenerleichterung. Sie hatte mich gebeten, ihr meinen Körper zu zeigen, und schweigend die vielen blauen Flecke und Wunden fotografiert. Es war eine seltsame Atmosphäre gewesen, als sie das getan hatte. Obwohl ihr Mund stumm blieb, war ihre Anteilnahme in diesen Minuten deutlicher zu spüren gewesen, als je ein Wort es hätte ausdrücken können.

Frau Dr. Steigers Zuwendung, ihre Intervention, die mir einen großen Teil meiner Angst nahm, ließen mich den Tag überstehen. Zudem entband mich die Tatsache, eineinhalb Wochen gefehlt zu haben, vor Abfragen und dem Vorzeigen von Hausaufgaben, sodass ich entspannt im Unterricht sitzen konnte. Ich glaube, ich saß zum ersten Mal überhaupt entspannt im Unterricht. Und auch das gab mir zu denken.

Paulina und ihre Freundinnen waren den ganzen Tag ungewohnt freundlich zu mir. Es kam zu meiner Überraschung nicht nur kein Angriff, sondern stattdessen eine erneute Einladung zu Paulina nach Hause. Doch ich war vorsichtig, sagte, ich hätte Training und keine Zeit. Mit zwei Mediziner-Eltern am Tisch zu sitzen, dazu fühlte ich mich trotz allem nicht in der Lage.

Aber etwas war passiert. Was, wusste ich nicht so genau. Ein Riss in der schwarzen Hülle, die mich umgab.

***

Der Alltag holte mich ziemlich schnell ein. Meine Noten waren immer noch unterirdisch. Die drei Fünfer genauso real wie meine Mutter, ihre Promiskuität, meine Minderwertigkeitskomplexe und das soziale Milieu, dem ich entstammte.

Doch vorsichtig entwickelten sich die ersten echten Freundschaften, Paulina war so hartnäckig, dass ich schließlich Vertrauen schöpfte. Dennoch blieb ich unsicher, hielt nichts von mir und empfand es teilweise als anstrengend, mit anderen zusammen zu sein, weil ich immer überlegte, wie ich mich am besten verhalten sollte, wie man sich in solchen Kreisen benahm, was man sagte, was nicht.

Als ich es doch einmal wagte, mit zu Paulina zu gehen, war ich hochgradig verklemmt. Allein ihr Haus war furchtbar edel. Viel Glas, alles offen, es lagen Platzdeckchen unter den Tellern, der Tisch war gedeckt, als hätte jemand Geburtstag, mit Tulpen, Kerzen und Servietten, die in einem Ring steckten. Das Essen bestand aus Salat, der mit Blumen angemacht war, und als Hauptgang gab es frisches Gemüse, weil Paulinas Familie sich vegetarisch ernährte. Es schmeckte fantastisch, aber auch ungewohnt, sehr ungewohnt nach all dem Tüten- und Dosenfutter, das ich kannte. Sie aßen außerdem langsam und mit Bedacht und wischten sich, bevor sie zum Glas griffen, immer den Mund mit der Serviette ab. Mit großen Augen verfolgte ich Paulinas Mutter, die elegant, als würde sie einen Werbespot drehen, von der Küche zur Essecke schritt, dies und das holte, Paulina bei jeder Gelegenheit tätschelte und zusammen mit ihr über deren Erlebnisse aus der Schule lachte.

Ehrlich – und ich schäme mich, das zuzugeben – es machte mir keine Freude, das zu erleben. Ich wusste, Paulina meinte es gut und ich wollte dankbar sein, aber eher verspürte ich den dauernden Drang, aus dieser Idylle zu flüchten. Der Besuch bei ihr erzeugte in mir ein tiefes Verlustgefühl und schlimmer noch – Verbitterung, für das, was andere hatten und ich nicht.

»Mach was aus deinem Leben.« Das sagte sich so einfach. Und doch machte es mich hungrig. Hungrig nach dem Schönen darin. Das vielleicht auch für mich da war.

Doch die äußeren Umstände meines Lebens und meine Denkroutine hielten mich nach wie vor gefangen in einer Welt, in der ich nicht sein wollte.

Als ich wieder am Unterricht teilnahm, war alles wieder präsent: die Angst vor der Schule, vor den Abfragen, vor Blamagen, die Last nicht gemachter oder unvollständiger Hausaufgaben, die Aussicht, nach Hause zu kommen zu einer Mutter, die sich im Schlafzimmer selbst befriedigte und mir eine Dose Ravioli hingestellt hatte.

Nach wie vor schwamm ich in einer diffusen Realitätssuppe und sah keine klaren Linien für mein Leben.

***

Nur, um nicht zu Hause sein zu müssen, nahm ich das Training wieder auf, auch, wenn es mir schwerfiel. Herr Bauer, der Trainer, sah mich mit hochgezogenen Augenbrauen an, als er meiner gewahr wurde:

»Na, auch mal wieder da?«, sagte sein Blick und er war nicht ermutigend.

Wie immer begann es mit einem allgemeinen Aufwärmen und ich merkte, wie die körperliche Betätigung einiges an Spannung abbaute. Nach ein paar Übungen ging es mir tatsächlich besser und ich verkrümelte mich auf die Weichbodenmatten im Geräteraum, auf ein bisschen Ruhe hoffend.

Aber gerade eben schrie der Trainer wieder maßlos herum. Sein Gebrüll drang in die gemütliche Nische, die ich mir geschaffen hatte, und ich konnte es kaum ertragen. Schon wieder Druck, schon wieder Alarmbereitschaft, schon wieder Stress! Die Welt war so laut, so fordernd, so unschön.

Unter Spannung auf der Matte liegend, hörte ich, wie er alle Mädchen auf die Langbank beorderte – jeder wusste, was jetzt folgte: Eine Riesen-Standpauke, weil wir überall, nur nicht an den Geräten waren. Er würde uns mit vor Wut hochrotem Kopf einen dermaßen saftigen Anpfiff verpassen, dass uns die Lust auf alles verging. Und was, wenn ich einfach liegen blieb? Oder einfach meine Sachen packte? Wen würde es interessieren? Würde es überhaupt jemand bemerken? Der Gedanke war erleichternd und traurig zugleich. Aber irgendetwas bewegte mich dann doch Richtung Langbank statt zur Garderobe, wenn auch zögerlich, und ich weiß noch, wie ich dachte: »Wenn der uns wirklich nur wieder zusammenpfeifen will, dann war ich heute das letzte Mal hier.«

Frau Dr. Steiger fiel mir ein. Ihre Worte: »Du hast zwei Möglichkeiten: dich zu vergraben und alles hinzuwerfen – oder eben das Gegenteil zu tun. Diese Wahl hast du immer.«

Also setzte ich mich – immer noch sehr widerwillig – auf die Bank.

Herrn Bauers Halsadern waren vom Brüllen ganz geschwollen, sein Gesicht puterrot, er stemmte, als wir wie zum Abschlachten bereite Hühner vor ihm saßen, die Fäuste in die Hüften und sah uns böse an. Besonders mich, schien mir. Was hatte ich getan? Doch nicht mehr oder weniger als die anderen? Innerlich stellte sich wieder mal alles auf Abwehr. Doch schon seine ersten Worte schlugen wie eine Granate in meinen Kopf:

»Ich habe nicht die geringste Ahnung«, schrie er. »... wie ihr es im Leben zu etwas bringen wollt! Ihr *wollt* euch nicht anstrengen, ihr *wollt* nicht über euch hinauswachsen, ihr habt keinen Ehrgeiz, ihr *wollt* nicht gut werden!«

»Ihr *wollt* nicht gut werden!«, hallte es in meinem Kopf nach. Ich blickte zu Boden. Der Satz stach in meiner Brust.

»Ich arbeite jeden Tag mehr als acht Stunden, trinke an meinem Feierabend kein Bier wie andere und lege die Füße auch nicht hoch, sondern komme hier rein! Freiwillig! Zu euch! Wenn ihr glaubt, ich stehe hier, nur um ein paar hübsch geformte Mädchenhintern zu sehen, dann habt ihr euch getäuscht! Denn im Gegensatz zu euch habe ich *ein Ziel!* Ich *will* nach vorne kommen, mit einer Mannschaft, die dasselbe will! Ich würde das nicht sagen, wenn ich einen Haufen untalentierter Jugendlicher vor mir hätte! Aber, verdammt noch mal, das *habe* ich nicht! Ihr seid alle talentiert! Und manche sogar besonders!«

Ich konnte nicht anders. Ganz vorsichtig hob ich den Blick. Und ja – er schaute mich an. Wütend. Empört. Aber ... er sah mich an. Mein Herz machte einen Satz. Hieß das, er fand, ich sei besonders talentiert?

»Aber was nützt Talent?«, fuhr er bitter fort und er klang für mich mit einem Mal so ehrlich, wie er mir nie zuvor erschienen war. Vielleicht hörte ich auch das erste Mal richtig zu. Vielleicht fiel in diesem Moment einfach ein Filter von meinen Ohren.

»Was nützt das größte Talent, wenn man nichts daraus macht? Wenn man nicht bereit ist, über sich hinauszuwachsen? Wenn man nur Bequemlichkeit im Sinn hat? Lieber arbeite ich mit jemandem, der weniger talentiert ist, dafür aber keine Scheu hat, hart zu trainieren. Denn harte Arbeit ist das, was einen vorwärtsbringt! Harte Arbeit ist das, was jeder schätzt! Niemand mag Menschen, die zu früh aufgeben, niemand hat Respekt vor jemanden, der nicht bereit ist, wenigstens ein bisschen über seine Grenzen hinaus zu wachsen, der dauernd nur sagt: ›Das kann ich nicht!‹ Ja, Herrgott, dafür seid ihr doch hier! Weil ihr Dinge lernen wollt, die ihr noch nicht könnt! Überall braucht es Disziplin und Willenskraft und Ehrgeiz und Mut! Und ich will keinen hier sehen, der diesen Einsatz nicht aufbringt! Dann geht lieber! Holt euch ein Aerobic-Video und bleibt zu Hause! Da könnt ihr nämlich so lasch sein, wie ihr wollt!«

Er machte eine Pause und wieder hatte ich das Gefühl, er schaue mich an. Wieder lugte ich vorsichtig unter meinen Pony hervor. Und zack – wieder traf mich sein Blick. Schnell schaute ich weg.

»Und wenn wir schon dabei sind«, sagte er, immer noch sehr aufgebracht. »Dann lasst mich noch eines sagen: Es gibt keine Entschuldigung für Faulheit und auch keine für Disziplinlosigkeit. Egal, wie die Umstände sind, man kann sein Leben immer in den Griff bekommen! Und oft verhelfen einem gerade die schwierigen Umstände dazu, besonders stark zu werden! Sie sind eine Chance, die ihr habt! Und keine Entschuldigung!«

Ich wurde rot. Und dann schoss mir der infame, zersetzende Gedanke in den Kopf, dass ich meine Mutter nachahmte. Dass ich genau das tat, was sie tat. Ich fing etwas an, tat es halbherzig, unmotiviert, suchte am Anfang schon Gründe dafür, warum es nicht klappen konnte, motzte darüber, brachte nichts zu Ende, strengte mich nicht an. Ich gab nicht nur nicht alles – ich gab gar nichts. Situationen flutschten durch mein Hirn. Nicht erledigte Hausaufgaben, peinliche Abfragen, halb gelesene Bücher, schlechte bis gar keine Vorbereitung auf Prüfungen - ich sah das alles in einem neuen Licht. Ich hatte immer dem Leben die Schuld gegeben. Meiner Mutter die Schuld gegeben. Aber wer war schuld? Ich. Ich ließ das alles zu. *Nur du*, sagte Frau Dr. Steiger in meinen Gedanken. *Nur du.*

Mein Kopf wandte sich Herrn Bauer langsam zu, als ob jemand anderes an einer Schraube drehte. Diesmal sah ich ihn voll an, obwohl mir das nicht leichtfiel und in meinen Augen

Tränen standen. Ich sah, dass er es merkte, registrierte, dass er innehielt, und wie er schluckte. Und dass er daraufhin sanfter weitermachte. Für mich. Mit großer Verwunderung begriff ich, dass ich ihm nicht gleichgültig war. Dass ihm meine Verfassung nicht gleichgültig war – und irgendwie öffnete das mein Herz, auch, wenn das schrecklich wehtat. Auch, wenn ich Angst vor Enttäuschung verspürte.

»Ihr könnt vielleicht euer Leben noch nicht komplett in eure Hand nehmen«, fuhr er ruhig und fast drängend fort. »Aber ihr habt doch in der Hand, wie ihr mit euren Begabungen und Fähigkeiten umgeht. Und mit euren Aufgaben und Herausforderungen. Verdammt, glaubt ihr, die Berufswelt sei anders als das, was ihr hier erlebt? Es ist genau das Gleiche! Glaubt ihr, ich finde in meinem Job jeden Tag goldene Eier? Ihr könnt über auftauchende Schwierigkeiten jammern, wie ihr wollt. Aber probiert es doch aus! Wenn ihr drei Tage über eine Sache gejammert habt, hat sich dann was geändert?«

Viele Kinder schüttelten den Kopf, einige kicherten, aber in meiner Kehle saß ein fetter Kloß und ich hatte Mühe, das Zittern meiner Lippen zu unterdrücken.

»Okay, wenn ihr meint, es hätte sich nichts geändert, dann liegt ihr falsch! Es hat sich sehr wohl was geändert! Ihr seid nämlich noch schwächer geworden. Und deshalb erscheint euch die Herausforderung umso größer und umso unüberwindbarer. Aber das ist nur in eurem Kopf so. Hättet ihr die drei Tage genutzt, dieser Herausforderung auf Augenhöhe zu begegnen – wo wärt ihr dann?«

Wie angeschraubt saß ich auf der Bank und fühlte mein Herz klopfen. Wo wäre ich dann? Überhaupt – wo wollte ich sein? Seine Logik war so klar! Und sie war auf alles anwendbar. Auf einen Handstand, eine Schulaufgabe, aufs Geldverdienen ... und auf mein Leben. Und dann – und ich habe wirklich keine Ahnung, woher dieser doch eigentlich recht einfach gestrickte Mann diesen Satz hernahm – sagte er:

»Wer sich der Welt verweigert, dem verweigert sich das Leben. Unsere Welt ist schön – und nur, wer das sehen kann, dem öffnet sie sich. Es ist kein Zeichen von Intelligenz, das Schlechte zu bemerken. Es erfordert Mut, das Gute zu sehen. Also packt es an, euer Leben, verdammt noch mal, packt es an, statt zu jammern! Wenn ihr eine Sache nicht könnt, dann heißt

das nichts anderes als: Pack mich an, Knack mich! Wenn ihr etwas wollt – holt es euch! Dafür sind die Welt und euer Leben und eure Herausforderung da – aus keinem anderen Grund.«
Das war der Wendepunkt.

***

Ich ging nach Hause als ein anderer Mensch. Frau Dr. Steiger und Herr Bauer hatten Wasser auf einen Samen gegossen, der zum Keimen bereit war. Ich machte mir etwas zu essen, aber statt mich abzulenken wie sonst, verschwand ich in meinem kleinen Kabuff, schnappte mir mein Hausaufgabenheft und sah hinein. Morgen hatte ich Englisch, Mathe, Latein und Biologie … und ich hatte noch nichts dafür getan. Dann sah ich auf die Uhr. Es war halb zehn Uhr abends. Entschlossen stapelte ich die Bücher auf das Bett, holte Hefte, Block und Stifte hervor und machte mich an die Arbeit.

Ich lernte bis halb eins, nicht, weil die Aufgaben so umfangreich gewesen wären, sondern weil ich jede Menge Lücken hatte, die mir vieles erschwerten.

Zum ersten Mal ging ich bewusst vorbereitet in den Unterricht. Es war ein viel besseres Gefühl als mit der üblichen Angst oder der Hetze am Morgen, noch schnell jemanden zu finden, von dem ich die Hausaufgaben abschreiben konnte. Ich hatte Zeit, mit Paulina und den anderen zu reden. Ich hatte Zeit, Freunde zu finden.

Und selbst der Unterricht war (in den meisten Fällen) nicht mehr langweilig, weil ich viele Fragen hatte, und ich beteiligte mich daran, um sie beantwortet zu bekommen. Mit jeder Frage verlor ich ein bisschen mehr Scheu, merkte aber auch, wie fest eingestanzt die Meinung der Lehrer über ihre Schüler war und dass es wohl einige Zeit dauern würde, diese zu ändern. Ich musste es irgendwie schaffen, von diesen Fünfern runterzukommen. Ich wollte nicht sitzen bleiben.

Das war nicht das Einzige. Ich wollte dringend mein Leben ändern – am besten diametral zu dem meiner Mutter.

Und dann kam noch etwas hinzu, das mich für mein gesamtes Leben prägen sollte.

Der Apfel und der Stamm

Biologie. Unser Lehrer, Herr Eschke, behandelte mit uns Genetik und die damals noch brennende Frage, was den Menschen mehr beeinflusste: Gene oder Umwelt.

An diesem Tag ging es um die Studie eines Wissenschaftlers namens Meaney [1], der sich diesem Thema gewidmet hatte. Dessen damalige Versuchsreihe begann mit Wasserflöhen, denen das exakt gleiche genetische Material zugrunde lag. Dennoch entwickelte der eine Wasserfloh einen Helm und einen Schwanz zu seiner Verteidigung, der andere nicht.

»Was merkwürdig genug ist«, erklärte Herr Eschke. »Denn wenn zwei Menschen identische Gene für die Blutgruppenzugehörigkeit haben, dann *haben* sie auch die gleiche Blutgruppe. Aber hier verhielt es sich folgendermaßen: Setzte man einen jungen Wasserfloh in ein Aquarium, in dem er keine Feinde hat, dann blieb er unbewaffnet, bildete also keinen Schwanz und keinen Helm aus. Aber wenn man einen vollkommen identischen Klon ins Wasser setzte, dem der chemische Duft eines Fisches beigemischt worden war, entwickelte dieser – trotz gleichen Genmaterials – Schutzmechanismen in Form von Schwanz und Helm. Verfrachtete man den Floh zurück in chemisch unbehandeltes Wasser, bildeten sich Helm und Schwanz wieder zurück.«

»Aber das ist doch nichts Weltbewegendes«, meldete sich Michelle. »Dass sich Lebewesen an die Umwelt anpassen. Das ist reine Adaption. Das machen selbst unsere Schweißdrüsen. Wenn ich mich in wärmeren Ländern aufhalte, schwitze ich bei hohen Temperaturen nicht mehr so, weil sich mein Körper dran gewöhnt hat.«

»Richtig«, sagte Herr Eschke. »Spannend wird es allerdings mit dem Wissen, dass es sich um weibliche Wasserflöhe handelt. Wenn man sie als Ausgewachsene in ein Aquarium setzte, in dem es keine Feinde gab, stellte sich heraus, dass der Nachwuchs jener Mütter, die in ihrem Leben einen Feind gesehen oder gerochen haben, einen Helm trägt, auch, wenn der Nachwuchs selbst niemals einen Feind gesehen oder gerochen hat. Das heißt: Die Erfahrung der Mutter hat sich auf den Nachwuchs übertragen.«

Interessiert spitzte ich die Ohren – eine ungute Ahnung im Bauch.

»Und Meaney«, fuhr Eschke unbekümmert fort, »… war überzeugt, dass die gleichen Prozesse bei Säugetieren und beim Menschen ablaufen. Er hat danach mit Ratten weiter experimentiert und langjährige Versuchsanordnungen durchgeführt, in denen er das Stressverhalten dieser Ratten untersucht hat. Dazu hat er die Glucosteroid-Werte der Ratten gemessen und die dafür vorhandenen Rezeptoren. Folgendes dazu in Kürze: Glucosteroid ist ein Stresshormon. Je mehr Rezeptoren für Glucosteroid eine Ratte ausbildet, desto mehr Stress kann sie verarbeiten, das heißt, je mehr Rezeptoren sie hat, desto weniger gestresst sind die Ratten. Fehlen aber die Rezeptoren, wird die Zelle mit Glucosteroid überschwemmt und das entsprechende Angst-und Stressverhalten tritt ein.«

Eschke redete sich in seine gewohnte Begeisterung hinein, aber ich saß wie erstarrt, und war irgendwie sicher, dass der Inhalt der Studie eine satte Breitseite für mich werden würde.

»Jetzt kommt das Interessante!«, erzählte er. »Meaney hat festgestellt, dass es Rattenmütter gibt, die ihre Babys besonders intensiv putzen und lecken und sich um sie kümmern – was zur Folge hatte, dass deren Kindern sehr, sehr viele Rezeptoren für Stresshormone ausgebildet haben. Was wiederum bedeutet, dass sie Stress besser bewältigen konnten und viel ruhiger und gelassener waren. Das heißt: Die Rattenkinder, deren Mütter sich um sie kümmerten und die immerzu geputzt und liebkost wurden, wurden neugierige, muntere, lebhafte Nagetiere. Aber die Kinder von Rattenmüttern, die nicht so fürsorglich waren, wurden zu ängstlichen und oft neurotischen Nervenbündeln. Sie erschreckten sich schon beim kleinsten Anflug von Stress, verhielten sich in unbekannter Umgebung panisch und reagierten auf extreme Situationen, in dem sie vor Angst erstarrten. Sie zeigten keinen großen Drang, ihre Umwelt zu erkunden, kamen mit Artgenossen nicht gut aus … das heißt, sie hatten wenig bis keine soziale Kompetenz … hatten einen ständigen Überfluss an Stresshormonen in ihren Adern, der sie negativ beeinflusste.«

Ich war in totalem Aufruhr. Hoffte von ganzem Herzen, dass Eschke gleich sagen würde, dass diese Erkenntnisse nicht auf Menschen und deren Verhalten zu transferieren seien.

»Aber das wirklich Spannende an der ganzen Sache ist …«, fuhr Eschke enthusiastisch fort, »Die Ratten behielten ihr Verhalten bei, wenn sie selbst Mütter wurden. Diejenigen, die von unaufmerksamen Müttern großgezogen worden waren, behandelten ihren Nachwuchs genauso unaufmerksam und hielten dadurch den Kreislauf mütterlicher Vernachlässigung und kindlicher Angst aufrecht.«

Ich war wie vor den Kopf gestoßen. Erstarrt saß ich auf meinem Platz und fühlte mich wie geohrfeigt.

»Man wird also wie die eigene Mutter«, schloss Eschke lächelnd und ich fühlte, wie mit seinen Worten das Blut vollständig aus meinem Gesicht in den Magen sackte.

»Das ist eine ganz natürlich auftretende Plastizität«, machte er ahnungslos weiter. »Die Gene ängstlicher, unaufmerksamer, nicht fürsorglicher Ratten werden weitergegeben. So weit so gut. Nun kommt die Umwelt ins Spiel! Wirkt sie auf vorhandene Gene ein? Oder sind die Gene fest zementiert, unabhängig von der Umgebung? Hat die Umwelt Einfluss oder nicht?«

Hoffnung durchstrahlte mich. Sein Blick traf auf den meinen, ich saß kerzengerade, er freute sich über mein Interesse und nickte mir zu.

»Diese Hypothese lässt sich ja testen. Man hat einfach die ängstlichen Rattenkinder den nicht fürsorglichen Müttern weggenommen und sie liebevollen Müttern zur Aufzucht gegeben. Und siehe da: Die vernachlässigten Rattenkinder, die nun von einer pflichtbewussten, fleißig leckenden Mutter großgezogen wurden, hatten deutlich weniger Angst und hielten dem Stress, dem sie ausgesetzt wurden, ohne Weiteres stand. Sie ruhten viel mehr in sich. Umgekehrt: Ratten, von fürsorglichen Müttern geboren, aber von unaufmerksamen aufgezogen, wurden ängstlich, schreckhaft und neurotisch. Der Mangel an mütterlicher Zuwendung führte dazu, dass der Hippocampus weniger Glucosteroid-Rezeptoren bildete und damit zu einer erhöhten physiologischen Reaktion in Stressmomenten. Die biologische Mutter hatte keine Auswirkung darauf – entscheidend war, von *wem* die Jungtiere großgezogen wurden. Junge Ratten erbten das mütterliche Verhalten.«

»Das … das bedeutet also, dass das Verhalten der Rattenkinder nicht durch Gene festgelegt ist?«, meldete ich mich. Meine Stimme zitterte leicht und ich räusperte mich, um das zu übertünchen.«»Das heißt, das Verhalten der Mutter ist entscheidender als das Genmaterial, das man mitbringt?«

»So ist es. Genmaterial ist da, aber es wird nur durch Fürsorge entfaltet. Durch die Gene allein sind wir definitiv nicht festgelegt«, antwortete Eschke und war der Meinung, mich durch seine Antwort zu erfreuen. »Und zu dem gleichen Schluss kommen die Wissenschaftler in diesem Experiment. Sie haben diesen Versuch über Generationen hinweggeführt und festgestellt, dass die Qualität der mütterlichen Pflege die Aktivität eines speziellen Gens in einer bestimmten Gehirnregion verändert. Gene können schweigen oder sehr aktiv werden und die Aktivität eines Gens wird durch seine *Umgebung* bestimmt. Mütterliche Fürsorge wirkt auf die Chemie der Gene ein, also …«

»Und … wie lange dauert die Prägungsphase?«, unterbrach ich ihn. Erstaunt, weil ich mich sonst kaum am Unterricht beteiligt und nun schon zwei Fragen hintereinandergestellt hatte, antwortete Eschke:

»Das geht schnell. Bei Rattenjungen war die Prägung in den ersten Wochen fixiert.«

Ich sank zurück. Um mich erneut vorzubeugen und die dritte Frage zu stellen:

»Und beim Menschen?«

»Auch da gibt es hochinteressante Studien, eine aus London und eine aus Montreal, die das Verhalten von Kindern untersucht haben, die in Armut und krimineller Umgebung aufwuchsen. Man hat festgestellt …«

Eschke unterbrach sich und sah auf die Uhr. »Verflixt! Die Stunde ist gleich um! Also ganz schnell noch …«

Seine nächsten Worte schossen wie eine Schrotflinte glühende Partikel in meine Seele.

»Man hat festgestellt: Armut, soziale Unterschicht gehen buchstäblich unter die Haut und können sich im Gehirn einnisten. Es ist bekannt, dass – im Schnitt! – Menschen aus gehobenen sozialen Schichten eine bessere geistige und physische Gesundheit haben als diejenigen, die in Armut und zerrütteten Familien leben. Dann gibt es noch diese überaus spannende, aber auch traurige Studie über die Rumänien-Kinder, die das Opfer eines Dekretes von Diktator Nicolae Ceausescu waren, der von jeder Frau gefordert hatte, mindestens fünf

Kinder zur Welt zu bringen. Aber die Leute konnten sich um die Kinder nicht kümmern, sie waren arm und brachten sie daher in überfüllte Waisenhäuser mit schlechtem Personal, wo sie sich selbst überlassen waren. Niemand hat sich um die Kinder gekümmert. Als Ceausescu gestürzt wurde, erblickten humanitär engagierte Menschen Zustände in diesen Waisenhäusern, die ihnen das Blut in den Adern gefrieren ließen, denn diese Babys lagen achtzehn bis zwanzig Stunden am Tag allein in ihrem Gitterbett. Von den hygienischen Umständen will ich gar nicht erst reden. In einer Welle von Mitgefühl wurden viele davon in westliche Länder, speziell von Amerikanern, adoptiert, was diese interessante Studie überhaupt ermöglichte. Und auch hier gilt ... Kinder, ich muss Schluss machen ... es läutet gleich ...! Aber wir sehen noch einen Film drüber, versprochen! Nur ganz kurz noch: Also, auch hier gilt: Je jünger die Kinder waren, wenn sie zu ihren Adoptiveltern gebracht wurden, desto größer war die Chance, dass aus ihnen selbstbewusste, das Leben bejahende Menschen wurden. Je älter sie waren, desto unwahrscheinlicher war es, dass sie ihre psychischen wie physischen Probleme in den Griff bekamen. Die meisten wurden Neurotiker, hinkten in ihrer Entwicklung allem hinterher, hatten Schwierigkeiten, mit anderen Menschen klarzukommen, und wiesen auch einen deutlich geringeren Intelligenzquotienten auf, je länger sie im Waisenhaus zugebracht hatten.«

»Und diese Kinder hatten keine Chance?«, stieß ich, dem Weinen nah hervor und gehetzt, weil Eschke schon die Bücher in die Tasche stopfte und Richtung Tür wollte. »Keine Chance mehr, irgendetwas zu ändern? Trotz der guten Erziehung danach? Ich meine, das war ... *unwiderruflich*?«

Ich spürte, wie Paulina mich anstarrte, wie auch die anderen aufmerksam wurden auf meine verzweifelt klingende Fragerei und sie erahnten den Grund. Auch Eschke hielt inne. Er hatte schon mit der Hand die Antwort abwehren und auf die nächste Stunde schieben wollen, doch obwohl es schon fünf Minuten nach dem Läuten war, blieben alle sitzen, und in der Klasse war es mucksmäuschenstill. Alle schauten auf Eschke und mich, aber ich war so in Aufruhr, dass ich es gar nicht wirklich mitbekam. Eschke zögerte, sah erneut auf die Uhr und sagte, die Schnalle seiner Mappe schließend, fast bedauernd:

»Letztendlich, Greta, ist die Prägungsphase relativ kurz. Auch beim Menschen. Wenn die also vorbei ist, hat die nachfolgende Erziehung nicht mehr sehr viel Bed…«

Jemand knallte laut ein Buch laut auf eine Bank. Irritiert sah Eschke sich nach dem Ruhestörer um, bemerkte dabei meine entsetzt geweiteten Augen. Sein betroffener Blick ging von da zu Paulina, die, das Buch in der Hand, ihn wütend anstierte … und er stockte. Mit einem Mal wurde ihm gewahr, wie still es in der Klasse war.

Er starrte auf das Pult, kratzte sich am Kopf, umklammerte seine Tasche mit beiden Armen, als wollte er sich schützen. Mein Herz sank nach unten. Doch schließlich sah er auf und richtete er seinen Blick fest auf mich.

»Weißt du, Greta«, sagte er, »was den Menschen angeht, so ist er meiner Meinung nach das erstaunlichste Lebewesen unter der Sonne. Keines ist flexibler, keines mächtiger. Denn wir Menschen … wir Menschen haben etwas ganz Besonderes: Einen freien Willen – und mit dem können wir viel bewegen. Mit dem können wir eigentlich alles bewegen. Und das ist das, was unterm Strich zählt. Dein Wille.«

Ding dong dong. Ding dong dong. Ding dong dong.

Die Schulglocke läutete die nächste Stunde ein. Ich sank zurück. Mein Rücken war schweißnass und ich fühlte mich wie betrunken. Wusste in diesem Moment nur eines: Ich musste von meiner Mutter weg, dringend und sofort. Gleichzeitig war mir klar: Es war schon viel zu spät dafür. Das Konzept dieses ‚neurogenetischen Determinismus‘ erschreckte mich zutiefst. Ich wollte es nicht wahrhaben. Wollte es nicht glauben, wollte mir und der Wissenschaft das Gegenteil beweisen. Mein Rettungsanker waren die Sätze meiner Lehrer: Herr Bauer, Frau Dr. Steiger, Herr Eschke: Du hast es im Griff. Wenn es einen gibt, der dein Leben im Griff hat, dann du. Nur du! Daran hielt ich mich fest. Es war meine einzige Chance.

***

»Greta, geht es dir gut?« Paulina hatte auf mich gewartet. Ich war als Letzte aus dem Klassenzimmer gegangen, die Worte Eschkes im Ohr … Menschen ohne Fürsorge kommen nicht gut mit anderen zurecht, haben Angst in fremder Umgebung … scheuen sich vor Neuem, sind neurotisch. Das war eine Beschreibung meiner selbst! Mein Verhalten war das eines Rattenkindes. Ich sah Paulina nicht an, nickte nur verstört. Sie legte den Arm um mich. Seit sie mich das erste Mal angesprochen hatte, war sie an mir drangeblieben, was ich bisher mit widersprüchlichen Gefühlen quittiert hatte: Dankbarkeit, dem Wunsch nach einer echten Freundin und der Angst vor einer möglichen Enttäuschung. Ich war ein Rattenkind.

Doch an diesem Tag, in diesen verwirrten Sekunden, in denen ich ihr ehrliches Mitgefühl wahrnahm, lehnte ich wortlos meinen Kopf an ihre Schulter.

Paulina stand wie ein Fels. Sie rang mit sich. Rang um Worte. Es war seltsam. Ich wusste, was sie sagen wollte, bevor sie sie fand. Ich hörte sie nicht mit einem Sinnesorgan – ich nahm ihre Worte einfach wahr. Und alles, was sie mir mitteilte, war in diesem grundehrlichen Gefühl geerdet, mir beistehen und helfen zu wollen. Es raubte mir den Atem. Und trieb mir die Tränen in die Augen.

»Danke«, flüsterte ich ihrer Schulter zu. Paulina erwiderte nichts. Erst nach ein oder zwei Minuten, die wir umschlungen standen wie ein Liebespaar, murmelte sie:

»Weißt du, wenn ich an eines glaube, dann an das, was Eschke zum Schluss gesagt hat. Es gibt so viele reiche Leute, deren Kinder unglücklich sind.«

Ich löste mich von ihrer Schulter.

»Ja, schon«, seufzte ich und fuhr mir über die Augen. »Aber das Wesentliche ist nicht reich oder arm. Das Wesentliche ist die Fürsorge der Mutter. Du hast es doch gehört.«

Paulina nickte. Unglücklich, weil sie mir nichts Tröstendes sagen konnte.

»Trotzdem«, begann sie. »Ich glaube einfach, dass noch mehr Faktoren mit reinspielen. Davon bin ich vollkommen überzeugt. Die Eltern sind nicht das einzige Umfeld. Es gibt Freunde. Es gibt andere Personen. Ich glaube, dass es darauf ankommt, was man im Leben will.«

Ich nickte und schulterte meinen abgewetzten Rucksack.

»Danke, Paulina«, sagte ich leise. »Das bedeutet mir viel, dass du das sagst. Ich meine, es bedeutet mir viel, dass *du* es sagst.«

Sie lächelte leicht und wir setzten uns langsam Richtung Pausenhalle in Bewegung.

»Weißt du eigentlich, dass ich dich bewundere, dafür, dass du dich so reinhängst? Dass du schon dabei bist, was aus deinem Leben zu machen?«, sagte sie plötzlich und blieb wieder stehen.

»Ist das der Grund, warum du so freundlich zu mir bist?«

Aber dann fiel mir ein: Das konnte ja nicht sein. Paulina war seit der Vergewaltigung freundlich zu mir. Ich wurde flammend rot, als mir dieser Gedanke bewusst wurde. Sie sah es und verstand. Da wusste ich, dass zwischen uns etwas schwang, das die Basis für eine echte Freundschaft war.

»Du weißt das mit Marcel«, schlussfolgerte ich tonlos. Sie senkte den Kopf.

»Ja«, gab sie kurz und bündig zu. »Ich weiß es. Ich habe es von André erfahren. Er hat mir die Prahlereien Marcels in allen Einzelheiten geschildert – und er war angewidert davon.«

»Wann war das?«

»Muss gleich am nächsten Tag gewesen sein, als es ...«, sie räusperte sich unglücklich, »... als es passiert ist.«

Also vor der Intervention von Frau Dr. Steiger. Ich schwieg. Paulina legte ihre Hand auf meinen Arm.

»Greta ... was genau ist zwischen dir und Marcel geschehen?«

Ich schwieg. Wieder fühlte ich die erniedrigenden Schläge im Gesicht, den gleißenden Schmerz in meinem Unterleib und zuckte unwillkürlich zusammen. Paulina krallte ihre Hand um meinen Oberarm.

»Oh, mein Gott, er hat dich ... er hat dich tatsächlich ... ich meine ...«

»Ja. Er hat«, unterbrach ich sie heiser. »Ich weiß nicht, was André erzählt hat, aber ich hoffe, dass er den Mund hält.«

»Das tut er. Er will damit nichts zu tun haben. Er hat Marcel gesagt, wenn nur die Hälfte stimmt, von dem, was er von sich gibt, dann war das eine handfeste Vergewaltigung und er kann froh sein, dass du ihn nicht anzeigst.«

»Ich habe ihn angezeigt.«

»Du hast ... was?«

»Du hast schon richtig gehört.« Ich verschwieg Frau Dr. Steigers Mithilfe dabei. Das war Teil unserer Abmachung. Perplex sah mich Paulina an.

»Nicht wegen mir«, erklärte ich. »Ich weiß, dass mir das keine Vorteile bringt, aber ich will, dass so etwas niemand anderem passiert, verstehst du? Und damit Marcel begreift, dass er so mit

Mädchen, mit niemandem, umgehen darf. Deswegen habe ich einen Rechtsanwalt eingeschaltet.«

»Gut so«, kommentierte Paulina. »Jetzt verstehe ich endlich, warum er so handzahm geworden ist! Das hast du genau richtig gemacht!«

Ich lächelte zurück. Um Marcel hatte ich seither einen großen Bogen gezogen, ihn nur aus den Augenwinkeln gesehen und er hatte sich auch nicht mehr in meine Nähe getraut, sodass wir uns tatsächlich kaum noch über den Weg liefen.

»Magst du heute zum Mittagessen zu mir kommen?«, fragte Paulina spontan.

»Danke, Paulina«, antwortete ich und merkte, dass ich zum ersten Mal locker reagierte. »… ein andermal gern, aber heute geht's leider nicht.«

Es wäre an diesem Tag wirklich nicht gegangen. Ich brauchte dringend Zeit für mich. Seit dieser Biologiestunde war ich entschlossen, etwas zu tun, und wusste doch nicht, was. Ich schrieb in mein Tagebuch: Noten verbessern. Lernen. Raus aus diesem Umfeld. Zum ersten Mal wurde mir bewusst, dass ich tatsächlich in jeder Sekunde mein späteres Leben bestimmen konnte. Allein mit meiner Absicht. Ich spürte, dass ich mit einer klaren Intention etwas in die Wege leitete, auch wenn es im Moment noch unsichtbar war. Mein Wille zählte … tja, aber was wollte ich?

Ganz zuoberst auf der Agenda stand: weg von Mom. Und für mich hieß das im Moment konkret: Das Gegenteil von dem zu tun, was sie tat.

***

Mein Tagesablauf änderte sich komplett. Ich stand zeitig auf, um zu frühstücken, passte in der Schule auf, machte meine Hausaufgaben peinlich genau. Wenn ich etwas nicht lösen konnte, rief ich jemanden an, fragte nach, selbst bei Lehrern – was ich mich früher nie getraut hätte. Überhaupt tat ich viele Dinge, vor denen ich Angst hatte, weil ich mich nicht wie ein Rattenkind verhalten wollte. Ich reservierte mir Zeit zum Nachlernen, angefangen von Vokabeln und Grammatik bis hin zu Grundlagen der Mathematik oder Physik und vermittelte mir selbst Allgemeinwissen. Elementare Dinge, die auch von der

Schule vorausgesetzt wurden. Es war nicht leicht, weil ich Lernen nicht gewohnt war und mich anfangs noch nicht über längere Zeit konzentrieren konnte. Und zuhause hatte ich kaum Ausweichmöglichkeiten.

Mom bekam die Änderung mit und machte schnippische Bemerkungen darüber:

»Na? Sind wir jetzt unter die Streber gegangen?« Sie stand neben mir, wenn ich lernen wollte, nervte mich bis zur Weißglut, riss die Tür zu meinem Zimmer ständig auf, wollte dies oder das von mir, schickte mich einkaufen, obwohl sie doch selbst alle Zeit der Welt hatte, drehte die Lautstärke des Fernsehers hoch oder bumste mit jemanden betont lautstark herum. Ich hörte alles durch die dünnen Wände des Sozialbaus ebenso wie die Streitgespräche der Mitbewohner, das Bellen der Hunde, das Schlagen der Türen.

Aus irgendeinem Grund sabotierte sie meine Pläne, ohne sie wirklich zu kennen. Es tat weh und ich ging ihr aus dem Weg, so gut ich konnte, doch je mehr ich das tat, umso mehr machte sie sich bemerkbar. Ich verstand das nicht.

Schließlich organisierte ich mir eine Karte für die Stadtbücherei, in der ich die Zeit nach der Schule bis zum Abend verbrachte. Dort war es ruhig und ich hatte Bücher und Computer, um Dinge nachschlagen zu können. Manchmal ging ich auch zu Freunden zum Mittagessen. Überhaupt vertieften sich in dieser Zeit einige Bekanntschaften zu echten Beziehungen. Paulina, mit der mich ein enges Band verknüpfte und deren Mutter immer so herzlich zu mir war, die mich, das spürte ich, am liebsten adoptiert hätte. Janine, die mich sogar einlud, mit ihrer Familie in Urlaub zu fahren, und auch André hing mit uns ab. Er hatte sich von Marcels Clique total losgesagt.

Mein Umfeld änderte sich, änderte mich. Es war zwar erst nur ein kleiner Kreis, der mich anders wahrnahm und anders einstufte, aber es tat gut, es tat so verdammt gut zu spüren, dass es überhaupt möglich war.

Ich träumte von einem eigenen Leben so wie meine Mutter von einem Leben ohne mich, von einer eigenen Wohnung in einer gepflegten Umgebung. Von Bäumen und Natur um mich herum statt Stadtlärm und Abgasen. Von genügend Geld und sozialer Bestätigung. Es musste einen Weg geben.

***

Im Verein trainierte ich bis an meine Grenzen, sehr zur Freude von Herrn Bauer, dessen Zugpferd ich bald wurde. Seine Anerkennung tat mir gut, sie wärmte mich, spornte mich an. Sie war eine erste Ahnung, nicht in dem gefangen zu sein, was ich bisher kennengelernt hatte.

Die Tatsache, dass ich nach kurzer Zeit Flickflacksund Salti sprang und der Punkteholer in den Mannschaftswettkämpfen wurde, war das eine. Das andere, für mich besonders herzerwärmende Gefühl war der Respekt, den mir Herr Bauer und meine Umgebung mit der Zeit entgegenbrachten. Im Sport zum Beispiel zog meine erhöhte Leistungsbereitschaft, die daraus resultierende Fertigkeiten plus meine ehrgeizige Einstellung alle anderen mit. Bald bildeten wir eine Riege, deren Qualifikation selbst die Erwartung Herrn Bauers weit übertraf. Mit der Zeit merkte ich: Er vertraute mir. Er hatte glänzende Augen, wenn er mich begrüßte. Und das bedeutete mir so unendlich viel, dass ich es manchmal gar nicht erwarten konnte, ins Training zu kommen. Ich lechzte nach seiner Anerkennung. Und nicht nur nach seiner.

Die Noten wurden besser, Frau Dr. Steiger lächelte mich an, wenn sie mich sah, Herr Eschke nickte mir aufmunternd zu und die Gewissheit, auf dem richtigen Weg zu sein, gab mir Mut. Es dauerte nicht lange, bis meine Schulkollegen von mir abschrieben, statt ich von ihnen. Auch die anderen Lehrer bekamen mit, dass ich mich bemühte und um meine Noten kämpfte – und die meisten unterstützten mich. Wenn ich mal zwischen zwei Noten stand, gaben sie mir die bessere. Für mich war es wie ein kleines Wunder: Plötzlich brachten mir die Leute Achtung entgegen. Sie sahen mich anders an. Der soziale Status meiner Mutter, von dem ich gemeint hatte, er klebe an mir wie Pech, rückte langsam in den Hintergrund.

Ich merkte zum ersten Mal greifbar, dass ich es in der Hand hatte, etwas aus meinem Leben zu machen. Das gab mir die Macht über mein Leben zurück. Und es machte mich demütig. Mir fällt kein anderes Wort in diesem Zusammenhang ein. Denn ich hatte all das letztlich dem Mitgefühl, dem guten Herzen und dem Vertrauen anderer Menschen zu verdanken – und auch mir, weil ich mich darauf eingelassen hatte.

An dieser Stelle warf mir Ben einen überraschten und intensiven Blick zu, der über sein sowieso schon konzentriertes Zuhören hinausging.

Damals, erzählte ich weiter, spürte ich zum ersten Mal die zwei »Ichs« in mir. Ein höheres Ich, das das Richtige wollte, das mich auf den Weg brachte, das mich nach etwas sehnen ließ, dem ich noch fern war, und dem kleineren »Ich«, das dauernd nur verletzt und beleidigt und sich persönlich angegriffen fühlte – und damit genau die Erfahrungen immer wieder heraufbeschwor, die ihm so wehtaten.

Doch die erste Formel, die ich für mich fand, war einfach und ich empfand sie als fair: Wenn man etwas erreichen wollte, musste man sich anstrengen. Man musste bereit sein, zu lernen, auch, wenn man müde war, musste diszipliniert sein, sich Regeln aufstellen und sie einhalten und hartnäckig sein. Man durfte auf gar keinen Fall aufgeben. Das war mein neues Credo.

Konträr zu dem, was ich nunmehr fünfzehn Jahre lang vorgelebt bekommen hatte, entstand das langsam reifende Wissen, dass das Leben nicht starr und vorbestimmt, sondern formbar war. Formbar nach meinem Willen.

Das Turnen bereitete mir inzwischen so viel Freude, dass ich mir jeden Sonntag bei Herrn Bauer den Schlüssel für die Halle holte und am Morgen oder spät am Abend, wenn niemand mehr die Räume benutzte, nur für mich turnte. Die Halle hatte eine Musikanlage und bald konnte ich mir nichts Schöneres vorstellen, als meine eigenen, intuitiv gesteuerten Choreografien zu tanzen. Das war für mich Loslassen in seiner reinsten Form.

Um die Zeit in den Ferien zu überbrücken, und auch sonst von Mom wegzukommen, fing ich an zu arbeiten, gab Nachhilfe, engagierte mich als Babysitter, half in Supermärkten aus. Ich verdiente eigenes Geld.

Das war das fantastischste Gefühl ever. Oh, Ben, du kannst dir nicht vorstellen, wie es für mich war, eigenes Geld in der Hand zu halten! In den Sommerferien jobbte ich im Supermarkt und am Ende drückten sie mir sechshundert Euro in bar in die Hand. Noch nie hatte ich so viel Geld besessen! Du weißt nicht, wie ich das genossen habe! Es gab keine Schweißausbrüche, wenn ich eine Lektüre in der Schule bezahlen musste. Ich habe sogar zum ersten Mal eine Klassenfahrt mitgemacht! Oder mir in der Pause, wie alle anderen, am Essensstand etwas kaufen zu können. Ich konnte mir zum Frühstück ein Croissant leisten, wenn ich Hunger hatte, oder einen zweiten Kaffee. Ich konnte mit meinen Freundinnen in der Stadt ein Eis essen gehen. Es ging aufwärts.

Aber nach wie vor hatte ich mein großes Ziel klar vor Augen: Raus aus diesem Milieu. Weg von meiner Mutter. Raus aus ihrem Leben, in dem sie mich nie hatte haben wollen.

***

Ja, es ging aufwärts und meine Zeit war ausgefüllt. Doch die Tage, an denen meine Mutter zu Hause war, nahmen überhand. Sie ging fast gar nicht mehr raus und schien geradezu auf mich zu lauern. Ich verstand das nicht. All die Jahre hatte sie mir mit ihrem Verhalten zu verstehen gegeben, dass sie sich nur eines wünschte: Mich so schnell wie möglich loszuwerden und nun ließ sie mich kaum in Ruhe, wenn ich nach Hause kam.

»Mom«, sagte ich sarkastisch. »Genieß doch deine Freiheit! Ich brauche dich nicht. Von mir aus kannst du zum Beispiel gerne nach Irland trampen, wenn du Lust darauf hast. Ich komme hier gut allein klar. Ich komme sogar besser klar ohne dich, denn dann stört mich keiner.«

»Quatsch keine Opern. Wer soll denn das Geld fürs Essen herschaffen?«

»Das Sozialamt? Wie sonst auch?«

»Und du meinst, dass ich dir das so einfach überlasse?«

»Musst du gar nicht. Vielleicht hast du mitbekommen, dass ich mein eigenes Essen kaufe?«

»Und ich soll die Miete bezahlen, damit Madame hier wohnen kann?«

»Dann eben nicht!«, fauchte ich. »Mann, geh doch endlich! Ich muss lernen!«

»Warum lernst du auf einmal so viel?«

»Was interessiert dich das?«

Ich wollte die Tür zu machen, aber sie stellte ihren Fuß dazwischen.

»So nicht, du Luder! Was bildest du dir ein?«

Das ging hin und her, bis ich frustriert meine Sachen packte, und aus dem Haus stürmte. Ich lernte auf Kellertreppen und Parkbänken, in der Bücherei, in Cafés oder in einem leeren Klassenzimmer in der Schule. Im Grunde hatte ich kein Zuhause.

***

Doch dann hatte Mom eines Nachmittags einen Arzttermin und ich atmete tief auf. Das waren zwei Stunden für mich, die ich nicht irgendwo draußen, sondern in der Wohnung verbringen konnte. Mittlerweile verdiente ich während des Schulalltags zwischen dreißig bis fünfzig Euro in der Woche, das war für mich ein Riesengeld, das ich geflissentlich vor meiner Mutter verbarg, nachdem sie mir schon mal einen Wochenverdienst geklaut hatte.

Diese zwei Stunden wollte ich mit Kaffee und einem Stück Kuchen genießen und einem Roman aus der Bücherei. Ich freute mich unbändig auf diese kleine Auszeit, freute mich allein schon über den Kaffeeduft, der durch die Miniwohnung zog, und holte das Stück Kuchen aus meinem Zimmer.

Da klingelte es an der Haustür. Hektisch wollte ich den Kuchen verstecken, als mir einfiel, dass es ja meine Mutter nicht sein konnte – die hatte einen Schlüssel. Ich spähte durch den Spion. Ein Nachbar stand draußen.

»Kannste mir mal ein bisschen Salz leihen?«, fragte er.

»Ich muss nachschauen, warten Sie.«

Ich schaute in das oberste Regalfach in der Küche, für das ich auf einen Stuhl steigen musste, und wo solche Dinge meistens aufbewahrt wurden. Das Salz war schnell gefunden. Als ich es herausnahm, bemerkte ich, fast schon angeklebt an die Rückwand, verborgen hinter anderen Schachteln, einen braunen Umschlag. Nachdem der Nachbar fort war, zog ich ihn heraus und öffnete ihn.

Fotos fielen mir entgegen, Briefe, an Uschi Ehlers adressiert. Neugierig drehte ich einen davon um. Absender: Elke Ehlers. Mein Herz fing unrhythmisch an zu schlagen. Wer war Elke Ehlers?

Vorsichtig zog ich das Blatt heraus. Es war eine handbeschriebene Seite.

»Liebe Uschi«, stand da. Mein Blick rasterte über die mit Füller verfassten Zeilen, ohne etwas zu erkennen … meine Augen suchten automatisch nach einem Datum. August 1992. Dann fiel mein Blick auf das Ende des Briefes. Und da stand:

»In Liebe, Deine Mama.«

Deine Mama! 1992! Da war ich sieben Jahre alt gewesen! Meine Mutter hatte behauptet, meine Oma sei in dem Jahr an Krebs gestorben, in dem ich geboren war!

Der Kaffee dampfte, das Stück Kuchen lag in seiner leckeren Fülle vor mir und in meiner Verwirrung tauchte ich die Gabel in die cremige Masse und steckte sie mir den Mund. Mit überreizten Sinnen schmeckte ich die extreme Süße der Buttercreme, spülte das Zeug mit einem Schluck heißen Kaffee hinunter – und trat in Aktion.

Ich füllte den braunen Umschlag mit ein paar alten Arbeitsblättern aus der Schule, schob ihn zurück an seinen Platz und stellte die Schachteln wieder so hin wie zuvor. Verstaute die Fotos und Briefe sorgfältig in einer Klarsichthülle, packte sie in meine Schultasche, füllte meinen Rucksack mit ein paar Sachen, rief Paulina an und sagte ihr, ich bräuchte dringend ihre Hilfe, ob ich bei ihr übernachten dürfte.

Danach legte ich einen Zettel auf den Küchentisch, informierte Mom, wo ich war, und verließ das Haus.

***

»Was ist los?«, fragte Paulina, als ich bei ihr eintraf.

»O mein Gott, Paulina, ich weiß gar nicht, wo ich anfangen soll.«

Aufgelöst erzählte ich ihr von meiner Entdeckung und der Hoffnung, die sich mit dem heutigen Fund verband. Meine Hände zitterten, als ich die Klarsichtfolie aus der Schultasche nahm. Gemeinsam sortierten wir die Briefe und Fotos.

Lächelnde Gesichter, eine Frau, die meiner Mom ähnlich sah – Elke Ehlers. Meine Oma! Ein Foto, auf dem sie mit einem verschmitzt lächelnden Mann mit weißem Haar zu sehen war. Mein Opa?

Dann ein Kinderbild: fünf Kinder in altmodischer Kleidung auf einer Bank vor einem Landhaus, rechts von ihnen ein blumenreicher Garten. In der Mitte eindeutig meine Mom, sehr blondes Haar und sehr blaue Augen.

Fotos von Menschen, die ich nicht zuordnen konnte, aber bei manchen war etwas auf die Rückseite geschrieben: »Dein Bruder bei seiner Vereidigung«. »Annett – sie hat ihr drittes Kind zur Welt gebracht.«

Mom hatte Geschwister? Ich hatte einen Onkel, eine Tante? Hatte Cousins, Cousinen? Und … lebte meine Oma noch? Und mein Opa?

»Es ist keine Todesanzeige darunter«, stellte Paulina sachlich fest. Ich nickte, mein Herz raste … ja, sie hatte recht … keine Todesanzeige! Mir war fast schlecht vor Aufregung und die Briefe brannten in meiner Hand.

»Ich lass dich allein«, sagte Paulina. »Lies sie in Ruhe durch.«

***

Sämtliche Briefe waren von Elke Ehlers. In allen bat sie ihre Tochter, zu ihr zurückzukommen. In jeder Zeile bat sie um einen Neuanfang, wollte wissen, wie es ihr ging, fragte sie, ob sie nicht endlich miteinander reden könnten. Warum sie sie nicht reingelassen hatte. Ich keuchte. Oma war hier gewesen? Sie hatte an unsere Tür geklopft? Der letzte Brief war vor drei Jahren gekommen, alle waren an »Ehlers« adressiert. Hatte sie nicht gewusst, dass Mom verheiratet gewesen war?

Die Meaney-Studie zuckte durch mein Hirn. Fürsorgliche Mütter geben dieses Verhalten an ihre Kinder weiter … was hatte meine Mutter von der ihren mitbekommen? Was konnte ich, wenn ich von meiner Mutter auf meine Großmutter schloss, erwarten? Aber würde sie dann solche Briefe schreiben?

Es gab nur einen Weg, das herauszufinden: Ich musste sie aufsuchen. Die Adresse stand mehrfach hinten auf den Umschlägen.

Ich sah auf der Karte nach, die Paulina mir brachte. Oma wohnte, wenn sie noch lebte, in einem Dorf außerhalb der Stadt, ungefähr eine Fahrtstunde von hier.

»Ruf sie an«, drängte mich Paulina aufgeregt. »Vielleicht wissen sie gar nichts von deiner Existenz! Aber vielleicht sind sie ja auch weggezogen.«

Ich nickte, sah auf die Uhr. Es war halb sieben. »Ja ... oder Oma ist inzwischen verstorben. Ist sogar wahrscheinlich. Der letzte Brief ist drei Jahre alt.«

»Trotzdem! Du hast Tanten und Onkels!« Paulina war zappeliger als ich.

»Ich mache das gleich«, sagte ich entschlossen. Wir holten das Telefonbuch und hatten Glück: Die Adresse war verzeichnet – unter Wolfgang und Elke Ehlers.

Mein Herz schlug wild. Mein Magen fuhr Karussell. Ich schloss die Augen. Alles konnte sein – oder gar nichts.

»Willst du allein sein?«, fragte mich Paulina.

»Oh, nein, im Gegenteil. Wenn es dir nichts ausmacht, dann bleib hier«, flüsterte ich, heiser vor Aufregung. »Und drück mir die Daumen!«

Das Telefon stand zwischen uns auf dem Boden, der Lautsprecher war eingeschaltet. Paulina setzte sich mir im Schneidersitz gegenüber, als ich mit hämmerndem Herzen die Nummer wählte. Ich rechnete damit, dass die Ansage »Kein Anschluss unter dieser Nummer« kam, einfach, weil das zu meinem Lebenslauf gepasst hätte, aber dann lief alles ganz anders, als ich mir das jemals hätte vorstellen können – so ganz anders, dass ich mich in einem fremden Universum wähnte.

Eine freundliche, dunkle Stimme meldete sich: »Ehlers, guten Abend.«

»G ... guten Abend«, stotterte ich und dann hektisch: »Spreche ich mit Elke Ehlers?«

Ein Seufzen. Offensichtlich dachte sie, das wäre ein Werbeanruf.

»Ja, bin ich, aber hören Sie, ich möchte nicht ...«

Schnell unterbrach ich:

»Moment ... bitte, Entschuldigung, aber ... ich ... ich bin Greta Ehlers ...«

Keine Reaktion. Es herrschte vollkommene Funkstille. Unsicher sah ich zu Paulina, die mit aufgerissenen Augen vor mir saß, die Hände auf ihr Herz gepresst. Heiser, hilflos setzte ich nach:

»Hallo? Ähm ... sind Sie noch dran? Ich bin Greta Ehlers ... die Tochter von Uschi Ehlers und ...«

Der Mut verließ mich, meine Stimme erstarb. Es kam keine Reaktion. Meine Worte schienen in ein Vakuum zu fallen, kein

Laut war am anderen Ende der Leitung zu hören. Ich befürchtete schon, sie hätte aufgelegt – da explodierte die Bombe, und ein furchterregender Schrei ertönte, so laut, dass Paulina und ich gehörig zusammenfuhren. Ich hörte, wie weitere Personen hinzu stürzten, aufgeregt nach dem Grund fragten. Stimmengewirr am anderen Ende der Leitung.

»Mama, was ist? Was ist los? Mama! Was hast du?«

»Oh, mein Herz, mein Herz! ... Da ist Uschis Tochter ... am Telefon ... o mein Gott ... sie hat eine Tochter ... sie hat eine Tochter ...!«

Sie fing an zu weinen. Ich hörte all diese Geräusche, versuchte, mir die Szene vorzustellen, spürte, wie Schweißtropfen meinen Rücken hinunterliefen, spürte Hitze in meinem Gesicht, sah die freudige, hoffende Aufregung in Paulinas feuchten Augen, registrierte, wie der Hörer, immer noch unter gehöriger Geräuschkulisse am anderen Ende der Leitung von jemand anderem übernommen wurde.

»Hallo?«, trompetete eine männliche Stimme.

»Ähm, hallo ... hier ist Greta Ehlers«, wiederholte ich mit zitternder Stimme. »Ich bin die Tochter von Uschi ...«

Ich hatte das Bild vor mir, wie der Hörer nach unten sank, an die Brust des männlichen Sprechers, weil sich die Stimme von mir entfernte.

»O Jesus, Maria und Josef! Es ist wahr ... die Tochter ...! Uschi hat tatsächlich eine Tochter! Sie hat eine Tochter!«, verkündete nun auch der unbekannte Mann allen anderen, die sich um das Telefon herum geschart haben mussten. Dann besann er sich und seine Stimme drang wieder klar und laut an mein Ohr.

»Greta! Greta? Hörst du mich?«

»Klar höre ich Sie.«

»Ich bin Uschis Bruder, also dein Onkel Horst. Das ist so wunderbar, dass du anrufst! Geht es Uschi gut?«

Seine Frage schien alle zu schockieren und klarzumachen, dass es unter Umständen einen unschönen Grund für meinen Anruf gab, weil das aufgeregte Stimmengewirr abrupt verstummte. Jemand sagte: »O Gott!«

»Ja, es geht ihr gut«, beeilte ich mich zu sagen, während mein Herz einen Purzelbaum nach dem anderen schlug. Er ... hatte sich gefreut! Ich hatte einen *Onkel* – und er *freute* sich!

»Es geht ihr gut, es geht ihr gut!«, wiederholte Onkel Horst und ich hörte sie unisono aufseufzen und wieder durcheinanderreden. Dazwischen waren noch immer die Schluchzer von Elke Ehlers zu hören. Ich konnte es nicht fassen. Meine Augen standen voller Wasser. Wie gegensätzlich war das zu dem Erlebnis mit meinem Vater! Ein ungläubiges hoffendes Lächeln malte sich auf meinem Gesicht und ich merkte gar nicht, wie ich Paulinas Hand fest in meiner schweißnassen Faust hielt und mir selbst die Tränen über die Wangen liefen.

»Wo bist du, Greta?«, rief Onkel Horst und die Freude über meinen Anruf schwang in seiner Stimme, schwang in der Gesellschaft, die um ihn herumstand und verstummt war, weil alle meine Antwort hören wollten. »Können wir uns treffen?«

»Deswegen ... deswegen rufe ich an«, stammelte ich. »Weil ich Sie ... weil ich euch gerne sehen würde ... und ich wollte fragen, ob das okay f ...«

»Ob das okay ist?«, schrie Onkel Horst. »*Ob das okay ist?* Und wie das okay ist! Mama, sie will uns besuchen! Greta will uns besuchen! Sie will uns sehen!«

Ein vielfacher Aufschrei antwortete ihm und dröhnte durch den Lautsprecher, sie waren so laut, dass sogar Paulinas Mutter beunruhigt ihren Kopf durch die Tür steckte, das Debakel mitbekam, und sich unwillkürlich dazusetzte.

Ich musste lachen und weinen zugleich. Wie viele standen da eigentlich herum? Aber es war so herrlich, so fantastisch, dass mir, ohne dass ich es merkte, die Tränen nur so aus den Augen stürzten. Wenn ich alles erwartet hatte, aber nicht diese so spontane, ungekünstelte Freude! Ich sah auf Paulina, auf ihre Mutter, die sich ebenfalls vor Freude umarmten und mit geröteten, gespannten Gesichtern daneben saßen.

»Wann kommst du?«, schrie Onkel Horst aufgeregt. »Komm so bald wie möglich! Soll ich dich irgendwo abholen? Wie wäre es mit morgen?«

»Morgen?«, wiederholte ich geschockt. Mein Kopf rasterte meinen Tagesplan durch. Kein Nachmittagsunterricht, kein Training an diesem Tag. Es würde passen. Morgen!

»Ja, das ginge. Und du würdest mich abholen? Das wäre super, sonst müsste ich schauen, wie ich das Geld für den Zug herkriege.«

Meine letzte Aussage dämpfte ein wenig die Stimmung, weil sie den anderen klarmachte, dass es finanziell wohl nicht gut um uns bestellt war. Ich sah im Augenwinkel Paulinas Mutter wilde Zeichen machen, dass sie mich fahren würde ... oh, diese Minuten waren Momente vollkommenen Glücks!

»Du holst das Mädchen morgen ab«, hörte ich Elke Ehlers, meine Oma, aufgeregt sagen. »Sie soll sagen, wann sie kann.«

»Ich habe morgen nach der sechsten Stunde aus«, erklärte ich. »Das wäre um 13:00 Uhr, am Bertold-Brecht-Gymnasium. Würde das passen?«

»Sie geht ins Gymnasium!«, flüsterte jemand und trieb mir damit ein weiteres Lächeln ins Gesicht und noch mehr Tränen in die Augen.

»Wie alt bist du, Greta?«, rief Elke Ehlers – meine Oma! Ich hatte eine Oma! – dazwischen.

»Fünfzehn.«

»Ich bin pünktlich um 13:00 Uhr da!«, schmetterte Onkel Horst ins Telefon. »Ich stehe vor dem Schultor! Du kannst dich auf mich verlassen!«

Das hätte er nicht sagen müssen. Wenn es eines gab, das ich nie angezweifelt hätte, dann das.

Hatte mich der Anruf schon umgeworfen, erstaunte mich meine Reaktion nach dem Anruf umso mehr. So wie der Hörer auf der Gabel lag, warf ich mich in Paulinas und ihrer Mutter Arme und heulte wie ein Schoßhund. Und sie heulten mit.

***

Nachts konnte ich kaum schlafen, Paulina würde meiner Mom eine Nachricht unter die Tür schieben, dass ich noch eine Nacht bei ihr bliebe. Ich war schon am Morgen zapplig und aufgeregt und das ging den ganzen Tag so weiter. Ich konnte kaum das Ende der sechsten Stunde erwarten. Hatte dauernd das Gefühl, auf die Toilette zu müssen, und fühlte Adrenalinstöße im Minuten-Rhythmus durch meinen Körper pulsen.

Schließlich war es so weit. Paulina und ich umarmten uns, als es läutete, und ich setzte mich Richtung Schultor in Gang.

Ich war mir sicher, dass Onkel Horst schon da war.

Und so war es: Ein älterer, aber sehr gepflegter dunkelblauer Mercedes stand mitten vor dem Tor und verärgerte den

Hausmeister, der mit mürrischen Worten dem Mann am Steuer klarzumachen versuchte, dass er da nicht parken dürfe. Aber Onkel Horst war so mit Freude aufgepumpt und ergoss diese mit einer kindlichen Begeisterung und im Übermaß über den griesgrämigen Hausmeister, dass er ihn schier damit umnietete.

Ich verharrte kurz auf der Treppe und sah, wie Onkel Horst gestenreich auf ihn einredete, mit einem dermaßen großen Jubel in seinem fleischigen Gesicht, dass er selbst unseren permanent miesepetrigen Herrn Leitner knackte. War das ein Lächeln auf dessen Gesicht? Ja, tatsächlich. Herr Leitner, der nie lächelte, lächelte. Mehr noch: Er unterließ jeden weiteren Versuch, den Mercedes vom Tor wegzulotsen. Stattdessen stellte er sich an die Mauer und beobachtete die Schüler, die sich in Massen vom Schulportal auf den Bürgersteig wälzten. Sein Finger schnellte vor, als er mich sah und wandte sich, eifrig auf mich deutend, Horst zu. Herr Leitner kannte mich? Aber darüber konnte ich nicht lange sinnieren, denn Onkel Horsts Augen leuchteten auf wie Feuerwerkskörper und seine massige Gestalt pflügte, heftig mit den Armen wedelnd, mit Volldampf durch die wimmelnde Menschen-und Rucksackmenge.

»Greta!«, schrie er. »Greta! Ich bin's! Dein Onkel Horst! Greta!«

Er strahlte eine so große Glückseligkeit aus, dass die Schüler um ihn herumstehen blieben und sich unwillkürlich mitfreuten und lachten.

Ich hatte so was noch nie erlebt. Wirklich noch nie. Dieser mir unbekannte Mann rannte auf mich zu, mit ausgebreiteten Armen, mit diesem glücklichen, glücklichen, Lachen auf dem Gesicht, diesen strahlenden Augen, dem vor Freude offenstehenden Mund, riss mich in seine Arme und hob mich in seinem Überschwang so hoch, dass meine Beine nach hinten ausschlugen. Nie werde ich das Gefühl dieser festen, starken Umarmung vergessen, nie diese Geborgenheit, die sie mir vermittelte, nie diese Zugehörigkeit, die Familie bedeutet, nie dieses echte, vollständige Willkommen, diesen überdimensionierten Vertrauensvorsprung, den er doch einer ihm fremden Person entgegenbrachte. Es war so ansteckend, dass ich meinerseits meine Arme um seinen Hals schlang und mein Gesicht gegen seins drückte. Es war das wunderbarste Gefühl der Welt.

***

»Ben! Was ist los? Ist dir schlecht?«

Wieder hatte er einen undefinierbaren Laut von sich gegeben und erschrocken sah ich ihn an. Obwohl doch der Teil meiner Geschichte so schön war, war Bens Gesichtsausdruck geradezu verzweifelt. Seine Augen waren nass, er stand unvermittelt auf und lief ins Bad. Ich ging ihm nach und blieb beunruhigt vor der Tür, die ein paar Zentimeter offenstand. Er warf sich Hände voll kalten Wassers ins Gesicht, seine Augen waren rot und er stemmte sich gerade am Waschtisch mit beiden Händen ab und sah in den Spiegel, als ich vorsichtig den Spalt der Tür vergrößerte und mich gegen den Rahmen lehnte.

»Ich habe fast den Eindruck, es wäre besser, wenn wir mit *deiner* Geschichte weitermachen«, sagte ich ruhig.

Er schloss die Augen.

»Nein«, gab er leise zurück. »Ich muss deine hören. Erst muss ich sie zu Ende hören. Vertrau mir.«

Stumm ruhten meine Augen auf ihm. Dann nickte ich. Zusammen gingen wir zurück.

Familie

Onkel Horst platzierte mich neben sich, klemmte meinen Rucksack fürsorglich zwischen Vorder-und Rücksitz, alles mit diesem Lachen im Gesicht, dieser Freude, die mehr war als nur gute Laune.

»O mein Gott«, seufzte er, sobald er auf die Hauptstraße eingebogen war. »Ich kann es nicht glauben! Du sitzt wirklich neben mir! Meine Nichte! Und dein Haar ist so schwarz! Hast du's gefärbt?«

Ich lachte. »Das fragt mich jeder, nein, ist es nicht. Weiß auch nicht, warum ich so dunkel bin. Mom ist ja blond.«

»Ja, sie ist blond, dann hat dein Vater dunkles Haar?«

»Na ja, ich kenne ihn nicht, um ehrlich zu sein. Sie haben sich scheiden lassen, als ich drei oder vier war. Oder sie sind getrennt lebend, das weiß ich gar nicht so genau«, erwiderte ich und wurde rot. Verflixt, ich wusste noch nicht einmal, ob meine Eltern geschieden waren!

»Das weißt du nicht?«, fragte Onkel Horst auch entgeistert. »Hast du denn keinen Kontakt zu ihm?«

»Nein. Er will keinen.« Ich brachte es nicht fertig, über den versoffenen Typen zu erzählen, dem ich begegnet war.

»Und ... wie geht es deiner Mutter? Wie geht es Uschi?«

»Ich denke, ganz gut.«

»Du denkst?«

»Na ja, doch, es geht ihr gut. Sie lebt ihr Leben.«

Ich fing zu schwitzen an, wie immer, wenn die Rede auf meine Mutter kam, weil ich mich immer schämte, wenn jemand etwas über meine Verhältnisse wissen wollte.

Onkel Horst verstummte und sein Schweigen machte mir bewusst, dass es doch diesmal ein Familienmitglied war, das fragte. Er war Moms Bruder! Er warf mir einen Seitenblick zu und ich seufzte resigniert.

»Um ehrlich zu sein, es läuft nicht sehr gut zwischen uns. Mom ist ... ich meine, es fällt mir schwer, darüber zu reden, weil du sicher etwas Positives erwartest, aber im Moment kann ich nichts wirklich Gutes berichten. Es ist ... sie ist ...«

»Darüber reden wir, wenn wir nach Hause kommen«, unterbrach mich Onkel Horst bestimmt und lächelte schon wieder, wenn auch nicht mehr ganz so strahlend. »Ich denke, das wollen sowieso alle wissen und dann musst du es nicht zweimal erzählen.«

»Okay«, nickte ich. »Aber es geht ihr gut, ich meine, sie ist gesund und so, falls du das meinst.«

»Ja, das ist doch schon mal was! Hast du Hunger? Mama hat den ganzen Vormittag gekocht. Weil sie nicht wusste, was dir schmeckt und sie deine Nummer nicht hatte, um nachzufragen. Ich fürchte, sie hat fünf Gerichte auf einmal gemacht.«

Diesmal lachte er wieder und es war seltsam für mich, diesen großen Mann über seine ›Mama‹ reden zu hören.

»Du lebst also noch bei ihr?«, fragte ich.

»Ja, Annett und ich und die Kinder ... das Haus ist ja groß und Arbeit gibt es auch genug.«

»Ihr ... ihr habt ein großes Haus?«

Wieder streifte mich sein Blick.

»Du weißt gar nichts von uns, oder?«

»Gar nichts«, bestätigte ich. »Bis gestern wusste ich noch nicht einmal, dass es euch gibt. Mom hat mir erzählt, dass sie ein Einzelkind ist und ihre Mutter vor meiner Geburt gestorben ist und ... sag mal ... habe ich einen Opa?«

»Papa ist letztes Jahr gestorben«, erwiderte Onkel Horst leise.

»Das tut mir so leid für euch alle«, sagte ich bekümmert. »Und es ist so schade, dass ich ihn nicht mehr kennenlernen kann.«

Onkel Horst nickte. Nun war er ganz ernst, dieser große, fröhliche Mann, denn all diese Nachrichten trafen ihn doch.

»Ist auch schade, dass er dich nicht mehr sehen durfte ... und seine Tochter ...«

»Weiß Mom, dass ihr Papa gestorben ist?«

»Wir haben es ihr geschrieben, aber der Brief kam ungeöffnet zurück.«

»Was ist eigentlich passiert? Warum ist der Kontakt abgerissen?«

»Keine Ahnung. Niemand weiß es. Wahrscheinlich weiß das nur Uschi. Und die redet nicht. Sie ist einfach eines Tages verschwunden und wir wussten nie, wo sie war. Wir haben sie jahrelang aus den Augen verloren und erst, als sie geheiratet hat, haben wir das durch die Ämter mitbekommen. Aber sie ist dauernd umgezogen. Wir hatten keine Ahnung, wo sie steckte, wie es ihr ging, was überhaupt los war. Sie hat Mama geschrieben, dass sie sie in Ruhe lassen soll. Und dass sie keinen Kontakt wünscht.«

Beide schwiegen wir nach dieser Ansage. Aber es war nicht unangenehm.

Wir fuhren über eine Stunde, aus der Stadt hinaus aufs Land, und ich, die als Stadtkind nie groß rausgekommen war, staunte über das satte Grün, die Bäume, die weiten Felder, Äcker und Wiesen, die sich vor meinem Auge erstreckten. Ich wurde immer aufgeregter, je öfter Onkel Horst den Countdown angab:

»Jetzt dauert es nicht mehr lange! Noch fünfzehn Minuten … noch zehn … noch fünf … gleich sind wir da!«

Er fuhr durch ein kleines Dorf, an dessen Ortsausfahrt er in eine kleine Seitenstraße einbog, die etwa fünfhundert Meter weiter zu einem Gutshaus führte. Ich traute meinen Augen kaum. Ein Gutshaus! Ein altes ehrwürdiges efeuberanktes Steingemäuer, mit Scheunen und Schuppen darum herum kam in mein Blickfeld und erschütterte mein urbanes Sozialwohnungs-Herz bis in seine Tiefen.

»Ach, du lieber Himmel«, hauchte ich. »Da wohnt ihr? Das ist es? Das ist euer Haus?«

Onkel Horst strahlte schon wieder und nickte begeistert. Und je näher er kam, desto mehr konnte ich eine kleine Ansammlung an Menschen erkennen, die wartend vor der großen zweiflügeligen Haustür stand und voller Spannung auf das herannahende Auto blickte. Ich sah hüpfende Kinder, aufgeregt schwatzende und mit dem Finger deutende Erwachsene und ein buntes Willkommensschild mit Luftballons über dem Türrahmen. Ein Willkommensschild! Für mich? Mit offenem Mund saß ich im Auto und merkte, wie meine Kehle sich zuschnürte. Sie jubelten schon Begrüßungsrufe, als das Auto noch gar nicht richtig stand, rissen die Autotür auf und mich aus dem Wagen heraus, mitten hinein in ihre Gruppe. Ich hörte ein mehrstimmiges Geschrei aus »Hallo!« und »Herzlich willkommen!« und »Da ist sie, da ist sie!« und ein »Lasst mich doch mal durch, ihr Racker!«, bis ich schließlich vor einer weißhaarigen Dame in Stoffhosen und heller Bluse stand, die mich mit blauen klaren Augen anstrahlte, weit, weit, weit ihre Arme ausbreitete, meinen Namen rief und mich an ihre Brust drückte. Sie war größer als ich und mein Kopf lag an ihrem Oberkörper. Automatisch schlang ich meine Arme um sie und werde nie den Druck ihres Mundes vergessen, als ein Kuss auf meinem Haar landete, werde nie vergessen, wie sie mich wie ein kleines Kind streichelte und mit ihrer Hand immer wieder über meinen Rücken fuhr. Flutwellen an Glück überschwemmten mich. Andere, mir noch fremde Leute zogen mich von ihr fort, pressten mich ebenfalls an sich, riefen meinen Namen, schrien immer wieder »Herzlich willkommen!« und »O mein Gott, sie ist da, sie ist wirklich da!« und ähnliche Dinge. Die Kinder tanzten wie toll um uns herum … es war ein Wirrwarr, ein Karussell an Freude, Glück, Tränen und Empfindungen, das unmöglich in Worte zu packen war.

Was mich am meisten erschütterte, war die totale und absolute Gewissheit, hier zu Hause zu sein. Ich konnte mich nur kurz umsehen, da sie mich sofort an beiden Händen ins Haus zogen. Aber jeder Baum, jede Blume schien mich zu begrüßen, alles erblühte in voller Pracht, in Fülle und Reichtum. Der Sommer auf dem Land bot sich in vielfältiger Schönheit dar, schickte mir seine Einladung, weckte meine Sehnsucht. Nach diesem Schönen. Nach einem Zuhause. Und nach Liebe.

***

Es war eine vollkommen andere Welt. Oma hatte tatsächlich drei Gerichte gekocht. Pasta, einen Braten und ein Reisgericht – und ich musste von jedem kosten. Mir wurde die gesamte Familie vorgestellt und bei jedem Mitglied wurde mir mit einem heißen Gefühl bewusst: Ich habe eine Familie! Ich glaube, in den ersten Minuten stand ich total unter Schock.

Da war Tante Annett, blond wie Mom, blaue Augen wie Mom, aber kräftiger gebaut. Sie hatte drei Kinder, Anton, Henrike und Emilia und sie waren quirlig bis in die letzte Haarspitze, während ihr Mann Peter eher ruhig und bedächtig war. Dann war da natürlich Onkel Horst mit seiner Frau Sabine, einer mütterlichen Landfrau mit roten Backen, deren Augen zu blitzenden Schlitzen wurden, wenn sie lachte, und ihren zwei Kindern Sebastian und Freia. Und schließlich Elke Ehlers, meine Oma. Wir saßen in der gemütlichen Wohnküche an einem rustikalen, großen Holztisch und ich erfuhr, dass sie meist zusammen aßen, weil alle im Gutshof wohnten, aber jeder hatte eine eigene Wohnung in seinem eigenen Trakt. Sie redeten alle wild durcheinander, stellten sich vor, witzelten übereinander und lachten sich schief über vergangene Episoden und Streiche der Kinder, die sie mir erzählten, um sie zu charakterisieren. Je mehr ich hörte, desto fassungsloser wurde ich. Warum hatte Mom das aufgegeben? Wie konnte sie nur freiwillig in einem Loch in der Stadt mit einem vollgepissten Hausflur wohnen, wenn sie all dies hier hatte? Diese Freude, diese Zusammengehörigkeit, diese wunderbare Natur, pures Leben?

Nach dem Essen zeigte mir Oma den Garten, einen blumenreichen Vorgarten, eine weite Wiese hinter dem Haus, teils gemäht, teils wild, mit einzelnen großen Bäumen, unter denen Bänke standen.

Für mich war es das absolute Paradies. Staunend sah ich mich um, tausend Fragen im Kopf und ich spürte, dass es Oma ähnlich ging. Die Tanten hatten Kaffee gemacht, aber zu meiner Erleichterung verzogen sich die Familien nach dem Mittagessen in ihre Wohnungen. Oma und ich waren endlich allein, in einem Zimmer, das sie ihr Lesezimmer nannte, einem gemütlichen Raum mit Regalen voller Bücher, zwei großen, mit Blumenmuster bezogenen Ohrensesseln, einem Kamin und Blick in den Garten.

Wir sprachen lange und ich erzählte Oma alles – bis auf die Geschichte mit Marcel, das brachte ich nicht über mich. Als ich geendet hatte, verfiel sie in Schweigen.

»Sie hat sich also nicht verändert«, stellte sie fest und ihr Blick schweifte in die Ferne.

»Sie … sie war schon früher so?«

»Ja … nein … alles war gut, bis sie in die Pubertät kam. Ich weiß nicht, warum, aber plötzlich wollte sie nur noch ihre Freiheit. Sie redete andauernd davon. Und dann war sie eines Tages fort. Wir haben sie suchen lassen, erfolglos, bis eine Karte aus Irland kam mit der Bitte, sie in Ruhe zu lassen. Da war sie gerade sechzehn. Aber ich habe ihren Wunsch sehr schweren Herzens respektiert. Es war nicht leicht für mich. Ich wusste ja nie, wo sie gerade war, wie es ihr ging, wie sie sich über Wasser hielt und woher sie das Geld zum Überleben nahm. Ein bisschen was hatte sie von hier mitgenommen, auch hatte sie ein kleines Erbe. Nur an den Abbuchungen ihres Kontos konnten wir mitverfolgen, wo sie sich wohl gerade aufhielt …«

Oma schüttelte den Kopf.

»Aber die Pubertät allein ist doch kein Grund«, wagte ich mich vor. »Ist denn irgendetwas vorgefallen?«
»Nein.« Oma presste die Lippen zusammen. »Zumindest weiß ich nichts davon. Wir hatten die üblichen Mutter-Tochter-Diskussionen, für mich eigentlich nichts Aufsehenerregendes. Ich wollte, dass sie ihr Abi machte, wollte, dass sie guten Umgang pflegte. Sie umgab sich mit diesen Hippie-Typen, die ihr nicht guttaten, und ich ließ sie wissen, dass ich die nicht mochte. Sie hat spirituelle Bücher gelesen, weigerte sich, in die Kirche zu gehen, und hielt mir dauernd dieses Summerhill-Buch unter die Nase.«
»Die antiautoritäre Erziehung?«
»Genau. Sutherlands Satz: ›Die Aufgabe eines Kindes ist, sein eigenes Leben zu leben‹ wurde ihr Credo – und fortan war alles, was ich sagte autoritär. Ich konnte sie noch nicht einmal mehr bitten, den Müll rauszubringen, weil das schon diktatorisch war.« Sie seufzte. »Vielleicht war ich wirklich zu streng.«
»Du wirkst nicht so.«
»Na ja ... früher war ich gestresster. Eingebundener in den Hof. Außerdem hatte ich drei Kinder, nicht nur Uschi. Damals hatten wir noch Viehzucht. Ich hatte nicht so viel Zeit und wir waren schon immer eine große Familie gewesen. Normalerweise laufen die Kinder ja so mit und Uschi war nie allein, sie hatte doch Horst und Annett ...«
Ich schwieg. Ja, Mom hatte so viel gehabt – und alles weggeworfen. Wie froh wäre ich über einen Bruchteil von dem gewesen! Ich sah auf die Uhr, sah, wie der Zeiger die Sekunden fraß, und hatte schon jetzt Probleme bei der Vorstellung, in die enge, laute, versiffte Stadtwohnung zurückzugehen – zu einer Mutter, die ich nicht liebte und die mich nicht liebte. Ich presste die Lippen zusammen und sah mich mit brennenden Augen um. Oma bemerkte meinen Blick. Sie stand auf.
»Komm mit«, sagte sie. »Ich will dir was zeigen.«
Sie führte mich zwei Treppen nach oben und schloss die Tür zu einer Dachwohnung auf. Ein großer, hoher Raum mit einer Fläche von siebzig bis achtzig Quadratmetern eröffnete sich mir. Das Gebälk lag offen und verströmte Holzgeruch, der Boden war mit weißlichem Parkett belegt. Es gab eine kleine Küchenzeile in der einen Ecke, eine Essgarnitur gegenüber, ein

mit Raumteilern abgetrenntes »Schlafzimmer« und gerade öffnete Oma die Tür zu einem für mich luxuriösen, kleinen Bad.

»Wir haben immer gehofft, dass sie zurückkommt«, sagte sie leise. »Aber nach allem, was du erzählt hast, muss ich wohl … Na ja, wie auch immer … jetzt bist ja du hier! Vielleicht kannst du dich mit dem Gedanken anfreunden … ich meine, wenn du hier einziehen willst … für mich wäre es das Schönste, dich hierzuhaben. Das muss nicht gleich sein, wir haben uns ja heute erst kennengelernt …«, setzte sie auf meinen entgeisterten Blick hinzu.

»Du meinst … ich … könnte hier *wohnen*?«, hauchte ich schockiert. »Und das alles wäre … für mich allein? Dieses riesige Zimmer?«

Oma nickte. Ich fiel ihr um den Hals und ihre Arme schlossen sich um mich.

»Lieber gestern als heute«, flüsterte ich und drückte sie. »Oh, ich kann es kaum erwarten, hier zu sein! Ich wollte am liebsten nicht mehr zurück!«

***

Ich fühlte mich, als hätte ich den Jackpot geknackt. Endlich! Endlich war Fortuna mal auf meiner Seite! Endlich würde ich geordnete Verhältnisse haben, eine Familie, die mich liebte, die mich unvoreingenommen aufnahm! Mir war heiß und schwindlig, ich verkrampfte dauernd meine Hände im Schoß, wusste kaum, was ich zuerst denken sollte, als Onkel Horst mich nach Hause fuhr.

Es war eine der vielen Male, in denen ich überzeugt war, endlich angekommen zu sein.

Nie werde ich Moms Gesicht vergessen, als ich ihr erzählte, wo ich gewesen war. Sie wurde rot, sie wurde bleich, sie schrie wie eine Furie, sie war kurz davor, mich zu schlagen.

Und sie sagte »Nein.«

Fassungslos stand ich vor ihr, mit gepackter Reisetasche und konnte nicht glauben, was ich hörte. Und doch, mit Zeitverschub, bohrten sich ihre Worte gewaltsam in mein Ohr, formierten die von ihr abgesonderten Schallwellen Buchstaben und diese Buchstabenfolge einen unfassbaren Text:

»Du. Bleibst. Hier.«

»Wie bitte? Warst du nicht diejenige, die mir fünfzehn Jahre meines Lebens vorgeheult hat, dass ich der Grund bin, warum du nicht frei bist? Jetzt hast du doch deine Freiheit! Für immer und ewig!«

»Tja, die Zeiten ändern sich. Ich hab's mir eben anders überlegt.«

»Aber … aber *warum*?«, fragte ich aufgebracht. Das Landhaus tauchte vor meinen Augen auf, die lieben Gesichter, der Willkommensgruß, das fröhliche Leben dort … das konnte nicht sein! Es konnte nicht sein, dass sie mir das verbot! Mein Blick fiel auf das verkniffene, verlebte Gesicht meiner Mutter vor mir, die mir all das Schöne nicht gönnte. Die mir schon immer alles Schöne im Leben vorenthalten hatte und in mir formierte sich eine gewaltige Flutwelle an Wut, die ungebremst nach oben donnerte:

»Warum lässt du mich nicht gehen?«, schrie ich. »Du bist doch auch gegangen! Du kümmerst dich doch eh nicht um mich! Du bist doch nur an dir und deinem ekligen Sexleben interessiert! Du denkst doch nur an dich, dich und noch mal dich! Ich will nicht hierbleiben! Ich hasse dieses Loch und ich hasse dich!«

Sie zuckte zurück. Ich sah es, tief befriedigt über die Wirkung, die ich erzeugt hatte. Ich wollte sie noch mehr verletzen, wollte sie fertigmachen, kleinstampfen, nur damit sie mir das hier nicht versauen konnte.

»Du bist ja noch nicht einmal in der Lage, für dich selbst zu sorgen! Du liegst dem Staat auf der Tasche! Du kannst nichts und du machst nichts! Ich will weg von dir! Weg von dir! Weg von dir!«

Ein Tränenausbruch schüttelte mich. Es durfte doch nicht sein, dass ein so untragbarer Mensch wie meine Mutter Gewalt über mich hatte, dass sie mir vorschreiben durfte, was ich tun und was ich lassen sollte!

Plötzlich spürte ich ihre Hand auf meiner Schulter, ich schüttelte sie ab, wie eine eklige, schwarze Spinne.

»Fass mich nicht an!«, schrie ich unbeherrscht. Aber wieder kam diese Hand und ich sage es ungern, aber ich ekelte mich davor, es war die Hand, die ich schon so oft zwischen ihren Beinen, an ihren Genitalien gesehen hatte, am Penis vieler mir unbekannter Männer – ich wollte sie nicht an meinem Körper haben. Ich wich zurück, soweit ich konnte.

»Greta ...«, sagte sie mit gepresster Stimme. »Ich weiß, es ist nicht gut gelaufen die letzten Jahre, aber ...«

»Die letzten Jahre?«, keuchte ich. »Die letzten Jahre? Es ist noch nie gut gelaufen! Und das lag nicht an mir! Ich war ein Kind, das bereit war, dich zu mögen!«

»Aber wir könnten doch einen Neuanfang machen ... schau, die Vergangenheit ist vorbei und ...«

»Ein Neuanfang!«, ätzte ich. »Von was denn? Wir haben keine Beziehung! Es ist nie eine gewesen!«

»Wir könnten es doch eine werden lassen. Ich weiß, dass ich mich in vielen Fällen nicht richtig verhalten habe, aber als du die zwei Tage weg warst, ist mir das so richtig bewusst geworden.«

Ich schüttelte unter Tränen den Kopf. Es war so unlogisch. Ich begriff es nicht ... das passte alles so überhaupt nicht zusammen! Und es konnte nicht sein – es durfte nicht sein!

»Lass mich gehen!«, flehte ich. »Bitte, wenn du mich nur ein bisschen magst, dann lass mich zu Oma!«

Ihr Gesichtsausdruck änderte sich mit dem letzten Wort abrupt. Er wurde hart und zwischen zusammengebissenen Zähnen zischte sie:

»Zu der gehst du nicht! Du bleibst hier! Ende der Diskussion!«

Und dann setzte sie noch hinzu: »Und wehe, du haust ab! Ich lasse dich von der Polizei wieder zurückbringen, das schwöre ich dir.«

Damit drehte sie sich um und ließ mich stehen. Wieder einmal.

Ich hasste sie. Hasste sie, weil sie mich zwang, mit ihr auf engstem Raum leben zu müssen. Hasste sie dafür, dass sie mir ihr Niveau und ihre Rahmenbedingungen aufzwang.

Die Enge der Wohnung und ihre fühlbare Nähe waren für mich so unerträglich, dass ich meinen Schlüssel nahm und nach draußen stürmte.

Ziellos lief ich durch die Straßen, rief Oma an, unterrichtete sie schluchzend von Moms Entscheidung, suchte krampfhaft nach einer Lösung – aber es half nichts. Als es Abend wurde, musste ich zurück. Und stellte fest: Ich konnte mich noch nicht einmal mehr in mein Zimmer einschließen. Sie hatte den Schlüssel weggenommen.

***

Alle möglichen Leute versuchten zu intervenieren. Oma brach es das Herz, dass ich nicht kommen durfte. Sie kam, klingelte und klopfte, bat Mom um ein Gespräch. Als ich hörte, wer an der Tür war, wollte ich öffnen – und entdeckte, dass meine Mom mich eingeschlossen hatte. Wütend trat ich gegen das Holz, brüllte durch die dünne Konstruktion, sie solle mich rauslassen, aber Mom blieb stur.

Oma versuchte es mehrmals. Zu einer anderen Zeit konnte ich ihr öffnen, als Mom nicht da war, aber als sie zurückkam und Oma in der Küche stehen sah, drehte sie sich um und ging wieder. Auch Onkel Horsts Versuche brachten nichts. Sie ließ ihn nicht rein. Danach schickte mir Onkel Horst eine Nachricht, dass Mom ihnen rechtlich gedroht hätte, sie anzuzeigen, sollten sie noch weitere Versuche unternehmen.

Niemand wusste, was diese Frau im Kopf hatte. Tatsache war: Ich war fünfzehn und durfte ohne Genehmigung des Erziehungsberechtigten nirgendwohin. Mom allein hatte das Aufenthaltsbestimmungsrecht. Das Bestimmungsrecht über mich. Ich hätte einen Rechtsstreit anfangen können, der genauso lang dauern würde wie die Zeitspanne bis zu meiner Volljährigkeit. Es machte mich krank.

Nachts lag ich in meinem muffigen Kabuff, mit dem immerwährenden, dröhnenden Stadtverkehr im Hintergrund, dachte an die grünen Bäume, Wiesen und Felder, an die frische Luft auf dem Landgut, an die wunderhübsche Dachwohnung – und weinte. Sie würde mich noch knapp drei Jahre in ihrer Gewalt haben. Erst dann wäre ich frei. Und so wurde auch für mich Freiheit ein Ziel. Und das Paradoxe war, dass die Frau, die Freiheit über alles schätzte, mich gefangen hielt.

Wieder und wieder schwor ich mir, so etwas niemals mehr zuzulassen, nie mehr sollte jemand eine solche Gewalt über mich haben dürfen. Nie mehr, nie mehr, nie mehr.

***

Das Schlimme war: Mom versuchte tatsächlich, unsere Beziehung zu kitten. Plötzlich kam sie auf die Idee, mir

Frühstück zu machen, wartete mit (verbrutzeltem) Mittagessen auf mich und setzte eine feste Zeit für Abendessen an. Sie verbot mir, mit dem Essen in mein Zimmer zu gehen, mit dem Ergebnis, dass wir uns am Tisch böse anschwiegen. Sie fragte nach Erlebnissen aus der Schule – ich antwortete nicht. Das war meine einzige Freiheit: Zum Reden zwingen konnte sie mich nicht. Es kam mir völlig falsch vor, sie Dinge aus meinem Leben wissen zu lassen, das sie bislang einen feuchten Kehricht interessiert hatte. Nach einem solchen Beisammensein lag das Essen wie Blei im Magen.

Aber es kam noch schlimmer: Ihre Angst, ich könnte mich mit der Familie treffen, führte zu geradezu paranoidem Verhalten ihrerseits.

Ich durfte nur noch stundenweise aus dem Haus. Besuche bei Paulina begrenzte sie auf eine Zeit, die zu kurz war, als dass ich sie für eine heimliche Stippvisite zu Oma hätte nutzen können. Sie rief beim Trainer an und kontrollierte, ob ich im Verein gewesen war, lachte dazu blöd und tat so, man könne ja nie sicher sein, immerhin wäre ich ja in einem gefährlichen Alter, da müsse man schon aufpassen … Ich kochte vor Wut. Ausgerechnet sie sagte das! Herr Bauer merkte, wie unglücklich ich war, und beobachtete mich besorgt. Ich litt unsäglich unter dieser Behandlung und wünschte mir von Herzen den alten Status quo wieder. Mit dem Wissen um Oma und der lebenslustigen Familie kam es mir vor, als habe das Leben mich gerade mal kurz an einer Zuckerstange lecken lassen und sie mir wieder weggenommen. Hahaha! Hast du wirklich gedacht, du könntest was ändern? Jetzt hatte ich noch weniger als vorher.

Meine Leistungen in der Schule stürzten rapide ab, ich hatte keinerlei Motivation mehr zum Lernen, schleppte mich nur noch ins Turnen und schwänzte zum Entsetzen von Herrn Bauer immer öfter. Wozu mich anstrengen? Wenn einer mit dem Knüppel hinter dir stand und sowieso alles kaputtmachte?

Selbst von Paulina und Janine sonderte ich mich ab – zwangsläufig, da Mom mir jedwedes längere Treffen verbot und ich nicht scharf darauf war, die beiden in unsere versiffte Wohnung mitzunehmen. Es war, als könne ich Moms Fluch nicht entrinnen. Sie band mich an ein Leben, das keinen Ausweg bot. Sie hatte kein schönes Leben und sie wollte nicht, dass meines schön war. Aber ich wollte nicht unter ihrem Einfluss sein. Die Meaney-Studie war in meinem Kopf und ließ mich umso mehr verzweifeln.

***

»Greta … ich bin sicher, das kannst du besser.«

Die schmale Hand mit dem zarten, dünnen Ring am Finger schob mir das Schulaufgabenpapier hin, auf dessen oberen rechten Rand eine Fünf prangte. Ich nickte apathisch und schaute zum Fenster hinaus. Besorgt blickte Frau Dr. Steiger auf meinen Kopf, aber ich verweigerte jeden Blickkontakt.

»Greta … alles okay?«, fragte sie leise, aber statt dankbar für ihre Fürsorge zu sein, wurde ich kratzbürstig.

»Logisch«, erwiderte ich brüsk und spielte mit dem Stift. Ich wollte, dass sie endlich weiterging. Kurz flammte in meinem Kopf auf, dass meine Verhaltensweise alles andere als logisch war – genau wie die von Mom. Ich tat das Gegenteil von dem, was ich eigentlich hätte tun sollen. »Rattenkind!«, fauchte eine Stimme in meinem Kopf. »Kommt mit Menschen nicht gut klar.«

Ich wusste, Frau Dr. Steiger würde mich bei sich behalten, wenn die Stunde zu Ende war. Wie ein trotziger Straftäter saß ich auch schließlich vor ihr. Es hatte eh alles keinen Sinn und ich war es müde, darüber zu reden. Ich hatte es tausend Mal in meinem Kopf wiedergekäut – und keine Lösung gefunden.

Und doch wollte ich, dass sie mich fragte, aber nur, so registrierte ich erschrocken, um ihr eine patzige, gemeine Antwort geben zu können. Warum? Ich wartete geradezu auf ihre Frage, bereit, zurückpeitschen zu dürfen, auch, wenn es eine Unschuldige traf wie Frau Dr. Steiger.

Meine Mutter war gemein – ich war gemein. Und ich konnte nicht raus aus meiner Haut. Und da blitzte der Gedanke in meinem Kopf auf, dass ich Frau Dr. Steiger verletzen wollte, weil ich verletzt war. Aber die Regung verging wieder. Die Aggression gewann Oberhand, wollte zuschlagen. Und so wartete ich.

Aber als ahnte sie es, fragte sie nichts. Stumm saß sie neben mir und ich hatte den Eindruck, als fühlte sie nur in mich hinein.

Als wisse sie um das Minenfeld in mir, das sie mit einer Frage betreten würde.

Nach einer Zeit des gemeinsamen Schweigens nahm sie meine Hand und hielt sie in der ihren – und so blöd es klingt, das gab mir den Rest. Diese Hand war wie eine Feder, die die Mauer berührte, die ich um meine Seele errichtet hatte und mit Entsetzen bemerkte ich, wie mühelos sie einstürzte, so schnell, dass ich mich mit verzerrtem Gesicht vornüberbeugte und erneut ihre teure Bluse voll weinte. Haltlos schluchzend vertraute ich ihr die Erlebnisse der letzten Wochen an und wie beim ersten Mal hielt sie mich, als sei ich ihr eigenes Kind.

»Greta«, sagte sie sanft. »Du hast mir ein Versprechen gegeben.«

Ein unwilliger Laut entfuhr mir.

»Du hast mir versprochen, dass du aus deinem Leben etwas machst.«

»Ja, aber ich hab nicht mit solchen Hindernissen gerechnet.«

»Dass es Hindernisse gibt, ist kein Grund, nichts aus seinem Leben zu machen. Hindernisse gibt es immer.«

»Das stimmt nicht! Die meisten haben keine! Wenn ich Paulina sehe! Sie ist die Prinzessin zuhause! Oder Michelle! Deren Eltern haben drei Häuser irgendwo auf der Welt verteilt! Und sie kommt schon sicher in Papas Firma unter, egal, wie sie ihr Abi macht, egal, was sie studiert! Und selbst, wenn es nicht so wäre – sie haben Eltern! Echte Eltern!«

»Wir reden aber hier nicht über andere«, erwiderte Frau Dr. Steiger ungewohnt barsch. »Sondern über dich und deine Verhältnisse. Okay? Mit denen musst du dich auseinandersetzen. Daraus musst du das Beste machen. Und? Tust du das gerade? Machst du das Beste aus deinem Leben?«

»Pfff!«, machte ich unwillig und wandte mich ab. »Ich kann nicht! Sie sagen das immer so einfach, Frau Dr. Steiger, aber wahrscheinlich haben Sie selbst Akademikereltern und eine tolle Kindheit und all das. Sie können das gar nicht wirklich verstehen!«

Frustriert griff ich nach meinem Rucksack und erhob mich. Das war nicht das, was ich hören wollte, und trotzig ging ich die ersten Schritte zur Tür.

»Und macht es Sinn, andere zu beneiden?«, rief sie mir hinterher. »Ändert das irgendetwas in deinem Leben? Macht dieses ›Ich kann nicht‹ irgendetwas besser? Hat das deine Mutter auch gesagt? Ich kann nicht? Haben diese drei Worte sie vielleicht zu dem gemacht, was sie heute ist? Wolltest du nicht gerade deswegen einen anderen Weg gehen? Ich dachte, du wolltest es besser machen!«

Ich verharrte im Schritt. Frau Dr. Steiger war auch aufgestanden und kam näher. Ihre Augen blitzten, ich sah sie im Spiegel, der über dem alten Waschbecken links neben der Tür hing – und ich hatte sie noch nie so wütend gesehen.

»Ist das alles, was du draufhast? Einzuknicken, wenn Schwierigkeiten kommen? Wenn nicht alles glatt läuft?«

»Nicht alles glatt läuft?«, begehrte ich auf und wandte mich nur halb zu ihr um. »Hallo? Ist überhaupt in meinem Leben jemals etwas glatt gelaufen?«

»Seit wann nimmst du denn dein Leben gezielt in die Hand? Das ist noch nicht so lange her! Und doch hast du selbst in dieser kurzen Zeit so viel bewegt! Und das willst du alles hinschmeißen? Willst du nicht ausprobieren, was passiert, wenn du dranbleibst?«

Ich erstarrte.

»Und hat es nicht in den entscheidenden Momenten Menschen gegeben, die dir beigestanden haben? Sei nicht undankbar! Sieh nicht auf das Negative! Sieh auf das, was gut war! Sei dankbar! Du bist nicht allein!«

Ich sah hoch. Unsere Augen trafen sich im Spiegel.

»Und selbst, wenn es so wäre«, fuhr sie immer noch zornig fort. »Selbst, wenn es keinen einzigen Menschen gegeben hätte – hat dich dann der liebe Gott nicht mit einem Intellekt gesegnet, der es dir erlaubt, das Abitur zu machen? Welches Recht hast du, drüber zu jammern, du hättest keine Chancen? Das ist schlicht nicht wahr! Es ist ein völlig falscher Gedanke! Du *hast* Chancen! Du hast Talente und Fähigkeiten und einen klugen Kopf. Chancen, meine Liebe, schafft man sich selbst, merk dir das. Und wenn es alles ist, was du dir merkst!«

Ich wandte mich um. Sie stand vor mir, mit vor Empörung zitternden Schultern, eine steile Falte zwischen den Augenbrauen.

»Du bist gerade auf dem besten Weg, genau das zu werden, was du nicht willst, Greta«, sagte sie und ihre Stimme klang dunkel. »Du bist geprägt von der Verhaltensweise deiner Mutter und gibst dem nach, weil es wie ein Sog ist. Aber du hast die

Kraft und die Möglichkeit, dieses Muster zu durchbrechen. Und je eher du das tust, umso besser für dich. Durchbrich den Kreislauf! Deine Mutter konnte es nicht. Aber du ... du kannst es! Du kommst jetzt in die elfte Klasse. Du hast mehr als drei Jahre, um dich auf ein Abitur vorzubereiten, das dir jeden Studiengang ermöglicht. Du sagst, drei Jahre sind zu lang! Du hältst es drei Jahre lang bei deiner Mutter nicht aus! Aber wenn du jetzt liegen bleibst, dann lebst du ein Leben lang in Unfreiheit! Dann hat *sie* gewonnen! Erschaffe dir deine Freiheit! Wenn sie jetzt noch nicht möglich ist, dann vermiese sie dir nicht auch noch für die Zukunft!«

Wir starrten uns an, beide unter Spannung, beide sagten wir lange nichts. Dann senkten sich meine Schultern. Die ihren folgten ein paar Sekunden später. Die Luft war draußen. Kinderstimmen tönten durchs Fenster, Bälle prallten auf den Teer, Autos fuhren vorbei. Aber zwischen uns ... zwischen uns herrschte eine greifbare, beredte Stille.

»Danke«, sagte ich leise. Dann ging ich.

Nachts lag ich lange wach und dachte nach. Es gab etwas, was ich nicht aus meinem Kopf bekam: Dass meine Mutter nicht wollte, dass ich das Abitur machte. So oft hatte ich das Gefühl, es wäre ihr nur recht, wenn ich das Gymnasium schmiss – so wie sie das damals getan hatte. In der nächsten Sekunde wurde mir eines klar: Ich täte ihr den größten Gefallen, wenn ich mich hängenließe. Denn dann müsste sie sich nicht schlechtfühlen, weil sie aus ihrem Leben nichts gemacht hatte. Und diesen Gefallen wollte ich ihr ganz bestimmt nicht tun.

In mir war so viel Frust und Zorn und das absolute Verlangen nach Unabhängigkeit. Es blieb nur eines übrig: Ich kanalisierte das alles in eine Eigenschaft: Ehrgeiz.

Das wurde mein totalitärer Überlebensfaktor. Und egal, was du über mich denkst, Ben: Er hat mich gerettet, dieser Ehrgeiz, er hat mich durchhalten lassen und er hat mir den Absprung ermöglicht.

***

Wieder lernte ich wie verrückt – ich hatte ja nur noch das. Ich war Frau Dr. Steiger unendlich dankbar, dass sie mir erneut klare

Sicht verschafft hatte. Solange ich zuhause war, ließ mich Mom sogar mit meinen Büchern in Ruhe. Sie ging mir die ersten Male nach, wenn ich sagte, dass ich in die Bücherei müsste, allein schon wegen der Computer, die immer mehr das Leben und auch den Schulalltag beherrschten. Zweimal saß sie, desinteressiert in einem Roman blätternd über vier Stunden auf einem der Stühle, und ich wusste, das würde ihr bald zu blöd werden. Überhaupt war meine Hoffnung ihre Inkonsequenz. In der Bücherei hatte ich auch die Möglichkeit, mit Oma zu kommunizieren – über E-Mail – ein Medium, das meiner Mom völlig fremd war. Außerdem war ich mit Paulina übereingekommen, dass Oma mir Briefe an ihre Adresse schicken konnte. Es gab Möglichkeiten und ich nutzte sie. Nach einem dreiviertel Jahr (was für Mom eine sehr lange Zeit war) ließ ihre Kontrolle endlich nach, sodass ich wieder ab und zu über Nacht bei Paulina bleiben konnte – und auch verbotenerweise zu Oma fuhr.

Die Tage auf dem Land waren wie ein Traum für mich, nicht nur, weil ich nach Strich und Faden verwöhnt wurde, auch, weil allein das Umfeld harmonisierend wirkte. Ich schlief tief und wachte vollkommen erholt mit dem Krähen des Hahns wieder auf. Ich hörte Vogelgezwitscher und beobachtete staunend die Sonne, wie sie in einem unglaublichen Orange und Rot zwischen den Wolken und Bäumen hervorkam und die Erde ins Licht tauchte. Für mich waren das Wunder. In diesen Momenten fühlte ich mich vollkommen glücklich, ohne dass etwas anders hätte sein müssen.

Ich kam in den Genuss eines opulenten Sommerfestes und mancher Abendessen in Omas Garten unter der großen Linde, in die Lampions geflochten waren, und mit so vielen Schüsseln voller Essen auf dem Tisch, dass er sich zu biegen schien, viel Gelächter, guter Laune und dem Gezirpe der Grillen. Das alles war für mich neu. Das alles belebte und inspirierte mich.

Einmal schaffte ich es, ganze drei Tage dort zu sein. Ein Teil der Klasse ging auf Ferien-Exkursion, aber ich meldete mich, da es freiwillig war, kurz vorher ab und fuhr zu Oma, sodass ich zum ersten Mal die Wohnung für mich nutzen konnte. Ich fühlte mich wie im Himmel, drehte mich auf dem Parkett im Kreis, machte mir Tee in meiner eigenen Küche, obwohl ich unten mit

Oma gerade einen getrunken hatte, nur, um das Gefühl auszukosten.

Die Öde der Ferien nutzte ich, um nachzulernen, so viel ich konnte, und verschaffte mir eine Grundlage für gute Noten. Mein Ziel war, das Abi mit 1.3 zu schaffen. Damit würden mir die meisten Studiengänge offenstehen. Kurzum: Ich zählte jede Minute bis zu meinem achtzehnten Geburtstag runter und arbeitete systematisch meiner Unabhängigkeit entgegen.

Dann kam für mich ein Erlebnis der besonderen Art hinzu: Mein Trainer, glücklich über meinen wieder erwachten Ehrgeiz, wollte anlässlich der Jubiläumsfeier zum 75-jährigen Vereinsbestehen besonders punkten und den Eltern seiner Schützlinge eine fulminante Darbietung zeigen. Alle Sparten des Vereines würden dort vertreten sein und Herr Bauer hatte das unbedingte Bestreben die unvergesslichste und effektvollste Show abzuliefern.

Wir arbeiteten einen Programmablauf aus und Herr Bauer sagte zu mir:

»Ellie macht ihr Ding am Stufenbarren und du Greta du bist mein Star am Boden. Such dir ein Lied aus und lass dir was einfallen.«

Das war etwas, was mich begeisterte. Eine Kür! Ich übte Tag und Nacht. Herr Bauer schenkte mir einen MP3-Player und Kopfhörer und ich hörte mir die Ohren wund, bis ich ein mitreißendes Lied gefunden hatte.

»Greta, das sind drei Minuten!«, begehrte er auf, als ich es ihm vorspielte. »Eine Kür dauert zwischen fünfzig und neunzig Sekunden!«

»Ja, ich weiß«, sagte ich mit leuchtenden Augen. »Aber ich habe so viele akrobatische und gymnastische Teile, die ich zeigen will, dass ich die Zeit einfach brauche. Es wird bestimmt nicht langweilig! Herr Bauer, bitte! Drei Minuten!«

»Aber hältst du das durch? Du kommst am Schluss dran und musst vorher mit aufbauen und an den anderen Geräten mitturnen.«

»Klaro. Die Musik trägt mich.«

Mom bekam mit, dass ich mehr als sonst unterwegs war.

»Wo treibst du dich rum?«, fragte sie misstrauisch.

»Im Verein. Kannst es ja checken, wenn du meinst.«
Unsere Konversation blieb knapp und unfreundlich. Manchmal versuchte sie, sich anzunähern, aber ich ließ das nicht zu. Dann wurde auch sie sehr schnell wieder patzig, was mich in meiner Einstellung über sie nur bestätigte. Zu meinem Ärger überprüfte sie tatsächlich, ob ich im Verein war. Sie kam nach dem Aufwärmtraining und saß etwa eine halbe Stunde auf der Tribüne, dann verschwand sie wieder. Ich war erleichtert.

Als ich nach Hause kam, sagte sie verhalten:
»Du bist gut.«
»Weiß ich.«
»Hätte ich nicht gedacht.«
»Woher auch.«
»Warum hast du mir das nie gesagt?«
Ich verdrehte die Augen und ging in mein Zimmer. Konnte es mir nicht verkneifen, die Tür zuzuschlagen.

Ehrgeiz hielt mich bei der Stange, der Erfolg der guten Noten ebenso. Die elfte Klasse war die erste, die richtig toll für mich lief, und im Sportunterricht punktete ich natürlich durch mein hartes Training. Auch hier meldete sich mein Sportlehrer und meinte, ich müsse unbedingt auf der diesjährigen Sportgala auftreten. Diese Dinge waren mein Halt. Sie gaben mir Wert. Jede gute Note machte mir klar, dass ich Moms Einfluss entgegenwirkte und mich nicht zum Stammhalter zweifelhafter Muster degradierte.

In dieser Zeit wurde das Training lebensnotwendig für mich, weil es mich vergessen ließ. Ich liebte es, mich bis an die Grenze zu bringen, so als müsste ich mir beweisen, dass mehr, immer noch mehr, möglich war. Ich liebte das Gefühl, durch die Luft zu fliegen, scheinbar schwerelos zu sein aufgrund der eigenen Anstrengung. Ich wusste, je mehr ich die einzelnen Teile beherrschte, je mehr ich bereit war zu üben und mich zu verausgaben, desto einfacher und eleganter sahen sie aus.

Es wurde leicht, weil man zuvor das Schwierige überwunden hatte. Ich fand unbedingte Befriedigung darin, bei einem Flick-Flack so hoch und weit nach hinten zu springen, dass ich für den Bruchteil einer Sekunde frei in der Luft schwebte … oder dieser Moment beim Abgang vom Stufenbarren, dieses kurze

Verharren in der Luft, bis die Gravitation mich wieder auf die Erde zwang. Es war ein so gigantisches Gefühl, den Körper zu beherrschen, ihn das tun zu lassen, was ich wollte. Ich konnte es noch nicht mit meinem Leben so machen, aber ich schwor mir, ich würde auch da so viel Einsatz zeigen, würde das Leben trainieren, bis es sich meinem Willen beugte.

Meine Augen brannten, wenn ich übte und trainierte, mich dehnte und verbog, wenn ich Anlauf für einen Sprung nahm und ich meine gewaltige Wut als gesammelte Energie auf dem Sprungbrett explodieren ließ. Meine Kür nahm schnell Formen an. Sie ergab sich durch die Musik. Ich hörte den Song so oft, bis ich jede einzelne Nuance, jedes Innehalten des Künstlers, jeden einzelnen Gitarrenzupfer, jeden Paukenschlag auswendig kannte und in eine adäquate Bewegung umgewandelt hatte.

Und natürlich hatte ich Oma und meine Tanten und Onkels eingeladen. Freudestrahlend hatten sie zugesagt und wir hofften, irgendwo in der Stadt noch unbehelligt essen gehen zu können, bevor ich nach Hause musste. Ich hatte Mom gesagt, dass uns Herr Bauer nach der Veranstaltung noch Pizza spendieren würde und wir den Abend in gemütlichem Beisammensein ausklingen lassen würden. Das stimmte. Nur, dass ich nicht dabei sein würde, und Herr Bauer war der Erste gewesen, der Verständnis dafür gehabt hatte. Er war eingeweiht.

***

Drei Wochen vor dem Event kam mein Trainer mit einem Bündel in der Hand auf mich zu.

»Hier. Für dich«, knurrte er grob. Verwundert nahm ich es entgegen – federleichter Stoff, seidig und glatt. Es war ein Trikot mit einem fantastischen Farbverlauf von Blau nach Hellgrün und es glitzerte und glänzte im Licht, als sei es über und über mit Pailletten bestickt. Sprachlos starrte ich dieses Wunderteil an und danach Herrn Bauer:

»Wo haben Sie denn so was her?«, hauchte ich. »Das war doch bestimmt teuer! Sind doch die üblichen Turnanzüge schon nicht billig.«

»Ich hab's gesehen und an dich gedacht, der Rest ist egal«, schnarrte er. Und als ich noch immer dastand und mich nicht bewegte:

»Na los! Zieh's an! Hoffentlich passt es!«
Ich zögerte noch immer.
»Und ... die anderen?«, fragte ich unsicher. »Kriegen die auch so ein Trikot?«
»Nein, gab nur eins. Und nur in deiner Größe. Na, hopp!«
»Ähm ...«
»Jetzt mach schon! Ich will sehen, ob das passt!«
Ich ging in die Garderobe und zog es an. Es war wie eine zweite Haut, saß wie angegossen – es war absolut magisch. Ich fühlte mich darin wie eine Elfe. Als ich wieder in die Halle kam, kramte Herr Bauer gerade in seiner Tasche, die er immer in der vorderen linken Ecke abstellte. Ein paar Mädchen kreischten auf, als sie mich sahen, und er drehte sich um. Langsam kam ich näher und er starrte mich an, als sei ich ein Wesen von einem anderen Stern. Sein Mund stand leicht offen. Dann presste er die Lippen zusammen.
»Wusst ich doch, dass es dir steht«, knurrte er und lächelte nur leicht. Ein kleiner Zwinkerer mit den Augen, ein Zucken um den Mund, mehr nicht.
»Oh, Herr Bauer, das ist so ein tolles Teil ... danke!«
Ich fiel ihm um den Hals und sein Arm schlang sich kurz um meine Taille.
»Das hast du dir verdient, mein Mädchen«, raunte er nur für mich hörbar in mein Ohr »Ich habe Respekt vor dir – und glaub mir, das hab ich nicht vor jedem.«
Das waren Momente, die mich aufrechterhielten. Zeitlose, ewige Erinnerungen, Perlen, Diamanten meines Lebens, die mir den Glauben an die Menschheit und das Leben zurückgaben, an das Gute – und an mich.

***

Es war so weit. Am frühen Nachmittag ging ich aus dem Haus, ohne mich von meiner Mutter zu verabschieden. Sie wusste ja, wo ich war. Wir bauten auf, bekamen einen leichten Imbiss gestellt, turnten uns warm und schließlich trudelten die Gäste ein und suchten sich einen Platz auf der Tribüne.
Überschäumend vor Freude begrüßte ich Oma, meine Tanten, Onkel, Cousins und Cousinen. Ach, es war ein so wunderbares Gefühl, jemanden zu haben, den man begrüßen

konnte! Sie waren aufgeregter als ich, sagten, so etwas hätten sie noch nie mitgemacht und sie seien so gespannt. Onkel Horst mit seiner so ansteckenden Frohnatur sah mir in die Augen:

»Toi, toi, toi, mein Mädchen! Egal, was du da unten fabrizierst – wir sind ohne Ende stolz auf dich!«

Ich drückte meine Hand auf mein Herz vor lauter Dankbarkeit, dann lief ich, noch in Jogginghose und T-Shirt in die Garderobe, um das normale Trikot anzuziehen. Ich würde nur die Kür in meinem Traum-Outfit turnen.

Das Programm begann. Und es begann langweilig. Die Ringer ernteten mit ihrer Darbietung viele Anfeuerungsrufe und witzige Bemerkungen, die Fechter danach höfliches Interesse. Herr Bauer wusste genau, dass seine Sparte der absolute Oberkracher sein würde. Er hatte darauf bestanden, schon im ersten Drittel dranzukommen.

»Bevor die Leute einschlafen«, hatte er gesagt. »Und nach uns die Sintflut, was, Mädels?«

Das war exakt die richtige Strategie. Die älteren Leute fingen verhalten an zu gähnen. Sie klatschten freundlich für Ringer und Fechter, nur meine Familie fiel durch ihre Lebhaftigkeit und ihrem Vermögen, alles interessant und gut zu finden, auf, denn sie applaudierten immer länger als die anderen und vor allem lauter.

Dann waren wir dran. Wir hatten Herrn Bauer gebeten, keine Ansprache zu halten, sondern uns einfach loslegen lassen.

Dröhnender Bass und fetzige Musik kündigten uns an, zu der wir in die Halle liefen, an unser erstes Gerät, das Pferd, über das wir abenteuerliche und vom Schwierigkeitsgrad her sich steigernde Sprünge machten, die allein die Leute schon von den Stühlen rissen. Sie pfiffen, johlten und klatschten im Rhythmus mit und waren sichtlich angetan von unseren fliegenden Körpern. Wir gingen über zum Schwebebalken, dann zum Stufenbarren, an dem Ellie mit ihren akrobatischen Schwüngen den Leuten auf der Tribüne kreischende Laute, Pfiffe, und begeisterten Applaus entlockte. Die Leute standen teilweise schon, bevor wir zu unserem absoluten Favoriten, dem Boden kamen, wo meine Riege fantastische Kombis zeigte, während ich nach draußen lief, um mich umzuziehen. Ich hörte, wie die Leute durch die poppige Musik und unsere Darbietung voll in Stimmung gebracht worden waren.

Schließlich setzten sich die Mädchen auf die Langbank. Herr Bauer drehte das Licht ab, es wurde dunkel im Saal, nur ein untergründiger Bass wummerte. Ich lag auf der großen Bodenmatte und mein Herz pumpte wie wahnsinnig. Ich wollte so unbedingt gut sein! Das war *mein* Auftritt – und es musste, musste, musste einfach klappen! Ich dachte daran, was Herr Bauer mir gesagt hatte:

»Turn nicht für die Leute, Greta, turn für dich. Tu so, als ob keiner zuschauen würde, und hab den Anspruch, das Beste zu geben – für dich. Und niemanden sonst.«

Das war ein sehr kluger Rat – viel weiser, als ich das mit meinen sechzehn Jahren damals erkannte. Da dies mein erster Auftritt dieser Art war, waren es seine Worte, an denen ich mich festhielt.

Die ersten Töne erklangen. Der Scheinwerfer richtete sich auf mich. Ich hatte die Augen geschlossen, fühlte den kratzigen Belag der Schwungmatten an meinen nackten Beinen, an meiner Wange, und stellte mir vor, ich wäre allein. Und da passierte es.

Etwas in mir verband sich mit einer Instanz, die das Kommando vollständig übernahm, einer Instanz, die zum Song wurde. Die Musik floss in mich hinein und bestimmte alles. Mein Körper wusste, was zu tun war. Er war trainiert, er konnte alles bewerkstelligen, was die Musik ihm vorgab. Ich musste nichts tun. Ich musste nur folgen. Unterbewusst bekam ich mit, wie ein Raunen durch die Reihen ging, als ich von meiner liegenden Stellung in eine stehende glitt, als das Trikot aufglänzte, die Farben zur Geltung kamen. Im Nachhinein bin ich sicher, dass es schlicht die Einheit der Bewegung mit der Musik gewesen war, dieses Vollkommene, das ich in diesen Sekunden gespürt hatte, dieses Etwas, das mich trug, das mich schützte, das mich wissen ließ, es war da, verlässlich, unbestechlich und tausendprozentig zu mir stehend. Ich hatte plötzlich unendliches Vertrauen zu dieser Kraft, von der ich glasklar wusste, dass es nicht meine war, nicht die der Person Greta, sondern darüber hinaus. Es war die Kraft, die meinen Körper geformt hatte, ihn hatte entstehen lassen, die ihm nun vollendete Bewegungen ausführen ließ. Eine Schöpferkraft, die für ein perfektes Timing sorgte, die diesen Körper mit Leichtigkeit in die Luft warf und sicher wiederaufkommen ließ, die zu jedem Takt die passende Bewegung fand, sodass alles eins war. Es gab nur noch

Vollkommenheit, nur noch Freude, nur noch Glück, nur noch Tanz, sich hingeben und aufgeben in diese Instanz, die an Kreativität nicht zu überbieten war. Ich wurde getanzt. Ich war vollkommen berauscht, nicht mehr Herr über das, was geschah. Etwas hatte sich mit mir vereinigt, was tief in mir schlummerte. Es führte mich, trug mich und zeigte sich nun in aller Brillanz.

Als ich die Arme für die letzte Bewegung ausbreitete und als Silhouette im Licht verharrte, stand die Zeit still. Ich hörte nicht den Applaus, hörte nicht, wie die Leute tobten – und wenn – es wäre mir herzlich egal gewesen. Ich war gefangen in dieser Zeitlosigkeit, die sich in die Ewigkeit zu dehnen schien, die Ewigkeit *war*, die reicher nicht hätte sein können. Ich fühlte nur, wie mir die Tränen übers Gesicht liefen, wollte nicht auftauchen, wollte niemanden sehen, hören oder sprechen.

Ein vollkommener Moment. Ein vollkommener Zustand. Und ich wusste eines: Da will ich bleiben, da will ich sein. Da komme ich her.

***

Das Nächste, was ich spürte, waren Onkel Horsts Arme, die mich jubelnd aus meiner Ekstase rissen. Menschen, die mich umsprangen und laut umherschrien, Omas alte Hände, die sich vergeblich bemühten, an mich heranzukommen. Als ob jemand die Lautstärke der Wirklichkeit hochgedreht hätte, drang die Standingovation auf der Tribüne in mein Bewusstsein, das Geschnatter der Mädchen aus meiner Riege, die mich an die Hand nahmen für eine gemeinsame Verbeugung, die wir immer und immer wieder wiederholen mussten. Benommen registrierte ich die schweißige Hand von Ellie in meiner Rechten, die Pranke von Herrn Bauer in meiner Linken, spürte, wie sie ihre Hände mit meinen zusammen hochrissen: Rauf, runter, verbeugen, rauf, runter, verbeugen, der gelbe Boden vor meinen Augen tauchte auf und verschwand, fünfmal, sechsmal … meine Augen sahen endlich etwas klarer … meine Familie am Rand der Matte, die sie, in ihrer nicht zu bremsenden Begeisterung mit den Straßenschuhen betreten hatten … noch einmal wurden meine Arme hochgerissen und wieder runter. Dann wurde der Applaus endlich schwächer, mein Blick klarer, mein Bewusstsein kam wieder in der Realität an – und da sah ich im Augenwinkel, schemenhaft, einen Schatten ... eine Gestalt ... Jemand huschte aus der obersten Sitzreihe der Tribüne in Richtung Straßenschuhgang.

War das Mom?

Ich hatte keine Zeit, darüber nachzudenken.

Es war Zeit zu feiern und Herr Bauer ließ es krachen. Für uns Ältere gab es Sekt in der Garderobe und nie hatte mir etwas besser geschmeckt als dieses prickelnde Getränk an diesem wundervollen Abend.

***

Oma und Onkel Horst, Tante Annett ... alle überschlugen sich noch im Auto mit Superlativen über unsere Aufführung. Wir hatten uns die restlichen Darbietungen des Sportvereines geschenkt, um noch möglichst viel von unserem gestohlenen Abend zu haben.

»Oh, mein Gott, Greta, das war einfach wundervoll!«, seufzte Oma. »Wo hast du das nur her? Niemand in unserer Familie ist so sportlich wie du! Und du bist so zierlich! Was wiegst du überhaupt?«

»Muskeln sind schwer«, lachte ich. »Ich wiege für meine Größe erschreckend viel.«

»Bringst du mir das bei?«, fragte mich Anton ehrfürchtig.

»Was denn?«

»Salto und Flick-Flack! Bitte!!!«

»Das würde ich ja gern, aber du wohnst zu weit weg«, antwortete ich.

»Es ist einfach so traurig«, klagte Oma. »Du kannst erst zu uns, wenn du achtzehn bist und dann wirst du wieder wegwollen, weil du ja bestimmt studieren willst. Weißt du schon, was du nach dem Abitur machst?«

»Im Moment habe ich noch keine Ahnung«, sagte ich.

»Mach was, was dir Spaß macht«, sagte Onkel Horst und klopfte mir auf den Oberschenkel. Ich nickte zerstreut und lächelte.

Nach diesem Abend war mir Verschiedenes klar. So etwas wollte ich wieder erleben. Außerdem wollte ich viel Geld verdienen und einen Job, der krisensicher war. Spaß war absolut zweitrangig, der kam mit dem Erfolg, davon war ich überzeugt.

Abschied

Als ich an diesem Abend nach Hause kam, war ich voll von Emotionen, die ich kaum bändigen konnte. Adrenalin durchströmte immer noch meine Adern, Sehnsucht nach meiner Familie, Sehnsucht, auszubrechen, ein anderes Leben führen zu können und die Verzweiflung, dass es noch nicht so war.

Ich war in Gedanken versunken, es war spät. Ich war leicht angetrunken, meine Wangen glühten, mein Körper schmerzte auf gute Weise, das fühlte ich übersensibel und genau.

Leise schloss ich die Haustür auf, horchte, ob jemand da war, aber in der letzten Zeit hatte Mom kaum noch Männer mit nach Hause gebracht. Alles war still. Behutsam öffnete ich meine Zimmertür, nur einen Spalt, denn ab einem gewissen Winkel knarzte sie. Ohne Licht zu machen, legte ich meinen Rucksack auf das Bett – und fuhr zurück. Was war das? Diffuses Stadtlaternenlicht beleuchtete ein wütendes Chaos in meinem Zimmer.

Das Bettzeug war heruntergerissen und die Matratze lag wie ein malträtierter Körper mit offenen Eingeweiden vor mir. Füllwolle, Stahlfedern ragten aus dem Bezug hervor, der große Löcher und Risse aufwies. Das Messer steckte wie ein Kriegsbeil im Material. Mein kleines Regal war geborsten, die Bücher lagen auf dem Bett und auf den paar Zentimetern Boden, vermischt mit meiner zerschnittenen Kleidung. Mir wurde mulmig zumute. Ich machte Licht. Komplette Verwüstung.

Meinen ganzen Mut zusammennehmend ging ich in die Küche.

Da saß sie. Zusammengekauert. Eine Zigarette zwischen den Fingern, ein Glas vor sich, das nach hochprozentigem Alkohol roch.

»Mom?«

»Wird Zeit, dass du gehst.«

»Was?«

»Geh. Du kannst gehen. Ich will dich hier nicht mehr sehen.«

Mein Herz setzte einen Schlag aus. Ich konnte gehen? Mom sah das Aufleuchten meiner Augen.

»Geh doch! Geh zu ihnen, du falsche Schlange! Du hast ja keine Ahnung! Keine Ahnung! Du hast mich angelogen!«

»Ich hab dich nicht angelogen«, sagte ich ruhig. Aber mein Herz begann zu rasen. Die weghuschende Gestalt auf der Tribüne, das war sie gewesen! Sie hatte ihre Familie erkannt. Hatte mitbekommen, wie sie mich umarmt, wie sie mit mir gejubelt hatten. Sie hatte zum ersten Mal seit Jahrzehnten wieder ihre Mama, ihre Schwester, ihren Bruder gesehen. Zum xten Mal fragte ich mich, was vorgefallen war. Was meine Mom in dieses Leben getrieben hatte.

»Du ... du hast mir nicht verboten, sie einzuladen«, verteidigte ich mich vorsichtig. »Und ich ...«

»Hör auf mit deinen Spitzfindigkeiten, du *Gymnasiastenkind*!«, zischte sie mich an. Ihre Augen waren blutunterlaufen. Sie hatte getrunken und sah in diesem Moment einfach furchtbar verhärmt und verlebt aus. Eine unerklärliche Welle von Mitleid überkam mich, die mich Schritte auf sie zugehen ließ. Behutsam setzte ich mich zu ihr an den Tisch.

»Mom, warum bist du nur so?«, fragte ich leise. »Warum bist du damals von deiner Mama weg? Oma ist so lieb und sie würde sich freuen, wenn du wieder zu ihr zurückkehrst. Sie würde dich mit offenen Armen empfangen. Sie wartet auf ...«

»Das interessiert mich nicht«, fiel sie mir hart ins Wort. »Ich will diese Art von Leben nicht.«

»Aber es ist doch umso viel besser als das hier!«, rief ich und umfing mit einer Geste die mickrige Wohnung. »Du könntest es so schön haben und ...«

»Es ist total bieder und altbacken!«, herrschte sie mich an. »Und du willst so sein? Angepasst an ein *Dorfleben*? Und den nächstbesten Bauern heiraten?«

Ich schwieg. In mir kämpfte etwas. Bevor mir klar war, was es war, hatte ich die falsche Entscheidung getroffen und die Worte rutschten aus mir heraus:

»Besser mit einem Bauern verheiratet zu sein als jeden Monat mit einem anderen ins Bett zu steigen«, entfuhr es mir. »Dein sozialer Status ist nicht gerade vorzeigenswert.«

Moms Augen glühten, als sie mich verächtlich musterte.

»Du redest schon wie sie«, zischte sie. »Und du meinst, du machst es besser?«

»Ja«, antwortete ich heiser und starrte sie an. »Ich mache es besser. Unbedingt. Ich werde es schaffen. Ich werde es besser machen, ganz bestimmt. Ich werde es besser machen, auch, wenn es dir stinkt, auch, wenn es genau das ist, wovor du Angst hast, auch …«

»Halt deine verdammte Fresse«, unterbrach sie mich kalt. »Pack deine Sachen und geh! Morgen will ich dich nicht mehr hier sehen.«

Und als ich nochmals zu einer Antwort ansetzte, fauchte sie unbeherrscht:

»Halt ja dein blödes Maul!«

»Mom …«

Da schrie sie: »Hau ab! Verstehst du! Hau einfach ab!«

Sie stierte mich aus rot unterlaufenen Augen an, hasserfüllt spuckte sie mir die nächsten Worte ins Gesicht:

»Du! Du hast mein Leben zerstört! Du hast alles zerstört! Alles! Du verfluchtes Balg!«

Und als würde ihr diese Tatsache mit ihren eigenen Worten erst richtig klar, stand sie so abrupt auf, dass der Stuhl nach hinten kippte. Ihr ganzer Körper zitterte vor unfassbarer Wut. Ihrem Mund entfuhr ein Schrei und mit verzerrtem Gesicht schleuderte sie mit Wucht ihr Glas auf mich. Es traf mich am Kopf und mein Schmerzensschrei fiel mit dem letzten Satz zusammen, den ich von ihr hören sollte. Ihr gesamter Körper vibrierte, schüttelte sich von ihrem irren Geschrei. Sie schrie so laut, dass ich meinte, ihre Stimmbänder müssten reißen.

»H A U - A B! V E R - S C H W I N D E!«

Entsetzt stand ich auf und wollte in mein Zimmer. Sie wankte und nicht nur vom Alkohol berauscht, sondern auch von diesem unsagbaren Hass, trat sie mir so fest in den Hintern, dass ich stolperte und hinfiel. Mein Kopf knallte auf die Kante der Küchentheke. Aus der Platzwunde floss Blut. Es lief über meine Hände, als ich die Wunde berührte. Ich stand unter Schock, fühlte die warme Flüssigkeit meine Wange hinunterlaufen. Meine Mutter stand vor mir, bereit, noch einmal zuzutreten. Ich rutschte weg, raffte mich hoch und schaffte es irgendwie in mein Zimmer. Klemmte das Brett des geborstenen Bücherregals unter die Klinke und ließ mich zitternd auf das mit Büchern und Kleidung übersäte Bett sinken.

Mein Herz war ein einziges, dunkles Loch.

Die gewaltige Emotionsflut dieses Abends überschwemmte und ertränkte mich. Das Wunderbare dieses Tages war vollständig ins Abseits gerutscht. Es hätte mein erster echter

Glückstag sein können, doch da lag ich, getreten, ungewollt. Gehasst.

Druck auf meiner Brust, tonnenschwer. Ich wollte weinen und konnte nicht. Es war, als ob Wasser sich in einer Blase sammelte und kein Loch zum Ausfließen fand. Blähungen im Herz. Der Gedanke an diesen demütigenden Tritt. Meine Mutter hasste mich. Aber endlich gab ihr Hass mich frei. Ich konnte gehen. Ich konnte gehen! Dieser Gedanke war mein Strohhalm und wurde doch niedergedrückt von zwei Worten, die mir Vater und Mutter mehrfach entgegengeschleudert hatten:

Hau ab.

Mit dem Nerven am Ende legte ich mich auf die zerstörte Matratze, rollte mich in mein Bettzeug ein und starrte mit offenen Augen an die Decke. Meine letzte Nacht hier in diesen Wänden. Es war ein seltsames Gefühl. Kein befreiendes, so wie ich es mir erträumt hatte. Es tat schrecklich weh.

***

Bens Blick schmerzte mich. Er war außer sich und versuchte doch, sich zu beherrschen. Aber sein Brustkorb hob und senkte sich in einer Weise, die klarmachte, dass er am liebsten seinen Tränen freien Lauf gelassen hätte. Was er dann auch tat.

Ich saß auf meinen Fersen vor dem Kamin, hatte meine Hände zwischen die Beine gesteckt und erzählte den traurigen Rest:

Ich wachte auf, weil meine Mutter telefonierte. Gesprächsfetzen drangen an mein verschlafenes Ohr.

»Ja, heute Abend … kannst kommen … sturmfreie Bude … ja, das wird … lustig … ich hab einiges besorgt. Gibt Neuigkeiten, gute Neuigkeiten! … Klar kannste den mitbringen … ja, den auch … je mehr, je besser … gibt was zu feiern.«

Ich hob den Kopf, stützte mich auf, fühlte mich wie gerädert. Mit steifen Gliedern schlüpfte ich ins Bad. Mom hatte bereits alle meine Sachen in eine Plastiktüte gestopft. Selbst meine Zahnbürste stand nicht mehr auf dem Waschbecken. Ich zog das Shampoo und das Duschgel aus der Alditüte und wollte gerade das Wasser aufdrehen, als sie ihren Kopf hereinsteckte.

»Hier wird nicht geduscht.«

Rumms, die Tür war zu. Ich schloss von innen ab. Stieg trotzdem in die winzige Duschkabine, wusch das verkrustete Blut ab. Ich kam mir vor wie ein Eindringling. Eilig machte ich mich fertig, dann ging ich ans Telefon – Handy hatte ich keines – und rief Oma an, die laut aufschrie vor Freude, sich aber sofort wieder bremste, als sie meine Stimmung mitbekam.

»Ist alles in Ordnung, Greta?«

»Ja, nur bitte kommt schnell.«

Ich hatte den Eindruck, Onkel Horst saß schon im Auto, als ich auflegte.

Ich fing an zu packen. Ein Teil meiner Kleidung war zerschnitten, ich hatte nicht viel zu packen. Das war in diesem Fall ein echter Vorteil und als ich in die Küche ging, um eine Plastiktüte zu suchen, kläffte Mom:

»Keiner von denen kommt hier rein, damit das klar ist.«

Ich gab keine Antwort.

Sie hatte sich aufgedonnert, ihre Haare gemacht, sie hatte sich seit Langem wieder geschminkt und sich – für ihre Begriffe – schön angezogen. Es war eine klare Botschaft: Sie hatte Grund zum Feiern. Ich schluckte. Sie starrte auf meine Platzwunde an der Stirn und um ihren Mund zuckte es.

Drei große Tüten. Eine mit Klamotten, eine mit Büchern, eine mit sonstigen, das war alles.

Es klingelte. Onkel Horst stand unten. Ich lief ihm mit den Tüten entgegen. Auch sein Blick fuhr an meine Stirn und erschrocken legte er seine Hand auf meinen Arm. Ich sagte ihm, dass Mom nicht wollte, dass er in die Wohnung kam, meine Stimme knickte weg. Er nickte, ungewöhnlich ernst, und half mir schweigend, die Tüten zu verstauen.

»Das war's?«, fragte er verwundert.

»Das war's. Ich geh noch einmal hoch … mich verabschieden.«

Wieder nickte er. Sein Mund lächelte nicht und auch nicht seine Augen. Aber sie waren voller Mitgefühl. Und in Habachtstellung. Ich wusste, er würde auf mich aufpassen.

***

Die Tür stand noch offen, als ich hochkam. Fast hatte ich damit gerechnet, dass Mom sie schon geschlossen hätte. Als ich in die Küche trat, die Jacke in der Hand, saß sie mit einer Tasse

Kaffee am Tisch. Es war ein eigenartiges Gefühl. Ich hätte einfach gehen sollen, vielleicht wäre das besser gewesen, aber es kam mir dennoch falsch vor. Vielleicht war es auch die irrationale Hoffnung, doch noch ein letztes gutes Wort zu hören, und so sagte ich:

»Mom? Wir … ich bin so weit …«

Sie stand auf. Sie konnte die Erleichterung in ihrem Gesicht nicht unterdrücken und das tat furchtbar weh. Sie hätte mir doch Glück wünschen können und auch ich hätte ihr Glück wünschen sollen, aber alles, was ich aus ihrer Miene lesen konnte, war: Endlich bin ich frei. Endlich ist sie weg! Das erstickte jedes Wort in meiner Kehle. Keine von uns brachte etwas Versöhnendes über die Lippen.

Meine Augen schweiften über die schäbigen Quadratmeter, die über ein Jahrzehnt mein Zuhause gewesen waren. Da sah ich auf der Küchenzeile eine Flasche Sekt stehen. Einen wahnwitzigen Moment lang dachte ich, er sei für uns, für mich und für sie, hoffte ich auf einen anständigen Abschied, aber sie öffnete die Flasche nicht und auf dem Tisch stand nur ein Glas. Da verstand ich, dass sie ihn öffnen würde, wenn ich gegangen war.

Wir trennten uns, als wären wir Fremde, die zufällig zusammen an einer Bushaltestelle gestanden waren.

Und so begann der Weg in meine so heiß ersehnte Unabhängigkeit mit Tränen. Ich konnte während der Fahrt kein einziges Wort zu Onkel Horst sagen, aber zog ein Taschentuch nach dem anderen aus der Packung. Schließlich hielt er an und nahm mich in den Arm. Ich glaube, ich habe noch nie so geweint wie an diesem Tag.

Und als ich dann schließlich abends im Bett lag, in der schönen Dachwohnung, einem Kuss von Oma auf der Stirn, fasste ich einen Entschluss:

Ich würde dafür sorgen, dass es in meinem Leben nur noch wunderbare Gefühle gab.

Ich mache es besser, dachte ich verbissen, du wirst schon sehen, ich mache es besser.

***

Ben saß stumm neben mir auf dem Boden, den Rücken gegen die Couch gelehnt. Ab und zu hatte er im Feuer gestochert, uns Wein nachgeschenkt oder mir eine Decke über meine Beine gelegt, wenn ich trotz des Feuers zu frieren schien. Mein Blick schweifte zu ihm. Er lächelte gequält. Dann stand er auf und legte Musik auf. Sanfte Klänge füllten den Raum. Als er mir nochmals Wein nachschenken wollte, wehrte ich ab. Irgendwie war ich selbst im Nachhinein erschüttert von diesem Abschied von meiner Mom. Ich hatte sie – mit der kurzen Ausnahme an der verpatzten Hochzeit – dreizehn Jahre lang nicht gesehen. Ben schwieg immer noch.

Die Stimmung war vollgeladen mit der damaligen Atmosphäre und weckte Fluchtimpulse in mir.

»Ich glaube, ich gehe schlafen«, sagte ich mit zugeschnürter Kehle.

»Oh, nein, bitte bleib ... noch ein bisschen ... bitte. Komm her.«

Er öffnete seine Arme. Zögernd sah ich ihn an. Dann gab ich mir einen Ruck und setzte mich mit dem Rücken an seinen breiten Brustkorb gelehnt. Seine Arme schlossen sich um mich und sein Kinn sank auf meine Schulter. Automatisch fasste ich mit meiner Hand nach oben und strich über sein seidiges Haar, fuhr mit meinen Fingern in seinen Nacken.

Er drückte sein Gesicht an meinen Hals. Seine Arme schlossen sich noch fester um mich. Ich hörte, was er nicht sagte, hörte, wie er versuchte, mich zu trösten, und doch keine Worte fand. Seine ganze Ausstrahlung verriet mir, wie entsetzt er von meiner Erzählung war.

»Gab es eigentlich feste Beziehungen in deinem Leben?«, fragte er mich plötzlich leise.

»Ja, klar gab es die.«

Ich starrte ins Feuer. Sein Schweigen war auffordernd. Aber etwas in mir sträubte sich dagegen.

»Das erzähle ich dir morgen«, murmelte ich. »Den ganzen Rest. Ich kann nicht mehr, Ben.«

Sein Körper, die Art, wie er mich hielt, machten mich nervös. Er ließ mich absolut nicht kalt, ich reagierte auf ihn. Aber das wollte ich nicht, so löste ich mich von ihm und legte mich vor das Feuer. Ben war mir eindeutig zu sexy und zwischen seinen Beinen zu sitzen war nicht förderlich für meine

Gemütsverfassung. Außerdem war ich furchtbar müde, gefrustet von meiner eigenen Geschichte und in einer sonderbaren Stimmung. Keiner von uns sagte etwas.

Ich schlief ein. Wachte auf, weil er mich streichelte. Er hatte sich zu mir gesellt, lag auf dem Rücken, mit offenen, nachdenklichen Augen und ich halb auf ihm drauf, meinen Kopf auf seiner Schulter, mein Arm umfasste seinem Brustkorb. Instinktiv hatte ich mich im Schlaf an ihn gekuschelt. Eine Hand von ihm strich über meinen Arm, der auf ihm lag, die andere über den Stoff des T-Shirts an meinem Rücken. Da erwischte er mit einem Finger das Shirt und es zog sich etwas hoch. Mit dem nächsten Mal, da seine Hand nach unten glitt, bekam er meine Haut zu spüren und seine Finger legten sich erst zögernd, dann bewusst auf meinen unteren Rücken. Und diese Hand war unsagbar warm. Ich hielt die Augen geschlossen, nur, um das noch mehr zu spüren. Instinktiv schob ich mich näher an ihn heran, drückte meinen Kopf in seine Schulter, ließ auch meine Hand unter sein T-Shirt gleiten und sie, so wie er, einfach auf seinem Bauch liegen. Er seufzte leise und dieses kleine Seufzen machte mich glücklich. Alles mit ihm war so intensiv, jedes kleine Ding, jede kleine Bewegung, jeder Finger, den ich von ihm spürte – und es musste nicht mehr sein. Meine Mundwinkel bogen sich unwillkürlich leicht nach oben.

Das Feuer war heruntergebrannt. Es wurde merklich kühler ohne die prasselnde Wärme. Der See war aufgewühlt von einem stürmischen Wind, das Wasser klatschte wild gegen eine Mauer draußen und der Wind strich immer heftiger durch die Bäume.

»Es kommt ein Sturm«, murmelte Ben. »Das spüre ich.«

Ich sagte nichts. Mochte er kommen, der Sturm. Ich lag sicher neben ihm. Nach einer Weile stützte ich mich auf.

»Danke, Ben«, murmelte ich. »Danke fürs Zuhören.«

Er antwortete nicht. Stattdessen legte er seine große Hand an meine Wange, drehte mich auf den Rücken, fuhr mit der Hand hinter meinen Nacken. Ich schloss die Augen, spürte, wie sein Haar über mein Gesicht glitt, als er seine Wange an meine legte und sein Mund mein Ohr berührte, als wolle er mir etwas zuflüstern. Er holte kurz Luft, aber blieb stumm. Ich genoss seine Nähe, seine Hand an meinem Hals.

Beide waren wir unglaublich müde, als wären wir einen Marathon gelaufen und fast wäre ich wieder eingeschlafen, hätte er mich nicht sanft gerüttelt.

»Du musst ins Bett, Greta.«

»Hm«, murmelte ich. »Bin sogar dafür zu müde.«

Ich rappelte mich hoch, ging zuerst ins Bad, unter die Dusche, hatte den Eindruck, mit dem heißen Wasser einen Großteil der alten Erinnerungen abzuspülen, und fühlte mich zum ersten Mal richtig sauber. Leichter als sonst. Mit einem Handtuch umwickelt schaute ich dann zu ihm ins Zimmer – er hatte verständlicherweise das mit dem King Size Bett gewählt.

»Bin fertig!«, verkündete ich. »Bad ist frei.«

»Okay, danke …«, erwiderte er gedankenverloren. Er erhob sich, sah nach draußen, auf die vom Wind geschüttelten Bäume und die rasch vorbeiziehenden Wolken. Ich hatte mich schon abgewandt, da sagte er unvermittelt:

»Greta? Schläfst du heute bei mir?«

London tauchte vor meinem Auge auf, das, was er gesagt hatte, bevor wir zu unserer Reise aufgebrochen waren:

»… ich will nur, dass du weißt, dass alles, was passiert, von dir und mir gewollt sein soll – und dass es nur in dieser Auszeit existieren kann … jetzt brauchst du aber eine Menge Spontaneität auf diese Ansage, was?«

Mein Blick verdunkelte sich und er wusste genau, woran ich dachte. Zu meiner Überraschung rötete sich sein Gesicht.

»Das kann ich ziemlich spontan beantworten«, antwortete ich mit einem Lächeln, aber es war nicht ganz frei von Wehmut. »Ja, ich bleibe sehr gern bei dir.«

***

Es war kühl im Raum. Ich kuschelte mich in die Daunen, hörte der Natur zu, dem Sturm, den Ben angekündigt hatte und der nun durch die Bäume jagte, das Wasser aufpeitschte und die massive Hütte erst recht zu einer Zuflucht machte. Als Ben sich zu mir legte und mich in seine Arme nahm, war deutlich zu spüren, dass er in dieser Nacht meine Nähe mehr brauchte, als ich die seine, dass meine Erlebnisse hart gewesen sein mochten, aber sie schienen mehr oder weniger bewältigt.

Die seinen waren es nicht.

»Du bist wie eine Puppe«, flüsterte er in mein Ohr und zog mich an sich. »So zartgliedrig.«

»Danke, dass du nicht dünn sagst«, murmelte ich. Er erregte mich. Er erregte mich mehr, als mir lieb war. Und doch spürte ich genau, dass er keinen Sex wollte. Er war wie ein Kind, das Schutz brauchte – und seine Verletzlichkeit rührte mich.

Sanft senkten sich meine Lippen auf seinen nackten Oberkörper. Küssten ihn, wo sie gerade hinkamen, seine Haut, seine Augen, seinen Mund. Ich streichelte sein Gesicht, und ein tiefes Gefühl flammte auf, brach sich Bahn, eines, das ich noch nie in dieser Stärke gefühlt hatte, das durch jede Pore, jede Zelle drang und mir Worte auf die Zunge legte, die besser nicht nach außen dringen sollten. Die nicht für eine Auszeit geeignet waren.

Sie hingen in der Luft wie ein Transparent.

Die Episode mit Paulina nach der Biologiestunde kam mir in den Sinn, jene Sekunden, in denen ich genau gespürt hatte, was sie hatte sagen wollen, ohne dass Worte nötig gewesen wären. An der Art, wie Ben mich umarmte, merkte ich, dass es auch zwischen uns keiner Worte bedurfte. Er wusste, was ich nicht sagte. Und es würde die Auszeit überdauern. Ob er wollte oder nicht.

Aber keiner von uns wusste, wo uns das hinführen würde.

Fortsetzung in
    Herzschlagfinale

Liebe Leserinnen, liebe Leser,

zunächst großen Dank, dass Sie das Buch gekauft und gelesen haben!

Ich hoffe sehr, dass es Ihnen gefallen hat, und würde mich freuen, wenn Sie sich die Mühe machen und eine Rezension bei Amazon verfassen. Es muss nichts Großes sein, aber eine Bewertung hilft nicht nur uns Autoren – sie hilft auch anderen Lesern. Bitte verraten Sie darin nicht die unerwarteten Wendungen … gönnen Sie auch den anderen Lesern die Spannung und eigene Gedankengänge.

Und wer Lust hat, kann gerne meiner Gruppe auf Facebook beitreten. Sie heißt »Let miracles come true«.

Dort finden Sie eine Gruppe, die positive Gedanken und Ideen austauscht, und dort werden auch in unregelmäßigem Abstand Meditationen und interessante Themen angeboten. Falls Sie nicht auf Facebook sind, aber dennoch an Meditationen und anderem teilnehmen möchten, kann ich Sie gerne über meinen Newsletter über anstehende Aktivitäten und Neuigkeiten informieren.

Diesen finden Sie auf meiner Homepage: www.subina-giuletti.de.

Ganz herzliche Grüße
Ihre Subina Giuletti

Playlist zu Herzbauchgefühl/Herzschlagfinale

Die Musik, die mich beim Schreiben begleitet hat! Sie finden Sie auf Deezer unter dem Titel des Buches »Herzbauchgefühl«.

Leaves, Alle Farben, Synthesia
Falling slowly, Glen Hansard &Marketa Irglova, The Swell Season
Above the Clouds of Pompeii, Bear's Den
When The Stars Go Blue, Haley James Scott
The Only Living Boy In New York, Simon&Garfunkel, Garden State
Sense, Tom Odell - Songs From Another Love - EP
Baby, Warpaint - The Fool
Free, Donavon Frankenreiter
Coal War, Jushua James - Build Me This
The Past and Pending, The Shins - Oh, Inverted World
Perfect (Stripped), One Direction - Perfect - EP
Comes and Goes (in Waves) - Three Flights from Alto Nido
Hamburg Song, Keane - The Best of Keane
Girl in the War, Josh Ritter - The Animal Years
Stealing Cars, James Bay - Chaos and the Calm
After Tonight, Justin Nozuka - Holly
Longshot, Newton Faulkner - Write It On Your Skin
True Love, Tobias Jesso Jr.
Come On Get Higher, Matt Nathanson - Some Mad Hope
Let Her Go, Passenger - Let Her Go - EPStronger, Joe Bel - Hit the Roads
Cucurucu, Nick Mulvey, First Mind
What Happened, Emilie & Odgen - 10000
Jealous Love, Noah Gundersen - Carry the Ghost
Sunset Soon Forgotten, Iron % Wine - Our Endless Numbered Days
England Skies, Shake Shake Go
White Daisy Passing, Rocky Votolato - Makers
Milk Carton Kid, The Milk Carton Kids- Prologue
Open Book, Josè Gonzales - Vestiges & Claws
Not Going Anywhere, Keren Ann
Gerry Rafferty, North and South
Gerry Rafferty, Bajan Moon

Gerry Rafferty, Moonlight and Gold
Gretas Kür - Song: Michael Jackson, Man In The Mirror

Bibliografie:

Absturz nach oben Band 1 Aufbruch
  Absturz nach oben Band 2 Durchbruch
  Absturz nach oben Band 3 Ausbruch (2 und 3 sind in einem Band)
  Try Hard lo love me, Versuch doch, mich zu lieben
  Before you judge me try hard to love me
  Tropfen im Ozean
  Life Chat
  Herzbauchgefühl/Herzschlagfinale
  Hey Babe!
  Weil du meine Seele streichelst
  Herzgoldstaub
  Zeit für Engel … Zeit für dich
  Sterne gibt es überall
  Moonlight-Radio – auf einer Frequenz mit dir
  Verrat mir deine Träume
  Maisies Garten
  Die Magie der Liebe
  Solange wir zu träumen wagen

Quellennachweis:
1
Neue Gedanken, neues Gehirn, Goldmann Verlag, (10. Mai 2010) Originaltitel: Change the mind, Change the Brain, Sharon Begley und Burkhard Hickisch

DRUCKTERMINAL

Wir drucken

und heften, klammern, binden, falzen, lochen

Bücher Abitur-/Abschluss-/Schülerzeitungen
Jahresberichte Hefte Bilderbücher
Kinderbücher Liederbücher Kochbücher
Broschüren Zeitungen Seminarunterlagen
Blattsammlungen Kalender Exposés
Handbücher Gebrauchsanweisungen und
vieles mehr

Jetzt ansehen

Schnell und bequem online **kalkulieren!**
Rund um die Uhr online **bestellen!**
Aufträge online **verfolgen!**

www.druckterminal.de